国家社科基金重大项目"'智能+'时代基于技术与制度协同创新驱动的现代文化产业体系与市场体系研究"（项目号：20ZDA065）

# 现代文化产业体系

## 数智赋能与协同善治

解学芳　等著

**Modern Cultural Industries System**
Digital and Intelligence Empowerment
and Collaborative Governance

中国社会科学出版社

# 图书在版编目（CIP）数据

现代文化产业体系：数智赋能与协同善治/解学芳等著．—北京：中国社会科学出版社，2024.6
ISBN 978-7-5227-3620-4

Ⅰ.①现… Ⅱ.①解… Ⅲ.①文化产业—产业发展—研究—中国 Ⅳ.①G124

中国国家版本馆 CIP 数据核字（2024）第 110683 号

| | |
|---|---|
| 出 版 人 | 赵剑英 |
| 责任编辑 | 刘晓红 |
| 责任校对 | 阎红蕾 |
| 责任印制 | 戴 宽 |
| 出　　版 | 中国社会科学出版社 |
| 社　　址 | 北京鼓楼西大街甲 158 号 |
| 邮　　编 | 100720 |
| 网　　址 | http://www.csspw.cn |
| 发 行 部 | 010-84083685 |
| 门 市 部 | 010-84029450 |
| 经　　销 | 新华书店及其他书店 |
| 印　　刷 | 北京君升印刷有限公司 |
| 装　　订 | 廊坊市广阳区广增装订厂 |
| 版　　次 | 2024 年 6 月第 1 版 |
| 印　　次 | 2024 年 6 月第 1 次印刷 |
| 开　　本 | 710×1000　1/16 |
| 印　　张 | 20 |
| 字　　数 | 320 千字 |
| 定　　价 | 109.00 元 |

凡购买中国社会科学出版社图书，如有质量问题请与本社营销中心联系调换
电话：010-84083683
版权所有　侵权必究

# 前　言

在网络化、数字化、智能化的"智能+"时代，新技术的层出不穷和制度创新的相对滞后挑战着现行的文化产业体系和市场体系，并为现代文化产业体系"健全"研究带来理论重塑契机。由此，真正的现代文化产业体系的"健全"研究一定是动态的，并预见性地跟踪和迎合现代文化产业体系的新问题、新情况与新趋势。鉴于此，从大数据、人工智能、区块链等"智能+"时代的新技术视角切入，立足现代文化产业体系治理能力的现代化目标，提出"'智能+'时代技术与制度协同驱动的现代文化产业体系研究"理论命题，既赋予了文化产业体系研究动态的、智能化的"现代性"内涵，也是基于技术与制度协同创新的前瞻效应与启发效应，以及实现最为科学、最具精准性和最具中国特色的"健全"研究之道。

技术与制度之于经济增长、产业发展的主导地位之争由来已久，出于对技术"双刃剑"效应的顾虑，在过去很长一段时间，当谈及文化产业议题时，技术视角常常被悬置，或是仅仅被视为制度规制的对象。然而，作为面向未来的爆发性科技，以人工智能为代表的智能技术不断创新并逐渐深入赋能现代文化产业体系，引导现代文化产品和服务的多元化、数字化、网络化、体验化及智能化发展趋势，催生出全新的文化产业业态和新兴的文化市场。"智能+"时代新业态、新产品的模式已然领跑现代文化产业的各个细分行业，并赋予其发展潜能和动力。单一的制度创新视角显然不再足以应对"智能+"时代愈加快速的现代文化产业体系和市场体系的发展，在此背景下，必须基于"智能+"时代技术和制度协同创新进行现代文化产业体系的整体探究，以此回应智能化浪潮挑战，化解国际贸易危机，满足民众美好文化生活需求，对接人工智能无边界发展的诉求。

本书由基础理论研究、理论应用研究、应用对策研究三部分构成。一是基础理论研究，围绕"智能+"时代现行文化产业体系的变革挑战与理论重塑展开，从变革挑战与理论构建维度，基于内涵、机理与标准的理论建构，从国内和国际维度进行双重参照与体系重塑。二是理论应用研究，围绕当下中国区块链领域发展的技术与制度协同优势，开展区块链技术主导的现代文化产业体系研究。三是应用对策研究，在前面研究内容基础上重点建构"现代文化产业体系的治理能力"，从智能技术与制度协同创新根源上提升现代文化产业体系的治理水平，并对现代文化产业体系创新的科技伦理命题进行治理反思。由此，三大部分六大章研究内容层层递进，系统构成了全书的整体图谱。

实际上，从智能技术和制度协同创新的视角审视现代文化产业体系的健全路径，离不开精准治理模式的支撑，即基于人工智能技术与制度创新协同，对现代文化产业体系发展需求进行精准甄别与匹配，对现代文化产业领域的趋势与风险进行精准预警，立足精准治理原则和治理框架对现行文化产业政策法规进行精准分类与革新，以达到智能技术与制度协同视角下现代文化产业体系的健全发展，实现创新发展视角下经济效益与社会效益的高度统一。由此，"智能+"时代的现代文化产业体系研究在"善治"基准下形成一个富有张力、层次递进、体系完整的闭环系统。

在全面建设社会主义现代化国家的新发展时期，中国现代文化产业体系的不断健全要夯实文化自信，立足国际视野。一是健全现代文化产业体系要立足当下讲好中国故事，打造现代化、数字化、网络化的文化品牌，不断向世界输出中国优秀文化的"和合""亲善""共赢"，在文化出海过程中积累国际文化市场认同。二是加快利用"智能+"时代的技术资源、文化资源与制度资源的汇聚优势，助推中国现代文化产业高质量发展，提升现代文化产业全球竞争力，推动中国现代文化产业全球价值链向上端游走，并积极参与国际文化市场游戏规则的制定，不断提升中国在国际文化市场的话语权。三是在"智能+"时代技术与制度协同驱动的现实推力下，现代文化产业体系的不断健全，还将诉求动态调整与完善现代文化产业制度设计和治理方式，提升现代文化产业体系和市场体系的文化安全系数，确保"智能+"时代的国家文化安全。

此书是笔者作为首席专家主持的国家社科基金重大项目"'智能+'时代技术与制度协同驱动的现代文化产业体系与市场体系研究"的核心成果，感谢课题组成员臧志彭、高嘉琪、雷文宣、温凤鸣、祝新乐、李琳、申林、陈思函、徐丹红、胡逸飞、何鸿飞、陈天宇、张佳琪、贺雪玲、韩慧慧、张家淑、王紫琪、赵乐梅、余晨雨、张淑宁、贾东窈、曲晨等的参与、帮助与支持，感谢社会各界专家的大力支持与鼓励。同时，还要感谢中国社会科学出版社刘晓红老师，正是她的专业眼光与职业精神让本书得以顺利且高质量出版。感谢中国社会科学出版社为本书编辑出版付出的辛勤劳动！

谨以此书，献给广大数字文化产业研究学者、从事数字文明时代现代文化产业的管理者和实践者，以及关心中国式现代化文化产业发展的各界人士。

解学芳<br>2023 年 10 月·上海

# 目 录

**第一章 "智能+"时代现代文化产业体系研究：综述与研判** ……… 1

    第一节 "智能+"时代现代文化产业体系研究：理论探究及进展 …………………………………………………………… 1

    第二节 "智能+"时代现代文化市场体系研究：理论脉络及趋向 …………………………………………………………… 21

**第二章 "智能+"时代现代文化产业体系：瓶颈、机理与建构** …… 41

    第一节 研究问题的提出："智能+"时代理论与实践的双向诉求 …………………………………………………………… 41

    第二节 "智能+"时代现行文化产业体系发展瓶颈：遭遇"不匹配" ………………………………………………………… 45

    第三节 "智能+"时代现代文化产业体系基础理论：内涵与机理 …………………………………………………………… 56

    第四节 "智能+"时代现代文化产业体系建构：六维标准 …… 88

    第五节 "智能+"时代现行文化产业体系重塑：健全路径 …… 93

**第三章 "智能+"时代国外现代文化产业体系：研判与借鉴** …… 108

    第一节 国外现代文化产业体系探究：内涵与特征 ………… 108

    第二节 国际参照：发达国家构建现代文化产业体系的经验 …………………………………………………………… 111

    第三节 借鉴与启迪：健全现代文化产业体系的中国路径 …… 131

## 第四章 区块链技术主导的现代文化产业体系智能运行机制：理论与实践创新 ………… 137

第一节 区块链技术在现代文化产业体系中的适用机理……… 137
第二节 基于区块链技术的现代文化市场投融资机制……… 147
第三节 基于区块链技术的现代文化产品交易机制……… 165
第四节 基于区块链技术的现代文化产品知识产权保护机制……… 181

## 第五章 现代文化产业体系治理能力跃迁：智能技术与制度协同……… 203

第一节 治理命题：迎合现代文化产业体系不断健全新诉求……… 203
第二节 治理原则：构建现代文化产业体系的精准治理基准……… 205
第三节 治理内容：构建现代文化产业体系的精准治理模式……… 210
第四节 治理框架：构建智能有序的现代文化产业体系……… 218
第五节 治理技术：数据智能赋能现代文化产业体系治理……… 227
第六节 治理制度：智能技术赋能预见性制度创新能力建构……… 236

## 第六章 治理反思：数智技术赋能现代文化产业的创新边界……… 248

第一节 发展图谱：数智技术赋能现代文化产业创新的内涵及谱系……… 249
第二节 超越边界："智能+"时代现代文化产业创新科技伦理困境……… 258
第三节 协同治理："智能+"时代现代文化产业创新伦理边界把控……… 269

**参考文献**……… 282

# 第一章

# "智能+"时代现代文化产业体系研究：综述与研判

党的十八大做出"扎实推进社会主义文化强国建设"的战略部署，明确指出建设文化强国的关键在于增强全民族文化创造活力，把文化产业发展成为国民经济支柱性产业；党的二十大进一步提出"激发全民族文化创新创造活力，增强实现中华民族伟大复兴的精神力量"。这就要求我们在国际视野与实现民族复兴的宏伟目标上把握文化科技融合、现代文化产业体系和文化产业创造力之间的关系。实际上，关于现代文化产业体系的提法最早是分开的，而且出现在不同时期的政策文件中，为了更好地梳理现代文化产业体系研究的理论基础，本章分别从现代文化产业体系与现代文化市场体系两个方面进行阐释与探究。

## 第一节 "智能+"时代现代文化产业体系研究：理论探究及进展

"智能+"时代人工智能技术驱动的进展与趋势是现代文化产业体系研究的重要环节，也是未来体系建设的前瞻性视角。从综述角度梳理智能时代的现代文化产业体系建设，能够更全面地了解现阶段"现代"的真正内涵以及新研究趋势，加速人工智能技术沿革与现代文化产业体系建构的深度融合。

**一 研究缘起：现代文化产业体系战略高位与转型诉求**

文化产业凭借其对人类创造力、文化、才能和技艺产生的知识产权的利用，打造了不同于工业、制造业的独特盈利方式，并成为经济发展的重要组成部分①。在智能时代驱动下，文化产业对个体的行为、语言、思维等均会产生影响②，并日渐构建起对整个经济增长发挥日益重要作用的现代文化产业体系。

（一）现代文化产业体系：源于向现代化转型的诉求

针对国际层面产业分工的新变化以及当前中国经济结构存在的突出问题，党的十七大报告提出发展现代产业体系，即加快产业的现代化进程。党的二十大报告进一步提出建设现代产业体系要"加快建设网络强国、数字中国"。现代产业体系首先应具备良好的制度素质、技术素质和劳动力素质③；其次应具有更多的"现代元素"，符合"两高两低一自主"（科技含量、附加值高，耗能、污染低，自主创新）的产业标准④。现代文化产业体系强调文化产业细分领域各种要素的相互关联，意味着文化产业与新兴技术的融合，代表着与其他产业的跨界联动⑤。从现代产业体系的研究来看，国际视角下的现代产业体系突出表现在发达国家的第二产业增加值占国内生产总值（GDP）的比重小，科技水平高⑥；赵霄伟和杨白冰总结了全球顶尖城市构建现代产业体系的三大经验，包括以服务经济为主导的产业发展体系、高质量的产业创新生态体系及分工协作的产业布局⑦。对此，加快建立现代文化产业体系需积极借鉴欧美发达国家文化产业成功之处，大力促进中国文化产业的健康发展。贺俊和吕铁强调，现代产业体系概念的提出应在概括典型案例的

---

① Hou, C. -E., et al., "Does CSR Matter? Influence of Corporate Social Responsibility on Corporate Performance in the Creative Industry", *Annals of Operations Research*, Vol. 278, No. 1-2, 2019, pp. 255-279.

② Carlton, N. R., "Digital Culture and Art Therapy", *The Arts in Psychotherapy*, Vol. 41, No. 1, 2014, pp. 41-45.

③ 向晓梅：《着力构建现代产业体系》，《港口经济》2008年第9期。

④ 陈建军：《关于打造现代产业体系的思考——以杭州为例》，《浙江经济》2008年第17期。

⑤ 高嘉琪、解学芳：《"智能+"时代健全现代文化产业体系研究》，《中国特色社会主义研究》2021年第3期。

⑥ 张明哲：《20世纪90年代以来欧洲经济增长研究》，博士学位论文，中国社会科学院大学，2010年。

⑦ 赵霄伟、杨白冰：《顶级"全球城市"构建现代产业体系的国际经验及启示》，《经济学家》2021年第2期。

基础上对产业结构概念的理论内涵和外延进行阐释①。中国建立现代文化产业体系需加快建立现代文化企业制度，完善董事会、监事会的功能，发挥独立董事作用②，并逐步健全现代文化产业体系，这是文化产业高质量发展的首要问题③。实际上，现代文化产业体系与数字化息息相关，而数字化意味着将非数字物体（如书籍、照片、文物）转换成数字形式，即新型业态④，数字化正成为文化领域以及创意领域最显性的特征，并且数字化还重新定义了文化与科技、创意及其社会基础之间的关系⑤，赋予了现代文化产业体系的数字化特征。

现代化产业体系建设应保持敬畏之心，敬畏发展规律、敬畏市场⑥。全球化导致全新的产业分工格局，然而发展中国家无法通过国际分工实现自然的产业升级，对此葛志娟提出应推动"人才新政30条"，串联产业、企业、平台、项目，更加精准高效地协同创新⑦。为加强现代文化产业体系的重要基础设施保障，应充分发挥合作创新平台的支撑和引领作用，吸引创新资源集聚⑧。实际上，现代文化产业体系与文化市场体系是相互促进的有机整体，应在多元企业主体高质量发展、统筹政府与市场关系的基础上实现协同发展⑨。

从中国区域现代文化产业体系的建设来看，不同地区的文化产业战略布局为其提供了强有力支撑。党的十八届三中全会在关于文化改革发

---

① 贺俊、吕铁：《从产业结构到现代产业体系：继承、批判与拓展》，《中国人民大学学报》2015年第2期。
② 孟东方：《现代文化产业体系的政策效应、问题及发展对策》，《中国行政管理》2018年第12期。
③ 金元浦：《新时代文化创意产业高质量发展》，《中国商界》2019年第1期。
④ Preuss, U., "Sustainable Digitalization of Cultural Heritage—Report on Initiatives and Projects in Brandenburg", *Sustainability*, Vol. 8, No. 9, 2016, p. 891.
⑤ Pecourt Gracia, J., and Rius-Ulldemolins, J., "Digitalization of the Cultural Field and Cultural Intermediaries: A Social Critique of Digital Utopianism", *Revista Española De Investigaciones Sociológicas*, Vol. 162, 2018, pp. 73-89.
⑥ 殷庆坎：《深化产业体系现代化建设》，《浙江经济》2019年第20期。
⑦ 葛志娟：《厚植现代产业体系发展新动能》，《唯实》2019年第10期。
⑧ 陈思琪、尚鸿雁：《从经济学角度看文化产业体系改革》，《艺术科技》2016年第6期。
⑨ 潘爱玲、王雪：《现代文化产业体系与市场体系协同发展的机制和路径研究》，《华中师范大学学报》（人文社会科学版）2021年第1期。

展的新部署中指出，要把粤港澳大湾区的文化产业作为国家发展战略的重要内容。王林生提出，粤港澳大湾区文化产业的发展需要深化区域文化共识，深化产业结构调整，深化产业载体支撑[①]。但粤港澳大湾区与国际湾区即纽约湾区、旧金山湾区、东京湾区相较，在产业结构上处于全球文创产业价值链后端[②]，应建立创新发展模式，推出保障性政策缓解消费矛盾，划分城市功能区，与珠三角城市群加强创意流通[③]。粤港澳大湾区文化科技融合呈现出高水平、高科技、高效能的特点，亟须深入推进粤港澳大湾区文化科技融合，走出一条具有中国特色的文化科技融合之路[④]。此外，推动文化市场区域合作与一体化是健全现代文化产业体系和市场体系的重要内容[⑤]，长江三角洲区域一体化发展上升为国家战略，形成了创新引领的区域产业体系和协同创新体系；而且长三角文化产业政策体系不断完善，文化产业集群日渐形成，产业规模持续增长[⑥]。周锦和顾江认为，城市群文化产业一体化发展要充分发挥产业关联、文化资源共享、创新技术共生等优势，以一体化创新生态系统推动资源优化整合与联动发展[⑦]。当前，全球正处在数字技术与创意历史性交会拐点上，现代科技正引发一场全新的文化产业变革，揭开了文化产业新的竞争制高点，也为现代文化产业体系研究提供了新视野。

（二）现代文化产业体系：源于国际竞争力的探究

文化产业竞争力命题是健全现代文化产业体系的重要构成，是全球化进程中的重要表现。知识经济环境下物质经济向非物质经济的全球性

---

[①] 王林生：《现代文化市场体系：粤港澳大湾区文化产业高质量发展的路径与方向》，《深圳大学学报》（人文社会科学版）2019年第4期。

[②] 臧志彭、伍倩颖：《世界四大湾区文化创意产业结构演化比较——基于2001—2016年全球文创上市公司的实证研究》，《山东大学学报》（哲学社会科学版）2019年第1期。

[③] 意娜：《宜居宜业宜游：粤港澳大湾区文化产业发展的国际视野》，《深圳大学学报》（人文社会科学版）2019年第3期。

[④] 杨睿博、刘伟：《粤港澳大湾区文化科技融合发展动因与路径分析》，《科技管理研究》2020年第20期。

[⑤] 郭新茹、陈天宇：《长三角文化市场区域合作与一体化路径研究》，《江苏社会科学》2020年第2期。

[⑥] 解学芳、臧志彭：《"互联网+"时代文化产业上市公司空间分布与集群机理研究》，《东南学术》2018年第2期。

[⑦] 周锦、顾江：《城市群文化产业一体化发展的机理、绩效与路径——长三角、京津冀和珠三角的比较分析》，《江海学刊》2021年第3期。

战略转变使大力发展文化产业成为国际社会广泛的战略选择和国际战略竞争新形态[1]。文化产业包括物质、精神、制度等多种形态，涵盖哲学、人类学、社会学等众多学科并且对人类的行为和发展至关重要[2]。欧美文化产业强国在全球的文化产业贸易中强力推进其思想观念和政治主张，进一步加强了对文化产品输入国的文化影响[3]。郭瑾指出，国家软实力在思维与认知层面具有渗透性和影响力，能够跨越地域、种族和历史对人类的生活方式和思维模式加以解构、重塑，其在全球竞争力中具有无可比拟的作用[4]。张小平认为，当代文化帝国建立了输出型的文化产业体系，文化输出面向大众，且其意识形态总是以更加隐蔽的方式呈现[5]，而产业集群具备天然的横向扩张和纵向扩展的内在动力机理，集群与产业的反哺有助于提升中国文化产业竞争力[6]。由此可见，在全球化进程中提升文化产业竞争力是健全现代文化产业体系的要义。

互联网技术主导的现代文化产业体系决定了国家文化软实力。"网络文化流"加剧了异质文化的冲突，是强势网络文化对弱势网络文化的挤压[7]。以美国为代表的西方民主思想、价值观念相结合的"文化流"在中国表现为对西方思维方式无意识地认同，催生了文化霸权主义，造成对人类文化多样性和文化生态多元和谐的破坏[8]。与此同时，部分发达国家利用先进的科技手段和强大的媒体影响力，凭借开放、高效的融媒体传播渗透其文化和价值观，使中国的政治文化安全受到威

---

[1] 胡惠林：《中国文化经济学：历史、现状与特点》，《福建论坛》（人文社会科学版）2017年第12期。
[2] Raeff, C. et al., "The Concept of Culture: Introduction to Spotlight Series on Conceptualizing Culture", *Applied Developmental Science*, Vol. 24, No. 4, 2020, pp. 1-4.
[3] 花建：《新视听技术与文化产业的新业态》，《同济大学学报》（社会科学版）2019年第1期。
[4] 郭瑾：《发展数字文化产业与我国软实力提升研究——以TikTok为例》，《山东社会科学》2021年第5期。
[5] 张小平：《习近平生态文明思想的马克思主义哲学意蕴》，《中国社会科学报》2019年5月14日第8版。
[6] 康小明、向勇：《产业集群与文化产业竞争力的提升》，《北京大学学报》（哲学社会科学版）2005年第2期。
[7] 解学芳、臧志彭：《"互联网+"背景下的网络文化产业生态治理》，《科研管理》2016年第2期。
[8] 蔡武进：《我国文化治理的理论意涵及现实经验》，《文化软实力研究》2019年第5期。

胁，优秀传统文化受到冲击①。对于中国文化产业而言，其处于全球价值链末端的位置制约了文化产业国际竞争力与影响力的提升，加快助推其迈向全球价值链上游是新时期现代文化产业体系健全的重要目标②。由此，胡正荣提出以全媒体为基础建设国际传播体系、以"一国一策"为原则设计国际传播方案、以精准化为特征追求国际传播效果三个具体实施性的措施来应对文化产业全球竞争中出现的种种被动性问题③，同时积极推动文化资源与数字技术相互融合，促使其由静态优势向动态优势转换④。可见，将关于现代文化产业体系的研究放在国家文化安全的高度上更具战略要义。

在文化产业国际化的进程中，创意阶层形成。Lin认为，后工业城市通过聚集大量创意阶层升级产业迈向创意城市⑤，由此创意人才⑥、创意阶层与经济的关系⑦被广泛探讨；Radomska等认为，文化产业相关企业面临创新性和创造性相关压力，提升创意阶层参与感至关重要⑧。俞晓妮和贾婷君强调，文化自信建立在创意阶层对中华民族文化的认知和运用基础上，发挥创新创意深入挖掘和阐释中华文化是实现文化强国的重中之重⑨。文化自信是增强中华民族文化软实力的源泉与动力，文

---

① 张文元、范青：《融媒体时代维护我国文化安全的路径研究》，《理论月刊》2021年第9期。

② 高嘉琪、解学芳：《"智能+"时代健全现代文化产业体系研究》，《中国特色社会主义研究》2021年第3期。

③ 胡正荣：《国际传播的三个关键：全媒体·一国一策·精准化》，《对外传播》2017年第8期。

④ 蓝庆新、窦凯：《全球价值链视角下的中美贸易摩擦分析》，《经济社会体制比较》2019年第5期。

⑤ Lin, C.-Y., "Emerging Challenges of an Urban Creative Economy: Reflections on the Governance of Creative Clusters in Taipei City", *European Planning Studies*, Vol. 26, No. 2, 2018, pp. 421-437.

⑥ Sánchez-Moral S., et al., "Interregional Mobility of Talent in Spain: The Role of Job Opportunities and Qualities of Places during the Recent Economic Crisis", *Environment and Planning A: Economy and Space*, Vol. 50, No. 4, 2018, pp. 789-808.

⑦ Florida, R., "The Creative Class and Economic Development", *Economic Development Quarterly*, Vol. 28, No. 3, 2014, pp. 196-205.

⑧ Radomska. J., et al., "The Impact of Trust on the Approach to Management—A Case Study of Creative Industries", *Sustainability*, Vol. 11, No. 3, 2019, p. 816.

⑨ 俞晓妮、贾婷君：《关于加快实施文化产业发展规划的对策建议》，《第十六届沈阳科学学术年会论文集》（经管社科），2019年。

化产业是增强文化自信的重要载体①。从国际角度来看，文化资本的流动性要求文化产业的战略格局必将面向国际。但中国文化产业实现国际化发展面临巨大挑战，如政治、文化、宗教、民俗等多重壁垒②。由此，应加大对优势新兴文化科技企业海外拓展的扶持力度，推动文化出口重点企业和项目的评价体系建设；培育一批具有国际竞争力的外向型文化科技企业以及具有核心竞争力的文化科技品牌；并在现代化水平、协同发展、需求导向和科技支撑等方面发挥现代文化市场的基础性作用③。范建华和秦会朵强调，要以内容为王、技术为翼、创新为核统筹市场，有效推进文化产业高质量发展④。可见，现代文化产业体系的健全蕴含了国家文化自信的建构，意味着走向国际主流文化市场。

（三）现代文化产业体系：源于政策推进

文化产业发展日新月异、对国民经济增长的贡献率不断上升，逐渐成长为国民经济战略支柱产业。党的十七届六中全会提出要构建现代文化产业体系，形成公有制为主体、多种所有制共同发展的文化产业格局，这标志着文化产业的发展格局和产业体系更加科学，建设社会主义文化强国要提高文化产业发展效率、实现自身结构的战略性调整⑤。新时期现代文化产业体系已从"整体性建构"向"不断健全"的战略定位跃迁⑥。《国家"十三五"时期文化发展改革规划纲要》指出文化是国家强盛的重要支撑，坚持"两手抓、两手都要硬"，推动物质文明和精神文明协调发展，繁荣发展社会主义先进文化。党的十九大报告提出要"健全现代文化产业体系和市场体系，创新生产经营机制，完善文化经济政策，培育新型文化业态"，意在以更多更好的精神食粮促进文

---

① 齐骥、张笑天：《文化自信视角下文化产业的思想理路与创新路径》，《理论月刊》2021年第7期。
② 韩立民、臧一哲：《中国文化产业国际发展与战略选择——从地缘环境视角出发》，《西南民族大学学报》（人文社会科学版）2019年第12期。
③ 陈鑫、张苏缘：《文化与科技融合背景下江苏文化产业结构升级与路径选择》，《文化产业研究》2019年第3期。
④ 范建华、秦会朵：《"十四五"我国文化产业高质量发展的战略定位与路径选择》，《云南师范大学学报》（哲学社会科学版）2021年第5期。
⑤ 范周：《文化解读政府工作报告》，《社会科学报》2019年3月14日第6版。
⑥ 解学芳、雷文宣：《"智能+"时代的现代文化产业体系：挑战与重塑》，《深圳大学学报》（人文社会科学版）2021年第4期。

化产业的健康发展①。党的二十大报告强调要"健全现代公共文化服务体系，实施重大文化产业项目带动战略"。可见，一系列的文化产业政策措施将现代文化产业体系建设推向高速发展阶段。

随着互联网技术的发展，国家出台了一系列政策鼓励"互联网+文化"，推动中国文化产品和服务趋向数字化、网络化②。现代文化产业体系的形成是伴随互联网等新技术和网络社会崛起时代的有机结合，文化产品和服务更具生命力与竞争力。在国家战略布局上，文化新基建为文化发展搭建了底层体系架构，在数字化战略和多重产业政策红利刺激下，数字文化产业投融资渐趋活跃，资本介入下的文化科技融合力度空前加大③。在中国经济由"高速增长阶段"转向"高质量发展阶段"的过程中，文化产业创意性、引领性、低消耗、可持续等特点适应了中国经济发展对高质量变革、效率变革、动力变革的要求。由于文化产业集经济与意识形态于一体，容易与其他产业及新技术融合，可以同时促进其他产业以及文化产业的共同发展④。在健全现代文化产业体系的过程中，关键是处理好"政府"与"市场"之间的关系；而文化产业发展在步入新常态后保持高速发展，助力经济结构整体转型升级，就必须实现跨越式发展。

从区域文化产业政策来看，制度建设对文化产业的推进作用更为明显。2018年，中共湖北省委、省政府出台了《关于加快全省文化产业高质量发展的意见》，提出培育一批核心竞争力强的文化企业，打造一批有较强影响力的文化品牌，推动文化产业成为湖北省国民经济支柱性产业，到2025年底，建立完善的现代文化产业体系和市场体系⑤。湖北省"十四五"规划以"一主引领、两翼驱动、全域协同"的区域发展

---

① 马保青、计毅波：《习近平新时代文化建设工作的重要论述研究》，《大理大学学报》2019年第3期。
② 陈东、周锦：《新时代发展文化产业的意义与策略》，《中国国情国力》2018年第6期。
③ 范玉刚：《常态化疫情防控下文化产业发展的思考》，《理论视野》2021年第6期。
④ 解学芳、臧志彭：《"互联网+"时代文化上市公司的生命周期与跨界演化机理》，《社会科学研究》2017年第1期。
⑤ 黄永林：《新中国70年我国农村文化的历史变迁》，《贵州师范大学学报》（社会科学版）2019年第5期。

布局，着力于树立文化品牌与荆楚特色[1]。2019年，四川省印发《建设文化强省中长期规划纲要（2019—2025年）》，提出文化建设在"五位一体"总体布局中的作用更加凸显，文化强省建设和经济强省建设相互促进，实现文化建设由"大"到"强"的根本转变，使文化产业竞争力显著增强，现代文化产业体系更加完善[2]。由此可见，区域文化产业发展规划与完善现代文化产业体系实现了协同推进。

## 二 研究进展：人工智能与现代文化产业体系的联动研究

从人类文明发展的角度来看，每一次科学技术的跨越式发展都推动着人类文明向前迈步，印刷术、蒸汽机以及互联网技术、人工智能技术，均对文化产业创新产生巨大影响。近年来，社会学家、科学家纷纷预测智能机器何时超越人类，斯坦福大学的研究员认为人类级别的AI（human-level AI）将于21世纪出现[3]，人工智能技术的发展将成为未来产业建设发展的风向标。在此背景下，现代文化产业体系的构建与健全需要和人工智能技术长足发展实现联动，即开展前瞻性研究对推动人工智能与现代文化产业体系的高质量发展至关重要。

### （一）AI时代崛起与现代文化产业发展契机

美国著名历史学家威廉·麦克高希在《世界文明史：观察世界的新视角》一书中以"文化技术"的概念来界定世界文明史[4]，发现现实的真实本质可能最终取决于掌握人类理解的本质[5]。机器人研究所的首席科学家莫拉维克指出，人工智能正将宇宙中的一切输送到赛博空间的计算中，在技术同一性中表征所有存在的统一性，机器智能与人类融合时刻正悄然到来。放眼世界，美国在2016年5月成立人工智能委员会，并出台《国家人工智能研发战略规划》；韩国在2014年发布《第二个

---

[1] 周宇等：《转型与赋能："十四五"时期文化产业高质量发展路径研究——以湖北省为例》，《学习与实践》2021年第8期。

[2] 蹇莉、杜唐丹：《文化强省建设视域下四川文化产业的发展路径》，《新西部》2019年第19期。

[3] McCarthy, J., "From Here to Human-Like AI", *Artificial Intelligence*, Vol. 171, No. 18, 2007, pp. 1174-1182.

[4] ［美］威廉·麦克高希：《世界文明史：观察世界的新视角》，董建中、王大庆译，新华出版社2003年版。

[5] Paulson, S., et al., "Human Cognition and the AI Revolution", *Ann. N. Y. Acad. Sci.*, Vol. 1458, 2019, pp. 26-43.

智能机器人总体规划（2014—2018）》，并于 2015 年成立 AI Star Lab①；英国于 2016 年 12 月颁布《人工智能：未来决策制定的机遇与影响》等。可见，发达国家把发展人工智能作为提升国家竞争力的重大战略，人工智能已成为人类历史发展重要风口。谷歌的 Ray Kurzweil 在"The Singularity is Near"提出"加速回报定律"，预测技术创新呈现指数级增长，当机器智能企及人类智能水平转折性的"奇点"（Singularity）时就会实现递归式自我改进的螺旋式提升，成为"超级智能"（Super intelligence），无限超越所有人类智能的总和，带来无限想象空间②。国际维度人工智能规划的出台以及各国对其高度重视说明，中国现代文化产业体系的健全研究不能忽略人工智能未来在其中发挥的重要作用。

在一定程度上，人工智能技术的大规模应用有助于赋能文化领域，将人从重复性劳动中解放出来，从而为文化、智力和社会追求腾出更多的空间，出现更多有趣和有益的工作③。与此同时，人工智能技术将取代移动互联网成为未来最大的发展与投资机会。人工智能伴随着超级计算和大数据技术而快速发展，人工智能可用于管理决策甚至取代人类决策者④。然而，人工智能在为人类带来福祉、为经济和社会带来贡献的同时，也带来了各种新的道德、法律、社会和技术挑战⑤。国际人工智能技术合作阻力加大、缺乏顶层协调机制、隐私泄露等问题逐渐凸显⑥，也为人工智能赋能现代文化产业体系建设带来诸多发展瓶颈。

---

① 臧志彭、解学芳：《人工智能时代文化产业主流价值传播：重塑与建构》，《毛泽东邓小平理论研究》2019 年第 4 期。

② 解学芳：《人工智能时代的文化创意产业智能化创新：范式与边界》，《同济大学学报》（社会科学版）2019 年第 1 期。

③ Floridi, L., et al., "AI 4People—An Ethical Framework for a Good AI Society: Opportunities, Risks, Principles, and Recommendations", *Minds and Machines*, Vol. 28, No. 4, 2018, pp. 689-707.

④ Duan, Y., et al., "Artificial Intelligence for Decision Making in the Era of Big Data - Evolution, Challenges and Research Agenda", *International Journal of Information Management*, Vol. 48, 2019, pp. 63-71.

⑤ Thiebes, S., et al., "Trustworthy Artificial Intelligence", *Electron Markets*, Vol. 31, 2021, pp. 447-464.

⑥ 张鑫、王明辉：《我国人工智能发展的现状、问题与促进政策》，《发展研究》2019 年第 8 期。

## (二) AI 算力与现代文化产业体系创新

人工智能针对算法的革命在于对现有体系的不断优化，实际上，算力设施是科技创新的重要支撑[1]。人工智能算法不少，然而如决策树、逻辑回归、蚁群算法、元学习等经得起实践考验的经典算法有限[2]。计算机可以根据用户的点击率、关注热点类型进行收集分析，同时结合其地理位置、关系数据、兴趣数据等关联信息形成和优化用户画像，提供内容的精确化、智能化推送服务。栾轶玫指出，人工智能还可以通过图像识别、情感识别等，基于情感识别的内容推荐算法，建立内容与用户的链接[3]。此外，AI、ICT 和机器人领域的研究人员开始认真讨论伦理问题[4]，反思如何负责任地使用 AI[5]，强调赋予 AI 伦理原则不可或缺，亟须对 AI 进行法律规约[6]，这对科学审视现代文化产业体系发展至关重要。

大数据、算法、算力的进步与提升，以及网络设施的演进驱动人工智能与文化产业融合进入新阶段。以人工智能技术为代表的一系列科技创新属于集聚创新，能够推进技术与文化资源融合，重塑文化创意过程，而新基建时代需要以 AI 芯片填补算力需求[7]。智能设备依托其强大算力，促使人机交互体验升级[8]。实际上，由文化内容的作者、出处、权利人的立场、定价、所有权、经销商及持牌人等生产信息构成的元数据为基础的大数据成为文化产业模式创新的重要技术支撑[9]，特别是互联网、手机和移动智能终端等应用带来文化产业的生产数字化、传

---

[1] 王涛：《算力设施支撑创新发展》，《张江科技评论》2020 年第 3 期。

[2] 陶阳明：《经典人工智能算法综述》，《软件导刊》2020 年第 3 期。

[3] 栾轶玫：《人工智能时代媒介叙事新特征》，《视听界》2018 年第 4 期。

[4] Gunkel, D. J., *The Machine Question: Critical Perspectives on AI, Robots, and Ethics*, Massachusetts, Cambridge. MA, The MIT Press, 2012, pp. 1-2.

[5] Bruneault, F., and Laflamme, A. S., "AI Ethics: How can Information Ethics Provide a Framework to Avoid Usual Conceptual Pitfalls? An Overview", *AI & Society*, Vol. 36, No. 3, 2021, pp. 757-766.

[6] Robles Carrillo, M., "Artificial Intelligence: From Ethics to Law", *Telecommunications Policy*, Vol. 44, No. 6, 2020.

[7] 刘京运：《地平线：新基建时代，以 AI 芯片填补算力需求》，《机器人产业》2020 年第 3 期。

[8] 解学芳、陈思函：《5G+AI 技术群驱动的文化产业新业态创新及其机理研究》，《东南学术》2021 年第 4 期。

[9] 房晓楠：《AI 算力迎来发展新机遇》，《机器人产业》2020 年第 3 期。

播网络化、消费信息化等特征[1]。赋能性技术创新与利用科技转化文化创意，以及内容创意创新与人工智能等数字技术的融合和产品创新是新时代的特点[2]；而大数据技术与智能运算实现了广告投放对象的精准定位、投放过程的精准可控、广告效果的精准可估。诸此研究对推动现代文化产业体系的完善与可持续创新具有重要现实意义。

（三）AI技术颠覆媒体产业链

人工智能技术加速现代媒体生态的转变。沿着媒体价值链，人工智能正在快速颠覆信息采集、内容编写、分发、审核与监测的方式，重构传统媒体产业生态系统[3]。麦克卢汉曾提出著名的传播学观点"媒介是人的延伸"，但人工智能不是人类肢体的延伸，而是颠覆并重构了人与媒体、人与信息的关系以及媒体生态，使媒体从"众媒"向"智媒"转变[4]。智媒体通过大数据了解产品与用户的多种数据，改善新闻信息产品的经营和管理[5]；而且智能媒体推动不同媒体专业之间展开密切合作，实现了商业思维与受众的互动[6]。即使党媒欲在移动互联网时代成为新型主流媒体，也必须以技术引领，加快媒体的智能化改造，向智媒体转变[7]。"人工智能+媒体"成为传统媒体转型、新媒体异军突起的重要手段，机器人写稿、中央厨房等纷纷落地[8]。与人工分发相比，智媒体在分发过程中的优势有四点。一是智能分发的范围持续扩大，通过分析用户的行为数据提取结构化信息，发现有潜力的内容。人工智能时代的碳基人类具备灵巧性和认知能力，有能力完成精准任务，硅基机器则可通过自动化有效执行重复、非人体工学的任务，能力上的互补为人机

---

[1] 陈洪等：《数字创意产业：实现从无到有的突破》，《中国战略新兴产业》2017年第1期。
[2] 李凤亮、潘道远：《文化自信与新时代文化产业的功能定位》，《深圳社会科学》2018年第1期。
[3] 解学芳、张佳琪：《AI赋能：人工智能与媒体产业链重构》，《出版广角》2020年第11期。
[4] 谢国明：《价值为魂 创新为用——关于媒体融合的思考》，《中国报业》2018年第1期。
[5] 柳斌杰：《推动媒体融合走向纵深发展》，《传媒》2019年第19期。
[6] 李燕临、马宁宇：《人工智能浪潮下的传播变革与媒体转型研究》，《中国广播电视学刊》2019年第1期。
[7] 马正红、吴晓亮：《打造未来媒体中心，推动城市党报占据传播制高点——以无锡日报报业集团的实践为例》，《新闻战线》2019年第23期。
[8] 董向慧等：《"人工智能+媒体"蕴含的风险及对策》，《新闻战线》2018年第13期。

协同提供了动力①。二是提升了媒介传播的时空体验与感官体验，通过虚拟现实（VR）和增强现实（AR）技术实现场景重构与人机交互，用户在沉浸式环境中实现从"二维"向"三维"跨越。三是 AI 建构的知识图谱改变了用户对媒体的认知，人工智能自动推送适应不同认知水平人群的内容，既符合用户的认知逻辑，也塑造了用户获取信息的方式。四是人工智能能够实时监测各类新闻事件、社交媒体信息的真实性，通过大数据轨迹找到信息的原始出处，交叉比对判断真实性，保证了传播新闻信息的严肃性②。可见，人工智能技术打造的智媒体颠覆了传统媒体产业链，塑造了更加契合现代文化产业体系发展的智媒体生态。

传感器新闻是智媒体新兴行业的重要应用。智媒体时代，人工智能颠覆了传统的信息采集方式。梁辰和李萍指出，在传感器技术应用的基础上，一切智能终端都能成为信息的采集者和传播者③。在传感器的应用下，物联网的实时信息成为媒体报道的重要消息来源④。传感器采集的信息主要有两类数据，一类是从智能手机、智能可穿戴设备收集的用户数据，如运动数据、地理定位等⑤；另一类是利用 GPS、无人机的图像传感等功能收集的环境数据，如气温、空气质量等信息⑥。智媒体因人工智能技术的嵌入而更具技术特征，VR、大数据、区块链、5G 等越来越多的科技成果应用到传媒领域，推动媒体的智能化发展⑦。人工智能基于数据科学、分析和机器学习算法，可以实现新闻的自动创建以及文本和字幕辅助分析。此外，还有学者对智能时代的政治和技术的冲突问题、不平等问题和隐私问题进行反思等⑧；而且智媒体时代的虚假信

---

① Mukherjee, D., et al., "A Survey of Robot Learning Strategies for Human-Robot Collaboration in Industrial Settings", *Robotics and Computer-Integrated Manufacturing*, Vol. 73, 2022, 102231.
② 王梦娇：《AI：智媒时代的"把关人"》，《中国记者》2019 年第 3 期。
③ 梁辰、李萍：《智媒时代的新闻生产》，《青年记者》2019 年第 17 期。
④ 解学芳、陈思函：《5G+AI 技术群驱动的文化产业新业态创新及其机理研究》，《东南学术》2021 年第 4 期。
⑤ 逄淑宁：《移动智能穿戴设备产业发展状况及趋势》，《电信技术》2015 年第 4 期。
⑥ 喻国明等：《智能化：未来传播模式创新的核心逻辑——兼论"人工智能+媒体"的基本运作范式》，《新闻与写作》2017 年第 3 期。
⑦ 黄亚楠：《数字技术引领传媒产业智能化升级》，https://www.cssn.cn/skgz/bwyc/202208/t20220803_5453843.shtml，2019 年 7 月 29 日。
⑧ Mark, R., and Anya, G., "Ethics of Using Smart City AI and Big Data: The Case of Four Large European Cities", *ORBIT Journal*, No. 2, 2020, pp. 1-36.

息比真实信息传播得更快、更广泛，因为机器人会加速虚假信息的传播速度[1]。这意味着下一阶段智媒体领域的伦理反思与制度建设将是重要理论课题，也是现代文化产业体系建设的重要内容。

### 三 研究趋向："智能+"时代现代文化产业制度创新研究

在"智能+"新时期，文化经济政策会受到人工智能技术的牵引和影响，而技术与制度的协同创新有助于整合产业资源、完善产业结构，推动文化产业持续创新发展[2]。智能化技术与文化产业在深度融合中促进了文化产业内部结构的调整升级，催生了许多文化产业新模式和新业态[3]。同时，随着计算机深度学习能力的不断提升，人工智能在生产生活中的应用范围不断扩大，其引发的政策伦理问题也应被关注[4]。

#### （一）智能技术与制度的协同带来现代文化产业体系新发展

智能技术与制度协同产生的叠加非线性效用将会促使文化产业的内涵和外延得到同步发展，进一步凸显文化产业的整体性和动态性[5]。从总量来看，中国文化产业取得巨大成就，不仅总体规模扩大、市场主体增加、消费层级提升，也衍生出一系列的智能文化产品[6]。在"两个一百年"的历史交汇期，文化新业态的发展将为巩固既有成果、抢占新的发展点提供战略语境，而以数字技术为基础的文化新业态为新旧动能转化、文化产业高质量发展提供动力[7]。在技术的牵引下，中国文化政策从功能界定、战略制定、管理方式多方位演进，文化市场的主体活力

---

[1] Vosoughi, S., et al., "The Spread of True and False News Online", *Science*, Vol. 359, No. 6380, 2018, pp. 1146-1151.

[2] 解学芳：《我国文化及相关产业统计问题的审视与优化》，《文化产业研究》2017年第2期。

[3] 解学芳、雷文宣：《"智能+"时代的现代文化产业体系：挑战与重塑》，《深圳大学学报》（人文社会科学版）2021年第4期。

[4] 邱语桐：《关于人工智能法律政策问题的思考》，《法制博览》2019年第23期。

[5] 解学芳、盖小飞：《技术创新、制度创新协同与文化产业发展：综述与研判》，《科技管理研究》2017年第4期。

[6] 解学芳、臧志彭：《人工智能在文化创意产业的科技创新能力》，《社会科学研究》2019年第1期。

[7] 王林生：《"十四五"时期文化新业态发展的战略语境、历史机遇与行动路线》，《行政管理改革》2021年第8期。

进一步加强,文化产业的发展潜力得到释放①。人文学科的某些领域充满了密集而复杂的相互联系②,而数字技术在研究方法和结果方面都是创新的驱动力量③。西方传统思想试图通过文化决定的类别和等级来理解世界,而新技术的出现实际上给文化产业以全新的表达形式——新的分析能力和新的表达格式,从而建构起技术与制度协同视角下对现代文化产业发展的审视。

(二)"智能+"时代的现代文化产业政策

大数据相关技术、产业、应用改变着国际经济分工、人类生活方式以及理解方式,对于积极开展立法并实施推动性政策等问题,国际层面已经达成了共识④。在人工智能被提升为国家发展战略的同时,各地方政府积极布局其产业化发展⑤。人工智能参与越来越多的决策,其身份逐步由被动工具转变为人类代理者,也引发了对人工智能伦理的思考,即新时代背景下,人工智能的产业化应用需要建立新的伦理范式,将人类社会的伦理规范延伸到智能机器⑥。在政策方面,陈小亮和陈彦斌从避免量化目标、加强关键领域研发、出台功能性政策三个方面为人工智能的健康发展营造良好环境⑦。此外,文化产业政策与意识形态息息相关,"文化"产业化发展,商品化文化体系的扩展越来越倾向于通过适应系统自身的需求来吸收严肃文化,从而扩大控制范围并形成主流意识形态⑧。

---

① 雷杨、王琳慧:《新中国 70 年以来文化政策的演进浅析》,《渭南师范学院学报》2019 年第 9 期。

② Brown, S. Visualizing, "Varieties of Association in Orlando", *Journal of the Chicago Colloquium on Digital Humanities and Computer Science*, Vol. 1, No. 1, 2009, pp. 1–5.

③ Jones, S., "When Computers Read: Literary Analysis and Digital Technology", *Bul. Am. Soc. Info. Sci. Tech.*, Vol. 38, No. 4, 2012, pp. 27–30.

④ 李清芳:《大数据、人工智能、数字挖掘技术及其管理政策:不足与改进》,《职业》2019 年第 28 期。

⑤ 刘航、张建勋:《我国东中西部人工智能产业政策及发展对比研究》,《科技和产业》2019 年第 9 期。

⑥ 谢洪明等:《如何认识人工智能的伦理冲突?——研究回顾与展望》,《外国经济与管理》2019 年第 10 期。

⑦ 陈小亮、陈彦斌:《发展人工智能的产业政策存在的问题与调整思路》,《人文杂志》2019 年第 11 期。

⑧ Adorno, T. W., *The Culture Industry: Selected Essays on Mass Culture*, London: Routledge, 1991, p. 160.

解学芳和申林针对"智能+"时代文化产业制度建设的三大不匹配问题进行了系统探究,强调要加快功能性政策、伦理政策、监管政策、知识产权政策等制度创新进程,将制度优势转化为发展效能,是新时期驱动现代文化产业体系不断健全的关键[1]。

(三) 文化产业领域的人工智能风险控制

人工智能赋能是文化产业的机遇,移动互联网、区块链和AI等现代科技革命加速了文化产业的数字化、信息化和智能化,但同时带来了潜在的人文风险。人工智能的智能化生产存在服务中的性别歧视[2]、算法推荐系统的阶级歧视[3]、差异化定价的价格歧视[4]等问题。张书勤认为,人工智能赋能文化产业的风险表现在内容质量的不过关、用户隐私的侵权和版权立法的空白[5]。2017年,国务院印发的《新一代人工智能发展规划》提出了人工智能发展的制度安排以及九条主要原则,符合国际社会的基本共识。为了平衡甄别防范风险与保护人工智能开发的积极性,不能简单地加大硬法的惩戒力度,而是要更多地采取软法方式[6];同时处理好政府与市场、经营者与消费者、分配与发展、风险防控与信息用益等多种复杂关系,从而促进人工智能产业的健康发展和经济目标战略性调整[7]。此外,人工智能的介入也给文化产业发展带来了挑战,包括失业恐惧和伦理焦虑、知识鸿沟和信息茧房、数据安全和知识产权隐患,针对这些挑战,要在技术进步的过程中加强人才培养,并对数据进行规范、加大监管力度[8]。在打造人工智能高地时应聚焦人工

---

[1] 解学芳、申林:《"智能+"时代现代文化市场体系的制度创新》,《南京社会科学》2021年第6期。
[2] Sweeney, L., "Discrimination in Online Ad Delivery", *Communications of the ACM*, Vol. 56, No. 5, 2013, pp. 44–54.
[3] Dalenberg, D. J., "Preventing Discrimination in the Automated Targeting of Job Advertisements", *Computer Law & Security Review*, Vol. 34, No. 3, 2018, pp. 615–627.
[4] 王潺:《"大数据杀熟"该如何规制?——以新制度经济学和博弈论为视角的分析》,《暨南学报》(哲学社会科学版) 2021年第6期。
[5] 张书勤:《AI赋能文化产业的管理制度创新研究》,《出版广角》2020年第6期。
[6] 季卫东:《人工智能开发的理念、法律以及政策》,《东方法学》2019年第5期。
[7] 李良成、李莲玉:《目标—工具—产业链三维框架下人工智能政策研究》,《自然辩证法研究》2019年第10期。
[8] 张悦、王俊秋:《人工智能时代下文化产业的发展与展望》,《云南社会科学》2021年第5期。

智能健康发展,从数据治理、隐私保护、市场准入等多个维度强化制度供给,促进公共数据"应开尽开",同时让企业与机构敢于且愿意开放数据仓库①,即从数据维度控制人工智能风险,确保文化产业的健康发展。

### 四 研究述评:成果与不足

从关键词突现来看(见图1-1),现代文化产业体系的研究热点主要聚焦"现代文化产业体系""文化体制改革""发展文化产业""支柱性产业""社会主义核心价值体系""评价体系""文化产业管理""产业体系""高质量发展"九大关键词,其中开始于2019年的"高质量发展"近五年来突现强度最大,意味着近年来,粗放型发展的缺陷日益显现,现代文化产业亟须提质增效。此外,关键词共现、关键词中心性与关键词突现信息还表明,现代文化产业体系缺乏演变脉络与对策维度的研究。2020年10月党的十九届五中全会上,"健全现代文化产业体系"作为中国"十四五"时期乃至未来十五年的文化建设目标被提出,现代文化产业体系对中国经济建设和文化发展的突出意义不言而喻。

第一章

| 关键词 | 年份 | 强度 | 始 | 年 | 2011—2021年 |
|---|---|---|---|---|---|
| 现代文化产业体系 | 2011 | 3.95 | 2011 | 2012 | |
| 文化体制改革 | 2011 | 3.04 | 2011 | 2013 | |
| 发展文化产业 | 2011 | 2.79 | 2011 | 2012 | |
| 支性产业 | 2011 | 2.68 | 2011 | 2012 | |
| 社会主义核心价值体系 | 2011 | 2.58 | 2012 | 2013 | |
| 评价体系 | 2011 | 2.92 | 2014 | 2015 | |
| 文化产业管理 | 2011 | 2.51 | 2014 | 2018 | |
| 产业体系 | 2011 | 2.73 | 2017 | 2019 | |
| 高质量发展 | 2011 | 3.27 | 2019 | 2021 | |

图1-1 现代文化产业体系研究的关键词突现信息

---

① 张懿:《"张文宏们"的期待点出AI制度供给新命题》,《文汇报》2020年7月13日第1版。

综观国内外学者关于现代文化产业体系相关研究成果，有助于厘清其理论内涵与政策释义以及变迁脉络，结合技术与制度协同创新的融合趋势，从而形成对现代文化产业体系的基本判断。以"现代文化产业体系"为关键词的文献研究从2013年开始高频出现，2019年达到高峰阶段，这与国家战略规划层面对现代文化产业体系的高度重视息息相关。从图1-2以"人工智能"为关键词检索的相关研究状况来看，主要聚焦"人工智能""机器人""atrial fibrillation""atrial intellige""人工智能技术""计算机视觉""决策系统""神经网络"等诸多技术词汇，正是诸此人工智能研究的崛起，智能时代的现代文化产业体系研究才有了新视角与新内容。

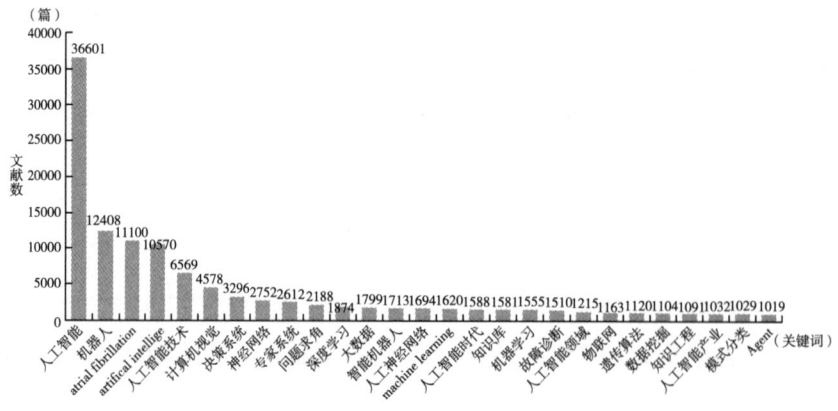

图1-2　以"人工智能"为关键词检索的人工智能相关研究

（一）研究成果

第一，现代文化产业体系形成的政策解读研究翔实有效。自党的十七大提出现代产业体系的概念之后，现代文化产业体系的相关研究也随着文化产业的繁荣应运而生。学界对现代文化产业体系的研究首先基于政策解读，同时化政策理论为实践路径，针对某一地区、某一产业的具体问题进行多维度研究，产学研相结合，涉及范围广，概念比较清晰；同时在相关的文化经济政策、文化科技政策、国际文化贸易等政策研究领域也有着丰富的研究成果。

第二,学界对文化产业技术与制度协同创新研究保持着高敏感度。学界对文化产业的研究始终处于不断更新的状态,包括研究视角、研究方法、研究内容都紧随现代科技的发展不断革新。通过综合学界对此问题的相关研究,可以梳理出文化产业的时代发展脉络——从早期国内学者对文化产业的关注到中期文化产业急速发展带来的现代产业体系的探讨,再到近年来对"智能+"时代的新科技内容(如人工智能、VR、区块链等)与文化产业协同的关注,技术与制度协同驱动文化产业发展已趋于成熟。在"智能+"时代探讨人工智能技术驱动下的现代文化产业体系,不仅要迎合智能技术创新带来的变革,充分发挥技术创新的前瞻与启发作用,还要主动打造新的制度体系来推动文化产业转型与升级,催生、引领文化产业领域的革命性变革[1]。学界对文化产业技术与制度协同创新问题保持高敏感度能够推动现代文化产业体系不断优化,强化文化产业发展的内在驱动力,促进整个社会变革。

第三,现代文化产业体系研究体现出很强的问题意识。这里的问题意识主要表现为中国文化产业的发展在全球文化市场的准确定位与客观评价。在新技术层出不穷的"智能+"时代,研究现代文化产业体系问题绝不能闭门造车,而要将眼光放至全球,基于最新发展动态与趋势来发现现行文化产业体系的不足,并挖掘出现代文化产业体系的特色与优势。总的来说,文化产业发展变迁受到技术创新、制度体系与治理能力的影响,对技术与制度协同创新演化规律的把握,有助于优化文化产业变迁路径,避免其被"锁"在无效率的变迁轨道上[2],创造良好的文化产业制度生态与精准而高效的治理体系,提升现代文化产业体系的治理能力,将文化产业推向高质量健康发展的理性轨道。由此,学界在中国文化产业国际化探索的道路上仍然需要不断前行。

(二)研究不足

第一,从研究内容来看,现有研究模式相对固化,问题意识有待与时俱进,缺乏从"智能+"时代技术与制度协同视角对现代文化产业体

---

[1] 解学芳:《基于技术和制度协同创新的国家文化产业治理》,《社会科学研究》2015年第2期。
[2] 臧志彭、解学芳:《中国网络文化产业制度创新演化研究——基于1994—2011年的实证分析》,《科学学研究》2013年第4期。

系的系统探究。一是在理论基础层面，目前的研究更加偏向于文化产业的对策性研究，缺少对于现存问题本身的基础理论系统建构，未能对现代文化产业体系与技术、制度协同创新的理论框架进行系统研究，也尚未对人工智能、区块链主导文化产业体系的趋势进行探索性研究。二是技术与制度是现代文化产业体系演进的两大核心驱动因素，这两大因素是既对立又统一的矛盾体，需要对两者进行协同研究。然而，目前国内尚缺乏基于智能技术与制度协同创新视角对现代文化产业体系进行系统研究。

第二，从研究视角来看，虽涉及领域较广，但视野还不够开阔，未能实现多领域整合与协同研究。一方面，现有研究对技术、制度两者的协同关系考虑较少，缺乏对"智能+"时代新兴文化产业健康快速发展的应有关怀；更鲜有立足技术与制度协同创新视角系统思考现代文化产业体系的研究。另一方面，研究内容从特定领域深入，缺乏与其他相关领域的跨学科协同研究。现代文化产业体系的研究涉及文化、技术、经济、法律、政策、社会、传播、治理等多维专业性层面的系统研究，需要跨学科研究的视野与丰富的实践案例支撑，以使研究层次更加饱满；但目前的研究文献视野相对单一，导致内容深入却不开放，且偏向理论概述，实际层面大多被忽视。总的来看，目前国内学界对现代文化产业体系的内涵阐释不多、缺乏理论层面的系统构建，在综合研究方面也未能突破原有框架、缺乏深入阐述。

第三，从研究方法来看，缺乏对现代文化产业体系革新速率的判断与协同创新思路的构建。综合国内外相关研究文献可以看出，近年来，有关文化产业和技术与制度协同创新的相关问题已经引起国内外学者的广泛关注。已有成果为现代文化产业体系研究提供了一个极具解释力的分析框架。但是，研究大多从单一的技术创新视角或者制度创新视角考虑文化产业发展问题；而且关于文化产业技术创新，尤其是制度创新的相关研究仍然以定性研究为主，基于权威大数据和问卷调研的定量研究与实证研究仍需加强，特别是需要基于 AI 算法、区块链新技术与大数据分析等新方法来探讨现代文化产业体系建设问题。

## 第二节 "智能+"时代现代文化市场体系研究：理论脉络及趋向

现代文化产业体系研究与现代文化市场体系研究是一体两面、不可分割的。但为了更好地系统探究现代文化产业体系的理论研究脉络，本章聚焦现代文化市场体系理论发展及进展趋向，特别是从国际化角度、政策扶持与新科技新业态三个方向切入进行系统研究，同时关注"智能+"时代现代文化市场隐忧，进而深入探讨现代文化市场及文化产业发展规律。当然，关于现代文化市场体系的理论与实践方面的研究，无法剥离现代文化产业体系的影响，由此，在研究梳理的过程中会重点突出"智能+"时代文化新业态的发展趋向，为现代文化市场体系的发展与未来趋向提供科学的理论依据。

### 一 国际化考量：全球视野中的现代文化市场体系研究

（一）国际战略要义维度的现代文化市场体系研究

现代文化市场体系研究与国家文化安全息息相关。文化全球化在文化全球整合的同时，也带来了文化冲突。全球化导致了文化圈的多元文化冲突与整合，在文化整合中亟须遵守如下原则：一是全球化中的文化应该多元兼容，齐头并进；二是文化整合在全球化过程中应保持群体性特征；三是全球化进程中文化整合应充分吸收全人类在文化群体基础上创造的优秀文化成果。而整合的结果是多元文化趋同的过程，即文化趋向于一个整体，各种文化、多种思潮相互交错，开启了世界历史的新时代[①]。全球经济一体化进程推动了中国融入全球文化市场发展格局，加速了文化治理走向全球治理。全球文化同质化与个别文化这两种相互冲突的冲动可以在一种以分散为导向的全球民主理论中加以解决，即以哈贝马斯的交往行为理论为基础，这种话语民主理论也可以运用到世界民主的视野中。但是在如今信息化和全球化的社会背景下，中国文化安全问题由于全球文化市场的流通而凸显，其中外界文化造成的渗透和变异

---

① 沈洪波：《全球文化方法与国际关系领域的文化研究》，《同济大学学报》（社会科学版）2008年第2期。

等安全威胁表现得尤为明显。究其原因，胡正荣与王润珏认为，"外源性"影响转化为"外源性"威胁的关键性内部因素是生产机制、价值内涵和传统传承三个内生性层面的不足，这三个"内生性"问题使文化建设容易受到"外源性"威胁，从而提出要建立全球化、信息化时代的文化安全观；同时作者提出维护文化安全的关键环节是传媒软力量建设，而体系、技术、人才是传媒软力量建设的核心要素，即顶层设计、技术应用与人才培养[1]。范玉刚认为，只有以国家需求为目标，将增强文化"走进去"的关键点着眼于文化贸易上，才能在更高的层面巩固国家文化安全，过度保护不利于民族文化竞争力的提升。因此，为了国家文化安全水平的巩固与提升，需要双线并行：一是提高文化市场开放程度，引进国外文化企业；二是加大国内文化市场开放力度，只有向产业链中上游进发，才能在高质量的文化贸易中维护国家文化安全[2]。综合来看，国家文化安全问题与现代文化市场体系的完善性建构逻辑相关联。

健全现代文化市场体系具有国际性战略要义。在经济一体化的背景和文化多元化的潮流下，由文化产业构成的现代文化市场已成为一种经济形态，且不再仅仅是单个国家或民族的"个体行为"，而是形成由全球共同参与运作的文化市场。在当前国际环境下，国际资本不断注入国内，同时国内竞争逐渐融入国际竞争，为顺应这一变化，中国文化产业发展必须进入全球文化品牌构建阶段[3]。特别是"一带一路"倡议的落地与"智能+"时代的到来，社会、知识、技术和人才等资本组成了新资本体系，驱动着中国文化产业不断"走出去"，进入国际文化大市场。此外，传统的资本驱动战略也顺应时代变革进行调整，从而制定和落实适合文化市场的新型资本驱动战略[4]。作为亚洲新兴经济体，中国

---

[1] 胡正荣、王润珏：《我国主流媒体智慧全媒体建设的目标与路径》，《行政管理改革》2019年第7期。

[2] 范玉刚：《提升文化贸易质量助力新时代文化"走进去"》，《湖南社会科学》2020年第2期。

[3] 刘金祥：《文化市场已进入"第三代竞争"》，《环球时报》2019年7月23日第15版。

[4] 阳海洪、康晨慧：《"一带一路"背景下湖南文化产业走出去新型资本驱动战略》，《湖南工业大学学报》（社会科学版）2019年第5期。

极大地冲击着原有世界经济板块,但其市场地位尚难以匹配世界大国地位,文化产业发展战略格局与中国地缘环境地位也难以适应[①]。范玉刚指出,"全球化"以"文化化"的姿态呈现,文化成为全球化的新引擎,面对西方文化产品的竞争性优势,中国文化产业的高质量发展与现代文化市场体系的建构成为维护国家文化安全、强力参与国际市场竞争的必要条件,而中国的数字化技术应用和大数据开发优势是促进数字文化产业高质量发展、助力中国文化精准"走进去"的重要对策之一[②]。因此,关于现代文化市场体系的健全研究被赋予了国际性与全球性。

(二)"智能+"时代现代文化市场体系相关研究

以智能技术为核心的现代科技引发了文化产业革命,促进文化市场内容多元反复、有序组合以及延伸使用,创造出更多文化产品新形式和新效果,推动文化市场向更高层次、更高质量发展[③]。但现代文化市场体系的发展优势与短板并存。金元浦认为,中国当前文化产业体系仍有欠缺,尤其是旅游企业在全产业链的生产、运营与管理等方面与高端制造业相比还有一定差距;文化供给侧仍在创新创意方面存在短板,高质量文化产品与服务供给不足,文化市场依旧普遍依赖资源[④]。王慧敏认为,现代文化市场体系的主体框架基于历史文化资源转化所形成的产业要素体系、价值体系和市场体系,其核心支撑则分别是创意资本要素的形成、文化符号价值的挖掘以及意义消费的诠释。此外,现代文化市场体系强调对原创性文化产品的版权保护力度,鼓励社会生产出更多优秀的原创性文化产品,释放文化企业的创新积极性[⑤]。从数字化与高质量出发进行审视,现代文化市场体系存在的问题主要有:作为基础要素的文化数据资源动能潜匿与融通渠道闭塞,核心环节的文化生产平台垄断

---

[①] 韩立民、臧一哲:《中国文化产业国际发展与战略选择——从地缘环境视角出发》,《西南民族大学学报》(人文社会科学版)2019年第12期。
[②] 范玉刚:《提升文化贸易质量助力新时代文化"走进去"》,《湖南社会科学》2020年第2期。
[③] Coe, N. M., "Missing Links: Logistics, Governance and Upgrading in a Shifting Global Economy", *Review of International Political Economy*, Vol. 21, 2014, pp. 224-256.
[④] 金元浦:《做好顶层设计转变文化发展方式》,《中国国情国力》2018年第12期。
[⑤] 王慧敏:《现代文化产业体系的构建——基于历史文化资源的创意转化》,《社会科学》2013年第11期。

与核心技术支撑薄弱,文化产品市场双循环不畅与文化品牌匮乏,文化消费市场场景单一及下沉市场用户付费理念不强等[1]。此外,顶层协调机制缺乏、数据隐私泄露、文化科技伦理风险等问题也愈加凸显[2]。因此,中国文化市场更应顺应"智能+"时代发展趋势,从数字化维度提升文化治理能力。

人工智能等涵盖了技术、知识与管理创新的科技创新,既助推传统文化产业摆脱原有生产方式、发展模式和发展空间的束缚,又加速文化市场边界的拓展,形成由文化消费需求市场、文化要素市场和文化产品市场构成的大市场[3]。实际上,文化产业的后工业属性决定了它必须扎根于工业文明基础,因此在现代文化市场体系的健全与发展中,高科技装备、高新技术消费设备及其他关键性技术对文化产业的竞争力提升具有至关重要的影响,先进制造业和信息文明决定了文化产品和服务技术含量及其消费市场的高效与便捷性,并催生出新的文化业态、激发出新的商业模式[4]。网络化作为媒介技术发展的新阶段,为文化市场全球化提供了支撑平台;网络视觉文化形态是民族文化突破知识壁垒和语言壁垒的有效途径与手段,网络空间的视觉文化传播促进了民族文化的传播,以及不同文化间的互动和影响。Wang 和 He 从人的能动性出发,认为文化产业发展的核心要素是具有能动性的人,而人构成了庞大文化市场中的消费者基础[5]。从该角度出发,创意阶层的集聚和文化消费人群将成为文化市场体系的发展支柱。同时,文化产业的核心竞争力在于巨大的国内文化市场和高新技术的普遍应用,国内的竞争优势有利于推

---

[1] 高嘉琪、解学芳:《"智能+"时代健全现代文化产业体系研究》,《中国特色社会主义研究》2021 年第 3 期。

[2] Richey, M. and Ravishankar M. N., "The Role of Frames and Cultural Toolkits in Establishing New Connections for Social Media Innovation", *Technological Forecasting & Social Change*, Vol. 144, No. 7, 2017, pp. 325-333.

[3] Sobocinska, M., "Management of Value for Customers on the Culture Market", *International Journal of Business Performance Management*, Vol. 16, No. 2/3, 2015, pp. 262-279.

[4] Haans, R. and Witteloostuijn, A. V., "Expected Job Creation Across the Cultural Industries: A Sectoral Division and Its Implications for Cultural Policy", January 2018 *International Journal of Cultural Policy*, Vol. 24, No. 1, 2018, pp. 45-67.

[5] Wang, C. and He M., "National Culture and Visual Culture Communication in the Dual Context of Globalization and Networking", *International Joint Conference on Information, Media and Engineering*, 2018, pp. 46-48. doi: 10.1109/ICIME.2018.00019.

动文化"走出去",从而在全球文化市场范围内进行传播并实现产品价值[①]。胡惠林从文化国情的角度出发,强调充分认识和把握文化国情是中国一切文化决策的根本基础,强调积极构建现代文化市场体系,努力推动文化产业成为国民经济支柱性产业等,是中国文化国情发生深刻变化的主题[②]。总体来看,落实文化行政体制改革、健全政策性文化金融体系、推动文化及相关产业融合发展等重要举措对构建特色鲜明的现代文化产业体系、推动现代文化市场体系发展至关重要[③]。"智能+"时代的现代文化市场体系的不断健全,需要聚焦预见性文化制度创新,增强文化智能生产能力实现文化内容创新,通过开发文化大数据体系、增强文化科技融合能力向全球价值链上端游走实现文化市场创新[④]。

**二 政策性视角:创新机制下关于文化市场制度的研究**

中国正逐步系统化地建立起文化市场体系,在此实践过程中更需要科学的研究方法与系统的研究理论予以指导。在新时期,覆盖更广泛的研究范围将会涉及文化市场实践中所产生的典型问题、典型现象的深入研究[⑤]。

**(一)关于文化市场政策追溯探究**

关于建立健全现代文化市场体系的政策追溯是研究的起点。文化市场体系是文化产品、文化人才、文化服务和文化资本等各类要素组成的有机整体,但其范畴并不是固定不变的,而是需要根据时代背景的变化与产业结构变更进行同步调整,以适应现代文化产业发展[⑥]。从缘起来看,《中共中央关于全面深化改革若干重大问题的决定》(以下简称

---

① 范玉刚:《论新时代文论话语体系建构的人民性价值取向——习近平文艺思想研究之一》,《山东社会科学》2018年第8期。

② 胡惠林:《新时代应尤其注重维护国家文化资源安全——学习习近平总书记总体国家安全观关于文化资源安全的重要思想》,《人民论坛·学术前沿》2018年第22期。

③ 车树林、王琼:《"新常态"下文化产业制度创新:现实困境与路径选择》,《南京财经大学学报》2018年第3期。

④ 高嘉琪、解学芳:《"智能+"时代健全现代文化产业体系研究》,《中国特色社会主义研究》2021年第3期。

⑤ 张玉玲、包国强:《现代文化市场体系的运行障碍与优化路径》,《中国市场》2016年第52期。

⑥ 王林生:《现代文化市场体系:粤港澳大湾区文化产业高质量发展的路径与方向》,《深圳大学学报》(人文社会科学版)2019年第4期。

《决定》）把建立健全现代文化市场体系作为紧紧围绕建设社会主义核心价值体系、社会主义文化强国、深化文化体制改革的一项重要任务；《决定》准确把握文化改革发展新阶段新形势新要求，把握文化市场体系建设内在规律和客观实际，着眼于建立健全文化资本、文化企业、文化产品市场准入和退出机制，鼓励各类市场主体公平竞争、优胜劣汰，促进文化资源在全国范围内合理流动，强调从增强文化市场主体竞争力、鼓励非公有制文化企业发展、建立多层次文化产品和要素市场、创新现代文化市场体系政策环境等方面，建立健全现代文化市场体系[1]。2016年4月，中共中央办公厅、国务院办公厅颁布了《关于进一步深化文化市场综合执法改革的意见》，对进一步深化文化市场综合执法改革，促进文化市场持续健康发展提出了更为细致深入的要求[2]。可以说，政策维度的梳理为现代文化市场体系的构建研究提供了时代维度的审视。

在完善文化市场体制研究方面，现有文献大多强调按照政企分开、政事分开原则，文化行政单位由"办文化"向"管文化"转变[3]。一方面，以"转变职能、简政放权"为主要内容，国务院推进文化管理体制改革，简化行政审批权限。2013—2017年，文化部（现文化和旅游部）取消了3项行政审批事项，新闻出版广电总局取消了15项行政审批事项，国家文物局取消了3项行政审批事项；文化部还废止了《文化部创新奖奖励办法》等3项文件。为了进一步促进文化市场持续健康发展，2016年印发了《关于进一步深化文化市场综合执法改革的意见》，指出要高度重视文化市场管理问题，推动现代文化市场体系建设，更好地维护国家文化安全和意识形态安全，更好地促进文化事业和文化产业繁荣发展。在政策指引下，文化企业加快进行投融资体制改革，通过资本市场做大做强文化企业[4]。另一方面，在政策需求方面，现代文化市场体系建设需要分类厘清文化市场管理体制，着眼于重点文

---

[1] 蒋建国：《建立健全现代文化市场体系》，《求是》2013年第24期。
[2] 李媛媛：《现代文化市场体系建设的历史回顾、功能特点与政策建议》，《西安交通大学学报》（社会科学版）2017年第5期。
[3] 刘仓：《中国文化体制改革探析》，《当代中国史研究》2018年第4期。
[4] 石建平：《推进文化创新夯实工作举措》，《中国文化报》2018年2月1日第2版。

化产品的市场推进、建立健全文化产权交易制度，为行业组织和中介机构设立规范；同时，创新文化市场的整体管理制度、为中介和行业组织管理建立制度、在文化产品流通和市场监管方面加强机制建设①。2021年，国务院办公厅发布了《关于文化市场综合行政执法有关事项的通知》，对《文化市场综合行政执法事项指导目录》进行说明，提出切实加强对文化市场综合行政执法领域行政处罚和行政强制事项的源头治理，推动执法力量下沉，区分不同事项和不同管理体制，按公开透明、高效原则编制统一的文化市场综合行政执法工作规程和操作手册，强化对行政执法权运行的监督②。可见，一系列文化经济政策为健全现代文化市场体系提供了有力支撑。

（二）关于现代文化市场体系的战略布局探究

现代文化市场体系的形成带有全局性战略任务。改革开放以来，中国文化体制大致经历了探索、发展及深化三个改革阶段，现代文化市场体系及现代公共文化服务体系被建构起来，中国优秀文化得以传承并建立了对外发展体系③。文化产业竞争优势最终体现在市场优势上，在现代文化产业全景体系中，市场的重要性不言而喻。党的十八大以来，中国文化体制改革取得新进展，现代公共文化服务体系建设稳步推进，社会文化发展环境显著优化，与此同时，中国特色社会主义进入新时代，文化改革的目标是满足人民群众对美好生活的需要，建设现代文化市场体系成为推动文化产业高质量发展的重要基础与必要举措④。在全面深化改革时代，需要适应新时期的市场规律，消除文化市场"二元结构"，形成整体性的制度安排⑤。

文化管理体制改革的进一步深化是持续完善现代文化市场体系建

---

① 黄先蓉、郝婷：《现代文化市场体系建设的政策需求与制度创新》，《科技与出版》2013年第12期。

② 《国务院办公厅关于文化市场综合行政执法有关事项的通知》，https://www.gov.cn/zhengce/content/2021-06/15/content_5617942.htm，2021年6月3日。

③ 张婉陶：《我国文化体制改革的历史进程及启示》，《河北工程大学学报》（社会科学版）2019年第1期。

④ 常荔、陈敏：《新时代文化改革发展的主要问题与建议》，《理论月刊》2019年第1期。

⑤ 傅才武：《重新认识中国文化市场的独特价值》，《文化软实力研究》2019年第5期。

设,并实现传统文化创新发展的关键①。互联网成为文化产业发展的新机遇,但也面临着网络文化市场供给波动性强、文化产业基本格局转变风险大以及缺乏文化企业联结沟通的专业化平台等问题②。中国文化市场竞争优势在于文化产业规模不断扩大且增长快速,文化贸易发展势头强劲。因此,善用文化意义和文化差异,强调文化市场消费体验,有助于加强品牌消费的文化意义诠释,从而打造意义消费的新模式③。郭新茹和陈天宇从六个方面提出区域文化市场发展建议,旨在推动区域文化认同与合作交流,即通过深化文化体制改革建立健全现代文化市场体系,通过协同开发文化资源打造特色文化品牌,通过加速整合价值链实现产业联合升级驱动一体化发展,通过鼓励第三方平台企业发展实现政府、协会与企业共同发展,通过借助制度与政策加快推进文化市场环境一体化等④。可见,关于现代文化市场体系研究有其内在的现实诉求。

### 三 新技术考量：人工智能在新兴文化市场的应用探究

#### (一) 人工智能与文化新业态市场研究

人工智能与现代文化市场体系的关联日益密切。随着各类数字技术的进步,虚拟现实技术、新媒体技术、物联网、云计算、AI等一系列科技创新已在文化创意领域及设计领域激发新的活力,催生新文化业态市场⑤。其典型代表有创意设计、文化创意（内容）、动漫网游、数字出版、移动传媒等⑥,这带来了全新的数字创意文化体验方式与数字化展示的载体⑦。一是智能型植入式营销服务系统（IEMSS）将创意产业

---

① 常荔、陈敏：《新时代文化改革发展的主要问题与建议》，《理论月刊》2019年第1期。
② 姚芝：《"互联网+文化产业"创新发展对策研究》，《中共郑州市委党校学报》2019年第3期。
③ 蓝天：《中国文化产业发展的优势、困境与国际竞争力提升》，《产业组织评论》2014年第4期。
④ 郭新茹、陈天宇：《长三角文化市场区域合作与一体化路径研究》，《江苏社会科学》2020年第2期。
⑤ 易华：《我国文化创意企业融资结构演变的制度分析》，《中国文化产业评论》2017年第1期。
⑥ 黄江杰等：《我国数字创意产业发展现状及创新方向》，《中国工程科学》2020年第2期。
⑦ 解学芳、臧志彭：《人工智能在文化创意产业的科技创新能力》，《社会科学研究》2019年第1期。

链价值放大化①，带来新市场与新贸易规则②。二是智能时代的社会化媒体与新零售融合，推动网络市场社群电商新格局，并有效促进乡村文化市场与网络经济发展③。三是创新重点从以技术为导向的硬创新演变为以设计为导向的非技术与软创新相结合的技术创新，"DIY"变得更容易、数字艺术家创作空间与传播范围空前扩大，现代视频游戏的复杂和现实环境中人工智能的介入已被广泛应用，人工智能技术支撑下的智能角色在文化市场创新活动中激发出新的活力。四是政府决策者可利用基于人工智能的多目标决策系统来为制度创新决策提供支撑，同时对点传输对数字化文化市场产生了重要影响，也带来了强势国家数字文化产品的殖民政治问题凸显；而企业也可借助技术规避新兴文化市场中的科技伦理风险，并通过自律彰显数字责任④。

（二）人工智能与媒介市场革新研究

第一，机器人写作是现代文化市场应用场景中的重要代表。李鹏从媒介发展史的角度指出，新媒介的诞生速度越来越快、间隔时间越来越短，随着人工智能技术的迭代，智媒体以变应变，形态、功能、特点都可能发生变化。其中，机器人写作是智媒体最大的变革支撑，是基于算法自动处理输入数据，从而自动生成完整新闻报道的一整套计算机程序⑤。卢永春认为相比人力⑥，机器人具有明显的数据处理优势，可以在短时间内依托云计算和大数据分析处理大量数据，处理涉及大量数据、连接逻辑简单、数据精准度高的结构化稿件；智能机器人自然语言理解、群智形式的修正反馈等技术，能够梳理人物关系、分析情绪，对文本数据进行处理，内容生产的模式从PGC（Professional Generated Content）、UGC（User Generated Content）向AGC（Automatic Generated Content）转变。因此，写作机器人主要应用于生成规范化、模板化的

---

① 赵敏鉴：《文化产业发展战略亟待转型》，《经济纵横》2014年第4期。
② 田珍、葛顺奇：《全球价值链背景下的数字经济与投资政策》，《国际经济合作》2017年第6期。
③ 李姗姗：《智能时代社会化媒体的新角色与功能》，《江西社会科学》2021年第8期。
④ Elliott, K., et al., "Towards an Equitable Digital Society: Artificial Intelligence (AI) and Corporate Digital Responsibility (CDR)", Society, Vol. 58, No. 3, 2021, pp. 179–188.
⑤ 徐曼：《国外机器人新闻写手的发展与思考》，《中国报业》2015年第23期。
⑥ 卢永春：《人工智能推动媒体转型》，《中国报业》2015年第23期。

内容，通常包括财经新闻、天气预报、赛事报道等固定媒介内容领域。此外，智能机器写作为内容生产速度与数量提升提供加成，并消灭人为的技术差错，减少生产成本，在内容编辑环节已经有很多成功的应用[1]。就未来发展而言，机器人写作的模式还将继续拓展，形成人机协同写作的新媒介市场，包括以内容为基础的人机互补、以社群为连接口的协同传播及以场景适配为入口的写作反向构建，同时兼顾写作效率与社会价值[2]。

第二，人工智能中的语音与图像识别、机器学习、算法等在新媒体传播中具有普遍适用性。一方面，人工智能影响下的数字化和互联网平台，以及用户生成内容的自动许可，大大降低了个人层面文化参与的成本——市场数据可以触发文化产品的差异化，而同时市场数据的收集成本已经大大降低，人工智能将在文化参与、版权和文化产业组织方面对人类创造力的经济影响形成替代[3]。另一方面，大数据技术对隐藏的未被发现的具有潜在价值的信息进行价值聚合与利用[4]，融合媒体具有"去中心化"并逐渐转化为智媒体的趋势，尤其是"第一现场"的参与解构了以"权力中心"意志为典型的传统媒介[5]。全球主要媒体机构已广泛采用了以写作算法为核心的机器人新闻[6]。此外，利用大数据分析能够提高信息收集与整合、材料转化和即时成稿效率，高效锁定热点和内容生产方向，并对内容进行高效把关，以此保证信息的及时有效生产[7]；而且大数据在内容深度挖掘、内容增值等方面也有一定的优势[8]，产生多样化新闻形态，如个性化新闻、临场化新闻、分布式新闻，新闻

---

[1] 张意轩、雷崔捷：《"人工智能+媒体"落点何处》，《青年记者》2017年第28期。

[2] 郭琪：《"AI+记者"：智媒时代人机协同写作模式的局限性与可能性》，《出版广角》2019年第24期。

[3] Peukert, C., "The Next Wave of Digital Technological Change and The Cultural Industries", *Journal of Cultural Economics*, Vol. 43, No. 2, 2019, pp. 189-210.

[4] 张学霞、拓守君：《大数据时代新旧媒体之碰撞与融合》，《编辑学刊》2015年第3期。

[5] 陈长伟：《人工智能+内容开启广电智媒体时代》，《有线电视技术》2017年第11期。

[6] 郑越、杨帆：《记者和算法谁更值得信任："机器人新闻"可信度的影响因素探析》，《现代传播（中国传媒大学学报）》2019年第6期。

[7] 刘雪梅、杨晨熙：《人工智能在新媒体传播中的应用趋势》，《当代传播》2017年第5期。

[8] 谭舒：《基于大数据的广播新闻内容生产创新》，《新闻界》2017年第4期。

内容推送方式转向个体化的定制，其表征现实机制从记者中介向算法中介转变①；大数据还介入传统出版业的运作流程，从选题策划、写作风格和畅销稿件预选三个方面进行内容创作的领航，从编辑校对、印刷发行和营销推广等方面对出版流程进行改造，实现敏感词汇排查、协同撰稿和在线校对、智能印刷供给、精准营销等产业链智能化改造，助力出版业高效运转②。

第三，人工智能技术还能用于媒介市场版权监测，通过数据挖掘、图像识别、数据比对，全平台、全时段监测内容的传播情况，快速识别内容的转载及修改行为，定性非法转载、洗稿、盗文、抄袭等侵权行为，并实时生成相应的版权监测报告③。一方面，人工智能可审核视频内容，在深度学习算法等技术基础上，从语音、文字、人脸等多维度对视频进行智能分析，适用于黄反、暴恐、政治敏感、资质审核等内容审核场景，保障视频内容产品的合规性④。另一方面，人工智能技术能够通过音视频的识别实现精准审核与治理，提高文化企业管理的效率，并在文化产业链的不同环节智能匹配不同监管方式，在人工智能的主导下厘清文化创作的著作权归属与开发问题，保障"创意阶层"的利益最大化⑤。徐延章从用户体验出发，结合新技术进行用户画像、感知体验等公共文化服务的创新智能支持设计，从而推动智媒体时代下通过智慧化、智能化、智库化的用户体验促进现代公共文化服务的理论创新与实践发展⑥。此外，大数据、人工智能技术重塑传统媒体行业产业链的同时，也在塑造智媒体的过程中引发了严重的人文主义反思，须警惕人工智能的盲目研发⑦；与此同时，人工智能系统是否拥有法人资格以及选

---

① 钟新、张超：《新时代中国大国形象的四个维度与两种传播路径——基于习近平相关论述的分析》，《中国人民大学学报》2020年第3期。
② 邱然：《出版业大数据应用策略探究》，《科技与出版》2021年第10期。
③ 杜巧霞：《人工智能在融媒体时代的应用与发展》，《传播力研究》2018年第17期。
④ 杨小满：《浅析人工智能在媒体融合中的运用》，《广播电视信息》2018年第8期。
⑤ 解学芳、申林：《"智能+"时代现代文化市场体系的制度创新》，《南京社会科学》2021年第6期。
⑥ 徐延章：《智媒体时代公共文化服务蓝图设计》，《图书馆》2021年第3期。
⑦ 江晓原：《人工智能：威胁人类文明的科技之火》，《探索与争鸣》2017年第10期。

择的伦理也引发争议①，而人工智能生成媒体信息内容在著作权法中的定性问题也亟待厘清②。

第四，关于智媒体新兴文化市场呈现多元化。一方面，智媒体从海量数据中快速获取有价值信息，提供智能分析，甚至能利用各种非结构化数据进行结构化解释。另一方面，智媒体的技术基础是深度学习（也称"模拟神经网络"或"人工神经网络"）与算法，通过分析大量训练数据模拟生物神经网络的结构，从而实现自主学习；智媒体的深度学习能力以及满足了深度学习硬件需求的量子计算技术使智媒体随着不断增加的数据和算法的改进自我进化到更加智能的状态。郭全中认为，智媒体的本质体现在智慧、智能、智力三大方面，其中智媒体具备较高程度的智力就是指智媒体本身能够不断自我进化、自我完善、自我发展③。此外，智媒体传播的交互性和智能化依托人机交互技术实现，并通过音视频识别及意识识别等人工智能识别技术完成人机对话，其中聊天机器人作为智媒体人机对话的尝试，可以完成文字、语音、图片形态的交互问答，实现与用户的一对一动态交互，并在后台持续收集用户对资讯的反馈④；以聊天机器人形式出现的非虚拟会话代理，已经成为社交媒体和消息传递应用程序的重要部分，应用在信息提醒、导航、智能客服等场景中。彭兰更是预测智能机器将与人的智能融合，从而构建新的媒体业务模式，最终实现人机合一⑤。

## 四 反思性视角："智能+"时代现代文化市场隐忧研究

关于人工智能与文化市场的科技伦理探究。迅捷发展的人工智能将深层次地改造社会生活与世界环境，人工智能核心产业市场规模在全球范围内迅速扩大，成为各国产业政策的侧重点。

（一）反思人工智能与伦理研究

第一，关于人工智能与科技伦理的探究。Abel 将科技伦理定义为

---

① 董向慧、张丽红：《给算法推荐装上主流价值的"方向盘"》，《中国记者》2019 年第 7 期。
② 熊琦：《移动互联网时代的著作权问题》，《法治研究》2020 年第 1 期。
③ 郭全中：《新兴传媒产业关键影响因素研究》，《中国出版》2020 年第 16 期。
④ 张意轩、雷崔捷：《"人工智能+媒体"落点何处》，《青年记者》2017 年第 28 期。
⑤ 彭兰：《智媒趋势下内容生产中的人机关系》，《上海交通大学学报》（哲学社会科学版）2020 年第 1 期。

# 第一章 "智能+"时代现代文化产业体系研究：综述与研判

科技内部责任和外部责任两部分，前者涵盖科学界内的价值观及规范，后者包括对科技创新后果的义务①。AI 时代，文化科技伦理研究作为一种边界性反思，国家可借助其构筑强有力的文化制度框架和文化治理范式②。此外，诸多研究反思 AI 带来的人文伦理问题——人类主体创造了 AI，但人对技术依赖度越高，越受技术奴役，形成"人与机器的二元对立关系"③。AI 技术应用于创意领域以满足公众日益多样化的精神和文化需求，但 AI 产生的作品不是版权法规定的版权作品，现行著作权法无法为非人类的融合提供合理的解决方案。同时，AI 创作者、AI 用户和 AI 本身都无法拥有该作品的著作权④；以语言为中心的多语言数字写作随着互联网的数据挖掘造成了社会"公共性"伦理的紧张，而智媒体时代的传播秩序失范问题也带来伦理危机，亟须为 AI 设置价值观⑤。

第二，关于 AI 与价值伦理的探究。人工智能可能会对人类的价值与人身安全构成直接威胁并对人类赖以生存的环境产生负面影响⑥。董向慧等指出，"人工智能+媒体"的信息分发模式基于用户个体数据进行，议程设置的主体和路径被改变，用户的信息获取愈加个性化、娱乐化，在一定程度上转移了用户对公共领域和公共话题的注意力，在议程设置和"娱乐至死"两个方面消解了公共领域，造成了公共领域退化⑦。余婷和林娜认为，智媒体存在价值风险首先是因为无法完全规避

---

① Abel, G., "Bounded Responsibility and Bounded Ethics of Science and Technology", *Axiomathes*, Vol. 30, No. 6, 2020, pp. 597–616.
② Winfield, A. F. T., and Jirotka, M., "Ethical Governance is Essential to Building Trust in Robotics and Artificial Intelligence Systems", *Philosophical Transactions of the Royal Society A: Mathematical, Physical and Engineering Sciences*, Vol. 376, No. 2133, 2018, pp. 1–13. https://doi.org/10.1098/rsta.2018.0085。
③ 邹丹丹：《人工智能及其现代性困境的哲学思考》，《重庆大学学报》（社会科学版）2020 年第 4 期。
④ Song, S. R., "A Study on the Copyright Protection of Creation Generated by Artificial Intelligence", *The International Commerce & Law Review*, Vol. 83, 2019, pp. 259–277. Doi: 10.35980/KRICAL.2019.08.83.259.
⑤ 许根宏：《人工智能传播规制基础：伦理依据与伦理主体的确立》，《学术界》2018 年第 12 期。
⑥ Barford, L., "Material Value Ethics in a Model Process for Values-Based Design", *IEEE Technology and Society Magazine*, Vol. 40, No. 3, 2021, pp. 42–49.
⑦ 董向慧等：《"人工智能+媒体"蕴含的风险及对策》，《新闻战线》2018 年第 13 期。

的算法偏见，人工智能的"自主思维"或"智力活动"参与了信息的生产，但机器算法在针对一些问题前已经默认了某种价值判断，使算法得出的数据真实性和前后关系有待考证，产生报道缺陷或者不符合新闻伦理[1]。高奇琦从主奴辩证法的角度指出，AI 具有强大的学习能力，在通过理解人的面部表情或者体态进行情感计算的过程中可以学会情感，逐步获得自我意识，而人类在日常生活中已经习惯了依靠 AI 解决问题，因此，人工智能可能在与人类的合作性斗争中取得主体地位[2]。此外，李红美认为智媒体可能蕴含的价值风险对受众的媒介素养提出了高要求，受众在接纳人工智能自动化信息的同时，要建立独立媒介批判性思维，包括道德价值、识别响应、"反媒介化"的抵抗[3]。

第三，关于 AI 算法引发的伦理问题研究。Mittelstadt 提出了算法引发的六大伦理问题——不可信证据与不公正行为、神秘证据与算法黑箱、错误证据与算法偏见、不公平结果与算法歧视、变革性影响与自治挑战、可追溯性与道德责任[4]。英国伯明翰大学信息伦理研究学者 Yeung 和 Lodge 在《算法规制》（*Algorithmic Regulation*）一书中系统论述了算法社会面临的伦理困境，如算法偏见、数字歧视、社会不平等、隐私风险等[5]。匡文波认为，以算法为核心的"技术丛"虽然在一定程度上被赋予信息采集、记录、存储等权力，但也造成了信息茧房、数据滥用、算法黑箱等问题，威胁到了个人的隐私权、平等权等权利。算法推荐技术为新闻传播领域带来了技术逻辑与新闻逻辑的碰撞，但同时资本价值的输出给数字人权和公共价值造成新的困境。[6] 宋艳等指出，人工智能伦理风险感知对公众参与意向具有显著的负向影响，其中，公众对科研机构和政府的信任在 AI 伦理风险感知与公众参与之间起部分中介

---

[1] 余婷、林娜：《AI+背景下美国媒体的智能化发展》，《青年记者》2018 年第 13 期。
[2] 高奇琦：《人工智能、四次工业革命与国际政治经济格局》，《当代世界与社会主义》2019 年第 6 期。
[3] 李红美：《探析智媒体时代受众的认知危机》，《传媒论坛》2018 年第 23 期。
[4] Mittelstadt, B. D., et al., "The Ethics of Algorithms: Mapping the Debate", *Big Data & Society*, Vol. 3, No. 2, 2016, pp. 1–14. https://doi.org/10.1177/2053951716679679.
[5] Yeung, K., and Lodge M., *Algorithmic Regulation*, Oxford Oxford University Press, 2019, pp. 10–14.
[6] 匡文波：《对个性化算法推荐技术的伦理反思》，《上海师范大学学报》（哲学社会科学版）2021 年第 5 期。

作用，因此要构建"政府主导、专家引领、公众参与、社会监督"的治理新格局[①]。而 Bins 提出将算法决策与人工审查相结合的方法，以保障个体正义[②]。

（二）反思 AI 与文化市场隐忧

第一，关于 AI 与文化市场人文隐忧的探究。文化产业与其他产业最根本的不同在于其精神性和精神的关系性，即重建人与社会和自然精神关系与精神秩序[③]，这是文化产业可持续发展的战略思维。金元浦也持有此观点，强调"互联网+"和"文化+"的融合与创新生态的重要性[④]。在科技创新与文化产业融合的时代背景下，如何在创意空间中实现人文生态，特别是将以人为本、公正等人文价值嵌入 AI 体系，在 AI 技术中实现人文伦理至关重要。部分学者的研究指出，AI 的过度使用可能降低人的主体性参与度，使信息原创水平、内容创意水平、审美水平下降以及人类审美、认知方式改变。AI 引发了人文伦理问题的思考，同时带来了管控难题，如受众行为在数据化之后隐私权极易受侵犯，这成为 AI 时代的治理难题[⑤]。此外，大数据广泛应用使通信隐私管理问题拓展至社交媒体与数字营销等人类生活的方方面面[⑥]，也会加大发展中国家与发达国家的数字鸿沟[⑦]。

第二，关于 AI 与文化市场数据隐忧的探究。一是 AI 应用在媒介产业上增加了数据"异化"风险。以大数据为基础的 AI 技术是催生数据

---

[①] 宋艳等：《人工智能伦理风险感知、信任与公众参与》，《科学学研究》2022 年第 7 期。

[②] Bins, R., "Human Judgment in Algorithmic Loops Individual Justice and Automated Decision-making", *Regulation and Governance*, Vol. 8, No. 1, 2020, pp. 1–15.

[③] 胡惠林：《当代中国文化治理的历史逻辑与基本特征》，《治理研究》2020 年第 1 期。

[④] 金元浦：《什么是文化创意产业的高质量发展》，《中国文化报》2019 年 10 月 26 日第 3 版。

[⑤] 解学芳：《"互联网+"时代文化产业跨界发展与混业经营研究》，《文化产业研究》2019 年第 2 期。

[⑥] Jacobson J. et al., "Social Media Marketing: Who is Watching the Watchers?", *Journal of Retailing and Consumer Services*, Vol. 53, No. 3, 2020, pp. 1–12.

[⑦] Domingo-Ferrer, J., and Blanco-Justicia, A., "Ethical Value-Centric Cybersecurity: A Methodology Based on a Value Graph", *Science and Engineering Ethics*, Vol. 26, No. 3, 2020, pp. 1267–1285.

伦理隐患的重要原因①。过度依赖智媒体推送信息将带来信息过载与信息过窄两大问题，造成大量无用信息和垃圾信息被传递给用户，加剧"拟态环境"与"信息茧房"效应。方堃展认为，数据及机器算法支撑的信息个性化推荐会屏蔽用户不喜欢或者不愿意关注的信息，这将导致个体的信息孤岛化、视角狭隘，使具有相同志趣、持相似观点的人群不断圈层化、社群化，拉大了社群隔阂，不利于公共信息的传播和社会意见的整合，极大地提升了群体极化的风险与可能性②。二是信息过滤机制在无形中影响用户的感知和判断，基于内容相关性和静动态用户兴趣人格画像的算法可能存在偏向，导致多元话语被悬置，造成公共话语的极化③。三是 AI 虽然可以帮助检测假新闻，但也可以生成虚假新闻与虚假内容。恶意攻击者可以收集大量数据信息并使用深度学习方法潜在地生成逼真的内容，而且由于其经济成本低，大量的虚假内容混入真实新闻信息中，这使劣质信息泛滥，造成内容的导向与真伪性存疑。杜克大学技术与核查合作研究所与得克萨斯大学的计算机科学家团队合作研发了智能机器人 ClaimBuster，核查电视节目的台词脚本、立法程序声明等信息的真伪④。

第三，关于 AI 与文化市场安全隐忧的探究。一方面，AI 技术在数据信息的收集、使用、存储、传输等环节上都发生了根本性的变化，智媒体的个性化推送功能就建立在全面数据化的、可追踪的用户个人信息基础上。AI 为社会文化市场发展带来的伦理挑战涵盖人机关系、大众认知能力、文化真实性等要素，强调伦理作为关键干预点⑤。另一方面，针对 AI 在文化市场中的应用数据信息问题，有关机构、部门开始

---

① Breuer, J., et al., "The Practical and Ethical Challenges in Acquiring and Sharing Digital Trace Data: Negotiating Public – private Partnerships", *New Media & Society*, Vol. 22, No. 11, 2020, pp. 2058–2080.

② 方堃展：《封面新闻如何细分市场，打造年轻人的"智媒体"》，《中国记者》2017年第3期。

③ 谭杰、姬广绪：《技术与人文：数字时代的算法困境及其文化阐释》，《青海民族研究》2021年第3期。

④ 张建中、肖恩·施特罗：《西方媒体人工智能技术应用的创新与实践》，《青年记者》2018年第1期。

⑤ Sutko, D. M., "Theorizing Femininity in Artificial Intelligence: A Framework for Undoing Technology's Gender Troubles", *Cultural Studies*, Vol. 34, No. 4, 2020, pp. 567–592.

考虑相关应对方案。为了保证实现技术发展的同时避免个人数据被挖掘和滥用,欧盟2018年出台的《通用数据保护条例》在1995年《个人数据保护指令》的基础上对个人数据处理中的匿名化进行了模糊的要求,规定个人数据存储的形式能够识别数据主体的程度不得超过数据处理目的的必要,规定了被遗忘权,即权利主体可以要求更正或删除信息。此外,AI技术不能替代人在价值判断和伦理审视方面的作用,如果过度依赖智能,则可能会造成情感温度的缺失以及伦理把关的缺位,引发深层次问题[1],如个人层面的数据隐私保护缺乏、数据层面的归属与责任不明确、算法歧视和政府层面的技术弱势[2]。

第四,关于文化市场中算法应用带来的困境探究。AI算法投其所好地推送用户感兴趣的内容,如Meta(原Facebook)内容推荐算法包含九大价值要素,分别是朋友关系、用户公开表达的兴趣、用户先前的参与、用户含蓄表达的偏好、发布时间、平台优先级、页面关系、用户的负面表达、内容本身的质量等,用户易对推送的内容成瘾,沉溺其中欲罢不能,逐渐丧失自控力甚至自主意识[3]。此外,在道义论、功利主义等道德理论基础上,数字媒体伦理和网络伦理的重合与交融再次构建起对于算法新闻的伦理讨论。Bastian等通过访谈记者、数据科学家和产品经理评估算法新闻推荐的道德影响[4],而Wiencierz和Lünich通过实验验证了开放数据透明度、道德承诺与信任的关系问题[5]。而根据利益相关者理论,AI算法带来的社交媒体数据伦理与组织实践密不可

---

[1] Morley, J., et al., "From What to How: An Initial Review of Publicly Available AI Ethics Tools, Methods and Research to Translate Principles into Practices", *Science and Engineering Ethics*, Vol. 26, No. 4, 2020, pp. 2141-2168.

[2] 本清松、彭小兵:《人工智能应用嵌入政府治理:实践、机制与风险架构——以杭州城市大脑为例》,《甘肃行政学院学报》2020年第3期。

[3] DeVito, M. A., "From Editors to Algorithms: A Values-based Approach to Understanding Story Selection in the Facebook News Feed", *Digital Journalism*, Vol. 5, No. 6, 2017, pp. 1-21.

[4] Bastian, M., et al., "Safeguarding the Journalistic DNA: Attitudes towards the Role of Professional Values in Algorithmic News Recommender Designs", *Digital Journalism*, Vol. 9, No. 6, 2021, pp. 835-863.

[5] Wiencierz, C., and Lünich, M., "Trust in Open Data Applications through Transparency", *New Media & Society*, Vol. 3, 2020, pp. 1-20.

分[1]，也有学者对 AI 时代公众价值观进行了评估[2]。总之，在算法推送机理的影响下，左右信息价值的主体从人变成了机器，新闻的评判标准也逐渐转向了用户的点击量，但是算法对信息语义理解有限，难以将新闻置于社会背景下进行深层解读，也无法触及语言背后的深意，而且算法容易导致隐含负面价值取向的内容被大量推送，造成新闻偏见和新闻价值的缺失，使个人兴趣的重要性高于公共利益，对社会风气产生不良影响。

**五 研究述评：评价与趋势**

综上所述，"智能+"时代关于现代文化市场体系的研究涵盖了对文化产业本身、现代文化产业体系的探索，也对 AI 牵引的多元文化市场的崛起进行了阐述，特别是新兴文化市场存在的问题与未来潜在风险引发了国内外诸多学者的关注。

（一）研究述评

从发文规模来看，以"现代文化市场体系"为关键词，对中国知网的近 300 篇文献进行了解析，发现自 2013 年以来关于文化市场体系的相关研究增多，且伴随"文化产业体系"研究的出现，随后关于"现代文化产业体系"的相关文献逐渐增多（见图 1-3）。究其原因，2003 年，国务院颁发了《文化体制改革试点中支持文化产业发展的规定（试行）》，明确鼓励各类社会资本对文化产业进行投资经营，对于那些关系文化安全和意识形态的重要文化产业领域，也降低了投资准入门槛。2005 年，中共中央、国务院颁布的《关于深化文化体制改革的若干意见》要求"加强文化产品和要素市场建设，打破条块分割、地区封锁、城乡分离的市场格局，形成统一、开放、竞争、有序的现代文化市场体系"。可见，正是国家战略规划方面的牵引，国家和政府文化管理部门出台了一系列相关政策，逐步培育、规范、完善了现行文化市场体系，与实践相匹配的关于现代文化市场体系的理论研究也逐渐兴起。

---

[1] Jacobson, J., and Gruzd, A., "Cybervetting Job Applicants on Social Media: the New Normal?", *Ethics and Information Technology*, Vol. 22, No. 2, 2020, pp. 175-195.

[2] 林嘉琳等：《我国公众智能价值观的现状评估与引领研究——基于 2020 年智能技术的热点舆情分析》，《当代传播》2021 年第 3 期。

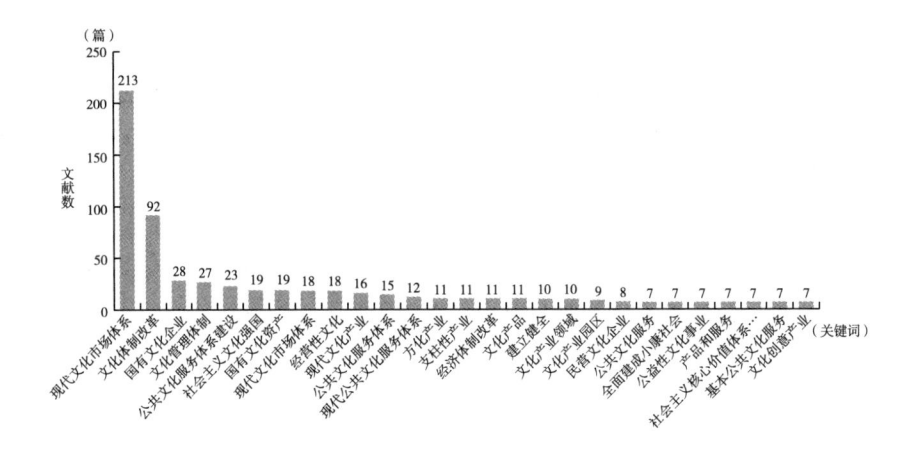

图 1-3 以"现代文化市场体系"为关键词检索的相关研究

从以"现代文化市场体系"为关键词的检索结果来看,研究主要聚焦在"现代文化市场体系""文化体制改革""国有文化企业""文化管理体制""公共文化服务体系建设""社会主义文化强国""国有文化资产""现代市场体系""经营性文化""现代文化产业"等方面。文化市场是中国改革的突破口,中国的文化体制改革也是围绕市场展开的。2013年,《中共中央关于全面深化改革的若干重大问题的决定》提出"建立现代文化市场体系","文化市场"成为中国文化改革发展的关键主题词。现代文化市场体系建设是全面深化改革时代文化建设的重要切入点,反映了新时期国家文化发展理念的更新和战略的转型。"智能+"时代,新技术与新业态的出现不断冲击且更新现代文化市场体系发展方向,因此基于理论与实践的双重标准研究现代文化市场体系,探讨其"变"与"不变"的两种方向,有利于更好地把握现代文化市场体系发展脉络与未来趋势。

(二)研究趋势

从"智能+"时代未来研究方向与趋势来看,受到AI、大数据、区块链、5G等新兴技术的牵引与支撑,现代文化市场体系研究将呈现更多维度,现代文化市场体系与现代文化产业体系的内在逻辑关联也将更为紧密。

第一,聚焦"智能+"时代对现代文化产业体系予以综合考量,深入探究变革挑战与理论重塑的战略要义。"智能+"时代，现代文化市场的特征是去中心化、共享经济，并且存在逆周期效应。从产业要素外溢性来说，现代文化市场连接各个产业门类，在分工深化和资源聚合方面提出了更高要求，尤其需要与现代文化产业体系高度协同。在大数据、AI、5G、区块链牵引的"智能+"时代，传统文化产业体系将遭遇巨大挑战，基于新技术与制度协同创新视角迎合"智能+"时代现代文化产业体系的创新诉求，建构起新技术时代的现代文化产业体系的理论框架，是未来理论进展与实践发展的重要趋势。

第二，基于AI技术与制度协同探究以全球价值链重构为导向的现代文化产业体系。基于国家实施的"创新驱动"与"新一代人工智能产业发展"等大战略背景，AI时代的现代文化产业体系将完成语义重建与范式转变，一场以AI为导向的现代文化产业体系创新融合的研究势在必行。将AI理论引入现代文化产业体系研究领域，一方面有助于文化市场理论研究范域的拓展，促进学科的交叉与融合；另一方面有助于动态审视与把脉现代文化产业体系创新模式重塑。此外，在实践层面将提升AI主导的文化产业创新能力与现代文化市场精准运营及其治理的能力。

第三，从国家战略高度探究区块链技术驱动的现代文化产业体系智能运行机理，实现理论与实践层面的双重创新。新一代科技浪潮与美国新贸易保护主义，以及欧洲局势的动荡不安，均为中国现代文化产业体系创新与国际文化市场地位攀升提供了战略契机。鉴于目前关于现代文化产业体系的研究多聚焦在问题梳理与监管对策方面，缺乏基于新技术的前瞻性制度创新与精准治理研究。基于区块链技术探讨现代文化产业体系智能运行机制，有助于开启全新的研究命题；并从国家战略高度为现代文化产业全球价值链地位攀升、中国在"一带一路"沿线地区与国家确立主导地位，以及构建现代文化产业精准治理体系提供新路径与优化建议。

# 第二章

# "智能+"时代现代文化产业体系：瓶颈、机理与建构

中国关于现代文化产业体系的官方用语经历了一个动态的变化过程。2011年10月，党的十七届六中全会《中共中央关于深化文化体制改革、推动社会主义文化大发展大繁荣若干重大问题的决定》首次提出"构建现代文化产业体系"；2017年，《国家"十三五"时期文化发展改革规划纲要》将"现代文化产业体系更加完善"列为文化发展改革的目标任务之一；随后，2017年党的十九大报告和2019年《中共中央关于坚持和完善中国特色社会主义制度、推进国家治理体系和治理能力现代化若干重大问题的决定》均强调"健全现代文化产业体系和市场体系"；2021年，《中华人民共和国国民经济和社会发展第十四个五年规划和2035年远景目标纲要》（以下简称"'十四五'规划"）则将"健全现代文化产业体系"单列为一章的政策变迁，说明中国从建立现代文化产业体系，到下一阶段的主要任务在于健全和完善现代文化产业体系；2022年10月，党的二十大报告明确"2035年建成文化强国的战略目标"，现代文化产业体系的发展与完善成为实现文化强国目标的关键。可见，构建和健全现代文化产业体系已经被提升至国家战略层面，成为中国全面建设社会主义现代化国家的重要一环。

## 第一节 研究问题的提出："智能+"时代理论与实践的双向诉求

在新一代信息技术演进中，"智能+"时代下的智能技术颠覆并重

构着众多传统领域，成为新一轮科技革命和产业变革的重要驱动力，并成为世界发达国家的战略性关注焦点。"人工智能"在中国政策层面高频出现，特别是其从"加快"到"加强"再到"深化"的用语变化彰显出智能化技术已进入以产业融合为主要特点的快速发展期，并成为现代经济体系建设的关键核心技术[①]。

## 一 理论诉求："智能+"时代的新研究命题

"智能+"时代的开启依托于智能化技术的快速革新，其内核是模拟人行为的程序算法，并通过数据积累、挖掘与处理不断进步。但"智能+"时代的发展显然并不仅仅局限于AI技术，而是依托5G、云上服务与不断优化积累的大数据，通过算法、算力等创新性技术的融合，逐渐渗入传统制造、服务、医疗、零售、驾驶、泛娱乐等领域，并在深度合成数字内容、多模态虚拟等层面探索未来新模式，从而进入全面数字化、智能化的"泛在智能"阶段。对于文化产业体系而言，智能化技术作为兼具机器智能与创意能力的新技术范式，在与文化产业融合中，显现出巨大潜力，催生了文化产业新业态和新模式。而现代文化产业体系作为现代化经济体系中的重要组成部分，在与"智能+"时代的拓展融合中，显示出其作为经济发展首要动力的无限活力，从而为现有理论研究带来新挑战与新命题。

"智能+"时代的技术特征为"现代文化产业体系"研究命题提出新诉求、新范式、新视域。伴随复杂算法的出现和不断加强，AI技术在文化领域落地应用及跨域融合的程度不断提升[②]。AI技术中对于数据神经网络和深度学习的创新成为当今AI扩展的核心，其对图像、文本、声音等蕴含信息进行分类的能力成为文化产业转型的关键[③]，并在知识图谱的赋能下优化智能决策[④]。一是随着"互联网+"与数字化进程的

---

① 解学芳、雷文宣：《"智能+"时代的现代文化产业体系：挑战与重塑》，《深圳大学学报》（人文社会科学版）2021年第4期。

② Amoore, L., "Cloud Geographies: Computing, Data, Sovereignty", *Progress in Human Geography*, Vol. 42, No. 1, 2016, pp. 4–24.

③ Birtchnell, T., "Elliott A. Automating the Black Art: Creative Places for Artificial Intelligence in Audio Mastering", *Geoforum*, Vol. 96, No. 2018, 2016, pp. 77–86.

④ Kiselev, D., "An AI Using Construction Grammar to Understand Text", *International Journal of Cognitive Informatics and Natural Intelligence*, Vol. 15, No. 2, 2021, pp. 34–48.

## 第二章 "智能+"时代现代文化产业体系：瓶颈、机理与建构

推进，以大数据为基点形成的强大算法构建能力、数据运算处理能力和深度学习能力，为文化产业的发展注入智能化创新的发展动力[1]，对"现代文化产业体系"这一研究命题提出新诉求。二是作为未来创新范式的"技术基底"[2]，智能化技术加速了文化生产方式的变革，并为传统文化产业转型、获取新的竞争制高点创造了契机[3]，更为"现代文化产业体系"这一理论命题提出新范式。三是作为中国战略性新兴产业之一，与智能技术相结合的新兴文化产业保持稳健的增长趋势，产业结构持续优化，成为产业发展的头部领域[4]，为"现代文化产业体系"这一研究命题提出新视域。

"智能+"时代的技术变迁是一把双刃剑，在为"现代文化产业体系"研究提供新范式和新视域的同时，也带来一系列新的挑战与危机，提出对理论研究、问题研究、对策研究相统一的新诉求。在智能化技术与文化产业跨域融合中，出现了融合模式单一、融合领域狭窄、融合深度不够等问题[5]，成为新阶段关于"现代文化产业体系"问题研究的新领域和主基调。一是中国数字文化产业高产业集中度及寡头垄断的色彩制约了现代文化产业竞争力的提高[6]。虽然一些较早的文化产业研究倾向于在文化产业中广泛推广技术，但近年来的研究强调，文化产业研究必须关注不同的文化行业如何"产生独特的变化动力"，如果缺乏这种"独特的变化动力"，如缺乏持续的产品差异性就会导致本地化文化产业集群停滞[7]；而文化创意产品的特点是"持续创新"，除了专注于个

---

[1] 解学芳、雷文宣：《"智能+"时代的现代文化产业体系：挑战与重塑》，《深圳大学学报》（人文社会科学版）2021年第4期。

[2] 阙天舒、张纪腾：《美国人工智能战略新动向及其全球影响》，《外交评论（外交学院学报）》2020年第3期。

[3] 解学芳、臧志彭：《人工智能在文化创意产业的科技创新能力》，《社会科学研究》2019年第1期。

[4] 黄江杰等：《我国数字创意产业发展现状及创新方向》，《中国工程科学》2020年第2期。

[5] 杨毅等：《人工智能赋能文化产业融合创新：技术实践与优化进路》，《福建论坛》（人文社会科学版）2018年第12期。

[6] 蓝庆新、窦凯：《中国数字文化产业国际竞争力影响因素研究》，《广东社会科学》2019年第4期。

[7] Candace，J.，et al.，*The Oxford Handbook of Creative Industries*，Oxford：Oxford University Press，2015，pp.1-51.

人用户，文化产业中的消费本质是一种社交活动，不同用户对文化创意产品的诠释可能因其偏好而具有高度差异化，即各自强调"酷、美丽或令人兴奋"的事物[1]。二是大众文化消费市场和利基市场空间相互作用，其创新流程对整个行业的产品差异化产生了积极的增强作用[2]，由此亟须智能化技术与文化产业的深度融合，其在融合过程中除了需要突破技术难关，还需要在跨产业融合中突破业务边界，因为当用户不断寻找新的差异化体验时，无法继续吸引用户的创意产品易被行业内甚至行业外的产品所代替[3]。总的来看，科技创新既是契机，也是中国现代文化产业体系发展的痛点[4]，而且现行文化产业体系面临未来发展路径的缺失，亟须在研究过程中立足问题导向，诉求理论研究与实践研究的有机统一。

## 二 实践诉求："智能+"时代的新现实命题

科技进步是促成中国现代文化产业体系建设的重要动力。从"智能+"时代来看，2019年《政府工作报告》首次采用"智能+"概念，反映出科技创新对经济社会发展的深刻影响。"智能+"时代所代表的科技力量同现代文化产业体系的"现代性"内涵高度契合，为推动文化产业的高质量发展，不断健全现代文化产业体系注入了强劲动力。

实际上，"现代文化产业体系"的出现也是伴随科技创新而不断变迁的。例如，"现代文化产业体系"官方用语出现于2011年党的十七届六中全会——"构建现代文化产业体系，形成公有制为主体、多种所有制共同发展的文化产业格局"，正处于"互联网+文化产业"发展的崛起期；2017年，党的十九大报告提出要"健全现代文化产业体系和市场体系，创新生产经营机制，完善文化经济政策，培育新型文化业态"；2022年，党的二十大报告明确指出要"健全现代文化产业体系和

---

[1] Lawrence, T. B., "Phillips N. Understanding Cultural Industries", *Journal of Management Inquiry*, Vol. 11, No. 4, 2002, pp. 430-441.

[2] Nobuoka, J., "User Innovation and Creative Consumption in Japanese Culture Industries: the Case of Akihabara, Tokyo", *Geografiska Annaler Series B Human Geography*, Vol. 92, No. 3, 2010, pp. 205-218.

[3] Power, D., "The Difference Principle? Shaping Competitive Advantage in the Cultural Product Industries", *Geografiska Annaler Series B Human Geography*, Vol. 92, No. 2, 2010, pp. 145-158.

[4] 邓磊等：《我国数字创意技术发展现状与展望》，《中国工程科学》2020年第2期。

市场体系，实施重大文化产业项目带动战略"，表明在移动互联网技术、大数据技术、数字视听技术等科技创新集聚的新时期，现代文化产业体系已从"整体性建构"向"不断健全"的战略定位跃迁。而进入AI、大数据、移动互联网、5G、物联网等新技术集聚创新赋能的"智能+"时代，现代文化产业体系更是一种强调科技性、创意性、引领性、市场化、可持续的现代产业体系，具有高度科技化、高度市场化、高度品牌化、高度人本化、高度治理化等特征①。

此外，在"智能+"时代的现实实践牵引下，现代文化产业体系强调立足技术和制度协同创新的前瞻效应与启发效应，实现文化产业在上端的文化创意与内容生产、中端的现代化流通与运营、终端的精准营销与消费环节，以及文化产业价值链打造、文化版权与文化安全等方面获得更为规范性、系统性的制度设计和更为稳妥的技术保障，更加强调培育公平、开放、智能、有序的现代文化市场，打造更加包容而优质的现代文化产业创新生态②。

鉴于此，现行文化产业体系在"智能+"时代遭遇了怎样的新挑战？这些新挑战给现行文化产业体系的重塑和现代文化产业体系的不断健全提供了怎样的发展机遇与方向？上述两个问题无疑是"十四五"规划执行时期极其重要的理论研究与现实探究命题③。

## 第二节 "智能+"时代现行文化产业体系发展瓶颈：遭遇"不匹配"

纵观中国文化产业体系与文化市场体系发展史，经历了从无到有、从小到大、从建立到不断健全的成长过程。在5G、超级计算、传感网、AI、区块链等新技术以及经济社会需求的协同驱动下，一个网络化、数字化、智能化、体验化深度交融的"智能+"时代到来，既催生出文化

---

① 解学芳、雷文宣：《"智能+"时代的现代文化产业体系：挑战与重塑》，《深圳大学学报》（人文社会科学版）2021年第4期。

② 解学芳、臧志彭：《在"智能+"时代健全现代文化产业体系》，《中国社会科学报》2021年5月11日第1版。

③ 解学芳、雷文宣：《"智能+"时代的现代文化产业体系：挑战与重塑》，《深圳大学学报》（人文社会科学版）2021年第4期。

新业态、新模式，形成了文化新市场，也为现代文化产业体系与文化市场体系建设带来新挑战①。鉴于此，无论是在国家层面，还是在文化企业层面，亟须对现行文化产业体系与文化市场体系进行自检和研判。

现代文化产业体系与文化市场体系相对于传统文化产业业态与传统文化市场，最大的区别在于其"现代性"②。健全现代文化产业体系与文化市场体系，其"现代"意味着先进和创新，这是一个动态的、与时俱进的概念③，诉诸文化产业内外结构的优化与文化市场的革新，特别是实现与以AI和数字化为代表的智能化新技术的融合发展；而"体系"则重在相互融合、彼此联系的系统性。因此，健全现代文化产业体系与文化市场体系是在动态的国内外环境与技术更新视域下，实现于文化产业各环节和产业链在智能化技术与现代化市场体系的联结中，形成相互融合、彼此联系、具有延伸性的系统化集合——从创意研发到文化生产、文化流通、文化消费等全产业链，从前端文化装备制造业到后端文化消费设备业④，智能化技术使文化产业各产业链和组成部分呈现出前所未有的整体化特征，而这种系统化、整体性的特征仍处于不断深化中，推动着现代文化产业体系成为既具有竞争优势又契合未来趋势的社会结构。

现行文化产业体系在供给维度、流通维度、消费维度、技术维度、价值链维度、管理维度面临着新挑战与新危机。如图2-1所示，在供给维度，文化商品供应和民众个体需求不匹配，文化产品过剩与大量有效需求得不到满足的窘状并存；在流通和消费维度，智能流通的发展被市场准入和条块分割所阻隔；在技术维度，存在智能研发投入较低，文化创新能力不足的"瓶颈"；在价值链维度，处于中低端生态位难以在全球价值链中实现跃迁；在管理维度，制度滞后性与高度迭代的现代市

---

① 解学芳、申林：《"智能+"时代现代文化市场体系的制度创新》，《南京社会科学》2021年第6期。
② 解学芳、雷文宣：《"智能+"时代的现代文化产业体系：挑战与重塑》，《深圳大学学报》（人文社会科学版）2021年第4期。
③ 芮明杰：《中国新型产业体系构建与发展研究》，上海财经大学出版社2017年版。
④ 范玉刚：《"健全文化产业体系研究"的问题导向、多维价值与时代关切》，《学习与探索》2020年第10期。

场体系不匹配[①]。

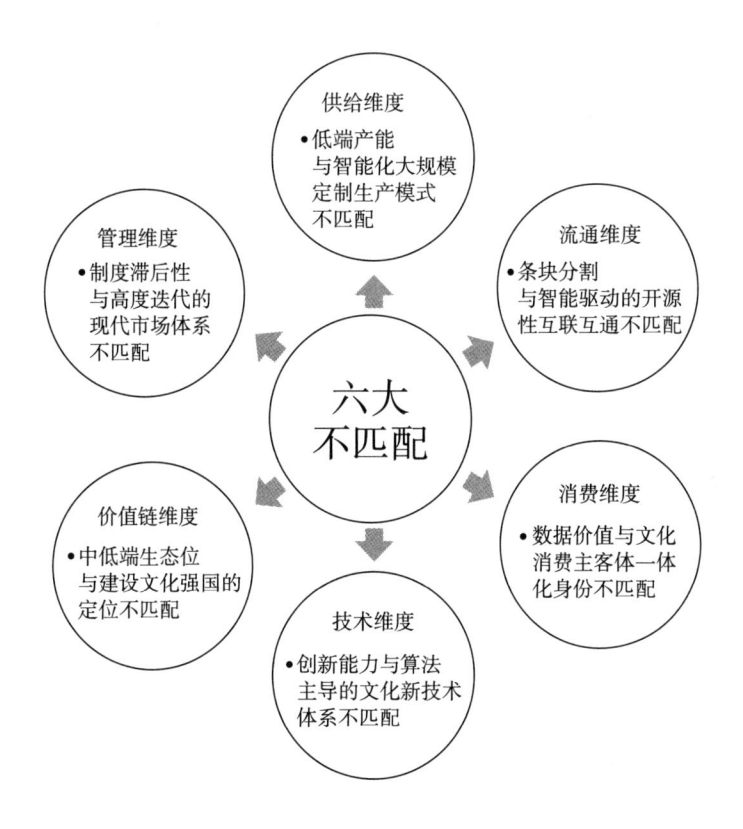

图 2-1 现行文化产业体系在"智能+"时代遭遇的挑战

## 一 供给维度：低端产能与智能化大规模定制生产模式不匹配

物联网、大数据、AI等新技术融合创新使个性化定制生产成为可能，但新技术与文化生产的结合和应用还处于初级阶段，存在低端产能与大规模个性化文化智造模式不匹配的状况[②]。区别于传统商业模式下消费者作为商品的被动接受者，数字技术的应用实现了消费者对文化生产过程的双向深度参与。一方面，消费者与产业中的各个部门建立直接

---

[①] 解学芳、雷文宣：《"智能+"时代的现代文化产业体系：挑战与重塑》，《深圳大学学报》（人文社会科学版）2021年第4期。

[②] 解学芳、雷文宣：《"智能+"时代的现代文化产业体系：挑战与重塑》，《深圳大学学报》（人文社会科学版）2021年第4期。

联系，提出新的价值诉求，进而获得个性化供给。另一方面，文化供给方构建了全渠道营销模式，加强了对消费者价值趋势的把握，化解了过剩产能，使文化供给侧结构性改革进一步得到深化①。

然而，面对这一大规模定制基础上的个性化生产诉求，现行文化产业体系在生产模式上无法与之匹配——既存在文化供需错位问题，也存在供给层面"量"大、"质"差，以及个性化定制成本高、创意不足的问题，与"智能+"时代人们对个性化文化诉求日渐攀升的现状不匹配。此外，随着智能软硬件的发展与普及，大众向往更丰富的文化消费方式、更沉浸的文化体验内容、更具内涵的精神文化食粮，而与之相对应的现有文化市场精准供给能力不足，存在大规模同质化经营问题，使文化供给侧易陷入价格战和低附加值的怪圈——低端化、同质化产品和服务过剩，中高端优质文化内容相对不足，无法适应现代文化产业高质量发展的要求②。实际上，拥有大量亚文化产品以及针对大众市场的差异化文化产品对维持文化产业体系的长期竞争力尤为重要③，加快解决多样化和个性化的文化需求逐渐成为新时期现代文化产业体系不断健全的重要特点④。但现实问题是：一方面，用户行为数据成为最核心的竞争要素，文化供给主体利用智能化技术对用户行为模式进行预测和判断成为现实，但基于文化供给的多样性而造成用户隐私数据的滥用与非法使用问题成为发展的新"瓶颈"；另一方面，供给主体对目标市场的预测与确定、供给产品或服务的定位在"智能+"技术的推动下，变得更加精准且智能，从而主导文化产品的生产和文化市场的投放，并形成用户深度交互基础上的智能化、个性化生产模式，但由此形成的大平台垄

---

① 戚聿东等：《产业组织的数字化重构》，《北京师范大学学报》（社会科学版）2020年第2期。

② 解学芳、雷文宣：《"智能+"时代的现代文化产业体系：挑战与重塑》，《深圳大学学报》（人文社会科学版）2021年第4期。

③ Saragih, R., et al., "External Environment Impact on Business Performance in Digital Creative Industry: Dynamic Capability as Mediating Variable", *International Journal of Advanced and Applied Sciences*, Vol. 4, No. 9, 2017, pp. 61–69.

④ 吴承忠：《5G智能时代的文化产业创新》，《深圳大学学报》（人文社会科学版）2019年第4期。

断问题与小微文化企业的式微问题也凸显出来①。

## 二 流通维度：条块分割与智能驱动的开源性互联互通不匹配

现代文化产业体系中的流通对象是同时具有意识形态属性和商品属性的文化产品，文化产品流通则是从文化生产领域向文化消费领域的转移过程②，智能流通是将流通中的主体、客体、工具、对象、空间等通过现代化智能技术相互链接，形成在流通全过程中智能化并协同运营的系统③。而现代文化产业智能流通是在大数据驱动、跨媒体协同、群体智能与人机协同等参与下，以 AI 为代表的智能化技术全方位介入文化生产、文化资源配置、文化产品交换与文化消费过程中实现的，是一种打破数据壁垒构建出的开源性的设备互联、数据互通、场景融通的流通新场景④。

但现行文化产业体系存在的条块分割问题与智能驱动推动下的开源性高、互联互通等特点不匹配。一是现代文化产业体系诉求开放性、公平性、互通性，在信息资源方面期待数据信息共享，但传统文化市场存在条块分割明显、区域相对封闭的障碍。以出版、印刷行业为例，传统市场实行的是垂直式多级分销，而地方政府对其又有着较强的人为干预，使地域界限成为文化产品流通统一市场的障碍，导致资源配置效率不高、区域文化产业结构趋同，文化产品流通环节受阻⑤。二是经济数据、社会数据等被不同地区的政府与大企业掌握，从而形成数据壁垒，使信息整合困难，数据资源效用难以达到最大化，且已开放共享的数据存在重复、静态及含金量不高等问题⑥。三是在旧的文化产品流通体系被打破的情况下，无法及时、快速地建立起新的现代化与智能化文化产

---

① 解学芳、雷文宣：《"智能+"时代的现代文化产业体系：挑战与重塑》，《深圳大学学报》（人文社会科学版）2021 年第 4 期。
② 贾美霞、李孟刚：《文化产品流通视角下我国文化产业安全的现实困境与提升路径》，《经济与社会发展》2018 年第 2 期。
③ 洪涛、洪勇：《加快我国智能流通发展的政策建议》，《北京工商大学学报》（社会科学版）2012 年第 3 期。
④ 解学芳、雷文宣：《"智能+"时代的现代文化产业体系：挑战与重塑》，《深圳大学学报》（人文社会科学版）2021 年第 4 期。
⑤ 解学芳、雷文宣：《"智能+"时代的现代文化产业体系：挑战与重塑》，《深圳大学学报》（人文社会科学版）2021 年第 4 期。
⑥ 熊澄宇：《共建全球数字创意产业生态圈》，《新闻春秋》2019 年第 4 期。

品流通系统。相对于传统文化产品流通，AI、大数据与物联网等现代化技术手段的介入能够克服流通效率低下、流通渠道单一、流通成本较高等问题。一方面，在现代文化产业体系中，智能化技术的赋能和移动互联网的普及使文化产业链中的资金、人才、产权、版权、信息、物流等生产要素能够进入市场自由流动，通过智能算法进行内容分发，根据消费者的个性化需求提供精准分销和实时服务；另一方面，文化消费与文化生产一体化的新特点打通了生产领域和消费者之间的流通渠道，拓展了文化产品的流通渠道，减少了流通环节，并降低了流通的交易成本。可以说，在智能技术和基于大数据、云储存信息技术的互联网分销渠道的广泛运用下，现代文化产品流通体系拥有多元化、多层级以及智能供应链的技术优势，形成文化产业链的闭环、缩短文化产品流通时间、提高对文化产品消费的引导效益等方面将会产生质的飞跃。鉴于此，进一步深化流通体制改革，实现文化要素的智能流通，并在文化产品和内容之间建立起价值绑定及追溯体系成为当务之急[①]。

### 三 消费维度：数据价值与文化消费主客体一体化身份不匹配

智能化技术为消费者赋权。"智能+"时代的文化消费者是贯穿整个现代文化产业体系的最特殊主体——既是文化产品的生产主体，又是文化产品的消费主体，其进行文化消费的过程实际上是参与文化产品和服务的再生产与治理的过程。大数据在经过量的积累后便具备了洞察性，其数据价值主要体现在辅助决策和营销驱动两个方面：一方面是大数据辅助文化企业进行决策，协同筛查等智能化算法实现了文化消费维度的个性化推荐，文化企业通过数据分析与用户画像确定文化产品运营策略与方向；另一方面是大数据驱动文化企业营销业务，数据挖掘模型等实现了文化企业运营的智能化，能够针对长尾文化需求推出精准营销服务[②]。

但现行文化产业体系的数据价值与"智能+"时代消费者主客体一体化身份存在不匹配。一方面，数据价值与数据孤岛并存。对于文化市

---

[①] 解学芳、雷文宣：《"智能+"时代的现代文化产业体系：挑战与重塑》，《深圳大学学报》（人文社会科学版）2021年第4期。

[②] 解学芳、雷文宣：《"智能+"时代的现代文化产业体系：挑战与重塑》，《深圳大学学报》（人文社会科学版）2021年第4期。

场而言，由于其特殊的文化属性，使文化产品可以具备各种"衍生消费品"的特点，更需要利用多媒体跨平台的大数据接入，通过广泛收集用户喜好数据、综合描摹目标受众的行为图景来进一步预测、细化用户需求。但这种前期的数据获取是繁复的，需要与数据提供商及电信运营商进行充分且代价高昂的合作；与此同时，各大政府和商业平台的数据系统所积累的数据库彼此之间阻隔，其商业价值未被充分挖掘，具有价值的数据大部分集中在政府内部、垄断企业以及互联网巨头中；此外，还存在数据分散的"数据孤岛"问题，无法挖掘出大数据的真正价值，也不利于文化产业双重价值的释放。另一方面，互联网平台基于技术对文化市场的垄断会形成数据壁垒。平台利用技术不断采集用户的内容生产与发布、阅读行为、个人爱好以及人口属性等全方位数据信息；值得注意的是，在没有形成官方的数据分享行为准则之前，多个技术平台与运营平台之间也存在竞争关系，数据便成为平台在文化市场开展激烈竞争的核心资产，从而造成行业数据孤岛现象——当文化产业中细分领域不断被数据寡头垄断时，不仅会形成阻止新竞争者的市场进入壁垒，影响正常竞争秩序，而且会形成平台封闭式的数据壁垒，导致文化大数据无法分享、市场效率低下以及消费者权益受到侵害等问题[1]。此外，各个平台企业数据采集与数据挖掘的数量和质量各不相同，对于数据逻辑的结构要求不同，在不同平台上的呈现结果也不能相互验证，这会使细分行业中的文化生产者和文化消费者感到无所适从[2]。

**四 技术维度：创新能力与算法主导的文化新技术体系不匹配**

现代文化产业体系作为现代产业体系的重要组成部分，其发展来自现代新兴技术的驱动，即在现代文化产业体系不断构建与健全的过程中实现智能化技术的广泛应用与跨界融合。实际上，智能化技术的核心是数据、算法和算力三大层面，其与文化产业融合的关键在于数据分析和算法算力与文化内容、生产、创意、营销的深度融合以及文化消费者体验感的深化。例如，在文化产品消费环节，智能算法推荐的不断优化能

---

[1] 解学芳、雷文宣：《"智能+"时代的现代文化产业体系：挑战与重塑》，《深圳大学学报》（人文社会科学版）2021年第4期。

[2] 刘志杰、智慧：《技术赋能 or 技术附庸：智媒时代文化产业的技术垄断与规制》，《出版广角》2020年第6期。

最大限度地提供满足个性化需求的文化产品和服务——2020年2月，日本东芝通过AI技术打造了能够延续已去世日本漫画家手冢治虫画风和思想的新作品 Paidon，满足了手冢治虫读者对特定风格漫画的消费需求；而故宫端门数字馆的建成，使游客在"数字养心殿"中对文物进行近距离细节上的观赏甚至"触摸"，为文化产品消费者带来全新的交互式沉浸式体验。

从现行文化产业体系的整体创新能力来看，尚无法与算法主导的新技术体系相匹配。中国在AI技术层面已跻身世界前列，但在文化产业领域并未真正实现文化与科技的深度融合，还存在"两张皮"的局面，基于AI核心算法的文化渠道革新相较于文化内容生产，更为成功①。一方面，文化创意与科技融合之间存在明显隔断，缺乏有效且高效的合作，跨界竞争现象明显，鲜有具备世界知名度的原创性文化科技产品与文化原创品牌。另一方面，文化产业整体创新能力不强②。文化产业创新能力构建的核心主体是文化企业，文化企业是与消费群体最密切的主体，处于科技创新能力的最前沿，但中国文化企业仍然存在散、弱、小等发展问题，不仅自主创新能力不强，其跨界协同和系统集成创新的意愿也不强，难以切实支撑起现代文化产业快速发展的需要③。与此同时，文化企业内部科研机构匮乏，无法及时把握科技创新动态与文化市场多样化需求，不能及时反馈到创新源头促进科技成果转化，整体创新能力不强。例如，区块链技术成果在文化产业领域转化，可以对文化产品的创造、运营、交易、消费进行全程追踪，介入版权保护，规范版权交易，为文化产业流通全过程以及各流通要素提供安全保障，但区块链技术在中国文化产业应用的政策壁垒还需要进一步打破。此外，文化科技型人才缺口较大，文化创意与智能化技术良好融合的能力不足，导致现代文化产业体系的内生动力不足，从而进一步阻隔文化产品供给端、消费端、流通端的创新发展。从加快底层的AI芯片、深度学习框架的

---

① 宣晓晏：《人工智能时代文化生产与管理机制革新》，《艺术百家》2019年第1期。
② 解学芳、雷文宣：《"智能+"时代的现代文化产业体系：挑战与重塑》，《深圳大学学报》（人文社会科学版）2021年第4期。
③ 黄江杰等：《我国数字创意产业发展现状及创新方向》，《中国工程科学》2020年第2期。

研发，到以图像识别、语音识别等为代表的通用技术的升级发展，智能人才储备和培养成为现代文化产业体系构建和发展的关键。由此，只有重视智能化技术与文化产业的深度融合，解决不适配的局面，才能真正带动现代文化产业体系的进阶①。

**五　价值链维度：中低端生态位与建设文化强国的定位不匹配**

生态位起源于生态学，生物群落的进化与产业发展机理具有高度相似性，借用生态位理论，可以对文化产业资源分布的空间形态进行把脉。目前，中国文化产业在全球价值链中处于中低生态位，就内因而言，一方面是文化产业布局不合理和无序发展等问题，部分地区间存在空间同构、过度竞争的现象，导致综合竞争力较弱②。另一方面是关键核心领域技术和文化内容创新能力不强，版权保护意识不强。就外因而言，主要是全球价值链各环节利润分配不平衡，知识和资本的壁垒导致以中国为代表的发展中国家被锁定在低价值的生产环节。如何借助智能化技术的快速发展作为战略窗口期，使中国现代文化产业发展从中低端生态位跃升至高端生态位是新时期的重要战略选择③。

在智能化技术与文化产业的跨域融合中，发达国家运用技术创新构建战略性隔绝机制依然占据主导地位，而中国仍处于文化产业全球价值链的低生态位——中国文化产业出口仍以文化制造品为主，"走出去"的文化品牌创意程度不高，核心文化内容产品难以进入国际主流文化市场④，在现有文化产业全球价值链的价值分配中，依然面临"被俘获"与"低端锁定"的挑战和被纵向压榨的困境⑤。AI的勃兴为以中国为代表的新兴发展中国家带来重构文化产业全球价值链的机遇，但以美国、欧洲、日本、韩国为代表的发达国家企图钳制新兴发展中国家，使

---

① 解学芳、雷文宣：《"智能+"时代的现代文化产业体系：挑战与重塑》，《深圳大学学报》（人文社会科学版）2021年第4期。
② 孙丽文、任相伟：《基于生态位理论的我国文化创意产业发展评价研究》，《北京交通大学学报》（社会科学版）2020年第1期。
③ 解学芳、雷文宣：《"智能+"时代的现代文化产业体系：挑战与重塑》，《深圳大学学报》（人文社会科学版）2021年第4期。
④ 田新玲：《中国文化创意产品"走出去"策略转向——基于当前"中美贸易摩擦"背景的考察》，《新闻知识》2019年第11期。
⑤ 臧志彭：《数字创意产业全球价值链重构——战略地位与中国路径》，《科学学研究》2018年第5期。

原本就处于中低端生态位的中国文化产业发展面临更大的困难和挑战[1]。此外，中国在文化产业新兴技术研发层面与发达国家差距较大，核心文化产业技术体系存在短板[2]。随着中国文化体制改革进程不断加速，国家的文化定位也逐渐由成为文化大国转向打造文化强国。文化大国强调文化时间悠久、文化内容丰富、文化影响广泛；文化强国则更侧重文化观念深入人心、文化内容产业化、文化软实力雄厚、文化品牌国际化，即一国文化实践在全球视野内运用的范围广、层次深、质量高。可见，文化强国是文化大国的更高层次，文化强国的实现依赖文化大国的基石。不过，值得注意的是，中国现行文化产业在全球价值链中所处中低端的生态位与中国文化大国的定位不匹配，更与打造文化强国的目标极不匹配。鉴于此，在AI战略与文化产业数字化战略的双重赋能下，加快中国文化产业价值链从中低生态位向高生态位的跃迁刻不容缓[3]。

### 六 管理维度：制度滞后性与高度迭代的现代市场体系不匹配

第一，智能时代新业态新模式层出不穷与现行文化市场管理方式不匹配。改革开放以来，在不同时期党和国家的政策支撑下，中国文化市场整体呈现出有序、统一的发展状态。但在立法与制度建设方面仍存在不足。一方面，现代文化产业体系不断健全，但尚未颁布一部完整系统的文化市场管理法；在管理上侧重采用法规条例进行惩罚，惩罚力度小某种程度上也带来负面影响。例如，网络直播出现的数据造假、虚假带货、直播内容低俗、直播版权争议、主播素质低等问题，对传统文化市场管理方式提出新挑战。2020年11月12日，《关于加强网络秀场直播和电商直播管理的通知》提出"网络主播和'打赏'用户实行实名制管理、落实管建同步、直播间节目内容和对应主播实行标签分类管理"等措施，这有助于规范网络直播市场的违法行为，但政策落地情况与执行效果有待检验。另一方面，数字化、网络化新业态频出，但现行管理

---

[1] 解学芳、雷文宣：《"智能+"时代的现代文化产业体系：挑战与重塑》，《深圳大学学报》（人文社会科学版）2021年第4期。

[2] 黄江杰等：《我国数字创意产业发展现状及创新方向》，《中国工程科学》2020年第2期。

[3] 解学芳、雷文宣：《"智能+"时代的现代文化产业体系：挑战与重塑》，《深圳大学学报》（人文社会科学版）2021年第4期。

制度的规范性与指导性不足[1]。如未经允许使用人脸识别与用户的文化大数据滥用等问题，"技术赋权"下的信息窄化带来主流价值"区隔"问题，以及网络社群自组织化、短视频部分内容低俗与直播无边界性等问题，给文化市场舆情治理以及网络文化安全带来巨大挑战[2]。虽然近年来一系列关于文化新业态的政策法规陆续出台，如《互联网信息服务管理办法》《互联网直播服务管理规定》，在一定程度上发挥了规范和管理的作用，但文化市场中的新问题依然层出不穷。如全国人民代表大会常务委员会于2018年发布的《中华人民共和国电子商务法》，对网络空间的经济行为、市场秩序进行管理，但其对应的文化市场症结有些已属过去式，尚需深入系统地对网络文化市场交易行为进行严格规范。与此同时，新兴文化业态的智能管理基础建设投入不足、政府数据联通开放滞后、文化市场管理人才缺乏等短板也较为突出。此外，国际技术合作阻力加大、缺乏顶层协调机制、数据隐私泄露、文化科技伦理风险等问题逐步凸显，对中国文化市场体系健全发展形成一定挑战[3]。

第二，文化产品高度数字化网络化与现行文化版权市场保护制度不匹配。作为现代文化产业体系政策的重要组成部分，版权保护政策近年来取得较快发展。一方面，技术的不断革新推动了文化市场的繁荣，新兴文化产品普遍数字化与网络化呈现，而广播、电视、报纸等传统媒介也与新兴媒体不断融合而走向高度数字化，给数据信息和著作权带来全新挑战[4]，特别是"作品确权"程序变得烦琐与复杂。另一方面，技术升级为文化版权市场带来新挑战，在著作权法中，"独创性"是作品需具备的核心条件，而AI生成的作品是否符合具备"独立""创造"的条件，或评判AI通过大数据算法和"深度学习"后的生成物，其干预程度标准的制定都需更加细化的版权制度加持；与此同时，"智媒体"

---

[1] 解学芳、申林：《"智能+"时代现代文化市场体系的制度创新》，《南京社会科学》2021年第6期。

[2] 郭倩倩：《网络圈群舆情治理研究》，《中国特色社会主义研究》2020年第Z1期。

[3] Richey, M., "The Role of Frames and Cultural Toolkits In Establishing New Connections for Social Media Innovation", Technological Forecasting & Social Change, Vol. 144, No. 7, 2017, pp. 325-333.

[4] 解学芳、张佳琪：《AI赋能：人工智能与媒体产业链重构》，《出版广角》2020年第11期。

带给用户智能信息优享的同时加大了隐私和信息安全层面的风险,且AI机械化地根据点击量和观看度为用户自动推荐信息,易让消费者失去主导权……这一系列问题皆需文化版权市场相关政策和制度设计做到与时俱进。

第三,文化市场政策相对滞后性与现代新技术高速演进态势不匹配。虚拟现实技术、新媒体技术、物联网、云计算、AI与5G等技术创新已然渗透到文化产业的各个领域,催生出新的文化业态、激发出新的商业模式①。作为一种基于虚拟符号进行生产和交往的虚拟空间,互联网虚拟社会打破了传统社会的时空限制和单线性秩序往来,网络权力的行使变得更加便捷,在对资源配置和阶层确权划分过程中易导致"无秩序性"弊端,而中国文化市场政策法规多聚焦"管制性内容",立足刺激、鼓励与壮大文化市场的政策相对较少,且和新兴文化业态相比,文化市场政策的滞后性较为突出。一方面,"发现问题—研究对策—确定对策—实施政策—产生效应"的制度创新环节耗时长,随着时间的流逝,文化市场所呈现的状态也在因时而变,并且政策效果具有未知性与不稳定性。另一方面,政策受内在因素的影响使得自身具有滞后性。智能时代的到来改变着文化产业的发展模式,也间接对制度创新的方式与形态提出新挑战,特别是以AI为代表的新兴科技在文化领域的广泛应用,对预见性文化市场政策提出迫切诉求——AI与5G技术的联动推动了中国"文化智造"的进程,加快了制度创新迎合文化市场智能化发展之路,是新时期现代文化产业体系不断健全的关键②。

## 第三节 "智能+"时代现代文化产业体系基础理论:内涵与机理

关于现代文化产业体系的内涵可以追溯至"现代产业体系"与

---

① Haans, R., and Witteloostuijn, A. V., "Expected Job Creation Across the Cultural Industries: a Sectoral Division and Its Implications for Cultural Policy", *January 2018 International Journal of Cultural Policy*, Vol. 24, No. 1, 2018, pp. 45–67.

② 解学芳、申林:《"智能+"时代现代文化市场体系的制度创新》,《南京社会科学》2021年第6期。

"市场体系"的官方用语。"现代产业体系"这一概念最早于2007年党的十七大报告中正式提出,之后党的十八大报告、党的十九大报告、党的二十大报告、国家"十二五"规划、国家"十三五"规划、国家"十四五"规划都相继提到"现代产业体系"。随着中国对于构建现代产业体系的认识和主要矛盾把握的不断变化与深化,"现代文化产业体系"的提法在互联网经济的助推下开始步入历史舞台[1]。2011年,党的十七届六中全会提出构建现代文化产业体系目标及相关举措——"要构建现代文化产业体系,形成公有制为主体、多种所有制共同发展的文化产业格局",标志着中国文化产业发展进入更加科学开放的现代化发展新阶段[2]。随后,2013年的十八届三中全会提出"建立健全现代文化市场体系,提高文化产业规模化、集约化、专业化水平",为构建起现代文化产业体系的全貌提供了战略支撑。2017年,党的十九大报告指出"健全现代文化产业体系和市场体系,创新生产经营机制,完善文化经济政策,培育新型文化业态",对现代文化产业体系的发展与定位做出清晰界定。2022年,党的二十大报告提出"健全现代文化产业体系和市场体系,实施重大文化产业项目带动战略",为文化产业结构优化、文化产业创新发展明确了方向,也为建设社会主义文化强国提供了战略支撑[3]。

## 一 内涵阐释:现代文化产业体系释义

实际上,目前中国尚未对现代文化产业体系进行明确界定。自2011年十七届六中全会提出构建现代文化产业体系的目标以来,中国现代文化产业体系发展经历了构建期、完善期与健全期,并逐渐成为中国"十四五"规划时期文化建设的目标。

(一)现代文化产业体系:历程与内涵

从现代文化产业体系的内涵来看,对这一概念的理解可以追溯至国内关于"文化产业"与"现代产业体系"的官方用语。"文化产业"作为政策性术语的出现可追溯至1992年中共中央、国务院发布的《关

---

[1] 盛朝迅:《构建现代产业体系的瓶颈制约与破除策略》,《改革》2019年第3期。
[2] 范周:《建设文化强国必须加快发展文化产业》,《人民论坛》2011年第32期。
[3] 解学芳:《智能技术与制度协同下的现代文化产业体系构建》,《人民论坛》2022年第5期。

于加快发展第三产业的决定》。1998年，文化部文化产业司的成立再一次奠定了文化产业的战略地位。到了2000年党的十五届五中全会，改革文化体制、完善相关政策、推动文化产业发展作为"十五"规划中精神文明建设的主要任务被提出，"文化产业"首次出现在党的"最高政策文件"中，这是经济体制改革在文化领域的重要体现[1]。一方面，"推动信息产业和有关文化产业的结合"作为党的十五届五中全会的重要议题积极促进了技术创新与文化的融合，为"文化产业"向"现代文化产业"转变提供了政策支撑[2]。另一方面，党的十五届五中全会后的十年里，中国现代文化产业依旧存在规模小、结构不合理、占GDP比重低等问题，现代文化产业体系尚未形成。"现代文化产业体系"既意味着文化意涵的显现，也意味着对整个文化产业链条高端环节的控制，还意味着健康的文化市场与合理分工[3]。在2011年召开的党的十七届六中全会上，"构建现代文化产业体系"作为改革文化体制、发展国民经济的方针被提出，中国现代文化产业开始向体系化方向迈进。建设现代文化产业体系，既是实现文化产业战略目标的必由之路，也是实现高质量发展和提升中华文化影响力的重要途径[4]。与此同时，现代文化产业体系的相关研究也得到了学术界的广泛关注。中国现代产业体系指代"当代领先且面向未来的、基于新技术和新比较优势基础的、可持续的、具有长期国际竞争力的新型产业体系"，具有"低碳、环保、智能化、互联网化""全球资源有效配置""新型的产业跨界融合""组织结构合理""动态演进"等特征[5]。

总体来看，国内研究形成了三个不同的视角。一是侧重总结中国构建现代文化产业体系的已有经验。例如，上海在构建现代文化产业体系

---

[1] 张晓明：《中国文化产业发展之历程、现状与前瞻》，《山东社会科学》2017年第10期。

[2] 雷杨等：《"文化—技术"关系视角下现代文化产业高质量发展对策研究》，《理论导刊》2020年第3期。

[3] 顾江等：《"十四五"时期健全现代文化产业体系的逻辑框架与战略路径》，《管理世界》2021年第3期。

[4] 范玉刚：《"健全文化产业体系研究"的问题导向、多维价值与时代关切》，《学习与探索》2020年第10期。

[5] 芮明杰：《构建现代产业体系的战略思路、目标与路径》，《中国工业经济》2018年第9期。

的过程中形成了"创新驱动、融合发展"模式,其符合中国国情和客观规律[1];党和政府的文化政策对构建现代文化产业体系具有明显的"政策效应"[2]。二是探讨构建现代文化产业体系与文化体制改革、文化强国建设的关系[3]。一方面,前者是后两者的目标,文化体制改革必须实现文化事业和文化产业的分离,其中,文化产业的发展目标是建立起现代文化产业体系[4],而建设文化强国的关键在于效率倍增,形成结构合理、共同发展的现代文化产业体系[5]。另一方面,后两者是前者的动力,建立现代文化产业体系要深化文化体制改革,充分发挥市场在资源配置中的决定性作用[6]。三是突出科技力量对构建现代文化产业体系的重要推动作用。根据技术要素和空间要素,现代文化产业体系可划分为文化产业结构体系和文化产业空间体系[7],而文化科技融合代表着现代文化产业体系下产业转型升级的发展方向[8],AI从创新文化产品生产模式、改进收入和要素分配、优化文化产品交换形态、促进文化消费升级等维度为文化产业的高质量发展带来驱动力[9]。

从发展历程演变来看,自党的十七届六中全会提出"构建现代文化产业体系"以来,中国现代文化产业体系发展共经历了三次范式转移——2011—2014年的构建期、2015—2016年的完善期、2017年至今

---

[1] 宗明:《创新驱动 融合发展——从上海的实践看现代文化产业体系的构建》,《中共中央党校学报》2013年第2期。
[2] 孟东方:《现代文化产业体系的政策效应、问题及发展对策》,《中国行政管理》2018年第12期。
[3] 解学芳、雷文宣:《"智能+"时代的现代文化产业体系:挑战与重塑》,《深圳大学学报》(人文社会科学版)2021年第4期。
[4] 张力、王美霞:《新时期我国文化体制改革的特点及趋势分析》,《北京行政学院学报》2012年第2期。
[5] 范周:《建设文化强国必须加快发展文化产业》,《人民论坛》2011年第32期。
[6] 范玉刚:《在全面深化改革中实现国家文化治理》,《湖南社会科学》2014年第2期。
[7] 潘爱玲、王雪:《现代文化产业体系与市场体系协同发展的机制和路径研究》,《华中师范大学学报》(人文社会科学版)2021年第1期。
[8] 王林生:《现代文化市场体系:粤港澳大湾区文化产业高质量发展的路径与方向》,《深圳大学学报》(人文社会科学版)2019年第4期。
[9] 杨云霞、张宇龙:《人工智能驱动文化产业高质量发展的理论逻辑与实践机制——以马克思主义政治经济学为视角》,《西北大学学报》(哲学社会科学版)2021年第2期。

的健全期，由此构成了中国文化产业体系的演变脉络①。

1. 2011—2014年：构建现代文化产业体系，确立国民经济支柱地位

改革开放后，中国现代文化产业在诸多领域均有发展，也对现代文化产业提出体系化要求。2011年党的十七届六中全会上，"构建现代文化产业体系"首次出现在党的"最高政策文件"中，中国现代文化产业体系迎来构建期，此后三年，通过调整文化产业结构、挖掘文化产业资源与延伸文化产业价值链，中国现代文化产业体系得到初步构建。

第一，调整文化产业结构是构建现代文化产业体系的前提②。在构建期，调整文化产业结构体现于以供给侧为主、需求侧为辅的改革路径。其中，供给侧主要包括资本、土地、创新和制度。如党的十七届六中全会和党的十八大提出推进重大文化项目落地；党的十八届三中全会提出降低社会资本进入影视制作等文化产业领域的门槛；党的十七届六中全会提出联动东中西部优化文化产业布局、建设文化产业基地与文化产业集群；党的十七届六中全会和党的十八大提出促进产学研结合、融合文化与科技、发展新兴文化产业；党的十七届六中全会提出颁布相关法律振兴文化产业；党的十八届二中全会提出组建国家新闻出版广播电影电视总局；党的三中全会提出完善文化经济政策；党的四中全会提出加强重点领域立法与制定文化产业促进法等。供给侧结构性改革的系列举措通过推动资本与文化融合、优化土地规划、发展创新型文化业态、改进文化制度，从四个维度优化了现代文化产业要素配置，使现代文化产业的质量和数量实现跃迁。需求侧改革则主要体现在投资和消费上，如党的十七届六中全会提出"培养文化产业投资者、增加文化消费总量、提高文化消费水平"等方针，这些举措均扩大了文化市场规模，激发了文化市场活力。

第二，创意挖掘文化资源是构建现代文化产业体系的核心要素③。

---

① 高嘉琪、解学芳：《"智能+"时代健全现代文化产业体系研究》，《中国特色社会主义研究》2021年第3期。

② 任艳：《区域协调发展与现代产业体系构建的政治经济学阐释》，《经济纵横》2020年第6期。

③ 王慧敏：《现代文化产业体系的构建——基于历史文化资源的创意转化》，《社会科学》2013年第11期。

在构建期，对文化产业资源的挖掘主要体现于城市文化资源、文化创意资源、传统文化资源、文化资源交流和文化人才资源五个方面。例如，党的十七届六中全会提出依托城市特色发展文化产业、北京发挥首都示范作用建设文化创意园区，党的十八大提出构建传承体系、弘扬优秀传统文化，党的十七届六中全会与党的十八大共同提出推动中华文化对外传播、积极借鉴优秀海外文化、加强与港澳台的文化交流、培养文化人才和文化工作者等。这些措施释放了中国文化资源潜力，对中国现代文化产业体系建设的资源基础起到了保障作用。

第三，延伸文化产业价值链是培养外向型文化企业、构建现代文化产业体系的重要内容[①]。这一时期，中国文化产业价值链主要体现为横向延伸与纵向延伸。横向延伸是指进一步巩固既有文化产业。例如，党的十七届六中全会和党的十八大提出发展包括出版、影视、文学、演艺等在内的传统文化产业，党的十八大针对新闻传播提出构建现代传播体系……这些举措推动了传统文化产业向现代文化产业的转变，确保了现代文化产业体系根基。纵向延伸则意味着促进文化产业与其他产业联动发展，实现耦合创新。例如，党的十七届六中全会和党的十八大提出推动文化产业与旅游、体育、信息、科技等行业的融合，既可以增加这些行业的文化含量，又可以拓展文化产业领域，此举改善了中国在国际分工体系中文化生产的中低端地位，拔高了现代文化产业体系上限。在此阶段，第四代通信技术在中国得到普及，AI也迎来了第三轮浪潮，在党的政策倡议下，文化产业和科技的融合不仅赋能了文化内容生产，还颠覆了文化产业链，重构了文化产业的生态系统[②]。

总体而言，在构建期，现代文化产业体系得到初步建立，文化产业向国民经济支柱的方向迈进，这是优化文化产业供给侧及需求侧、充分挖掘文化资源及延伸文化产业价值链协同演进的成果。从综合国力竞争经验来看，国际社会中的文化强国必定有坚实的文化产业体系作基础[③]。

---

[①] 范玉刚：《论文化产业发展的国家战略意识》，《学习与探索》2012年第12期。
[②] 解学芳、张佳琪：《AI赋能：人工智能与媒体产业链重构》，《出版广角》2020年第11期。
[③] 宗明：《创新驱动 融合发展——从上海的实践看现代文化产业体系的构建》，《中共中央党校学报》2013年第2期。

但是，现代文化产业体系并非一蹴而就，经历过建构期，文化产业发展势必会呈现出阶段性新特征，也会对文化产业体系提出新需求，故而还应对其进行完善。

2. 2015—2016年：完善现代文化产业体系，协同物质与精神文明

在构建期，中国现代文化产业体系逐渐成形，文化产业增加值由2011年的13479亿元，占GDP比重2.85%，攀升至2014年的23940亿元，占GDP比重3.76%，文化产业的国民经济支柱地位显著提高①。然而，初步建立的文化产业体系还未能厘清文化产业商品属性与社会价值属性的边界，同时面临西方意识形态入侵、文化治理体系欠缺等问题，完善现行文化产业体系成为这一阶段党文化建设的重要内容。随着2015年党的十八届五中全会的召开，"完善公共文化服务体系、文化产业体系、文化市场体系"首次被写入党的中央委员会全体会议的报告中，标志着现代文化产业体系进入完善期②。此后两年，完善现代文化产业体系主要从发展"互联网+文化产业"、刺激文化消费、培植国家文化自信三个方面展开。

第一，"互联网+文化产业"是完善现代文化产业体系的创新导向③。虽然党的十七届六中全会已提出推动文化产业与信息产业融合，但网络文化产业的发展程度还停留在初级阶段，其经济效益和社会效益还不够显著。党的十八届五中全会提出的"互联网+"计划使"互联网+文化产业"开启了全面化、系统化和完善化进程，本次会议针对网络技术、知识产权和网络文化内容作出的相关部署，对完善现代文化产业体系起到积极作用。如国家开展大数据战略以实现数据共享，通过提速降费进一步普及互联网，提前布局下一代互联网；借助互联网建立知识产权交易平台；建设网络内容、发展网络文化、保护网络环境等。这些举措为网络文化产业提供了坚实的技术支持、完善的保障措施与优渥的发展环境，不仅使传统文化产业在互联网的赋能下焕发新机，还带动

---

① 国家统计局：《中国文化及相关产业统计年鉴（2015）》，中国统计出版社2015年版。
② 高嘉琪、解学芳：《"智能+"时代健全现代文化产业体系研究》，《中国特色社会主义研究》2021年第3期。
③ 解学芳、臧志彭：《"互联网+"背景下的网络文化产业生态治理》，《科研管理》2016年第2期。

了网络文化产业新业态的发展。根据统计数据，截至2016年12月，中国网民规模达7.31亿人，其中网络游戏、网络文学、网络视频、网络音乐的用户规模分别达4.17亿人、3.33亿人、5.45亿人、5.03亿人[1]，在党的方针政策下，中国"互联网+文化产业"呈现蓬勃生机。

第二，刺激文化消费、满足居民文化消费新需求是完善文化产业体系的必由之路。自2010年起，中国GDP增速持续放缓，2016年更是下降到7%以下，该数据表明，中国经济发展需要新的突破点，而文化消费便是中国经济增长的新契机。在现代文化产业体系的构建期，中国培育出一批文化企业和文化创意园区，到了完善期，这些文化企业和园区成为带动文化消费的重要力量。随着党的十八届五中全会提出"发展骨干文化企业和创意文化产业，培育新型文化业态，扩大和引导文化消费"，在这一阶段，陆续颁布了包括《关于开展引导城乡居民扩大文化消费试点工作的通知》《中华人民共和国电影产业促进法》等在内的一系列政策，以扩大文化消费，北京、上海、天津等26个城市也通过激励、推广等措施积极展开了文化消费试点工作。党对文化消费的引导，使文化产业的国民经济支柱地位在"十三五"时期日益实现，现代文化产业体系也得到完善。

第三，在精神文明建设中培植国家文化自信是完善现代文化产业体系的应有之义。费孝通曾提出文化是"人为、为人"的，现代文化产业体系通过"人为"构建起来，为了人民的福祉，还需要在"为人"目的的驱动下予以完善。从党的十八届五中全会的报告可知，党对文化自信的培植主要体现在六个方面。就整个文化产业而言，通过培养优秀文化人才、生产优秀文化产品，实现包括文学、艺术、新闻、出版等在内的文化产业不同细分领域的繁荣，以彰显文化自信。就中华民族传统文化而言，通过构建传承体系、保护文化遗产、复兴传统手工艺、实施中华典籍整理工程等措施，焕发传统文化活力，提升对传统文化的自豪感。就公共文化服务而言，实行标准化、均等化方针，使偏远地区与城乡基层得以享受同样的文化资源，多层次培育文化自信。就网络文化而言，在其发展初期便通过思想文化阵地建设嵌入文化自信的DNA。就

---

[1] 中国互联网信息中心：《第40次中国互联网络发展状况统计报告》，CNNIC。

国际领域而言，实行文化"走出去"战略，与"一带一路"沿线各国展开文化交流、文化贸易，提升中华文化国际影响力。就国家内部而言，与港澳台地区进行广泛的文化交流与合作，提升民族认同。

作为中国经济发展新的增长点，拉动文化消费有助于物质文明发展，文化自信的培植有利于精神文明的建设，"互联网+文化产业"则为物质文明与精神文明的协调提供了全新的平台。2015—2016年是现代文化产业体系的完善期，也是文化产业开启新局面的时期；然而，科技的发展与全球化加深对现代文化产业体系提出了更高要求，现代文化产业体系亟须不断健全。

3. 2017年至今：健全现代文化产业体系，指引文化产业转型升级

完善期正处于中国"十三五"规划的前两年，作为"十三五"规划的目标之一，"文化产业成为国民经济支柱性产业"在该时期取得了阶段性成就，2016年中国文化产业增加值同比增长13%，占GDP比重首次突破4个百分点[1]。然而，现代文化产业体系还存在国民经济支柱地位尚未实现、创新能力不足、结构布局有待提升、文化人才短缺等一系列问题[2]。2017年，习近平总书记在党的十九大报告、党的二十大报告中均提出"健全现代文化产业体系和市场体系"，标志着现代文化产业体系建设进入健全期，意味着通过优化文化治理、创新文化业态与践行文化强国指引文化产业转型升级至关重要。

第一，文化治理是健全现代文化产业体系的有力保障[3]。在健全期，优化文化治理主要体现为进一步深化文化体制改革与提升舆论治理能力两个方面。就深化文化体制改革而言，主要体现为党的十九届三中全会通过的《深化党和国家机构改革方案》中涉及的中宣部统领新闻出版和电影、组建文化和旅游部、重组科学技术部、设立国家市场监督与管理总局、组建国家广播电视总局、重组国家知识产权局，以及党的十九届四中全会与五中全会针对文化经济政策、文化企业责任、文化产

---

[1] 国家统计局：《中国文化及相关产业统计年鉴（2017）》，中国统计出版社2017年版。
[2] 孟东方：《现代文化产业体系的政策效应、问题及发展对策》，《中国行政管理》2018年第12期。
[3] 杨佳续、张海燕：《技术赋能背景下文化双体系融合发展的策略建构》，《文化艺术研究》2019年第3期。

业规划、文化市场体系提出的体制改革建议等。这些措施不仅促进了文化产业与旅游、技术的有效融合，还为文化市场的健康发展和知识产权的有效保护提供了制度保障，更进一步推动了现代文化产业的转型升级。就提升舆论治理能力而言，党的十九大提出创新传播手段、治理新闻舆论与网络空间，党的十九届三中全会对中央宣传部、国家广播电视总局以及中央广播电视台等机构的调整也使文化资源与文化权力实现合理配置，而党的二十大指出健全网络综合治理体系，推动形成良好网络生态。综上所述，改革文化体制与提升舆论治理能力是内在统一、协同演进的，在两者的助力下，党的文化治理能力得到优化，文化产业的转型升级得到推动，现代文化产业体系得以健全。

第二，业态创新是健全现代文化产业体系的关键因素。自2017年以来，党主要通过跨界融合、科技引领与创新文化消费模式三个方面引领文化产业业态创新。如党的十九大提出文化产业数字化战略，促进文化产业和旅游业、互联网、AI深度融合的相关举措；党的十九届五中全会提出瞄准AI、脑科学等前瞻性科学；党的十九届五中全会提出发展新型文化消费模式等。这些措施催生了"智能+""旅游+"等文化产业新业态，提升了现代文化产业质量与附加值。以文化消费新业态为例，自2019年起，包括抖音、快手在内的短视频平台突破了"互联网+文化产业"的网购、网络直播打赏等文化消费模式，创造性地开拓了融电商与直播为一体的"直播+带货"文化消费新格局，促进了文化消费模式的转型。2020年新冠疫情期间，抖音的直播带货帮助万千濒临破产的商家实现自救，充分展现了文化产业业态创新的积极意义。

第三，文化强国是健全现代文化产业体系的必然要求。作为中国2035年远景目标之一，建成文化强国不仅需要发扬优秀传统文化、繁荣社会主义文艺，还需要增强国际文化传播力和影响力，更需要正视文化发展中的一系列问题。在现代文化产业体系的健全期，党针对上述方面提出一系列政策建议，如党的十九大、党的十九届五中全会、党的二十大均提出保护优秀传统文化、文物及非物质文化遗产；党的十九大提出文艺创作应以人民为中心，在统一思想、艺术、制作的同时推动文艺创新与文艺队伍建设；党的十九大与党的十九届五中全会申明了推动国际传播、讲好中国故事的重要性；党的二十大指出加大文物和文化遗产保护力度，加强城乡建设中历史文化保护传承，建好用好国家文化公园。除此之外，在技术的"双刃剑"作用下，现代文化产业还存在侵犯用户隐私、"大数据杀熟"等文化科技伦理问题。针对这些问题，党的十九届五中全会提出健全科技伦理体系的建议；党的二十大指出要加强全媒体传播体系建设，塑造主流舆论新格局。上述举措构筑了中国精神、发展了社会主义文艺、增加了对外文化交流、推进了"智能+"时代文化科技伦理隐患的解决，对建成文化强国、健全现代文化产业体系无疑具有积极意义。

现代文化产业体系不仅与现代经济体系息息相关，还关乎人民的美好生活。在现代文化产业体系的健全期，通过文化治理、文化产业业态创新与文化强国战略，彰显了社会主义先进文化的优越性，指引了文化产业转型升级，这将从宏观上提升中国文化的世界影响力，从中观上促进文化产业的发展带动国民经济上涨，从微观上提升人民的幸福感营造美好生活。

（二）现代文化产业体系：内涵与外延

现代文化产业体系的内涵与外延同传统文化产业体系的最大不同在于"现代"。从中国文化产业体系与市场演变的政策支撑来看（见表2-1），从"现代文化产业体系"这一概念的提出到其不断构建、发展和健全，在此演进过程中，文化产业体系与文化市场体系发展实践、战略规划及其制度设计之间的逻辑关联得以逐步形成。与此同时，从制度创新视角审视现代文化产业体系内涵与外延的支点也得以构建。

表2-1　　　　　　　　中国文化产业体系演变脉络简表

| 年份 | 文化产业体系演变 | 相关方针政策 |
| --- | --- | --- |
| 2011—2014 | 构建期 | 2011年党的十七届六中全会，提出构建现代文化产业体系目标及相关举措。<br>2012年党的十八大，提出文化产业成为国民经济支柱性产业的目标和社会主义文化强国建设的目标。<br>2013年党的十八届三中全会，提出建立健全现代文化市场体系需要提高文化产业规模化、集约化、专业化水平。<br>2014年党的十八届四中全会，提出加强重点领域立法，制定《中华人民共和国文化产业促进法》 |

续表

| 年份 | 文化产业体系演变 | 相关方针政策 |
| --- | --- | --- |
| 2015—2016 | 发展期 | 2015年党的十八届五中全会，提出"十三五"时期文化产业应成为国民经济支柱性产业的目标；提出完善公共文化服务体系、文化产业体系、文化市场体系的文化体制改革目标 |
| 2017至今 | 健全期 | 2017年党的十九大，提出健全现代文化产业体系和市场体系的目标。<br>2018年党的十九届三中全会，提出中央宣传部、文化和旅游部、国家广播电视总局、中央广播电视台、国家知识产权局等文化机构改革方案。<br>2019年党的十九届四中全会，提出健全现代文化产业体系、实现高质量发展与完善文化经济政策。<br>2020年党的十九届五中全会，提出健全文化产业体系及相关措施。<br>2021年党的十九届六中全会，总结党百年奋斗的历史经验，文化建设取得重大历史性成就。<br>2022年党的二十大，提出健全现代文化产业体系和市场体系，实施重大文化产业项目带动战略 |

可以说，技术创新与制度创新是现代文化产业体系创新的核心要素。随着"智能+"时代的开启，以5G通信技术、物联网、云计算、区块链、AI等新技术应用为代表的现代科技正引发一场全新的文化产业发展革命，不但颠覆了传统文化产业体系，还激发了层出不穷的新业态与新模式，并打造出文化产业全新的竞争制高点。但与发达国家的文化产业发展情况相比，中国目前的文化产业体系尚不健全，文化产业与文化市场规模普遍偏小，文化企业创新能力弱、竞争力不强，文化市场管理制度相对滞后[1]。此外，伴随"智能+"时代现代智能技术创新步伐的加快和创新周期的缩短，加之虚拟技术的普及，技术滥用问题以及产业融合与产业分化进程中蕴含的矛盾日益凸显，引发了一系列文化产业生态危机，亟须一个更加健全的现代文化产业体系作为顶层设计与战略布局来主导其发展航向。

基于此，"智能+"时代的现代文化产业体系应立足科技化、国际化、市场化与人本化原则，集聚和整合现代智能技术与现代新型要素，

---

[1] 解学芳：《智能技术与制度协同下的现代文化产业体系构建》，《人民论坛》2022年第5期。

实现结构体系、要素体系、组织体系、价值体系、标准体系与制度体系的融合。具体来说，"智能+"时代的现代文化产业体系的内涵应包括五个维度。一是能够全方位导航现代文化产业进程与现代文化市场趋势，使文化产业在内容生产、文化精准运营、主流价值观传递、文化版权与文化安全等方面更具现代性与高效性。二是基于高新技术集聚优势，为现代文化产业发展与文化市场建设提供更为稳妥的技术保障，并建构起现代文化企业的科技创新能力、内容创意创新能力与文化模式创新能力。三是现代文化产业体系青睐培育更加公平、开放、智能、有序的现代文化市场，释放文化企业的创新活力，实现大批具有国际影响力的文化企业巨头集聚。四是基于技术与制度协同创新优势，为现代文化产业体系匹配更为规范性的制度设计和更具预见性的政策法规。五是基于打造美好文化生活的基准，通过不断健全现代文化产业体系实现文化产业与文化市场高质量发展，从而提升人们的文化获得感与文化幸福感①。

## 二 特征解析：现代文化产业体系特点

现代文化产业体系由现代科技、文化、信息、资本等新型元素构成。一方面，现代文化产业体系相较传统体系的优势，体现在业态创新、高科技支撑、市场化竞争等方面。另一方面，随着互联网、大数据、AI、区块链等新技术的发展，现代文化产业体系尤其需要和数字化、网络化、智能化的新技术有机结合，呈现多元主导的跨界融合性，内容为王、平台为核的产业生态性，以及基于科技创新的跃迁演进性。由此，进一步推动中国文化产品和服务在生产、传播、消费上的数字化、网络化、智能化发展（见图2-2）。

### （一）呈现数字化、网络化与智能化

科技创新速度是科技创新的主要变量，创新速度越快，产业新陈代谢的能力越突出，文化产业的历史发展成就越显著。随着科技创新的周期缩短，传统文化产业向数字化、网络化方向的转变也愈加明显②。传

---

① 解学芳、臧志彭：《在"智能+"时代健全现代文化产业体系》，《中国社会科学报》2021年5月11日第1版。
② 解学芳、韩晓芳：《文化产业科技创新能力研究：现状研判与革新路径》，《学术论坛》2015年第4期。

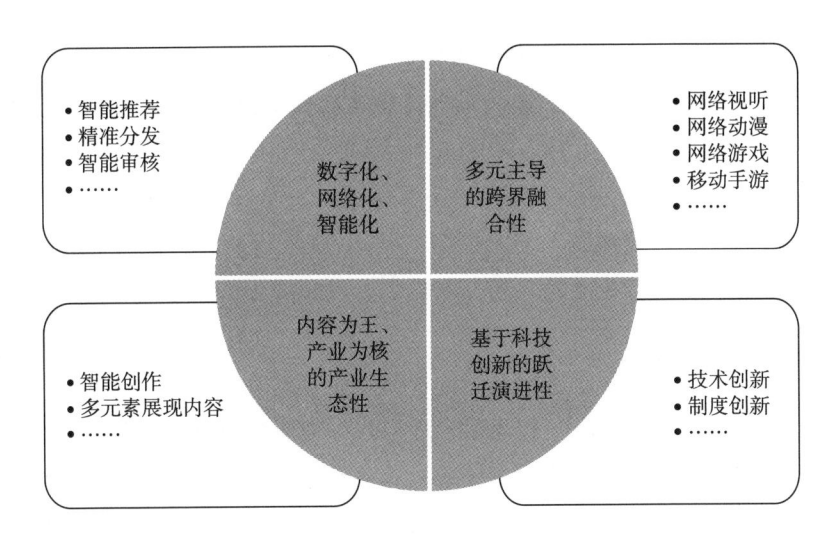

第二章 "智能+"时代现代文化产业体系：瓶颈、机理与建构

图 2-2 现代文化产业体系发展特点

统文化产业借助科技创新从文化内容、文化形态、文化传播与文化影响等变革自身成为发展常态，创新自身发展范式，实现产业发展结构的调整。数字技术的快速发展和文化自身的渗透性实现了文化产业与数字化方式相融合的新质态[1]，文化产业出现了大量属于"技术人工物"的数字物[2]。目前，新闻出版、印刷、广电等行业向着数字出版、数字印刷、数字广电方向转型，数字版权保护系统、数字化流程管理、数字播控系统在传统文化产业领域广泛运用。智能推荐、精准分发、智能审核等智能化分化技术已成为绝大多数文化企业普遍采用的技术，智能化技术在文化内容的生产智能化、流通智能化、消费智能化中扮演了重要的角色，强化了文化产业内部各要素的高效率流动，促进了文化消费的延伸，为传统文化产业的转型、现代文化产业体系和市场体系的重塑奠定了数字化、网络化、智能化基础。

（二）呈现多元主导的跨界融合性

科技创新推动着文化产业的转型，促进了新旧产业的融合。随着

---

[1] 郑琼洁、成一贤：《文化产业的数字生态与高质量发展路径》，《南京社会科学》2022年第1期。

[2] 陈思等：《论文化与科技的深度融合及智能化运作逻辑》，《河南师范大学学报》（哲学社会科学版）2021年第6期。

3D技术、虚拟现实技术、数字化技术、新媒体技术、物联网、云计算、AI等新科学技术的进步，科技创新已然渗透到文化产业各个领域①，催生新的文化企业发展模式，推动商业模式、理念与产品组织形式的创新，使其在不同细分行业进行了跨界融合，改变了文化产业体系的内涵。特别是在大数据技术的推动下，网络视听、网络动漫、网络游戏、移动手游等新兴行业蓬勃兴起，文化企业发展边界由小变大，发展模式从内容单一轨道向"技术+内容"的双轨跃进。文化产业与技术创新间建构起互动协同的动态逻辑，推动着新兴业态的崛起与传统产业的跨界融合，不断形成新产品、新运营管理模式和新运行机制。文化产业跨行业、跨领域发展态势是多元主导的。从多元主体的定位来看，政府在深化文化管理体制改革与制度创新方面的重要性不言而喻，政府是文化产业制度创新的主导者，但面对文化市场的瞬息万变要快速回应，并适时让渡产业空间，实现公平性、高效性、开放性。公众是贯穿整个多元治理体系的最特殊主体——既是文化产品的生产主体，又是文化产品的消费主体，其文化消费的过程实际上是参与文化产品和服务的再生产与治理的过程。此外，文化企业主体对现代文化产业体系发展的贡献也不容忽视。一方面，文化企业不断加大创新与原创的力度，将技术创新、内容创新、管理模式创新贯穿整个文化企业生产、运营的各个环节，实现创新与创意的渗透、衍生与循环，提高文化企业创新的产出效率。另一方面，龙头文化企业应致力于培育一个由文化良品影响文化消费群体心态的文化生态，自觉警惕过度的"市场陷阱"，将创意、创新和经济目标立足于社会效益与精神价值的基石之上，扩大文化良品的生产规模②。总之，政府、公众、文化企业共同主导了现代文化产业体系高度融合的新格局。

（三）呈现内容为王、平台为核的产业生态性

智能化技术打破了各行业的边界，并重塑了人们的消费习惯，新兴商业模式层出不穷，不同产业相互交融。在此形势下，现代文化产业体

---

① 韩晓芳、解学芳：《文化产业科技创新能力研究述评：2004—2015》，《科技管理研究》2016年第14期。
② 解学芳：《基于技术和制度协同创新的国家文化产业治理》，《社会科学研究》2015年第2期。

系形成了内容为王、平台为核的产业生态圈。对于文化产业而言，最核心、最重要的因素就是内容。"智能+"时代，内容创作门槛进一步降低，知识、技能、信息以更高效的途径被传播。与多样用户需求相匹配的是日益发展的内容创作，大数据、AI、软件技术使新时期的内容创作变得简单快捷，行业间的较量随着用户生产内容（UGC）模式诞生并渐成主流而不断呈现多维化趋势。激烈的市场竞争致使文化产品随时面临生存空间被无限压缩的风险，若想避免这种境况，就必须提升内容制作的能力与内容呈现的品质。"智能+"时代跨类别竞争成为常态，各内容平台以抢占用户时间为核心发展目标，提升用户体验成为制胜之道。现代文化产业体系的优化将意味着各平台积极拓展内容展现方式，从"单元素"向"多元素"转变。例如，以掌阅为典型的在线阅读平台引入能够支持智能朗读的智能音频，而以今日头条为代表的内容平台则推出短视频模块，以适应不同用户的内容需求。

（四）呈现基于科技创新的跃迁演进性

技术与制度协同创新将进一步助推现代文化产业体系的高质量跃迁。具体来看，文化产业技术创新与制度创新之间的逻辑关系可以被概括为相互作用、互相支撑。一方面，文化产业制度创新与技术创新在目标取向上实现协同，即均定位在全球文化市场视野下追求文化产业开放、健康、高效、稳健发展的战略目标，并最终在文化产业体系的构建中实现对经济绩效和社会绩效双效目标的平衡与追求。另一方面，文化产业制度创新和技术创新的协同嵌于历史脉络与发展实践中。技术创新是文化产业发展的内生动力，制度创新是文化产业发展的外部诱因，两者亦步亦趋：新想法、新知识、技术创新在文化产业领域的应用要求创新激励制度与创新组织制度的配套，而技术创新成果在文化产业诸行业的应用客观上要求创新管理制度的完善，当创新型文化产品进入市场阶段时则要求文化市场管理制度的出台。可见，在学理上，文化产业技术创新与制度创新的协同是促进现代文化产业体系跃迁发展的保障；反之，如果文化产业制度对技术创新带来的变革视而不见，则滞后性的制度安排将会成为现代文化产业体系演化变迁的障碍。实际上，基于技术绩效与制度绩效持续协同驱动的文化产业发展是一个基于技术与制度发展趋向、技术范式与制度范式变革，实现文化产业从"高投入、高复制、低创意、低含量"的传统文化生产体系，向"高效益、高创意、高科技、优生态""四位一体"的现代文化生产体系的转换，真正建立一个基于技术与制度协同创新的高效而健康的现代文化产业跃迁体系刻不容缓，这恰是现代文化产业体系需要关注的重点①。

### 三　要素联动：现代文化产业体系构成

文化与科技融合催生新型文化业态，推动现代文化产业体系呈现重大结构调整和优化。"智能+"时代，现代文化产业体系的形成有其内在的逻辑与演化机理，该体系由多元要素集成，涵盖了内容创新要素、渠道创新要素、科技创新要素、文化人才要素、制度创新要素，具有整体性、开放性、非线性、动态性等特征，各个要素相互关联，相互作用，形成了内在的演化逻辑②。

（一）内容创新要素：激活文化资源，对固有文化模式进行革命性转型

内容创新要素智能化能够主导新兴业态，丰富文化供给。文化产业被称为"内容产业"，具有经济效益（产业属性）和社会效益（意识形态）双重属性，不仅是经济发展的新引擎，也是文化价值观和审美理念的载体。内容作为文化产业附加值的核心要素，是文化产业发展的深层内在力量，是文化产品经济价值的内核所在，也是文化产业区别于制造业、服务业等其他产业最重要的特质。忽视文化和创意对创新发展的本质作用，是文化产业发展过程中最大的危险。内容创新主要包括三个层面：对优秀传统文化资源的激活、对文化IP的深入挖掘、对固有文化模式或范式进行革命性转型。

第一，对优秀传统文化资源的激活是现代文化产业体系在文化内容创新中的当务之急。中国是人本主义文化传统国家，内容的共同性由文化共同性支撑，文化发展以传承接续为主要导向。内容创新意味着将文化资源与文化符号转化成产业元素，推动中华优秀传统文化创造性转化和创新性发展，实现社会价值和经济价值的双效统一。内容创新是将文

---

① 解学芳：《基于技术和制度协同创新的国家文化产业治理》，《社会科学研究》2015年第2期。
② 解学芳、张佳琪：《"智能+"时代现代文化产业体系的健全逻辑：要素协同与数字治理》，《学术论坛》2022年第3期。

化与科技进行资源整合,而并非简单相加。在文化创意产品扶持计划和"互联网+"中华文明行动计划的推动下,文化资源在与智能化技术的融合过程中焕发出新的生命力,并通过二度创意、三度创意实现新的创意增值①。数字扫描存储技术和VR虚拟重构技术将现实中的珍贵文物和文化资源变为"数字文物",打破了观赏的时空限制。例如,数字敦煌平台对石窟艺术进行数字展示,通过球幕多方位展示石窟内景,其与VR技术的结合使体验者产生身临其境之感,数字化壁画则通过数字交互游览的形式,使游客在虚拟游览中反复回放,并放大自己感兴趣的任意细节;4K直播使博物馆中的静态实物陈列通过"云展览"带着历史文化知识走进千家万户;而数字投影、虚拟影像、互动捕捉技术等使故宫六大宫殿打造了传统文化元素与当代数字影像设计交织的亮灯工程,使中华优秀传统文化得到了创新性转化和发展。又如,《国家宝藏》第二季通过三维信息化技术在H5基础上升级为H6产品,在内容形式上进行创新,实现了新媒体端的文物展示与电视荧屏的联动。短视频等多模态化的内容呈现形式通过可视、可听、可感的表意整体②,将传统文化内容激活和复现,使用户在观看、分享、互动中产生沉浸式文化体验。AR、VR技术在数字出版业将信息可视化:西南财经大学出版社出版的《有趣的中国节日:AR互动游戏书》,为读者开启沉浸式阅读场景;2021年,天府书展上四川人民出版社与小微云科技公司合作开展了"红色主题+VR""井冈山历史博物馆""飞夺泸定桥"沉浸式全景视频体验。但从整体来看,中国传统文化资源的数字化、智能化程度较低,优质IP的开发和传播主要由迪士尼、梦工厂等国外公司进行,与产业的融合度不高③。

第二,对文化IP的深入挖掘是现代文化产业体系在内容创新中的重中之重。中国文化产业与智能化技术的融合尚不够深入,文化产业关联度仍未超过20%,比例仅为美国的50%—60%、日本的1/3④。通过

---

① 葛红兵:《创意本位的文科及其可能性》,《探索与争鸣》2020年第1期。
② 晏青、罗小红:《流动的意义:传统文化移动传播的符号学阐释》,《中州学刊》2019年第10期。
③ 孙守迁等:《〈数字创意产业发展现状与前景〉序言》,《包装工程》2019年第12期。
④ 李慧、刘坤:《文化产业如何成支柱——解读"十三五"规划纲要文化产业发展亮点》,《光明日报》2016年3月24日第14版。

投入产出技术分析发现，文化产业各细分行业在产业链中的前向关联度不高，即推动下游产业发展的能力不强，没有将智能化技术很好地与文化内容结合来为下游产业赋能，在产业链中对其他各部门的拉动作用有待加强；文化与科技产业无论是在技术还是在市场方面都没有达到高度融合，且技术融合度整体要弱于市场融合度[1]。提高文化产业与其他产业的关联度，必须优化现行文化产业体系，借助技术创新挖掘文化创造力，将"文化+""科技+""智能+"与文化产业深度融合，产生新的创新机制、创新理念与创新产品。要想提高数字创意产业与其他产业的关联度，必须进行文化创新，尤其是对 IP 的深度开发。IP 作为文化价值的外在表现，是文化价值向交换价值转换的前提条件。IP 资源在电影、动漫、音乐、游戏等行业间转化，使上述细分行业与服装业、制造业、玩具产业等实体产业融合，带动文化市场繁荣的同时促进了全产业的融合。

第三，对固有文化模式或范式进行革命性转型是现代文化产业体系在文化创新中的基底保障。对固有文化模式或范式进行革命性转型意味着借助新技术首先要在核心领域实现内容创新。文化核心产业的具体领域主要包括新闻出版、广播电视、电影、文化艺术和互联网信息服务等，因此智能化技术作为发展动力，在与文化产业的融合中构建"平台+技术+内容+垂直运作"的基本生态结构[2]，并进一步推动文化产业与其他产业的融合，促进文化链、产业链及价值链的联动发展，催生出新的文化产业业态，生产出优质的 UGC 和机器生产内容（MGC）来为文化产业赋能[3]。以新闻领域为例，基于 AI 技术的 MGC 模式实现了新闻采集高效化和新闻生产的智能化，改变了新闻写作模式[4]。《华盛顿邮报》写作机器人 Heliograf 集数据分析、智能写作、智能分发于一体，新华智云自主研发的"媒体大脑"则同时具备智能创作与监测能力。

---

[1] 于泽：《文化与科技产业融合度测算分析》，《科技管理研究》2020 年第 4 期。
[2] 卢毅刚、方贤洁：《"角色重构"与"内容创新"——产业互联网中的数字出版转型研究》，《编辑之友》2020 年第 5 期。
[3] 喻国明、杨雅：《5G 时代：未来传播中"人—机"关系的模式重构》，《新闻与传播评论》2020 年第 1 期。
[4] 卢毅刚、方贤洁：《"角色重构"与"内容创新"——产业互联网中的数字出版转型研究》，《编辑之友》2020 年第 5 期。

就出版领域而言，在 VR/AR 技术的加持下，全场景渗透的纸电声一体化阅读新生态逐步形成，机器人写作、智能素材筛选与剪辑、基于算法的精准匹配和分发使读者可以在阅读过程中对故事要素进行自定义，从而获得定制化的阅读体验。在广播电视和电影领域，"5G+4K"超高清视频直播、360度全景 VR 实感技术、5G+AI 衍生的虚拟主持人应用广泛；融媒体矩阵中的数据计算、内容渲染与可视化应用均基于技术设备的虚拟化调度，能够更好地保护内容并管控版权，同时实现交互化的内容呈现。通过 AI 系统针对用户的实时反馈对传播内容进行二次制作，视频网站让智能工具在深度学习其赛事视频数据库的基础上完成内容标注、自动分类及内容二次制作等工作，并附以内容时效推荐、重点内容推荐、用户兴趣推荐等推荐逻辑，在精准匹配用户偏好的基础上进行内容分发，如对观众实时反应数据（欢呼声、面部动作等）进行智能分析，预测演出过程中受欢迎的内容，由此来二次制作精彩瞬间集锦，并在后续进行精准分发。在文化艺术方面，智能化技术推动了新媒体技术以几何式速度发展，实时投影、生成艺术、动态捕捉、3D 影像、全息投影、预演系统等改变了观演方式，强化了表演者与观众之间的互动。例如，基于佩珀尔幻象技术的烟雾投影、水雾投影、3D 全息投影、墙面沉浸式投影等全息投影表演形式为观众带来全新的视觉效果；基于此，初音未来演唱会将二次元虚拟人物呈现于舞台上，全息话剧《上海往事——阮玲玉》让阮玲玉成功地"复活"。

（二）渠道创新要素：互联互通的重要驱力，流转安全的重要保障

渠道创新要素是互联互通的智能化文化市场流通体系的重要驱力。任何事物都处于一定的联系中，且都存在一定的内在结构性，文化产业也不例外。"智能+"时代，现代文化产业体系的建构不是单个企业、单个要素所能实现的，需要众多关联要素、关联企业以及行业的协作。渠道创新在此过程中发挥了黏合剂的联结作用，是现代文化产业体系构建的重要环节。渠道创新是指通过传播渠道建设，支持现代流通组织形式，发挥各类信息网络设施和平台的文化传播作用，建立互联互通、安全高效的文化产品流通体系，提升文化市场数字化、网络化与智能化水平，从而实现各要素的共享、各主体的联动，使外溢性强的创新行为实现外溢效应最大化。渠道创新还是技术融合、人才要素流动的重要方

式，有利于消除地区和行业壁垒，促进文化要素在健康有序的现代市场环境中高效流转，提高文化资源配置效率，促进产业间的联动、企业间的合作，实现产业链的无缝对接。

第一，以非同质化代币（No-Fungible Tokens，NFT）和智能合约为代表的区块链技术为建立智能流通渠道提供了技术保障。随着加密货币越来越主流，以区块链技术为主的智能化技术为渠道创新赋能。基于区块链技术的加密艺术通过智能合约上链生成NFT，在交易过程中保证了可溯源性，并打破了传统艺术品的创作、收藏、观看及交易模式[1]。NFT与比特币等普通加密货币不同的是，任何一枚NFT都是不可替代且不可分割的，由此商品交易的Token化解构了其过程中中介机构这一角色，从而使内容创作者的创作收入得到更好的保障，将作品被复制的可能性降低为接近于零，对创作者的版权进行了实质性的保护。2021年，第一季度全球NFT销售额突破20亿美元，环比增长至少20倍[2]，并涌现出一批新型NFT交易平台，如国外综合类的NFT交易平台Opensea，专业从事NFT艺术品交易的SuperRare、Foundation，首个将现实中各类IP代币化、将传统艺术类物品代币化的Terra Virtua，以及社区互动性质的平台Rarible等；2021年8月，腾讯旗下NFT交易软件"幻核"也正式上线。通过可自动预制流程的安全自主交易、透明和负责任的分销记录、更快的版税支付，以及可根据销售环境动态变化的定价能力[3]，以NFT和智能合约为代表的区块链技术为文化产品的交易和艺术家作品版权的安全提供了保障。

第二，区块链技术作为渠道创新驱动的重要技术基底正向多领域、多维度延伸。保罗·莱文森媒介进化理论指出，信息的传播一直在向着更易被感知、更利于受众接受、使用门槛更低的方向演变[4]，因此更低

---

[1] 杨嘎：《加密艺术：数字艺术向元宇宙迁移的"摆渡人"》，《美术观察》2021年第11期。
[2] DappRadar，即全球领先的dapp市场数据和dapp分发平台的数据。
[3] Patrickson, B., "What Do Blockchain Technologies Imply for Digital Creative Industries?" *Creativity and Innovation Management*, Vol. 30, No. 3, 2021, pp. 585–595.
[4] 徐立军：《"新四化"：中国传媒发展的未来趋势与关键路径》，《现代传播（中国传媒大学学报）》2020年第1期。

成本、更多更好且更密集的信息获取渠道成为人类获取信息的两大原则[①]。如在新闻领域，从 Civil 到国内区块链媒体实验室以及"媒体大脑 3.0 融媒中心智能化解决方案"，国内外已经有上百个基于区块链技术的新闻平台和分布式记者网络建立起来[②]。例如，在科技出版业，智能化内容推荐算法强化了文献搜索功能，智能化文献搜索、信息查询和内容发现实现了内容的关联和流通，Semantic Scholar、Yewno、Mendeley Suggest、Sparrho、Meta、Nano 和 Iris. AI 等智能学术软件利用更侧重内容关联的 UNSILO 的智能化内容推荐算法，以打造智能化的文献发现与搜索体系，使学者在文献搜索时更迅捷地了解所在学科领域的核心文献和最新科研成果，节省搜索和阅读文献的时间[③]。智能化变革模糊了产业边界，智能化技术推动着融媒体时代的传播从单向传播升级为交互主导，用户在信息流通的过程中从被动接受转为主动赋能，传播渠道拓宽，传播方式多样[④]，智能流通的分发环节体现出向多平台、场景化和精准化趋势发展的特征。与此同时，智能化技术可以通过简化 IP 和版税的分销管理系统[⑤]，使文化产业中依赖数字分销获利的行业，如流媒体服务，"追讨"其版权以获得最大收益。版税追踪公司 White Sky Accounting 估计，分销网点每年因版税缺失而损失的总金额为 11 亿美元[⑥]。而基于以区块链为代表的智能化技术的智能票务系统，能够帮助创作者实时追踪作品的销售和转售情况，并获取其版权所有。例如，在 Musicoin Project 平台上，多个不同贡献者的自动支付已经成功试用，并且作者可以从任何二次销售中获得更多的佣金。

---

[①] 匡野：《5G 视域下短视频文本生产技术性偏向的多维考察》，《中国编辑》2021 年第 1 期。

[②] 诸廉、吴羽飞：《基于区块链技术的新闻产业生态重构》，《新闻记者》2021 年第 10 期。

[③] 任翔：《重构内容产业：2020 年欧美科技图书出版发展与创新评述》，《科技与出版》2021 年第 3 期。

[④] 刘宇、周建新：《文化自信视域下传统文化资源的出版创新》，《出版广角》2020 年第 17 期。

[⑤] Patrickson, B., "What Do Blockchain Technologies Imply for Digital Creative Industries?" *Creativity and Innovation Management*, 2021, Vol. 30（3）, pp. 585-595.

[⑥] Ward, J., "Royalty Tracks is a Platform Automating the Tracking of Missing Royalties for Musicians", Startupdaily, http：//www.startupdaily.net/2017/08/royalty-tracks-missing-royalties-musicians，2017-08-31.

### （三）科技创新要素：新业态的智能主导，重塑文化产业链条

科技创新要素是源生性助推器，能够智能化主导文化产业新业态。文化产业作为科技前导型产业，科技创新在其发展过程中占主导地位，是文化产业从遮蔽到解蔽过程的必要条件。与此同时，科技创新也是推动文化产业供给侧结构性改革、激活产业发展的原生性动力，通过推动科技创新与应用创新的双螺旋结构，文化产业提高了产业增长质量和国际竞争力，凸显了技术创新价值实现的本质[①]。

第一，科技创新分为外生技术创新和内生技术创新两个层次。外生技术是指在技术发展进程中新出现的技术，互联网、大数据、AR、VR、AI等技术都属于此类，外生技术的出现一方面改变了文化产业的发展进程，丰富了文化产业的门类，拓宽了文化产业内涵；另一方面革新了思维方式和表现方式，在内容、渠道、平台、经营、管理等方面为现代文化产业体系的发展与创新提供载体。内生技术是在已存在技术基础上进行二次创造，数字出版、数字印刷等技术均属于此类，是传统文化产业体系向现代文化产业体系转型升级的主要动力。技术创新重塑了文化产业业态，深化了文化产业链，产生了新的产业盈利模式，推动共性技术和关键核心技术的研发、扩散及应用成为技术创新的重要着力点，为增强产业的可持续创新能力、发挥技术预见性以及构建具有前瞻性的现代文化产业体系提供支撑。

第二，从技术系统来看，数字技术簇群具有更强的自演化性和交叉渗透性，相较于工业技术，AI等数字技术可自我学习、自我迭代、自我进化，而且可与各个行业场景深度融合，具有高渗透性[②]。从产业系统来看，虚拟性、可持续性、智能性、开放共享性、普惠性等特征明显。一是智慧、数据等生产要素是虚拟的、可再生的，而且根据梅特卡夫法则，网络的价值以用户数量的平方速度增长，网络又具有外部性，因此数字经济具有虚拟性、可持续性。二是研发、生产、交易、产品和服务的智能化，形成了泛在联结的智能化经济网络，单向、封闭的经济状态向开放、共享的状态发展。三是范围经济快速发展，为"长尾市

---

[①] 解学芳、臧志彭：《人工智能在文化创意产业的科技创新能力》，《社会科学研究》2019年第1期。

[②] 张路娜等：《数字经济演进机理及特征研究》，《科学学研究》2021年第3期。

场"创造了盈利机会和空间,并在拓展市场宽度和深度方面具有重要作用[①],数字经济因而更具普惠性和包容性[②]。

第三,云计算、大数据应用、算法创新、生成式对抗网络(GANs)、物联网等技术集聚与智能制造的革新推动了 AI 时代的加速到来。而智能化生产、大规模个性化定制、智能语音与视频融合、视频图像识别与视频理解、跨媒体融合等技术创新推动智能化成为发展的新方向。当然,AI 时代的文化产业科技创新有其独特的内在逻辑与演化机理,大数据挖掘与深度学习是弱 AI 在文化产业领域广泛应用的基础。一方面,AI 以新技术革新与迭代填充机制实现文化大数据的识别、挖掘、加工与深度利用,挖掘大数据背后潜藏的信息与内容,并进行文化价值的聚合、文化资源的高效整合与更新。另一方面,智能算法处理、仿生识别、深度学习等功能重塑了文化产业的业态与价值链,实现文化创意的精准化、智能化。此外,AI 的发展让人们有更多用于文化精神消费或高端内容产品生产的"闲暇时间"。按照凡勃伦提出的"有闲阶级"概念,即从事非生产性质工作的上层阶级可获得大量的闲暇时间,由 AI 时代的智能机器人承担大量耗时、复杂而重复性的工作,从而有更多的时间用于自我学习、更有尊严地进行创意与思考。从创新生态演化机理来看,在 AI 时代,文化产业的科技创新演化形成了内生竞合、开源交互、群智多元和跃迁演化四大机理,凸显出 AI 对内生、开放、竞合、协同、多元与动态等方面的聚焦和关注。

(四)文化人才要素:创意来源,实现文化产业高质量发展的决定性因子

文化产业的本质内容是创新和创意,创意的主要来源是个人创造力,即以人为主体激活创新产生价值[③],因此文化人才要素可谓是创新能力与内容创意的来源。文化产业的核心价值根植于情感、智力、审美等非排他性与非物质性的劳动成果,只有直接以人才为载体才能最大限度地被激活,只有在人与人的交互中才能得以高效地传承、发展、保

---

① Marken, A., "The Long Tail Why the Future of Business is Selling Less of More", *Hyperion*, Vol. 24, No. 3, 2006, pp. 274-276.
② 张路娜等:《数字经济演进机理及特征研究》,《科学学研究》2021 年第 3 期。
③ 柳杰:《转向与超越:文化创意人才激励机制构建》,《探索与争鸣》2020 年第 6 期。

存、流通，选择、综合和传递①。

第一，文化人才将才能应用于文化产品生产和服务中，并提供了包括文化服务消费在内的创新消费需求。从区域经济的角度来看，人力资本水平高的国家或地区能够促进创新和技术发展，从而推动区域经济的增长，使该国家或地区成为知识扩散的来源，进而获得更高的竞争力，并更有能力提供增值服务。因此，发展中国家可以通过提高其在知识产业（如创意产业）中的教育和培训来生产高质量的劳动力，从而促进经济增长②。在智能时代，文化内容作为精神生产更应突出和强调人在创意生产中的主体性，强调人的精神创意。人才资本作为四大资本（人力资本、结构资本、智慧资本、创造力资本）之一，是文化产业创新能力不可或缺的要素。海德格尔在技术的追问和反思中曾强调技术是工具，属于人的行为，即技术创新、文化创新归根结底都要回归人才创新层面。换言之，人通过自己的主观能动性作用于文化产业各要素，使其产生新的价值。Florida也明确表示创意阶层（知识工作者、专业与科技工作者）决定了创意产业的发展潜力，甚至决定了未来工作空间乃至城市的产业层次。因此，人才作为文化产业创新之源，作为其他要素的执行者，对现代文化产业体系具有基础性、战略性、决定性作用③。

第二，尽管技术的飞跃为艺术生产带来了新的可能，但目前AI的服务范围和水平较为有限，创意人才与AI的协同发展才真正决定了创意内容的有效实现。例如，智能设计机器人"鹿班"对于网页海报的智能生成使广告业遭受冲击，但其冲击的是技能型广告设计师，即美工的工作，而创意型设计师的工作无法被"鹿班"系统所取代，所以未来"鹿班"系统取代的也许仅仅是不能满足创意需求的美工工作④。唐纳德·诺曼认为，人类思维是两个截然不同部分的结合——创造性的部

---

① 熊澄宇、张学骞：《集群跃升视域下创意产业要素的构成与整合》，《江淮论坛》2020年第1期。

② Cheshire, P., and Malecki, E., "Growth, Development, and Innovation: A Look Backward and Forward", *Papers Regional Sci*, Vol. 83, No. 1, 2004, pp. 249-267.

③ [美] 理查德·佛罗里达：《创意阶层的崛起：关于一个新阶层和城市的未来》，司徒爱琴译，中信出版社2010年版。

④ 赵朴：《人工智能环境下广告创意人才的培养》，《出版广角》2021年第6期。

分和重复性的部分。AI的出现最多只能解决后者带来的问题，而设计过程中的创造力问题只能由人类设计者来解决①。中国作为客观的人本主义文化传统国家，拥有丰富文化资源的同时，更需要对传统文化进行二度、三度创新，以实现创意增值；而创意来源于个人智能的发挥，是AI所无法替代的。基于此，文化创意人力资本是现代文化产业实现高质量发展的决定性因素②。

第三，文化产业创新人才储备严重不足。目前，即使是北京、上海、深圳、杭州、成都等文化产业较为发达的地区，人才结构不合理的问题也较为突出，文化产业行业需求与文化产业复合人才储备之间仍存在较大供需缺口，而纽约、东京、伦敦等国外发达城市的文化创意人才占文化行业从业人员总数的比重均超过10%；从国外文化产业人才培养的理念来看，美国、英国、日本、澳大利亚通过提高教育经费支出和政府资助来保证课程设置的创新性与前沿性，政府在激励文化人才培养上也颁布了一系列政策，如《e-japan战略》《内容产业振兴政策》《知识产权战略大纲》等，并通过设立文化创意课程、开发文化创意项目，在大学与文化企业之间建立起长期稳定的合作机制。例如，英国赫特福德大学创意与文化产业学院学生参与了《指环王》《黑客帝国》《007系列》等众多全球知名的影片制作；日本数字好莱坞大学开展数字内容管理项目（Digital Content Management，DCM），并开设了系统培养制片人和导演的课程③。2021年9月，习近平总书记在中央人才工作会议上发表重要讲话指出："到2030年，适应高质量发展的人才制度体系基本形成，创新人才自主培养能力显著提升，对世界优秀人才的吸引力明显增强；到2035年，形成我国在诸多领域人才竞争比较优势，国家战略科技力量和高水平人才队伍位居世界前列。④"国家注重实施人才优先发展战略，重点培养数字创意产业复合型人才和创意管理人才，力争形成具有国际竞争力的人才制度优势，能够为文化创意、文化科技人才

---

① 李玄戈：《从独立到共生——论设计师与人工智能的关系演变及未来发展》，《艺术教育》2018年第9期。
② 柳杰：《转向与超越：文化创意人才激励机制构建》，《探索与争鸣》2020年第6期。
③ 周雨城、姚伟钧：《我国文化创意产业人才培养的问题与优化——基于国外经验的考察》，《理论月刊》2021年第11期。
④ 习近平于2021年9月27—28日在中央人才工作会议发表重要讲话。

的储备与培育提供制度保证。

(五) 制度创新要素:协同技术创新,注重文化管理体制优化创新

制度创新是中国现代文化产业体系不断健全的保障。互联网技术在突破空间局限和地域局限的同时,也打破了原有的价值体系和信仰体系。为维持文化产业发展的平衡,亟须建立一种新的、良好的秩序体系,而秩序体系的建立离不开制度创新。所谓制度创新,是指在人们现有生产和生活条件下,通过建立新的、有效的、能够进一步激发人们行动力的制度体系来实现社会环境的可持续发展,在改进现有的制度安排的同时引入全新的制度,以此来提高制度存在的合理性[①]。

第一,制度创新的层层积累为我们进行创新活动提供了基础和保障,并且使之得以强化。制度创新主要聚焦在两个方面:一是与技术创新相协同的制度创新,二是注重文化管理体制创新。推进技术创新与制度创新的协同发展是优化现代文化产业体系的关键。技术创新与制度创新本是二元悖论关系:技术创新对制度创新具有前瞻和启发作用,在牵引文化产业业态创新、应对层出不穷的新状况的过程中,助推新制度的出台与跟进;但技术创新的不可控性也为其设置了障碍,成为文化产业治理过程中最棘手的领域。

第二,技术创新与制度创新的协同意味着文化产业制度创新与技术创新之间存在相互作用和互相支撑的逻辑关系。一方面,文化产业制度创新与技术创新在目标取向上协同,均是在全球文化市场视野下追求文化产业开放、健康、高效、稳健发展的战略目标,并最终在文化产业治理体系的构建中实现经济绩效与社会绩效双效目标的平衡。另一方面,文化产业技术创新与制度创新的协同内嵌于历史脉络和发展实践中,技术创新是文化产业发展的内生动力,制度创新是文化产业发展的外部诱因,两者亦步亦趋。技术创新推动产生的新想法、新知识在文化产业领域的应用要求创新激励制度与创新组织制度的配套,而技术创新成果在文化产业诸行业的应用客观上要求完善创新管

---

[①] 解学芳、盖小飞:《技术创新、制度创新协同与文化产业发展:综述与研判》,《科技管理研究》2017年第4期。

理制度,当创新型文化产品进入市场阶段时,则要求出台文化市场管理制度。可见,在学理上,文化产业技术创新与制度创新的协同是促进文化产业跃迁发展的保障;反之,如果文化产业制度对技术创新带来的变革视而不见,滞后性的制度安排就会成为文化产业演化变迁的障碍。基于技术绩效与制度绩效两者的持续协同驱动,文化产业发展实际上是一个基于技术与制度发展趋向、技术范式与制度范式变革,由实现"高投入、高复制、低创意、低含量"的传统文化生产体系,向"高效益、高创意、高科技、优生态""四位一体"的现代文化生产体系的转换。建立一个真正基于技术与制度协同创新的、高效健康的现代文化产业跃迁体系刻不容缓,这也恰是现代化的文化产业治理体系需要关注的重点①。

第三,智能化技术在创新传统文化产品形态的同时倒逼文化产业制度创新予以完善和配套,但文化产业制度创新滞后于技术创新步伐与文化产业发展也成为新常态和新困局。文化产业的高速发展超出传统管理思维与方法而导致问题频出,文化产业的经济效益与社会效益出现失衡的窘状;文化产业政策法规与新兴文化产业行业的高速发展存在脱节,缺乏主动性、预见性的制度建设与应急机制,落后于产业发展需要;在文化管理体制层面,条块分割与文化产业跨界发展特点不匹配,交叉管理与管理空白并存现象时有发生,对文化企业的创新性与创造性形成钳制,从而影响了文化产业社会红利的释放……这一系列现实问题如果不能得到有效解决,文化产业管理体制机制将无法实现科学转变,必然阻碍文化产业竞争力的提升,从而影响国家文化产业治理的成效。加快建构高效的文化产业制度体系与治理体系已经成为提升文化产业发展的重要手段,因此要注重文化管理体制创新。推进文化管理方式创新、完善知识产权保护制度、优化财税激励政策以及国有文化企业管理体制改革等,有助于建立起完善的保障制度,营造一个持续激励文化产业创新的制度生态。

### 四 发展机理:现代文化产业体系演化

进入"智能+"时代,文化与科技深度融合不断催生出新型文化业

---

① 解学芳:《基于技术和制度协同创新的国家文化产业治理》,《社会科学研究》2015年第2期。

态与新型制度生态，推动现代文化产业体系不断调整和优化，形成其独特的内在逻辑与演化机理。现代文化产业体系健全、发展的过程实质上是一个开放、耗散、自我组织、自我完善的过程，呈现出基于数字化驱动的由高速度到高质量的进阶机理、基于技术与制度协同赋能的现代文化产业全球价值链攀升机理、基于开放协同与人机协同的现代文化资源聚集共生机理。其中，进阶机理侧重内生维度，攀升机理聚焦外生维度，共生机理诉诸内外的融合与协同[①]。

1. 基于数字化驱动的由高速度到高质量的进阶机理

任何事物的发展都遵循着生长、繁荣与衰落的生命周期规律，这是一个动态演化的过程。现代文化产业体系的形成与发展蕴含着数字化逻辑的推动，是基于数字化、网络化与在线化变革从高速度发展阶段向高质量阶段的进阶。在开启全面建设社会主义现代化国家新征程下，中国经济发展已步入数字化创新升级与"双碳"新时代，构建结构合理、门类齐全且创新能力强、国际竞争力强、产业链升级、开放水平高、文化附加值高、文化生态优的现代文化产业体系成为"十四五"规划时期带有全局性的战略任务。在此阶段，随着中国经济由粗放式的"高速增长阶段"转向集约式的"高质量发展阶段"，文化产业发展的动力机制发生重大变化，即实现从资源驱动、资本驱动的"高投入、高复制、低创意、低含量"的传统文化生产体系到创意驱动、效益驱动的"高效益、高创意、高科技、优生态"的现代文化生产体系的变革。

实际上，高质量发展目标与现阶段以"数字化转型"与"数字化战略"为特征的现代文化产业体系的不断健全一脉相承。现代文化产业体系高质量发展要获得可持续演化与创新活力，亟须基于智能技术创新不断实现文化产业体系的自我更新。一是高质量发展的基础是整个文化产业的数字化提质升级，实现"上云用数赋智"等新技术在现代文化生产、流通与营销诸产业链环节的深度应用，推动文化产业数字化、在线化、网络化高质量发展创新。二是高质量发展意味着立足"以人

---

[①] 解学芳：《智能技术与制度协同下的现代文化产业体系构建》，《人民论坛》2022年第5期。

第二章 "智能+"时代现代文化产业体系：瓶颈、机理与建构

为本"的价值内核。健全的现代文化产业体系是提供精神文化产品的载体，与人的精神诉求水乳交融，从文化产业的社会效益来看，创造"以人为本"的美好文化生活是健全现代文化产业体系的价值目标并实现其可持续进阶的关键。三是高质量发展意味着文化产业新业态与新模式创新周期的短期化，数字艺术、数字文娱、数字设计、在线展演等文化产品与文化服务的个性化、定制化与精准化供给。可以说，数字化主导的高质量发展机理赋予了现代文化产业体系科技性、创意性、引领性、低消耗、可持续等特色，与新阶段现代文化产业发展的质量变革和效率变革要求相适应，也迎合了国家"碳达峰、碳中和"的"双碳"目标，从而内生为现代文化产业体系由高速度发展向高质量进阶的演化机理[1]。

2. 基于技术与制度协同赋能的现代文化产业全球价值链攀升机理

技术创新作为内生动力是提升现代文化产业科技创新能力的核心要素，制度创新作为外部诱因是确保现代文化产业有序、高效运行的关键，技术创新与制度创新协同贯穿现代文化产业高质量发展定位之中。可以说，在"智能+"时代，现代文化产业全球价值链向上攀升将是基于 AI 技术绩效与制度绩效持续协同驱动的技术范式与制度范式双重变革。在技术维度，释放 AI、5G、物联网、云计算、边缘计算等新技术的演进效应与技术诱导效应，持续推进文化产业新兴行业规模的不断扩张，实现文化产业创新生态的重构，创新文化产品形态与业态；与此同时，基于数字孪生、深度学习、群智开放等技术促使现代文化产业体系外部生态的变革，通过资源集聚倒逼整个文化产业体系的优化与提升，建构起具有国际竞争力的现代文化生产体系，推动中国现代文化产业全球价值向上攀升。在制度维度，预见性制度安排有助于全方位导航现代文化产业进程与趋势，使现代文化产业在内容生产智能化、主流价值观传递精准化、文化版权与文化安全等方面获得更为规范性的制度设计和更为稳妥的技术保障，为在全球文化市场竞争中占据优良生态位提供制

---

[1] 解学芳：《智能技术与制度协同下的现代文化产业体系构建》，《人民论坛》2022 年第 5 期。

度保障①。反之，倘若文化产业制度创新对智能技术创新带来的现代文化产业变革视而不见，那滞后性的制度安排就会成为现代文化产业体系演化变迁的阻滞②。

基于技术与制度协同创新赋能现代文化产业全球价值链攀升的实质，对内意味着技术创新在文化产业领域的深度应用诉求激励制度与规制的持续完善，从而实现现代文化产业主体的壮大、文化版权的累积、文化创意群落的衍生。在全球化视野下审视中国现代文化产业体系不断健全的过程，实际上是利用智能时代技术资源优势与制度红利的协同实现新兴文化产业创新能力的提升、现代多元文化资源的高效集聚与转化、文化科技品牌的高度集聚与强势出海、文化产业价值链从下端向中高端的持续攀升等多维指标跃迁的综合体③。现代文化产业全球价值链攀升对外表现为技术创新绩效与制度创新绩效协同带来的现代文化产业集聚力与竞争力的提升、向国际文化市场扩张能力的提升，以及开放式文化创新生态环境的优化等。现代文化产业体系的"现代性"意味着文化产业现代化发展过程中与世界前沿发展方向的同步，以国际主流文化市场与世界文化品牌为发展参照系。由此，基于技术与制度协同创新赋能的现代文化产业体系，形成对外向新兴文化产业扩张、对内不断优化的内外协同的动态演化过程。

3. 基于开放协同与人机协同的现代文化资源聚集共生机理

"智能+"时代的现代文化产业体系的不断健全是建立在多元化、开放性的新兴文化资源集聚基础上的。现代文化产业主体被赋予智能化与数字化"创新基因"，在多元新型资源支撑与开放式文化市场需求驱动下开展创新活动，并在智能化与全球化视野下现代文化产业体系不断健全的过程中，实现对经济绩效与社会绩效双效目标的协同追求。一方面，各新兴文化要素之间由于自身定位的差异与跨界属性的不同而形成

---

① 解学芳、雷文宣：《"智能+"时代的现代文化产业体系：挑战与重塑》，《深圳大学学报》（人文社会科学版）2021年第4期。

② 解学芳：《基于技术和制度协同创新的国家文化产业治理》，《社会科学研究》2015年第2期。

③ 解学芳：《智能技术与制度协同下的现代文化产业体系构建》，《人民论坛》2022年第5期。

天然的竞合关系，并在 AI 驱动下开展文化生产、文化运营与文化价值创造活动，实现现代文化主体之间的"共赢"。另一方面，现代文化产业体系内的产业主体、文化组织、现代要素之间的产业链、价值链紧密相连，形成了以内外资源高效流通聚合为特点的"开放协同"模式。在"智能+"时代，现代文化产业体系的"开放协同"更加强调人机协同与资源协同的互动逻辑，强调"人"作为核心主体的创造性与依赖性，强调信息资源的共享与创意系统的效率，从而保证现代文化产业体系内外资源的高效循环流动，确保文化创新在整个体系中的可持续运作[①]。

从现代文化产业体系由"建立"到"健全"的变迁脉络来看，一方面，智能科技资源是现代文化产业体系的重要构成要素，以大数据、AI、区块链、云计算等为代表的智能科技要素在文化产业领域的深度运用格局逐渐形成。智能算法与人机协同技术的应用使文化产品兼顾个性化、规模化生产与精准化的"千人千面"传播，智能化即时反馈则为现代文化生产高效循环带来技术保障；现代文化产业不同细化行业的发展边界变得更加模糊，发展模式从单一轨道向"技术+内容"主导的双轨模式进阶。另一方面，智能科技资源与现代内容要素、资本要素、信息要素、平台要素、人才要素等建构起开放协同的资源集聚格局，推动着现代文化产业体系动态演化。现代文化产业主体和市场主体以开放开源的姿态与多元化要素及外界环境之间不断进行资源交换、物质循环、能量传递，为现代文化创新活动开展提供所需要的资源补给；同时，现代文化产业体系的动态开放与互通共享使内外资源要素被编制到共同的关系网上，基于"集成化"的服务平台从整体上为文化企业在不同发展阶段提供系统化服务，并通过线上聚合与线下融通实现多元文化资源的无缝对接，形成类似生态系统中的"拟态聚合"，最大限度上满足现代文化产业体系不断演进发展的内生需求，营造"共生共荣"的生态场景。

---

[①] 解学芳：《智能技术与制度协同下的现代文化产业体系构建》，《人民论坛》2022 年第 5 期。

## 第四节 "智能+"时代现代文化产业体系建构：六维标准

制度创新与技术创新协同蕴含在现代文化产业体系的不断变迁和创新实践中。智能技术成为未来创新范式的"技术基底"，中国现代文化产业体系建设不仅要适应智能技术集聚创新带来的变革，充分发挥新技术驱动现代文化产业体系创新的前瞻与启发作用，还要主动打造新的制度体系来推动现代文化产业体系的完善、升级[①]，实现技术与制度协同创新驱动的现代文化产业体系的不断健全。从"智能+"时代现代文化产业体系的建构来看，要聚焦现代文化产业的标准体系、结构体系、要素体系、组织体系、制度体系与价值体系六大维度[②]。

### 一 "智能+"时代现代文化产业的标准体系

厘清传统文化产业体系和现代文化产业体系的区别，是为了拟定现代文化产业体系的构成标准，以此作为体系不断健全的指引与方向。从宏观上来讲，"智能+"时代现代文化产业标准体系可以总结为"现代化、智能化、平台化、市场化、国际化、人本化"六大指标。一是现代化，属于时代指标，强调文化产业与文化市场激发现代社会创新力与创意力的动态时代属性，以及与时俱进服务全面建设社会主义现代化国家的战略目标。二是智能化，属于科技指标，强调新兴智能科技在文化产业中的深度运用与新兴文化市场的智能化发展，不断形成新产品、新服务、新运营模式与新运行机制[③]。三是平台化，属于功能指标，强调基于文化产业全链数字化实现多元资源的整合与高效融通。四是市场化，属于经济指标，强调高度的市场化，构建统一开放、竞争有序、机

---

[①] 解学芳：《基于技术和制度协同创新的国家文化产业治理》，《社会科学研究》2015年第2期。

[②] 解学芳、雷文宣：《"智能+"时代的现代文化产业体系：挑战与重塑》，《深圳大学学报》（人文社会科学版）2021年第4期。

[③] 解学芳：《基于技术和制度协同创新的国家文化产业治理》，《社会科学研究》2015年第2期。

制健全的现代文化产业体系[①]。五是国际化，属于参照指标，强调以发达国家文化产业发展体系与全球主流文化市场模式为参照，通过国际化战略提升全球资源配置能力与全球市场竞争力，并参与和主导现代文化产业国际标准的制定。六是人本化，属于社会指标，强调在智能时代更要以人为本，现代文化产业体系需将社会效益置于首位，坚守社会效益与经济效益统一的价值取向。可以说，现代文化产业体系是参与国民经济大循环的开放系统，六大标准互相依存、彼此联动，释放出技术创新与制度创新协同的前瞻效应与启发效应，成为最为科学、最具精准性和最具中国特色的现代文化产业体系"健全"之道的基准[②]。

## 二 "智能+"时代现代文化产业的结构体系

智能技术的发展挑战着高耗能、高增量、高扩张、低附加值、低创意的传统产业结构，为整个文化产业结构带来了基于数字化与智能化的重塑契机。例如，传统的出版、印刷、广电行业借助科技创新从文化内容、文化形态、文化传播维度创新自身发展范式，向智慧出版、数字版权、数字印刷、数字广电等转型，实现了产业发展结构的变革与调整[③]。具体而言，一方面，要厘清传统文化产业结构与现代文化产业结构之间的关系，明确现代文化产业结构相较传统结构的优势，特别是在业态创新、高科技支撑、市场化竞争、产品结构等方面，促进新旧文化产业深度融合的同时，也要确定现代文化产业结构优化方向与不同细分行业跨界融合的指导目录。另一方面，要明确现代文化产业结构体系的构成。一是要着力在现代文化产业全产业链方面实现突破，将技术创新、内容创新、模式创新贯穿现代文化产业创意、生产、运营、流通、营销的全链条中，实现全产业链能级的提升。二是要实现中国文化产业全球价值链的攀升，根据全球价值链和全球生产网络的特点，提升现代文化产业对流动性文化资源与多元要素跨界配置的能力，提升跨国文化

---

① 郑莉：《国家、市场与社会三方互动模式中的文化建设》，《学术交流》2012年第1期。

② 解学芳、雷文宣：《"智能+"时代的现代文化产业体系：挑战与重塑》，《深圳大学学报》（人文社会科学版）2021年第4期。

③ 解学芳：《智能技术与制度协同下的现代文化产业体系构建》，《人民论坛》2022年第5期。

生产与国际化市场运营的专业能力；健全政府间文化对话机制，积极参与和建立文化产业国际合作联盟，不断提升在海外文化主流市场所处的生态位。三是要明确现代文化产业的主导产业与幼小产业，基于产业特色与资源优势动态调整主导产业目录；精准匹配主导产业和幼小产业的成长激励制度与保护性扶持政策。四是要确立现代文化市场结构，以价格为杠杆动态调节文化产业发展的供给侧与需求侧关系；多层级提升文化要素的市场化配置，以社会效益与经济效益的统一为导向引导文化资源要素跨区域、跨产业、跨行业、跨企业间的市场化流动，实现有效的、可持续的高质量供给，确保需求侧的文化消费者参与文化产品的生产、再生产与治理过程。五是要发挥现代文化市场配置资源的决定性作用，营造统一开放、公平竞争、有序发展的市场环境；发挥区块链等底层技术对包含信用体系、市场监管、行业管理在内的现代文化市场支撑体系的革新作用[①]。

**三 "智能+"时代现代文化产业的要素体系**

在以网络化、数字化、智能化为特征的"智能+"时代，文化产业要素体系不再局限于传统的文化要素、土地要素与粗放式投资要素，而是新型文化要素、新型科技要素、新型资本要素、新型信息要素、新型数据要素、新型平台要素、新型人力要素之间的有机联动。一是新型文化要素，是传统优秀文化资源与现代新兴文化资源的结合体。二是新型科技要素，是AI、5G、虚拟现实技术、云计算、大数据、物联网、边缘计算、新媒体技术、超级计算等新技术与科技资源的集合，科技创新速度越快、创新周期越短，文化产业创新能力就越突出。三是新型资本要素，是金融资本、技术资本、创新资本的多元组合，强调资本形式的多元转化与专业化市场化运作，关注新型资本运作效率的提升。四是新型信息要素，作为现代生产要素的重要组成部分，应立足提升要素配置效率与效能，为现代文化产业体系运行注入持续强劲的动能。五是新型数据要素，数据与算力是文化产业内容创新与文化市场模式创新的主要变量，在实现数据开放共享的同时，

---

① 解学芳：《智能技术与制度协同下的现代文化产业体系构建》，《人民论坛》2022年第5期。

还需要使数据使用规范化、合理化，使数据流通高效化、精准化。六是新型平台要素，推动现代文化产品和服务在生产、传播、消费维度的数字化、网络化、智能化发展，创新文化商业模式。七是新型人力要素，鉴于"智能+"时代内容创作门槛的进一步降低，强调现有文化人才的存量调整与新型文化人才的增量集聚，并着力实现现代文化创意人才、文化科技研发人才、新兴文化市场运作人才、文化科技品牌运营人才等现代人力资本的汇聚与协同。虽然现代文化产业与现代文化市场要素复杂多样，但要素体系的作用机制强调现代文化产业创新创意能力的提升是基础点，强调多元文化要素的优化组合与相互作用，并形成要素资源网络，从而加速推动文化资本、科技资本、金融资本、数据资本、人力资本等核心文化生产要素的高效集聚与流动融合。

**四 "智能+"时代现代文化产业的组织体系**

"智能+"时代现代文化产业高质量发展的前提是以创新为驱动力，激活现代文化组织的数字化与智能化创造力。在新技术与新问题层出不穷的智能时代，文化产业新兴业态与新兴文化市场不断兴起，并不断对文化产业组织提出更高要求。一是更加关注现代文化产业集群质量，实现从传统的文化产业集群向现代文化产业集群转变、从侧重文化产业竞争向关注现代文化产业生态竞争转变。二是更加关注现代文化品牌的打造，提升内容制作能力与内容品质，创新内容体验形式与品牌传播商业模式，加强文化品牌的数字版权保护与运用，激励品牌的内容创意要素发挥最大效应，实现文化品牌IP永续发展。三是关注龙头文化企业的打造，培育拥有一系列原创版权的文化标杆企业，实现创新与创意的渗透、扩散、衍生与循环，从而引领文化行业尊崇原创与自主创新的潮流。四是关注外向型文化科技企业的培育，"智能+"时代跨界竞争成为常态，外向型文化科技企业要立足精品内容制作与用户体验提升，并打造全新的智慧平台与开源式的全要素体系创新跨界模式作为文化出海优势，提升外向型文化产业的整体科技含量。五是培育文化组织良性发展的文化生态，将内容创意、创新目标和经济效益立足于社会效益与精神价值的基石之上，促进文化行业良性循环发展。

**五 "智能+"时代现代文化产业的制度体系**

在"智能+"时代，与高质量发展相匹配的制度体系一定是动态地、预见性地跟踪并迎合现代文化产业体系的新问题、新情况与新趋势，且基于大数据、AI、区块链等新技术与制度协同创新的前瞻效应构建起现代文化产业体系的治理能力。政府在制度创新中的主导地位不言而喻，面对智能时代的新问题、新情况、新趋势，以及现代文化市场的瞬息万变，要在制度安排方面快速回应，确保公平性、高效性、开放性，并适时让渡产业空间。具体来说，一是制度创新要以文化法制环境的打造为立足点，加快推动以"文化产业促进法"（草案）为代表的一系列文化立法的正式出台与实施。二是制度创新要为现代文化产业体系与文化市场体系的不断健全提供激励机制，对文化创新主体与文化创新活动提供持续激励。三是制度创新要为现代文化产业集群、现代文化市场打造、新型信用体系的不断完善提供制度保障。四是制度创新要不断优化财税优惠政策、投融资政策、版权保护政策、市场管理政策、政府规制政策，迎合 AI 技术深度应用于文化领域所带来的变革[①]。

**六 "智能+"时代现代文化产业的价值体系**

"智能+"时代现代文化产业发展的社会价值，是创造"以人为本"的美好文化生活，这是健全现代文化产业体系的最终诉求。一是价值体系不断健全的前提是要确立以社会效益为首位的价值取向，发挥文化产业对人们创造力与审美力的激励作用，释放文化产业与"人"之精神世界深度融合而具有的社会渗透性、舆论性与引导性，强调现代文化产业体系在"智能+"巨变时代所肩负的传播主流价值、打造美好文化生活的社会责任，夯实整个社会的文化自信根基[②]。二是价值体系要立足现代文化市场中的文化企业主体，推动文化企业社会伦理观的确立与践行。文化企业生产精神文化产品，扮演着一个国家文化根脉与精神灵魂的生产主体的角色，应深刻认识到文化产业具有文化与产业、意

---

① 解学芳：《智能技术与制度协同下的现代文化产业体系构建》，《人民论坛》2022 年第 5 期。

② 解学芳、申林：《"智能+"时代现代文化市场体系的制度创新》，《南京社会科学》2021 年第 6 期。

识形态与经济的双重属性，始终以社会效益与社会伦理为内在准则付诸文化实践，创作并生产弘扬真善美的高品质、多样态的文化产品。三是价值体系要处理好 AI 与创意阶层的关系，实现人机协同演进。在 AI 理论创新、技术创新与经济社会需求的多方协同驱动下，AI 技术呈现深度学习、跨界融合、群智开放、精准智能等新优势，逐渐习得深度学习能力、深度分析能力以及刺激感应能力[①]，给现代文化产业创新领域的核心主体，即由作为"创意阶层"的人所形成的文化创新生态带来巨大挑战，如何在 AI 等新技术深度介入现代文化产业生产体系的大环境中，确保人作为创意主体和审美主体开展并主导文化创新活动，将是现代文化产业的价值体系在智能时代应有的坚守与关键任务[②]。

## 第五节 "智能+"时代现行文化产业体系重塑：健全路径

"智能+"时代呈现出网络化、数字化、智能化和体验化深度交融的特点。现代文化产业体系在现代科技提供和产生的新兴文化语境中、在与多元资本的联动与交互中，将进一步利用"智能+"时代优势释放文化价值和产业价值[③]。从产业链角度来看，文化产业链中供给侧长期存在的结构性矛盾、文化消费端日益细化的个性需求、条块分割带来的要素流通问题、文化产业对技术融合的深层次需求等方面的问题依旧存在。而"智能+"时代新技术集群所带来的文化产业新模式和新业态的迅猛发展与现行文化产业体系存在明显的割裂。鉴于此，下面将从供给、流通、消费、技术、价值链、制度六个维度提出"智能+"时代现代文化产业体系的健全路径，以此来推动现代文化产业体系的重塑（见图 2-3）。

---

① 臧志彭、解学芳：《人工智能时代文化产业主流价值传播：重塑与建构》，《毛泽东邓小平理论研究》2019 年第 4 期。
② 解学芳：《智能技术与制度协同下的现代文化产业体系构建》，《人民论坛》2022 年第 5 期。
③ 解学芳、雷文宣：《"智能+"时代的现代文化产业体系：挑战与重塑》，《深圳大学学报》（人文社会科学版）2021 年第 4 期。

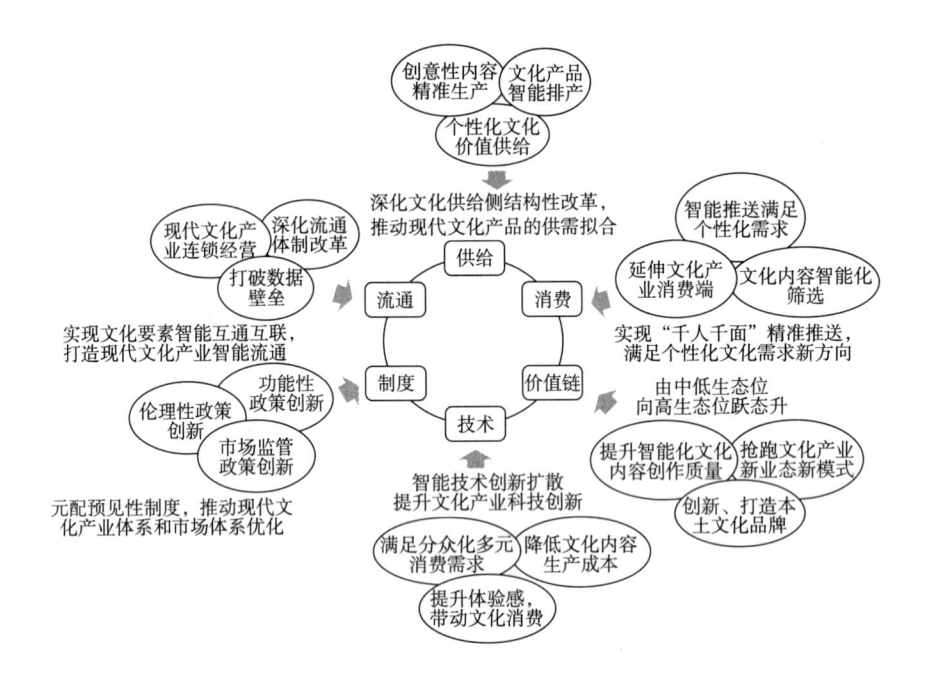

图 2-3 "智能+"时代现代文化产业体系健全路径

## 一 供给维度：深化文化供给侧结构性改革，推动现代文化产品的供需拟合

智能化技术在深化文化供给侧结构性改革、推动现代新型文化产品供需拟合方面有着重要作用。第一，文化产业供给侧的结构性矛盾长期存在于文化产品生产成本高、文化产品生产技能标准高、文化产品质与量匹配不均衡以及无法满足人民日益增长的个性化、高质量文化需求等问题中[①]。针对这些痛点，在供给环节的文化生产活动中，智能化技术能够通过大数据赋能，精准生产、优化创意性内容，为文化消费者带来交互式和沉浸式的全新体验，全面触达文化消费长尾需求，丰富文化产品内涵并创新文化产品形式，通过智能排产等提高现代文化生产效率，从而推动现代文化产业高质量均衡发展。例如，2020 年 5 月正式亮相、负责两会期间新闻智能播报的世界首位 3D 版 AI 合成主播"新小微"，

---

① 解学芳，雷文宣：《"智能+"时代的现代文化产业体系：挑战与重塑》，《深圳大学学报》（人文社会科学版）2021 年第 4 期。

便是 AI 介入媒体领域、实现完全智能化内容写作和多媒体内容编辑的典范；而 5G 的大连接、高速率、低延时的特点结合云平台的智能打标和剪辑进一步打造了远距离高清直播的应用场景，有助于传统媒体向智能媒体转型，也为传统影视文化生产实现降成本、提效率和高质量的目标提供了保障。

第二，智能化技术与文化生产融合创新的同时要注意把握文艺创作的人文特性，以免文化产品停滞于"机器创意"层面而缺乏艺术的"灵韵"；此外，还需注意智能化生产时代文化作品版权保护问题。一方面，智能化技术为文化供给侧的跨域合作提供技术性支持，从而有效满足个性化和柔性化定制的文化"智造"需求。例如，国家级非物质文化遗产土家织锦技艺通过文化资源的数字化保护措施，在智能织造的同时通过互动式虚拟展示实现了传统高难度技艺的传承、推广与创新，并与当地文旅相结合产生了良好的社会效益与经济效益。另一方面，基于 AI 产业快速发展的优势实现其与文化生产技术和智能制造的有机融合，在提高文化内容创作水平的同时，实现硬件文化产品和文化设备的个性化智造。不管是文化内容的生产还是文化产品智能智造，在提升文化装备的智能互联和智能人机协作能力的同时，都要关注"人"作为主体的价值的释放，充分满足智能经济时代每个个体对文化生产个性化、实时化、多元化的需求[1]。

第三，在文化供给端智能转型的过程中要重视商业模式的变革，将数字化优势从文化消费端迁移至文化供给端，通过跨系统的全数据信息整合和分布式分析、算法决策系统来不断调整、优化文化产品供需拟合。在文化产品长尾市场中，智能技术推动了"逆标签化"的进程，每个人作为独立个体对于文化产品的个性化需求均会受到重视，并通过文化生产端的数据分析被接收，在智能决策和智能生产中被满足，进而获得个性化的文化价值供给。例如，GPT-2 算法可根据每位读者的个性化文本阅读需求自动生成跌宕起伏的故事情节，并在网文平台不断优化的智能数据分析中无限趋近于每位读者的阅读偏好；虚拟偶像"翎"

---

[1] 解学芳、雷文宣：《"智能+"时代的现代文化产业体系：挑战与重塑》，《深圳大学学报》（人文社会科学版）2021 年第 4 期。

的各种"人设"也是基于对粉丝群体偏好的数据分析而设定的，未来满足单个粉丝需求的虚拟偶像的创设将变得日趋常态化①。

**二 流通维度：实现文化要素智能互通互联，打造现代文化产业智能流通**

现代文化产业智能流通具有跨界融合性，其与智能化数字技术的高度融合是现代文化产业与传统文化产业之间的分水岭。

第一，现代文化产业流通强调以消费者为中心的跨产业、一体化文化产品流通模式，强调流通过程中通过对智慧推理和机器学习的高度利用来不断降低文化产品资源错配率，并通过全流程跟踪、积累顾客的消费数据来掌握其消费偏好。在线下，要倒逼供给端针对消费者的个性化选择进行大规模个性化定制；在线上，要通过智能精准分发等方式满足消费者对不同文化产品内容的偏好，使消费者充分参与文化生产及服务的流通全过程，并通过区块链等新技术手段保证文化产品和内容交易过程的可追溯性，从而实现个性化流通增值服务盈利的目标。

第二，现代文化产业智能流通是现代智能流通体系的重要组成部分。从战略布局来看，一是在制度层面要树立高度重视文化产品流通的观念，深化流通体制改革，打造现代文化产业智能流通体系，打破市场准入、行政层面条块分割的地方保护和行政封锁格局，打破利益集团的掣肘，从而真正实现线上、线下的互通互联，使文化市场要素在全国范围内能够实现跨地区、跨行业的自由流动。二是在行业层面要大力提倡现代文化产业连锁经营。连锁经营能够在实质上打破市场准入和产品区域流动的制度樊篱，实现规模效益，真正实现现代文化产业智能流通的数字化、开放性与系统化。与此同时，对于现代文化企业巨头而言，应立足行业可持续健康发展目标，依托智能技术建设现代文化产业智能流通共享平台，实现跨层级、跨地域、跨业务的协同共享。三是在数据层面应开放政府的数据和技术，打破数据壁垒，制定统一的流通技术标准。智能流通的发展基石是数据，高质量的大数据是 AI 迅速发展的一个必要条件，政府应对于各部门自有的海量数据进行可控范围内的开放

---

① 解学芳、雷文宣：《"智能+"时代的现代文化产业体系：挑战与重塑》，《深圳大学学报》（人文社会科学版）2021 年第 4 期。

和共享,避免政府内部不断创建重复且具有高封闭自有性的数据系统,并能够在保护公民隐私的前提下予以开放;同时,还要统筹经济、社会、文化等各类数据资源,丰富现代文化产业流通的大数据系统,为智能流通系统提供原生数据支撑。

第三,就文化市场内部而言,一是要建立起覆盖全流通过程的文化产品交易信息采集渠道,保证数据来源的稳定和可信,使文化产品交易全链条具备可追溯性,高效协同线上、线下文化产品流通渠道。例如,针对艺术品流通市场,星矿科技推出了 Hashii Art 系统,将艺术品的数字身份上链,从所有权的变化到收藏价格的变动、从交易 ID 到每个节点的身份签名认证,都以不可篡改的形式被区块链记录,从而解决艺术品流通中买方最关注的真伪和价值评估等问题。二是要搭建文化产品智能流通平台,弥合文化产品市场中的信息鸿沟[①]。一方面,基于 AI 技术进行智慧化决策,使文化产品资源供需双方进行精准适配和对接,满足以消费者为中心的悦己型、定制型、沉浸型等全新消费理念,提升消费者满意度。另一方面,充分传递数据信息,减少流通环节,优化流通渠道,并在文化产品智能流通平台搭建的基础上进行横向、纵向、大平台化等多元化拓展,推动文化产品流通企业上下游之间信息与资源的共享互补,从而打造良好的文化流通生态圈。例如,区块链去中心化的特点将粉丝经济中的网络红人价值上链,解决了网络红人价值被错估、信息不对称导致的合约交易混乱等问题;再以集内容发布和打赏交易于一体的一站式服务平台"红人链"为例,其通过大数据分析和机器学习对优质网红的价值进行合理化评估,并通过智能精准分发成功将网红的价值和流量在智能流通中进行转化[②]。

**三 消费维度:实现"千人千面"精准推送,满足个性化文化需求新方向**

文化消费是人们通过文化产品或服务来满足精神需求而形成的消费

---

[①] 俞彤晖、陈斐:《数字经济时代的流通智慧化转型:特征、动力与实现路径》,《中国流通经济》2020 年第 11 期。

[②] 解学芳、雷文宣:《"智能+"时代的现代文化产业体系:挑战与重塑》,《深圳大学学报》(人文社会科学版) 2021 年第 4 期。

行为过程及其后续影响的总称①。随着智能化技术的不断发展，文化消费内涵与结构不断升级，跨代际的消费者的需求日益趋向个性化，现代文化消费衍生出高覆盖性、跨领域融合性等新特点，并呈现个性化、虚拟化、社交化、体验化、延伸化等新趋向。以 AI 为代表的新技术集群带来营销的智能化转型，通过供需对接、产销交互来刺激和引导消费需求②。

第一，智能化技术在推动传统文化消费转型升级中提升了消费体验，满足了消费者个性化、多元化的消费需求。现代文化产业体系有着典型的平台化特征，而智能化技术最大的优势在于追踪、定制及满足人们日新月异的个性化需求，特别是头部平台在不断进行算法更新和大数据深度挖掘的基础上，满足消费者移动智能终端的小众化、个性化的长尾需求，并通过智能化、个性化的生产刺激新的消费需求的产生；同时，还基于大数据的用户精准画像对其行为轨迹进行实时分析和调整，在协调过滤算法的助力下进行精准推送或群体智能分类营销。

第二，AI、虚拟现实技术、全息投影数字技术与文化产业的跨域融合造就了现代文化消费的虚拟化、社交化、延伸化特点，文化消费的内涵与外延得以扩展，特别是优质文化 IP 本身的延长性特质在与智能化技术的结合下显得尤为突出。以虚拟偶像市场为例，AI 的智能感知合成技术使"洛天依""翎"等"二次元"虚拟偶像真正走入"三次元"的真实世界中，其商业价值逐渐延伸至游戏、演艺娱乐、文化衍生品、广告代言等文化领域，消费者既可以在网络平台上根据智能算法寻找同好，还可以购买其用 AI 算法所提供的演出服务，或对其文化衍生品及文化延伸内容进行购买。2020 年 5 月 1 日，洛天依在淘宝的首次带货直播得到近 200 万人的打赏，而未来这种为虚拟商品或数字人服务付费的消费模式将会越来越普遍③。

第三，智能化技术赋能下的现代文化消费更要注重对优质文化内容

---

① 吴静寅：《文化消费的影响因素及其促进机制》，《山东社会科学》2019 年第 6 期。
② 王光文：《基于人工智能应用的文化产业发展系统问题及优化》，《深圳大学学报》（人文社会科学版）2020 年第 3 期。
③ 王光文：《基于人工智能应用的文化产业发展系统问题及优化》，《深圳大学学报》（人文社会科学版）2020 年第 3 期。

的开发与创造，实现对文化内容的智能化筛选和精准化运营，同时不断衍生出新型文化消费评价体系，使文化产业链在消费端不断延伸，从而更好地满足人们不同层次的个性化消费需求。例如，2020年5月，腾讯AI Lab在《王者荣耀》手游中推出的觉悟AI可以复刻2019年KPL冠军队的战斗力水平，满足了部分游戏玩家渴望与冠军队交手的个性化愿望，并获得了新奇的游戏体验。此外，应依托模型算法的算法推荐（OCPM），不断投放、分析用户行为喜好和对算法模型反复优化，实现面向所有消费者的、"千人千面"式的精准推送，在信息爆炸时代既为消费者降低筛选成本和时间成本，也在文化消费个性化需求的满足中发掘与培育文化消费的新热点和新动能。

**四 技术维度：依托智能技术创新扩散，提升现代文化产业科技创新能力**

以5G、AI、物联网及大数据等为代表的智能化技术创新是驱动现代文化产业发展创新的核心生产力。从狭义的"技术创新"概念来看，其本身的影响是局限的，在经济学家熊彼特提出"技术创新"这一概念后，罗杰斯对技术创新扩散进行了系统阐释——新产品或新技术不断利用各类渠道向社会系统内成员传播，进而实现社会系统内成员对新产品或新技术的选择或采纳[1]；与此同时，创新扩散可以带来互惠式依存关系基础上的交互式创新以及增值效应。现代文化产品或技术具有创新性特征是实现创新扩散的基础前提，根据罗杰斯的理论，智能化技术在与文化产业融合创新过程中具备了相对优势、兼容性、复杂性、可试性、可观察性等创新性特征，通过创新扩散可以极大地提高社会系统内成员的接受速度[2]。

一是就相对优势而言，智能化技术的介入既能在文化生产环节降低成本，又能在文化流通过程中实现智能审核、精准营销。例如，腾讯优图实验室联合腾讯云并依托AI技术，开展内容鉴黄识别、广告识别、违法违规行为等智能识别，降低了约95%的人工审核成本。二是就兼容性和复杂性而言，智能化技术极强的跨域融合性体现在文化产品生

---

[1] [美]埃弗雷特·M.罗杰斯：《创新的扩散》，辛欣译，中央编译出版社2002年版。
[2] 解学芳、雷文宣：《"智能+"时代的现代文化产业体系：挑战与重塑》，《深圳大学学报》（人文社会科学版）2021年第4期。

产、流通与消费的全链条中,适配不断变化的多方需求。例如,2020年6月,微软推出的智能分发功能在兼容层面实现较大的技术突破,游戏玩家购买游戏后便可在不同世代游戏主机上自动享受最佳游戏版本,避免了更换新主机后要重新购买游戏的成本和进行版本适配的麻烦,丰富了玩家的游戏体验,并在主机游戏价格普涨下更具购买吸引力。三是就可试性和可观察性而言,不管是聚焦文化内容的应用软件还是博物馆、美术馆、非遗展览,其与智能化技术的结合都可以大幅度提升文化体验感与沉浸感,从而释放文化消费张力。例如,英雄体育 VSPN 通过实时虚拟成像系统,在穿越火线游戏直播总决赛中打造了一场沉浸式电竞直播,为观众带来更为极致的全新体验。智能化技术与现代文化产业体系的融合创新发展贯穿全链条的创新扩散中,基于异质性沟通的创新扩散更具有变革性与加速度特征,当创新扩散达到多数人接受的临界点时,能够在实质上提升现代文化产业的技术创新能力,也是实现文化产业"现代性"的根本,为现代文化产业体系的不断健全提供了技术基础①。

此外,还应进一步提升智能化技术体系在文化产业链条中推动文化新业态和新模式迭代升级的能力。从文化内容生产来说,既要通过智能识别和对热度内容的精准分析自动生成新内容,又要在影视创作中通过热门 IP 的智能筛选、智能优化剧本、虚拟拍摄、智能配音、自动生成匹配字幕等介入全过程。从文化产品消费来说,应加快技术主导的大数据云图和消费者精准画像的合理应用,满足分众化、虚拟化的多元消费需求,并通过 VR 和全景直播、4K 高清、5G 承载等技术助力云展览和云旅游等新模式发展,例如,敦煌推出即受广泛好评的"云游敦煌"项目。

**五 价值链维度:依托国家智能化技术布局优势,实现向高生态位的跃升**

智能化技术的发展给中国文化产业的价值链变革带来契机与优势。目前,中国 AI 产业布局相较于全球有着较大优势。由统计数据可知,

---

① 解学芳、雷文宣:《"智能+"时代的现代文化产业体系:挑战与重塑》,《深圳大学学报》(人文社会科学版)2021 年第 4 期。

## 第二章 "智能+"时代现代文化产业体系：瓶颈、机理与建构

2020年中国AI产业规模在全球占比约30%，同比增长15%[①]；从行业投资来看，2009—2019年中国（不含港、澳、台）AI投资总额为2827亿元，其中与文化产业相关的信息技术与媒体行业为2230亿元，占比高达79%[②]。可见，中国AI产业规模、市场规模、投资、成熟度方面的优势正逐渐转化为文化产业领域的实际应用，并成为激发智能文化新经济活力的保障，也为中国现代文化产业从全球价值链中低生态位向上端跃升提供了契机与基础。

第一，在新冠疫情常态化大背景下，应利用高外部性和高附加值的文化产业与智能科技深度融合，不断催生出更多文化在线新业态与新模式[③]。一是文旅、展览、演唱会、出版等传统文化业态要加快与5G、AR/VR、AI、无人机、3D全息投影等新技术融合发展，以图文、全景、短视频、直播等多种形式呈现，打造全新的沉浸式体验，实现全景数字化构建。例如，全景音乐现场娱乐品牌"TME live"便是通过智能技术的加持，衍生出诸如线上沉浸式演唱会、音乐会的新形式。二是基于AI技术优势实现文化内容创作质量的智能化提升，并与流量入口和智能技术结合主导的文化产品裂变式传播模式实现协同发展。三是要实现AI虚拟主播和数字人技术的合理合规应用，打造良好的虚拟主播生态。例如，游戏直播平台中AI虚拟主播和数字人技术的落地打造了全新的游戏主播生态，突破了真人主播自身能力界限和直播时空限制，带来全新的商业模式。进入"智能+"时代，AI发展进入以产业融合为主的新阶段，各行业的知识壁垒及技能边界被消弭，成为底层技术基底的智能化技术应加速助推现代文化产业各环节、各要素的数字智联和产业转型，而被智能技术不断改变和更新的消费需求也倒逼文化产业新业态、新模式不断推陈出新，成为现代文化产业发展的新动能和新增长点。

---

[①] 国际数据公司：《中国AI云服务市场（2020年上半年）跟踪报告》，https：//www.idc.com/getdoc.jsp？containerId=prCHC47212020，2020年12月23日。

[②] 安永咨询：《2020年大中华区人工智能成熟度调研：解码2020，展望数字未来》，https：//www.sohu.com/a/502663562_121015326，2020年12月23日。

[③] 解学芳、雷文宣：《"智能+"时代的现代文化产业体系：挑战与重塑》，《深圳大学学报》（人文社会科学版）2021年第4期。

第二，要加快 AI 与文化产业的深度融合，将 AI 与文化产业的深度融合上升为国家战略。AI 技术作为当代通用目的技术，其强大的经济带动能力对经济社会全方位发展有着巨大价值，特别是随着文化软实力成为各国竞争力的重要构成部分，以中国为代表的新兴发展中国家的文化产业很难依靠传统的全球价值链升级路径获得主导地位，中国要想在全球文化价值链中跃升到中高生态位，最佳的途径是抢跑智能化技术所带来的文化新业态和新模式，将加快 AI 与文化产业的深度融合上升为国家战略成为新时期的重要选择。鉴于此，应将智能化技术作为健全现代文化产业体系的技术基底，把文化产业价值链中每个环节的增值性发挥到极致。一方面，要不断深耕内容与创意，持续打造本土文化品牌，构建起"智能+"时代的现代文化产业的创新能力。另一方面，要抓住智能化技术推动大规模个性化智造转变过程中的技术制高点，实现弯道超车，并逐渐培育起国际文化市场运营的能力，在新的全球分工中获取主动权，在全球文化产业新市场与全球文化产业价值链中占据有利位置①。

第三，当前中国正处于"高速发展"向"高质量发展"的重要战略机遇期，在以国内大循环为主体、国内国际双循环相互促进的新发展格局中，"十四五"规划开启了中国以"创新"为首要任务的第二个百年奋斗目标的新征程，强调以 AI 为代表的前沿性科技创新与各个产业之间的深度融合，通过实施"上云用数赋智"行动打造全方位数字应用场景，构建具有新的市场活力的数字社会。在此背景下，现代文化产业体系的健全发展面临着诸多挑战。中国要真正实现"智能+"时代现代文化产业体系的重塑，并成为全球价值链重构的引领者，亟须认识到 AI 与文化产业深度融合战略的重要性，加强优质原创内容向"品牌赋权""技术赋能""服务赋值""产品赋形"等多维度拓展，驱动现代文化资源向文化资本、数据价值、品牌价值转变，积极打造中国现代文化产业的国际竞争新优势，逐渐获得国际文化市场的话语权②。

---

① 解学芳、雷文宣：《"智能+"时代的现代文化产业体系：挑战与重塑》，《深圳大学学报》（人文社会科学版）2021 年第 4 期。
② 解学芳、雷文宣：《"智能+"时代的现代文化产业体系：挑战与重塑》，《深圳大学学报》（人文社会科学版）2021 年第 4 期。

## 六　制度维度：匹配预见性制度，推动现代文化产业体系精准预见性善治

"智能+"时代，面对瞬息万变的现代文化市场，中国现代文化产业体系的不断健全面临内在压力和外在挑战，亟须提高治理制度的前瞻性与预见性，实现善治目标。基于技术创新的现代文化产业体系更新是一个不断发展的动态系统，这意味着维护现代文化产业体系的制度创新也必须与时俱进[①]。由此，如何找准制度创新切入点快速形成协同创新的制度优势，减少时滞，营造和最新文化市场发展实践相匹配的制度环境，并将制度优势转化为治理效能，是提升现代文化产业体系与文化市场体系现代化治理能力的关键。鉴于此，应立足制度创新视角，以智能技术驱动制度创新，以制度创新提升现代文化产业体系的现代化治理能力。

### （一）"智能+"时代现代文化产业体系的功能性政策创新

第一，转向市场导向的、以普惠性为主的功能性产业政策。功能性产业政策以服务市场主导的产业发展为目标，强调由参与性的市场行为逐渐转向服务性的市场合作，在补充自由市场不足的过程中不断实现资源优化配置。功能性产业政策应以文化基础设施建设、文化科技投入、文化人力资本培育等方面为重点，而不是侧重价格补贴、出口奖励等内容形成对市场公平竞争的扭曲。从产业政策的角度来看，在创新驱动发展战略下，处理好政府与市场的关系具体体现为弱化选择性产业政策，强化普惠性、功能性产业政策。然而，现行"选择性产业政策"立足点在"挑选赢家"，政府通过金融审批、市场补贴、税收优惠等政策扶持文化企业发展以实现进口替代或获得国际竞争力，但当发展所需初始投入高、回报周期长、产业链长、技术路线和前景不确定等创新领域选择风险加大时，选择性产业政策就要转为"市场导向"的功能性产业政策。在"智能+"时代，面对新兴文化产业业态的兴起，中国文化产业政策应逐步转向市场导向的、以普惠性为主的功能性产业政策[②]。

第二，"智能+"时代文化市场治理主体创新与功能性政策优化。

---

[①] 解学芳、申林：《"智能+"时代现代文化市场体系的制度创新》，《南京社会科学》2021年第6期。

[②] 解学芳、申林：《"智能+"时代现代文化市场体系的制度创新》，《南京社会科学》2021年第6期。

加强治理主体对文化产业政策与文化市场政策的调适度，是提高文化产业整体治理能力的关键。一是治理主体利用大数据与AI等技术创新采集文化产业与文化市场相关信息，依据数据及数学模型进行各区域各细分行业的产业现状分析，作为决策依据。二是治理主体依据智能时代强大的数据整合能力，使之嵌入文化组织的独特管理或更大范围的组织间网络中，并内化为现代文化市场治理能力。三是提升治理主体运用数据处理的能力，可利用预测性分析、可视化、数据化等技术对文化市场关联数据进行深度统计分析，实现静态数据动态化，隐形数据显性化，从而进一步将低价值度数据逐渐转变为高价值度信息，并对文化市场政策进行科学动态调整①。

第三，在制度层面形成对"一源多用"模式的扶持体系。尽管"人工智能"有关概念早在1956年就已被提出，但真正获得快速发展并且趋于成熟状态是在大数据、云计算以及区块链等新技术的助推下才得以实现的。在"智能+"时代，要加快优化制度安排，从政策层面助推AI、5G、区块链等新技术与文化产业深度融合，不断延展文化产业链，实现"一源多用"。所谓"一源多用"，即一个创意在多个领域发展不同版本或者不同的内容载体，实现多种产业相互融合，突破产业界限，从而达到"互惠互利"的效果。鉴于此，应加快出台迎合"智能+"赋能文化产业发展的功能性政策，加快文化产业的创新发展；推动AI运用到文化产业的全产业链条，特别是出台相关政策鼓励AI进入文化消费端，如"智能+游戏""智能+音乐""智能+影视"等，为众多用户智能提供多元化的文化内容服务②。

（二）"智能+"时代现代文化产业体系的伦理性政策创新

不同于其他产业与市场，文化市场作为文化属性与精神价值的双重载体，其产品与服务在商业价值外，更需要兼顾社会效益与文化效益，这也是文化市场需要不同治理方式的主要缘由。文化伦理包含了文化内容伦理与文化科技伦理两个层面，"智能+"时代，完善相关文化伦理政

---

① 解学芳、申林：《"智能+"时代现代文化市场体系的制度创新》，《南京社会科学》2021年第6期。

② 解学芳、申林：《"智能+"时代现代文化市场体系的制度创新》，《南京社会科学》2021年第6期。

策，不仅对存在于社会中的伦理关系起到调节作用，还起着引领文化内容与社会价值的作用。鉴于此，加快文化市场相关伦理政策创新，培育文化企业的科技伦理价值观对于现代文化市场的健康发展而言至关重要。

第一，要充分发挥数据智能优势，加强文化内容伦理制度建设。一方面，对不健康文化产品及服务内容的搜索设置分类屏蔽，强化文化企业内容自审的伦理意识，提升文化内容的优质性；加强与文化意识形态紧密相关的新闻、出版、广播电视等传统文化业态，以及网络视频、网络游戏、网络直播等新兴文化业态的主流价值引导。另一方面，可以借鉴发达国家的做法，设置和优化分级制度，强化文化内容伦理监管。例如，韩国 KMRB 制定的游戏分级制度通过智能化网络游戏自动分级平台，细化分级标准和多向监督管理机理，并根据游戏产业动态变化及时做出政策的反馈与调整，健全了游戏产业的评估体系。日本治理游戏产业是借助第三方评价企业进行大众审核，通过"年龄区分标志"和"其他标志"两大类，将"暴力、性、反社会行为、言语和思想"四大类作为游戏分级审查基准。美国将技术监管作为网络内容审查的重要手段，并建立了统一管理、分工明确、职责清晰、相对独立、各负其责的网络内容监管与治理的组织机制。例如，联邦通信委员会（FCC）作为美国负责网络内容监管与治理的主要机构，利用数据智能对文化内容进行实时监控。可见，加快文化内容伦理制度建设，充分利用大数据和智能监控以及信息过滤技术是实现内容监管、治理各种不良信息和非法信息的重要战略选择[①]。

第二，完善智能化文化内容生产的法律法规，加快新时代文化科技伦理的建构。所谓文化科技伦理，是指文化创新活动中创新主体与社会、自然以及他人关系的思想与行为准则，主要规定了创意阶层及其共同体应恪守的文化价值观念、社会责任和科技伦理规范。在网络环境下，网络版权侵权案、电视剧的盗播、音乐作品的抄袭以及网络文学作品的著作权案例层出不穷，基于文化市场现实环境秩序制定更为完善细致的法律法规进行约束刻不容缓。韩国在保护文化内容生产方面有诸多

---

① 解学芳、申林：《"智能+"时代现代文化市场体系的制度创新》，《南京社会科学》2021 年第 6 期。

可借鉴与学习之处，除了设立国家知识产权委员会，韩国还颁布了一系列知识产权金融服务政策，建立相关知识产权诉讼保险体系等措施，从而营造了一个相对净化的文化发展"生态圈"；美国则出台了《算法责任法案》《算法问责法案》等法律法规来回应AI科技伦理问题。在新时代"智能+"浪潮中，现代文化市场建设应与时俱进，加快探究AI自动生成内容的著作权保护的规定，通过司法实践，不断感知AI技术的发展变化及其对文化科技伦理的挑战，并不断总结司法经验进而颁布文化科技伦理制度规范，以实现文化内容版权价值与创意阶层利益最大化。

（三）"智能+"时代现代文化产业体系的市场监管政策创新

"智能+"时代的文化市场监管政策应更具针对性与精准化。伴随文化市场趋向数字化、网络化与智能化发展，文化生产主体与消费主体呈现交叉融合，且走向复合化与多元化。在此情形下，文化市场监管诉求法治、德治与自治的融合——自治是常态机制，德治是预防和润滑机制，法治是德治和自治的保障机制①。鉴于此，"智能+"时代的文化市场监管政策创新应立足分级分类治理、靶向治理与行业监管治理三大维度，实现动态化治理与静态化治理的有机结合②。

第一，分类监管治理，即根据"智能+"时代不同细分文化市场与不同行业的特点，匹配精准治理方式。一方面，传统文化市场与"智能+"时代新兴文化市场应用新技术的方式和程度不同，亟须根据文化市场科技创新主体的差异及其行业特点匹配精准治理手段。例如，AI技术通过语音、图像和视频的智能识别实现精准治理，通过机器学习和智能算法对文化内容制作、内容审核、内容分发和运营实现实时监控，通过数据深度挖掘处理与数据反馈来提高文化企业管理的效率和水平。另一方面，基于文化市场细分行业的不同，以及文化产业所处产业链环节的不同，即在研发创意环节、运营和传播环节、消费终端环节，要求分类治理的内容和方式迎合不同阶段与不同环节的特点，提高治理精度。

第二，靶向监管治理，即通过大数据挖掘获取治理信息，对文化市

---

① 刘少华、宋亚辉：《我国网络文化市场监管的法制化路径研究》，《湖南大学学报》（社会科学版）2020年第4期。

② 解学芳、申林：《"智能+"时代现代文化市场体系的制度创新》，《南京社会科学》2021年第6期。

场进行实时动态治理。通过智能监管预判，精准掌控文化市场政策需求，做出预见性制度安排，实现文化市场政策供给与需求的精准靶向，避免政策滞后带来的治理失灵。从政策内容来看，治理政策设计需具有较强的前瞻性，释放 AI 等新技术对文化政策创新的启发效益，制定更适应 AI 时代文化市场创新的政策体系；从政策分类来看，要加快激励性政策（版权保护、产业振兴、创意激励、金融和税收扶持、政府补助等）和规制性政策（AI 等行为规则、AI 等秩序规则、AI 等技术伦理）创新；从政策走向来看，要将文化市场监管政策纳入法制化轨道，以金融管理方面为例，就是要积极完善征信体系，促进银行与文化企业之间建立长期的协作关系，打造数据化、智能化与高效化的融资渠道，实现文化企业与金融服务及其监管治理的精准对接。

第三，行业监管治理，即通过制定与 AI 相关的行业标准、行业公约以及行业行为规范实现行业自我监管。行业监管主要通过监察、检查、抽查、巡查和审核审计等手段，营造公平、公开、公正的行业环境。"智能+"时代的文化市场行业监管面临全新的挑战，亟须系统的制度创新的跟进。例如，中国网络视听节目服务协会颁布了《网络综艺节目内容审核标准细则》等一系列行业标准，在一定程度上发挥了规范管理作用；美国的电影分级制度和电视节目分级制度也是典型的行业自我监管的案例；澳大利亚通过设立联邦通信和艺术部及国家艺术理事会等机构对本国"非遗"实现保护与特定监管。可见，完善行业自我监管制度与治理体系是现代文化市场有效运作的关键，特别是要加快明确行业对平台的监督与监管责任，约束与规制 AI、区块链等新技术在现代文化市场的非法滥用——内容生产、定向传播、精准营销、平台运营中的工具滥用以及其他问题[①]。

---

① 张旭、阮重骏：《人工智能非法应用的犯罪风险及其治理》，《中国特色社会主义研究》2019 年第 4 期。

# 第三章

# "智能+"时代国外现代文化产业体系：研判与借鉴

在"智能+"时代，智能科技与现代文化产业体系的"现代性"内涵高度契合，丰富了现代文化产业体系的战略要义。立足国际比较视野，"智能+"时代主要发达国家构建现代文化产业体系的共性经验表现为：重视文化艺术内容创新与科技赋能文化产业链，建设文化科技创新合作网络与促进文化产业和其他产业协同发展，优化数字化智能化时代制度安排与推进文化科技深度融合战略，释放数字文化消费新兴市场潜力与强化现代文化产业国际竞争力。鉴于此，中国在"智能+"时代健全现代文化产业体系亟须借鉴和研判国外经验，做好顶层设计，优化文化生态环境，推动产业跨界联动跃迁。

## 第一节 国外现代文化产业体系探究：内涵与特征

实际上，"现代文化产业体系"的提法属于中国特有的概念，其他国家以及国外学术界鲜少使用。对于文化产业的理解，世界各国有不同侧重。例如，美国将文化产业界定为"版权产业"，强调版权在文化产业发展中的重要性；英国最早提出"创意产业"这一概念，重视将个体的创造能力转换为经济社会的发展动力；法国更多使用"文化艺术产业"，突出"文化例外"和"文化多样性"等原则；日本和韩国则把文化产业界定为"内容产业"，注重文化产品（服务）的内容品质。国外研究鲜少关注现代文化产业体系，大多是基于技术进步、文化产业集

## 第三章 "智能+"时代国外现代文化产业体系：研判与借鉴

群、文化产业链等视角，探讨现代文化产业的发展规律和趋势。

目前，相关研究主要集中在四个维度。一是聚焦技术进步，强调第四次工业革命具有超链接、超智能、超融合的特征，将重塑文化产业的商业模式，改变文化产业的创作、生产、流通和消费等产业链环节[1]。以智能技术为核心的现代科技正引发一场全新的文化产业革命，推动着文化市场内容多元反复有序组合与延伸使用，创造出更多文化产品新形式和新效果，推动文化产业向更高层次、更高质量发展[2]。其中，大数据、AI算法等技术一方面催生了数据驱动的文化产品供应模式以满足市场需求，另一方面帮助文化企业寻找到对特定产品具有偏好的消费者[3]；与此同时，互联网、大数据、AI和VR等包括技术、知识与管理创新在内的科技创新，成为提高文化产品创意性和附加值的助推器，既助推传统文化产业摆脱了原有生产方式、发展模式和发展空间的束缚，又加速文化市场的边界不断被拓展[4]。二是聚焦文化产业集群，强调集聚经济、副产品和制度环境是促成文化产业集聚的三个互补因素[5]。在新加坡和韩国的实践过程中，国家政策是形成文化产业集群的主要驱动力量[6]。文化产业集群能够降低集群内企业的生产成本和交易成本，提高生产要素效率和动态效率[7]。三是聚焦文化产业链，强调随着新兴经济体的文化生产和消费的增长，欧美等跨国公司开始与这些国家开展电影、动漫等行业的国际联合项目，这与传统离岸外包模式相比，在产业

---

[1] Jung, J. S., and Lee, M. J., "Strategy for the Cultural Contents Industry to Secure Competitive Advantage Using Fourth Industrial Revolution Technology", *Kritika Kultura*, Vol. 32, 2019, pp. 141-163.

[2] Coe, N. M., "Missing Links: Logistics, Governance and Upgrading in a Shifting Global Economy", *Review of International Political Economy*, Vol. 21, No. Special Ⅰ, 2014, pp. 224-256.

[3] Peukert, C., "The Next Wave of Digital Technological Change and The Cultural Industries", *Journal of Cultural Economics*, Vol. 43, No. 2, 2019, pp. 189-210.

[4] Kogut, B., "Designing Global Strategies: Comparative and Competitive Value – added Chains", *Slogan Management Review*, Vol. 26, No. 4, 1985, pp. 15-28.

[5] Gong, H., and Hassink, R., "Exploring the Clustering of Creative Industries", *European Planning Studies*, Vol. 25, No. 4, 2017, pp. 583-600.

[6] Huh, D., and Lee, B. M., "Korea's Cultural Industry Clusters 20 Years On: Evolving Policy and Practice", *Area Development and Policy*, Vol. 5, No. 4, 2020, pp. 447-466.

[7] Branzanti, C., "Creative Clusters and District Economies: Towards a Taxonomy to Interpret the Phenomenon", *European Planning Studies*, Vol. 23, No. 7, 2015, pp. 1401-1418.

链分工和价值链分配等方面具有明显差异[1]。四是在西方话语环境中结合经济全球化的发展态势，提出创新文化市场发展体系的重要性和紧迫性，强调消费驱动型经济的供需关系及两者地位的转变[2]；并将《中华人民共和国著作权法》与西方国家的相关法律进行比较，分析法律条文中创意产业渗透到中国文化和实践的程度[3]。此外，部分研究将分析对象范围细致化，除了涉及消费者的价值观念，还对消费者、决策者以及文化市场进行研究，探讨三者的职能以及在文化产业发展中各自发挥的作用[4]。

在以 AI、大数据、云计算、区块链、物联网、5G 通信等技术为支撑的"智能+"时代，基于"健全现代文化产业体系"上升至国家战略层面，如何审视国外发达国家关于现代文化产业发展的政策实践与战略实施，如何推动智能科技和现代文化产业体系深度融合，进一步健全现代文化产业体系以适应经济社会发展新趋势，成为亟待研究的理论与实践命题。国外发达国家虽然没有现代产业体系的既定提法，但其现代文化产业与文化市场建设具有共性。"智能+"时代的现代文化产业建设是一种相较于传统文化产业和传统文化市场的新型体系，即强调"现代化"，意指文化产业发展体系亟须利用智能科技赋能，发挥新型要素融合、市场配置资源、现代文化市场支撑体系等优势，打造良好的文化产业创新生态环境和消费市场环境，形成具有国际竞争力的现代文化产业品牌和数字化、网络化、智能化的现代文化产业全产业链[5]。在特征上，现代文化产业体系具有典型的特色，即以最先进的智能科技为支

---

[1] Lee, J., "Three Worlds of Global Value Chains: Multiple Governance and Upgrading Paths in the Korean Animation Industry", *International Journal of Cultural Policy*, Vol. 25, No. 6, 2019, pp. 684–700.

[2] Colapinto, C., and Porlezza, C., "Innovation in Creative Industries: From the Quadruple Helix Model to the Systems Theory–Springer", *Journal of the Knowledge Economy*, Vol. 3, No. 4, 2012, pp. 343–353.

[3] Montgomery, L., and Fitzgerald, B., "Copyright and the Creative Industries in China", *International Journal of Cultural Studies*, Vol. 9, No. 3, 2016, pp. 407–418.

[4] Sobocinska, M., "Management of Value for Customers on the Culture Market", *International Journal of Business Performance Management*, Vol. 16, No. 2, 2015, pp. 262–279.

[5] 解学芳、臧志彭：《在"智能+"时代健全现代文化产业体系》，《中国社会科学报》2021 年 5 月 11 日第 1 版。

撑，以最充分发挥市场竞争为要义，以最丰富的文化创意为核心，以最大限度实现新型要素融合和资源集聚为手段，以形成最具国际竞争力的文化品牌和数字化、网络化、智能化的文化产业全产业链为目标。可以从以上五个维度审视国外发达国家在现代文化产业体系建设方面的做法。

此外，"智能+"时代现代文化产业体系与产业发展、国家治理和国际竞争有着密切联系，关系到文化产业高质量发展以及国际文化软实力竞争等的互补与联动，具有重要的战略意义。一是在产业发展维度，现代文化产业体系强调优化文化产业链和文化产业生态；强调智能科技与文化产业的深度融合，利用AI、大数据、云计算、区块链、物联网等技术集群优化文化产业链的各个环节，如AI协助文化艺术生产、大数据识别文化市场需求、区块链助力版权市场变革等，以技术创新来驱动传统文化产业的转型升级，培育数字文化产业等新业态和新模式。二是在制度建设维度，现代文化产业体系诉求完善的制度匹配。从"互联网+"到"智能+"，数字技术的变革升级使文化产业在生产、传播、消费等环节的创新态势超越了制度创新的变革速度，即制度创新落后于产业创新。实际上，智能科技不仅赋能于文化产业的产业创新，更赋能于文化产业的制度创新，如通过大数据、AI算法进行网络不良内容的实时识别和数据抓取，运用区块链技术构建版权保护和流通体系等。这二者是现代文化产业体系的内源性力量。三是在国际竞争维度，以提升国际文化市场竞争力为目标，是现代文化产业体系的外源性力量。在"智能+"时代，各国都在抢占科技创新制高点，智能科技对文化产品（服务）的优化升级发挥着不可替代的作用，国际文化软实力的竞争越发表现为各国文化和科技融合的竞争。

## 第二节 国际参照：发达国家构建现代文化产业体系的经验

"智能+"时代，文化产业步入全新的发展阶段。从世界范围来看，发达国家瞄准前沿智能科技，采取了诸多措施以推动本国现代文化产业的进一步升级，实现技术和产业、制度的协同创新。基于此，从纵向的产业链维度、横向的产业间维度、产业市场运行维度和贯穿纵横的制度要素维度四个方面解析主要发达国家的举措和经验（见图3-1）。

①纵向维度：赋能文化内容创新与延展新兴产业链

利用常设机制促进文化艺术内容可持续创新

利用智能科技拓展与优化文化产业链

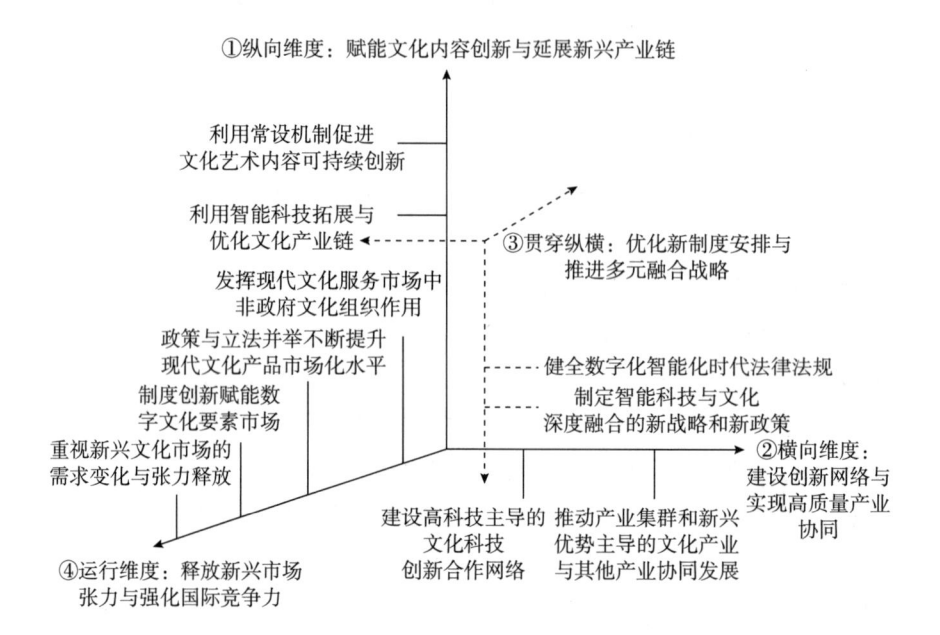

发挥现代文化服务市场中非政府文化组织作用

政策与立法并举不断提升现代文化产品市场化水平

制度创新赋能数字文化要素市场

重视新兴文化市场的需求变化与张力释放

③贯穿纵横：优化新制度安排与推进多元融合战略

健全数字化智能化时代法律法规

制定智能科技与文化深度融合的新战略和新政策

建设高科技主导的文化科技创新合作网络

推动产业集群和新兴优势主导的文化产业与其他产业协同发展

②横向维度：建设创新网络与实现高质量产业协同

④运行维度：释放新兴市场张力与强化国际竞争力

**图 3-1　"智能+"时代发达国家构建现代文化产业体系的框架**

## 一　纵向维度：赋能文化内容创新与延展新兴产业链

### （一）利用常设机制促进文化艺术内容可持续创新

第一，利用常设的基金会资助、鼓励文化艺术创作和传播。原创性的文化艺术既是文化产业链的源头，也是现代文化产业体系的核心所在。对于传统的文化艺术门类，发达国家重视个人（组织）的主体性作用，支持社会大众长期广泛地参与各类文化艺术的创作和传播，从而为现代文化产业发展奠定丰富多样和与时俱进的文化资源基础。美国通过国家艺术基金会（National Endowment for the Arts）从联邦政府层面为文化艺术创作和传播提供稳定的资助与奖励。2019年，国家艺术基金会获得1.55亿美元的联邦财政预算，其中"艺术项目资助"计划对视觉艺术、音乐剧、媒体艺术、音乐、文学、舞蹈等13个艺术门类的近2000个项目提供了约2900万美元的资助，"创意写作奖"对35名文学创作者授予了87.5万美元的奖励,还颁发了"国家遗产奖"、"爵士大师奖"和"国家艺术奖章"三大奖项。英国艺术委员会（Arts Council England）则通过分配政府财政拨款和部分国家彩票基金以实现"支持文化和艺术、发展文化和创意"等目标任务。2018—2022年,英国艺术委员会计划投入14.5亿英镑的政府公共资金和8.6亿英镑的国家彩票基金,用于资助综合艺术、舞蹈、文学、音乐、剧院、视觉艺术等领域的创作和传播①。加拿大国家艺术委员会（Canada Council for the Arts）管理对文化艺术的资助和奖励,2019—2020年向超过3250名艺术家、450多个团体和2100多个艺术组织提供了资助,并向200多名卓越的艺术家和学者颁发了奖项。此外,日本艺术委员会（Japan Arts Council）通过运营由政府拨款541亿日元和民间捐款153亿日元组成的"艺术文化振兴基金",将其收益用于补贴文化艺术的创作和传播活动②。

第二,基于数字化战略支持数字艺术、创意内容等新兴文化创意项目。智能科技革新了文化艺术的创作方式和呈现形式,催生了出现了互联网艺术、新媒体艺术、VR艺术、AI文学等新类型。这些文化艺术类型实现了智能科技在传统文化艺术领域的应用创新,为打造数字化、网络化和智能化的现代文化产业提供了方向引导。因此,发达国家强调对于新兴文化创意项目的资助和鼓励,协助解决在技术研发、基础设备、知识技能等方面所遭遇的难题。英国艺术委员会将"发展数字文化和创意媒体"作为重点领域,2015—2018年分别联合英国广播公司（BBC）等机构推出了"The Space""Creative XR""Random Arts""Performance Live""Canvas""World First"等项目,支持在文化艺术创作方面进行数字变革和创新。例如,"Creative XR"项目主要扶持沉浸式创意内容的开发,为创意团队提供基金资助、专业指导、设施使用等。加拿大国家艺术委员会设立了多项战略基金以促进文化艺术数字化转型,如"Digital Now"基金专门资助以虚拟传播方式改编现有作品或

---

① "Supporting Arts, Museums and Libraries", Arts Council England, https：//www.artscouncil.org.uk/supporting-arts-museums-and-libraries, 2022-01-01。

② 数据来源于日本芸術文化振興会"芸術文化振興基金の概要", https：//www.docin.com/p-1077936286.html, 2017-02-01。

创作新作品；"媒体艺术设备购置基金"（Media Arts Equipment Acquisition Fund）专门资助独立媒体艺术组织购买技术设备；"数字战略基金"（Digital Strategy Fund）主要用于帮助艺术家或艺术组织认识数字世界、进行转型创新，2017—2021年计划投资8850万美元[①]。澳大利亚艺术委员会（Australia Council for the Arts，也称"Australia Council"）设立了"新兴和实验"项目，用于资助艺术家进行具有挑战性和创造性的创作；澳大利亚新南威尔士州政府制定了"创造新南威尔士"（Create NSW）计划，在2019年资助了6项"现代艺术技术"项目，例如开发基于VR和AR的沉浸式艺术体验项目等；南澳大利亚州政府则在2020年设立了1020万美元的"艺术复兴基金"（Arts Recovery Fund），其中一项资助重点是"数字创新"，支持艺术家进行数字内容创新、技能培养等[②]。

（二）利用智能科技拓展与优化文化产业链

第一，在文化内容生成环节，鼓励和支持AI等技术参与到绘画、音乐、文学等艺术创作过程中，协助创作者实现创意和完成作品。英国艺术委员会在《试验的文化》（"Experimental Culture"）报告中强调，AI已经成为创意工具包的一部分，AI和机器学习的加速进步为艺术家、表演者利用AI创作新作品提供了机会[③]。韩国在2018年、2019年先后推出了"增强数字内容产业竞争力核心战略"和"数字内容产业三大创新战略"，旨在推动数字内容产业成为创新增长时代的支柱产业。从具体的文化艺术领域来看，利用AI技术赋能内容生成日渐成为文化产业创新的常态。例如，在绘画领域，法国艺术团体Obvious将AI技术与肖像画、日本浮世绘、非洲面具等相结合，创作出全新的绘画作品，并将其投入艺术拍卖市场中；在音乐领域，美国谷歌公司基于深度神经网络系统的机器学习算法研发出了"NSynth Super"音乐合成器，能够

---

① "Digital Strategy Fund"，Canada Council for the Arts，https：//canadacouncil.ca/funding/strategic-funds/digital-strategy-fund，2021-05-31.
② "Arts Recovery Fund"，Department of the Premier and Cabinet，https：//www.dpc.sa.gov.au/responsibilities/arts-and-culture/covid-fund，2021-05-31.
③ "Experimental Culture：A Horizon Scan Commissioned by Arts Council England"，Arts Council England，https：//www.artscouncil.org.uk/sites/default/files/download-file/Experimental_Culture_report_190318.pdf，2021-05-31.

从四种不同的源声音中生成全新的声音，帮助音乐家创作兼具多种音色的音乐；在文学领域，美国 Botnik Studios 开发了具有预测式写作能力的 AI 算法，创作出了《哈利·波特》系列小说的续集等作品；而美国麻省理工学院媒体实验室制作的 AI 机器人"Shelley"，在推特上与用户协同撰写恐怖故事。

第二，在文化产品（服务）生产环节，将以 VR、AR 为代表的虚拟现实技术应用于传媒、出版、游戏、演出等行业，衍生出新业态与新场景成为发达国家文化产业标配。在传媒行业，BBC、美国有线电视新闻网（CNN）、纽约时报等媒体利用 VR 技术进行新闻报道，已经形成了专业化的 VR 新闻采编导摄流程，开设了 VR 报道专栏[①]。在出版行业，VR、AR 技术丰富了读者的阅读感官和体验，如美国 Publications International 出版社发行了一系列《大英百科全书》的儿童配套书目，通过交互式阅读器可以虚拟体验书中的各种内容。在游戏行业，日本任天堂（Nintendo）、法国育碧（Ubisoft）等游戏公司制作出多款 VR 游戏和 AR 游戏，提升了用户在游戏过程中的沉浸感和交互感。在演出行业，VR、AR 技术保证了线上演出的表演效果，拓宽了演出的时空范围。如日本 Cluster 公司专门从事虚拟商业平台业务，为客户和用户组织 VR 演唱会等演出；美国 Wave 公司联合歌手、音乐家等制作了多场 VR 演唱会、音乐会等。由此可见，虚拟现实技术重塑了文化产品（服务）的生产方式和呈现形式，增强了消费者的场景化体验和沉浸式感受，推动了文化消费的不断升级。

第三，在流通营销环节，大数据、AI 等技术成为文化企业进行受众研究和产品（服务）分销的重要工具，增强了文化产品（服务）精准营销的能力。在政府层面，英国将企业的研发支出税收减免率从 11% 提高至 12%，并通过英国艺术委员会资助建立了数据服务机构"Audience Agency"，为文化企业等组织提供大数据咨询和营销策略规划等服务。在企业层面，一方面，文化企业通过大数据分析来识别市场需求，改进文化产品（服务）。例如，美国奈飞公司（Netflix）从事流

---

[①] 符绍强等：《全球媒体 VR 报道对比研究及策略分析——以 CGTN、BBC、CNN 和〈纽约时报〉为例》，《中国广播电视学刊》2019 年第 11 期。

媒体播放等业务，积累了大量的用户资源及行为数据。在制作第一部自制剧《纸牌屋》之前，奈飞公司通过大数据分析得出用户的需求偏好，由此选定了所要拍摄的题材、导演和主演的人选等；英国第四台频道公司（Channel 4）的前首席执行官大卫·亚伯拉罕曾指出"数据是新的石油"，该公司加强对观众数据的收集和分析能力，指导开发新的电视节目格式。另一方面，传媒、影视平台、音乐平台、游戏等领域的数字文化企业通过 AI 算法不断绘制用户图谱，了解用户的习惯偏好，从而精准推荐和分发与之匹配的文化产品（服务）。例如，BBC 成立"Datalab"团队来研发推荐系统，为用户提供个性化的内容推荐；奈飞公司重视算法推荐系统的研发和创新，用户在奈飞平台上观看的视频有75%来自算法推荐[1]。因此，精准化推荐和分配已经成为发达国家现代文化产业营销环节的标准化配置。

**二 横向维度：建设创新网络与实现高质量产业协同**

（一）建设高科技主导的文化科技创新合作网络

第一，政府在文化科技创新合作网络中发挥着关键性作用，负责制定相关战略规划，提供政策支持和财政投入引导高校、企业、社会等力量参与，推动实现多方协同进步、就业机会增加、国民经济可持续增长等目标。澳大利亚政府在 2009 年建立"创意产业创新中心"（Creative Industries Innovation Centre），同悉尼科技大学共同合作为中小型创意企业提供针对性咨询服务，如创新项目和新公司孵化、建立研究人员与企业之间的合作关系、举办研讨会等，从而提高创意企业的运营效率和竞争能力。英国政府在 2018 年 11 月宣布了"创意产业集群计划"（Creative Industries Clusters Programme），希望通过加速创意产业的一系列技术研发和创新，增加就业机会，创造在全球销售的创意产品（体验），实现全国及地区经济的可持续增长。该计划由非政府公共机构艺术与人文研究委员会（Arts and Humanities Research Council）执行，重点建设九个创意产业集群和一个独立政策与证据中心，其中各创意产业集群由当地高校与企业、行业协会、公共机构、地方政府等形成合作伙伴关

---

[1] MacKenzie, I., et al., "How Retailers Can Keep Up with Consumers", https://www.mckinsey.com/industries/retail/our-insights/how-retailers-can-keep-up-with-consumers, 2021-05-31.

系，共同利用 AI、大数据、VR、AR 等技术革新游戏、设计、广告、影视、表演、时尚等文化行业。韩国政府则与三星电子等企业签订《关于推动虚拟现实（VR）与内容产业同步发展的合作谅解备忘录》，此外，由韩国文体部和韩国文化产业振兴院制定 VR 与内容产业融合发展的扶持政策，投入 520 亿韩元支持开发 VR 内容，力争在全球虚拟现实产业市场掌握主导权[①]。

第二，高校、研究机构与文化企业、科技企业开展合作，促进文化科技研发以及创新成果转换。高校和研究机构具有基础科研优势，文化企业对于市场需求较为敏感，而科技企业在技术应用和创新方面具备经验。因此，发挥不同主体的比较优势，成为发达国家促进文化产业和智能科技融合发展的重要途径。英国的"创意产业集群计划"整合了"政—产—学—研"链条上的优质资源，高校和研究机构作为各个创意产业集群的主导力量，与知名品牌、协会组织等形成合作伙伴共同探索文化科技融合的前沿领域，将技术创新和市场需求相衔接。以位于利兹的"未来时尚工厂"集群为例，在利兹大学和皇家艺术学院主导下，联合 Burberry、Abraham Moon & Sons、英国时尚和纺织协会、英国时装委员会等合作伙伴共同参与，致力于开发先进的数字化纺织技术，推动高价值的产品设计，并且帮助设计师和制造商在循环经济中加强协作。加拿大康考迪亚大学在 2018 年与游戏公司育碧合作成立创新工场"XR：MTL"，计划通过汇集行业领军企业、初创企业、学术界等力量，开展联合开发项目、产品试点伙伴关系和知识共享活动，实现 XR 技术在娱乐等行业的商业创新。美国麻省理工学院的研究机构 MIT.nano 则在 2019 年与韩国网络游戏公司 NCsoft 合作推出为期四年的"沉浸实验室游戏计划"（Immersion Lab Gaming Program），探索 AI、VR/AR、3D/4D 等游戏技术创新以及在未来如何与世界及他人进行互动。

（二）推动产业集群和新兴优势主导的文化产业与其他产业协同发展

第一，在空间上以文化科技产业集群带动区域产业协同发展。传统的文化产业集群由特定行业内的竞争性企业与关联企业、支撑机构等主

---

[①] 韩联社：《韩政府和大企业联手扶植虚拟现实与内容产业》，https：//cn.yna.co.kr/view/ACK20161011003100881？section＝search，2016 年 10 月 11 日。

体在地理空间上集聚而成。以位于美国加利福尼亚州的好莱坞影视集群为例，经过长期发展，该集群形成了以影视制作和发行为核心、涵盖道具租赁、场景布置、艺人经纪、影视旅游等全产业链模式。好莱坞影视集群不仅实现了有效的产业分工和协作，更带动了与影视行业相关的制造业、旅游业、租赁业之间的协同发展。在新经济发展阶段，随着文化科技的深度融合，文化企业和科技企业通过产业集群或区域合作的方式趋向协同发展——文化企业获得科技企业的人才、设备、数据、技术等要素支持，而科技企业受益于文化企业的创造性思维和文化创意内容，不断试验和完善新技术，从而形成互补与联动的协同格局。例如，美国旧金山湾区汇聚了互联网软件与服务、通信设备、互联网零售、电影娱乐、家庭娱乐等领域的企业，呈现出高科技引领的特征，实现了文化产业与高新科技产业的深度融合发展[1]。英国在《文化数字化：执行摘要》（Culture is Digital: Executive Summary）中提出要释放技术的创造潜力，政府希望通过创造条件，使各种规模的文化和技术组织之间建立更多的合作伙伴关系。事实上，在英国的"创意产业集群计划"中，"InGAME"集群、"Creative Informatics"集群等实现了众多文化企业、科技企业的集聚合作和协同发展。例如，位于英国布里斯托尔的媒体中心Watershed，与当地的布里斯托尔大学、英国电信、诺基亚等共同合作，开发面向公众的5G新应用，为5G时代文化产业创新提供了保障。

第二，在结构上以新兴优势文化产业带动关联产业协同发展。2020年7月，韩国政府发布了"新韩流振兴政策推进计划"，提出促进韩流内容的多样化发展，培育游戏、电竞、网络漫画、虚拟表演等在线韩流内容，以韩流引领消费品、旅游、医疗、教育等相关产业共同发展。实际上，以影视、偶像、游戏、流行音乐等为代表的韩流在全球范围内具有较强的影响力，通过发展韩流产业，与之相关的韩国消费品、美容业、旅游业等，尤其是在对外出口方面也随之实现增长。据统计，韩国的内容出口每增加100美元，可以拉动相关消费出口增加248美元，与韩流相关的消费及旅游出口额从2016年的75.6亿美元增加至2019年

---

[1] 臧志彭、伍倩颖：《世界四大湾区文化创意产业结构演化比较——基于2001—2016年全球文创上市公司的实证研究》，《山东大学学报》（哲学社会科学版）2019年第1期。

的123.2亿美元，年均增幅达到17.7%①。日本政府在2012年发布了"酷日本"战略，首先通过动漫、音乐节目、时尚节目、日剧等内容产品在他国形成日本热，其次刺激消费者在当地购买日本产品和服务，最后吸引消费者到日本境内进行消费。这一战略实质上是利用日本的优势文化产业（动漫、综艺、日剧等）来吸引海外消费者，从而带动日本时装业、食品制造业、家电制造业、旅游业的协同发展。与此类似，英国针对电影、电视节目、动画、电子游戏等优势行业制定了税收减免政策，产生了明显的乘数效应和溢出效应，带动了旅游、商品销售等关联行业。澳大利亚艺术文化研究机构"A New Approach"（ANA）在2020年10月发布了《澳大利亚文化创意经济：21世纪指南》（*Australia's Cultural and Creative Economy：A 21st Century Guide*），指出文化创意产业能够间接带动相关行业，如新南威尔士州的文化、艺术、影视等行业在2016—2017年拉动旅游、餐饮住宿、信息技术等行业增长88亿美元②。

### 三 贯穿纵横：优化新制度安排与推进多元融合战略

#### （一）健全数字化智能化时代法律法规

第一，修订版权法以适应数字化和智能化时代。版权是保障文化产业生态健康有序的重要制度基础。在"智能+"时代，智能科技赋能了文化产业生产、流通和消费等环节的变革与创新，同时为传统的版权保护范围、版权市场交易、版权保护方式等带来了挑战，这促使各国政府完善和改革版权法，从而满足现代文化产业良性发展的制度要求，优化现代文化产业生态环境。欧盟从2016年9月开始对版权规则进行现代化改革，在2019年4月发布了《关于数字单一市场版权及相关权利的指令》（*Directive on Copyright in the Digital Singles Market*）和《关于适用于广播组织特定网络传输以及电视台和广播电台节目转播的版权及相关权利的指令》（*Directive on Television and Radio Programmes*），针对"获取在线和跨境内容""完善科研、教育、文化遗产中的版权规则""完

---

① 数据来源于《文体部将制定新韩流振兴计划 实现韩流新飞跃》，https：//weibo.com/2343287033/Jcc0izm54。

② "Australia's Cultural and Creative Economy：A 21st Century Guide"，A New Approach，https：//www.humanities.org.au/wp-content/uploads/2020/10/ANA-InsightReportFive-FullReport.pdf，2021-05-31.

善版权市场"等问题做出规定,确保创作者获得公平报酬、用户拥有明确权利以及平台履行自身责任。2020年10月,欧洲议会通过了《关于人工智能技术开发的知识产权决议》(*On Intellectual Property Rights for the Development of Artificial Intelligence Technologies*),确保欧盟的版权制度能够适合数字化和智能化时代。英国《数字经济法案(2017)》(*Digital Economy Act* 2017)的第31条至第34条对版权法进行了部分修订,如明确"电子音频书"(e-audio-book)的含义,将侵权行为的最高刑期提高至10年等[①];与此同时,为了迎合AI技术带来的变革,英国知识产权局在2020年9月向公众征集AI和版权相关问题的意见,并在2021年3月做出回应,计划就"人工智能技术使用具有版权的作品和数据""保护人工智能技术产生的作品"等焦点问题,对现有版权法进行修改、增加版权例外等。美国在2018年10月颁布了《音乐现代化法案》(*Music Modernization Act*),对音乐著作权授权进行现代化改革,强调音乐授权现代化与音乐制作人分配,以满足数字音乐产业的发展需要;美国专利商标局则在2020年10月发布《人工智能及知识产权政策报告》("Public Views on Artificial Intelligence and Intellectual Property Policy"),强调对AI技术的专利申请、知识产权与数据保护问题,以此实现美国版权政策与新兴技术发展同步。日本在2018年5月颁布《版权法(修正案)》,做出了AI技术使用受版权保护作品的豁免规定,促进国内AI、大数据等技术和服务的发展。韩国知识产权局则在2021年1月发布了第四次工业革命关键技术领域的专利审查指南,针对AI应用发明等专利申请做出了具体说明。由此可见,发达国家根据AI等新发展需要及时修订版权法是适应"智能+"时代的战略选择之一。

第二,制定数字文化产业配套法律法规以拥抱数字化社会。除了版权问题,数字文化产业的发展还导致了网络内容良莠不齐、个人隐私保护缺位等现实问题。发达国家针对上述问题制定了相关的法律法规,以健全数字化社会的顶层设计,确保数字文化产业的健康有序发展。一是加强对网络内容的管理,强化未成年人保护等原则。如澳大利亚《媒

---

① 刘阳:《英国〈数字经济法(2017)〉的核心内容及启示》,《经济法论丛》2019年第1期。

第三章 | "智能+"时代国外现代文化产业体系：研判与借鉴

体内容分类法（2012）》（The Classification of Media Content Act 2012）加强对未成年人访问内容的分级管理，英国颁布的《数字经济法案（2017）》中强调对未成年人接触网络色情内容的管制，欧盟在《视听媒体服务指令（2018）》（Audiovisual Media Services Directive 2018）中对视听媒体服务做出了"禁止煽动仇恨""加强未成年保护""推广和发行欧洲作品"等明确规定，并颁布《数字服务法案》（Digital Services Act）和《数字市场法案》（Digital Markets Act），强化对虚假信息、非法内容等的监管。二是重视保护用户隐私，规范对个人数据的使用。例如，欧盟颁布的《通用数据保护条例》（General Data Protection Regulation）和《数据治理法案》（Data Governance Act），FCC 的《保护宽带和其他电信服务中的用户隐私》（Protecting the Privacy of Customers of Broadband and Other Telecommunications Services），日本实施的《官民数据活用推进基本法》（官民データ活用推進基本法），英国的《数据保护法（2018）》（Data Protection Act 2018），加拿大修订的《个人信息保护及电子文档法》（The Personal Information Protection and Electronic Documents Act）等，成为大数据使用趋向规范化的制度保障。

第三，制定 AI 伦理规范与科技伦理原则，助推 AI 合理使用。AI 技术的广泛应用正在重塑着经济社会发展的方方面面，文化产业正是其中的典型代表之一。面对 AI，文化产业在人文伦理、创意生成、边界划分等方面面临困境[①]。如何通过伦理规范和原则引导 AI 在文化产业的合理使用，预防和规避未来创新过程中可能产生的商业风险、伦理失范、价值冲突等问题，成为发达国家共同努力探索的方向。例如，日本发布的《以人为中心的人工智能的社会原则》（Social Principles of Human-Centric AI）明确了开发 AI 技术应遵循的七项社会原则；美国推出的"人工智能技术标准计划"与 2020 年 12 月发布的《关于促进在联邦政府中使用可信赖 AI 的行政命令》（Executive Order on Promoting the Use of Trustworthy Artificial Intelligence in the Federal Government），规定了联邦政府在设计、开发、获取和使用 AI 技术时应符合"合法且尊重国

---

① "A New European Agenda for Culture"，European Commission，https：//ec.europa.eu/culture/document/new-european-agenda-culture-swd2018-267-final，2020-08-07.

家价值观"等九项原则；而韩国政府在2020年11月颁布了《国家人工智能伦理标准》，强调以人为本，在开发和运用AI技术的过程中需要遵守"维护人的尊严、社会公益和技术合乎目"的三大原则。此外，欧盟组织AI高级别专家组于2019年4月发布《可信赖人工智能的伦理指南》（Ethics Guidelines for Trustworthy Artificial Intelligence），提出了伦理规范性与技术健壮性等可信AI需满足的要求；2021年4月21日，欧盟委员会进而颁布《人工智能法案》（Artificial Intelligence Act），基于四个风险级别建立了一套AI法律框架和规则以应对其可能产生的风险，并保证欧洲在世界AI监管方面的领导作用。由此可见，各国基于AI未来发展的隐忧制定了相关制度与规则，规避可能出现的伦理风险与价值危机。

表3-1　国际社会应对AI文化科技伦理问题的制度举措

| 内容 | 政府维度 | 企业维度 | 公共维度 |
|------|---------|---------|---------|
| 算法相关 | 美国：《大数据：抓住机遇，坚守价值》《大数据：包容工具还是排斥工具？》《关于算法透明性与可责性的声明》《算法责任法案》《算法问责法案》《人工智能应用的监管原则》《国防部人工智能伦理原则》<br>欧盟：《可信人工智能伦理指南》《算法责任与透明治理框架》《伦理原则和民主先决条件》《"可信赖人工智能"的关键要求》《关于构筑对以人为本的人工智能的信任的通信》《制定人工智能统一规则（人工智能法案）并修订某些联盟立法法案（草案）》<br>意大利：《罗马关于人工智能伦理的呼吁》<br>俄罗斯：《发展和使用AI技术的基本原则》<br>英国：《关于负责任研究和创新的报告》《人工智能伦理原则》 | 微软（美国）：《计算未来》《人工智能十条原则》<br>谷歌（美国）：《谷歌人工智能：我们的原则》<br>Meta（原脸书）（美国）：Fairness Flow<br>英特尔（美国）：《人工智能公共政策原则》<br>OpenAI（美国）：《OpenAI纲领》<br>Unity Technologies（美国）：《Unity的人工智能伦理指导原则》<br>通用电气医疗集团（美国）：《通用电气医疗集团的人工智能原则》<br>IBM（美国）：《认知时代的原则》《信任与透明原则》《人工智能的日常伦理：伦理关注的五个领域》<br>德国电信（德国）：《德国电信的人工智能准则》<br>SAP（德国）：《SAP人工智能指导原则》<br>西班牙电信（西班牙）：《西班牙电话公司的人工智能原则》 | FOL（美国）：《阿西洛马人工智能23定律》<br>NGO（美国）：人道技术中心的建立<br>美国信息技术产业协会（美国）：《人工智能政策原则》<br>美国互联网协会（美国）：《指导原则与建议》<br>美国电子隐私信息中心（美国）：《人工智能通用准则》<br>纽约峰会（美国）：《寻求人工智能的基本规则：建议》<br>蒙特利尔大学（加拿大）：《蒙特利尔人工智能负责任开发宣言》<br>加拿大国际治理创新中心（加拿大）：《面向工作场所人工智能的G20框架》<br>阿兰·图灵研究所（英国）：《快车道原则》<br>英国商业道德研究所（英国）：《IBE在商业中使用人工智能的基本价值和原则的交互式框架》 |

第三章 "智能+"时代国外现代文化产业体系：研判与借鉴

续表

| 内容 | 政府维度 | 企业维度 | 公共维度 |
| --- | --- | --- | --- |
| 算法相关 | 日本：《以人类为中心的人工智能社会原则》《人工智能研发原则》《人工智能利用原则草案》<br>新加坡：《现有人工智能原则的汇编》《拟建的人工智能治理框架模型：指导原则》<br>澳大利亚：《人工智能伦理原则》<br>加拿大：《负责任地使用人工智能：我们的指导原则》《政府使用人工智能系统的七项原则》<br>迪拜：《迪拜人工智能原则》<br>经济合作发展组织：《OECD人工智能原则》<br>G20：《G20人工智能原则》<br>联合国：《建议的人工智能的开发、实现和使用的通用原则》 | 特里亚（瑞典）：《特里亚电信公司的可信人工智能伦理指导原则》<br>叠拓（芬兰）：《叠拓公司的人工智能伦理原则》<br>OP金融集团（芬兰）：《OP金融集团的人工智能伦理准则》<br>DeepMind（英国）：《DeepMind伦理与社会原则》<br>沃达丰（英国）：《沃达丰的人工智能框架》<br>Sage（英国）：《伦理规范：人工智能商用开发的五项核心原则》<br>索尼（日本）：《索尼集团人工智能伦理准则》<br>三星（韩国）：《人工智能伦理原则》 | 日本人工智能学会（日本）：《日本人工智能学会伦理原则》<br>技术创新（国际）："词向量"技术；"指向和对齐"系统<br>ICDPPC（国际）：《人工智能伦理与数据保护宣言》<br>IEEE（国际）：《合乎伦理的设计：一般原则》《自主和智能系统在伦理方面的考量》<br>全球工会（国际）：《人工智能伦理十大原则》<br>IA Latam（国际）：《开发和使用人工智能的伦理宣言》<br>ITechLaw（国际）：《负责任人工智能的八项原则》<br>FAT/ML（国际）：《负责任算法的原则》<br>ACM（国际）：《算法透明与问责原则》 |
| 数据相关 | 美国：《大数据：抓住机遇，坚守价值》《大数据：包容工具还是排斥工具？》《美国人工智能倡议的五个指导原则》<br>欧盟：《基本权利宪章》、《应对大数据挑战：呼吁通过设计和可责性实现透明性、用户控制及数据保护》、《通用数据保护条例》(GDPR)、《可信人工智能伦理指南》、《伦理原则和民主先决条件》、《"可信赖人工智能"的关键要求》、《关于构筑以人为本的人工智能的信任的通讯》、《算法责任与透明治理框架》、《制定人工智能统一规则（人工智能法案）和修订某些联盟立法法案（草案）》 | 微软（美国）：《计算未来》《人工智能十条原则》<br>谷歌（美国）：《谷歌人工智能：我们的原则》<br>英特尔（美国）：《人工智能公共政策原则》<br>通用电气医疗集团（美国）：《通用电气医疗集团的人工智能原则》<br>IBM（美国）：《信任与透明原则》《人工智能的日常伦理：伦理关注的五个领域》<br>德国电信（德国）：《德国电信的人工智能准则》<br>SAP（德国）：《SAP人工智能知道原则》<br>西班牙电信（西班牙）：《西班牙电话公司的人工智能原则》 | FOL（美国）：《阿西洛马人工智能23定律》<br>NGO（美国）：人道技术中心的建立<br>美国电子隐私信息中心（美国）：《人工智能通用准则》<br>纽约峰会（美国）：《寻求人工智能的基本规则：建议》<br>加拿大国际治理创新中心（加拿大）：《面向工作场所人工智能的G20框架》<br>英国商业道德研究所（英国）：《IBE在商业中使用人工智能的基本价值和原则的交互式框架》<br>日本人工智能学会（日本）：《日本人工智能学会伦理原则》 |

续表

| 内容 | 政府维度 | 企业维度 | 公共维度 |
|---|---|---|---|
| 数据相关 | **德国**：《新联邦数据保护法》<br>**意大利**：《罗马关于人工智能伦理的呼吁》<br>**英国**：《关于负责任研究和创新的报告》《2017年数据保护法案（草案）》<br>**日本**：《网络安全基本法》《个人信息保护基本法》《官民数据活用推进基本法》《以人类为中心的人工智能社会原则》《人工智能研发原则》《人工智能利用原则草案》<br>**新加坡**：《现有人工智能原则的汇编》<br>**加拿大**：《个人信息保护法案》《负责任地使用人工智能：我们的指导原则》<br>**巴西**：《通用数据保护法》<br>**印度**：《2018个人数据保护法（草案）》<br>**澳大利亚**：《人工智能伦理原则》<br>**迪拜**：《迪拜人工智能原则》 | **叠拓（芬兰）**：《叠拓公司的人工智能伦理原则》《OP金融集团的人工智能伦理准则》<br>**特里亚（瑞典）**：《特里亚电信公司的可信人工智能伦理指导原则》<br>**沃达丰（英国）**：《沃达丰的人工智能框架》<br>**索尼（日本）**：《索尼集团人工智能伦理准则》 | **ICDPPC（国际）**：《人工智能伦理与数据保护宣言》<br>**IEEE（国际）**：《合乎伦理的设计：一般原则》《自主和智能系统在伦理方面的考量》<br>**IA Latam（国际）**：《开发和使用人工智能的伦理宣言》<br>**ITechLaw（国际）**：《负责任人工智能的八项原则》<br>**ACM（国际）**：《算法透明与问责原则》 |
| 伦理主体相关 | **欧盟**：《欧盟机器人民事法律规则》《可信人工智能伦理指南》《关于人工智能、物联网机器人对安全和责任的影响的报告》《制定人工智能统一规则（人工智能法案）并修订某些联盟立法法案（草案）》<br>**英国**：《关于负责任研究和创新的报告》《人工智能伦理原则》<br>**日本**：《人工智能研发原则》《人工智能利用原则草案》<br>**新加坡**：《拟建的人工智能治理框架模型：指导原则》<br>**联合国**：《机器人伦理初步报告草案》《建议的人工智能的开发、实现和使用的通用原则》 | **微软（美国）**：《计算未来》<br>**谷歌（美国）**：《谷歌人工智能：我们的原则》 | **FOL（美国）**：《阿西洛马人工智能23定律》<br>**艾伦AI研究所（美国）**：《人工智能系统的三条原则》<br>**文学作品（美国）**：阿西莫夫机器人学法则<br>**俄罗斯自治科研组织（俄罗斯）**：《机器人学与人工智能示范公约》<br>**日本人工智能学会（日本）**：《日本人工智能学会伦理原则》<br>**IEEE（国际）**：《人工智能设计的伦理准则（第二版）》<br>**全球工会（国际）**：《人工智能伦理十大原则》 |

第三章 "智能+"时代国外现代文化产业体系：研判与借鉴

（二）制定智能科技与文化深度融合的新战略和新政策

第一，在战略布局层面，发达国家认识到智能科技对文化产业转型及新经济发展的重要性，高度关注新科技与文化产业的深度融合发展，出台了相关战略规划以确保本国在全球文化科技融合领域的先发优势。英国全面实施政府数字化转型战略，强调"数字政府即平台"的指导思想，先后推出了"英国数字战略"（UK Digital Strategy）、"产业战略：建立适合未来的英国"（Industrial Strategy: Building a Britain fit for the future）、"产业战略：人工智能领域行动"（Industrial Strategy: Artificial Intelligence Sector Deal）等，推动英国数字经济、AI相关产业的发展。如英国在2017年9月发布的《创意产业独立审查》（"Independent Review of the Creative Industries"）报告中提出，在数字时代"要充分利用VR、AR、5G、3D打印等新技术来保持强大的创新能力"，打造"创意—科技"（creative-tech）行业，并在10月发布的《在英国发展人工智能产业》（"Growing the Artificial Intelligence Industry in the UK"）报告中强调AI被广泛应用于广告、设计、创意、娱乐等领域。澳大利亚颁布的《创意澳大利亚（2013）》（*Creative Australia* 2013），强调"数字技术转型给澳大利亚创意产业提供了发展机遇，使其成为整体经济转型的核心"。此外，欧盟在2018年5月通过的《新欧洲文化议程》（*New European Agenda for Culture*）确立了整体的文化政策框架，强调"数字革命和现代信息通信技术为文化创意领域提供了许多新的可能性和机会"，"文化创意产业要走在高性能计算、云计算、AI、物联网等范式的前沿"[1]；与此同时，为支持文化创意部门克服数字化转型和全球化带来的挑战，欧盟在《新欧洲文化议程》中制定了"Digital Culture"战略，并在"创意欧洲"（Creative Europe）计划中加强对文化产业数字化转型的支持。美国意识到AI正在改变经济社会的每个领域，对未来经济和国家安全具有重要的战略意义，在2019年2月颁布了《美国人工智能倡议》（*American AI Initiative*），集中联邦政府资源大力开发人工智能技术及相关应用，以确保美国在全球的领导地位。

---

[1] "A New European Agenda for Culture", European Commission, https://ec.europa.eu/culture/document/new-european-agenda-culture-swd2018-267-final, 2020-08-07.

第二，在制度设计层面，基于各国智能科技和文化深度融合战略，发达国家制定了预见性政策措施来推动其落地生效。一是智能科技对文化科技融合发展起到关键支撑作用，保持智能科技的不断迭代更新是必要的，因而发达国家加强了对 AI 等核心技术研发和应用的财政资助。美国在 2020 财年对 AI 研发的非机密、非国防联邦预算为 9.7 亿美元，并在 2021 财年向美国国家科学基金会（NSF）拨款用于资助 AI 基础研究和应用研发[①]；英国计划到 2027 年将公共和私营部门的研发支出总额提高到 2.4%，并通过工程和物理科学研究委员会（EPSRC）拨款 3 亿英镑用于资助数据科学、AI 等研究[②]；韩国计划在三年内同民间机构共同为 5G 通信行业投资 30 万亿韩元，成立 3000 亿韩元的 AI 专用基金等扶持产业发展[③]。二是数字基础设施是推动文化科技融合发展和构建文化科技新消费市场的底层物质条件，发达国家通过财政政策不断完善数字基础设施。英国通过投入超过 10 亿英镑的公共投资来提升数字基础设施；欧盟推出"连接欧洲宽带基金""5G 行动计划"等，计划在 2030 年实现千兆网络覆盖所有欧洲家庭，5G 覆盖所有人口稠密地区。三是公共数字文化机构在满足公众文化科技新消费需求，以及引导文化企业数字化转型方面发挥着重要作用，发达国家全力推动公共文化机构数字化与智能化转型。欧盟的"Digital Culture"战略制定了"文化遗产数字化转型"方案和"古迹遗址数字中心"方案，通过完善欧洲文化遗产数字平台"Europeana"带动各类文化遗产机构进行数字化转型，促进欧洲文化遗产的数字化获取和使用等；与此同时，欧盟加强对濒临灭绝的古迹和遗址进行数字化处理，培育保护文化古迹和遗址的生态系统。英国则加快对公共图书馆提供免费 Wi-Fi 等数字化建设，积极通

---

[①] "American Artificial Intelligence Initiative: Year One Annual Report", Office of Science and Technology Policy, https://trumpwhitehouse.archives.gov/wp-content/uploads/2020/02/American-AI-Initiative-One-Year-Annual-Report.pdf，2021-05-31.

[②] "Industrial Strategy: Artificial Intelligence Sector Deal", Department for Business, Energy & Industrial Strategy and Department for Digital, Culture, Media & Sport, https://assets.publishing.service.gov.uk/government/uploads/system/uploads/attachment_data/file/702810/180425_BEIS_AI_Sector_Deal__4_.pdf，2021-05-31.

[③] 韩联社：《韩科技部新年工作计划：大力发展人工智能》，https://cn.yna.co.kr/view/ACK20200115005000881，2020 年 1 月 16 日。

过新技术为用户提供数字化服务便利。四是数字文化企业是文化科技融合发展的创新主体和市场推动力，发达国家进一步增强对数字文化企业的全方位扶持。韩国实施"数字内容产业三大创新战略"，一方面加大对数字内容企业的政策性金融扶持，加强政府投资、提供担保等；另一方面通过政府大规模投入推广VR、AR等技术在不同场景和领域的应用，培育数字内容产业市场。加拿大则设立了"科学研究和实验发展"计划，对企业算法设计、系统性能改进等研发支出提供税收优惠。欧盟在"Digital Culture"战略中制定了"数字创意和创新中心"方案和"新视听专业人员培训计划"方案，建立泛欧洲的数字创意和创新中心网络为文化创意企业提供一站式服务，如数字创新实验室、资金和业务扶持、企业协调等，还通过培训计划增强视听行业从业人员的数字技能，促进知识和经验的分享。

**四　运行维度：释放新兴市场张力与强化国际竞争力**

（一）重视新兴文化市场的需求变化与张力释放

发达国家以新兴文化市场需求为导向，关注并适应数字化和智能化时代消费者的消费行为、习惯偏好的变化，激发数字文化消费市场活力和潜力，实现文化产业供给侧与文化市场需求侧的良性互动。在政府层面，鼓励探索新兴文化市场与新型消费者的变化，并在政策上积极回应。英国艺术委员会鼓励和支持受资助方强化数据收集与分析能力，提高制定受众参与策略的水平，并且每年投资75万英镑开发免费的全国观众数据库"Audience Finder"，供文化组织获取、分析和共享数据。加拿大国家电影局在《2020—2023年战略性计划》（*2020-2023 Strategic Plan*）中提出，内容作品所采用的营销和分销策略必须考虑到新数字平台和新技术的内在潜力，以适应观众不断变化的消费习惯，并强调要着力加大在线上平台的推广力度，加强对受众的数据分析以满足其多元化需求。此外，欧盟在《2019—2022年文化工作计划》［*Work Plan for Culture*（*2019-2022*）］中将"理解数字受众"列为具体行动之一，成立专家组审查创新工具，制定收集和管理数字受众数据的准则，增强文化组织与受众之间的关系，以帮助受众适应不断变化的数字环境。在产业层面，文化企业积极利用大数据、AI等新技术加强对新兴文化市场消费者的研究，以不断改善文化产品（服务）供给状况，提高精准营销能力。

（二）政策与立法并举不断提升现代文化产品市场化水平

美国更新立法以及时服务本国文化市场发展。美国虽然主张"无为而治"，但"无为"仅针对营利性的私人产品，对公共文化产品的监管有所干预，并随着时代变化及时调整本国文化版权保护政策[1]，如美国政府颁布的《电子通信隐私法》《美国专利客体审查指南（2019年修订版）》《关于启动"美国人工智能行动倡议"的行政令》《维护美国在人工智能时代的领导地位的行政令》等政策，推动了新兴文化市场的发展。英国早在1988年就颁布实施《版权、设计和专利法案》，强调如果是计算机生成作品，则作者为创作作品所需安排的人员[2]。随着数字文化时代的到来，制定政策与立法并举推动文化市场化的趋势日渐明显。德国出台《新联邦数据保护法》，服务大数据产业；澳大利亚则竭力推进文化"走出去"战略，除了将文化产品输出至英语系国际市场外，也向中国市场努力推广电影、电视与动漫等文化产品[3]，力求建设更具规模的国内外文化市场；素有"动漫之国"之称的日本，自2009年提出"酷日本"国家战略，变"产品输出"为"文化输出"后，政府紧跟时代潮流及时调整政策，谋求国内、国外文化市场建设之道，如出台《官民数据活用推进基本法》《人工智能利用原则草案》等，加速了AI进入文化市场领域。

表3-2 "智能+"时代世界发达国家文化产业体系建设制度演化

| 国名 | 习惯表述 | 中央政府文化管理机构 | 政策基调 | "智能+"时代新政策 |
| --- | --- | --- | --- | --- |
| 美国 | 版权产业 | 无 | 自由贸易与文化扩张 | 调整版权保护水平，鼓励区块链发展政策 |
| 英国 | 创意产业 | 文化、新闻及体育部 | 一臂之距 | 极力支持基础研究，注重数字化的运用 |

---

[1] 解学芳、申林：《"智能+"时代现代文化市场体系的制度创新》，《南京社会科学》2021年第6期。

[2] 解学芳、高嘉琪：《AI技术与制度协同驱动的文化产业演化机理及进阶模式》，《社会科学研究》2021年第2期。

[3] 金迈克等：《数字创意时代中澳文化产业"走出去"的问题与路径》，《深圳大学学报》（人文社会科学版）2018年第3期。

续表

| 国名 | 习惯表述 | 中央政府文化管理机构 | 政策基调 | "智能+"时代新政策 |
|---|---|---|---|---|
| 法国 | 不使用文化产业概念 | 文化及通信部 | 强调政府扶持和保护，具有明显的非市场色彩 | 政策与立法并举，文化市场化的趋势逐渐明显 |
| 德国 | 文化与创意产业 | 联邦文化与媒介事物委员会 | 联邦政府在文化领域职能有限，对文化保护敏感 | 联邦政府加大文化产业受疫情影响后的扶持力度，援助文化机构、推广数字化项目 |
| 日本 | 内容产业 | 文部科学省、文化厅、知识财产战略本部等 | 文化产业举国战略 | 政府提出"新技术立国"和"科学技术立国"的方针 |
| 澳大利亚 | 休闲产业 | 通信和艺术部 | 承袭欧洲，强调文化多元及国民保护 | 政府通过直接拨款、文化组织登记制度、税收减免等措施鼓励文化产业的发展 |

（三）发挥现代文化服务市场中非政府文化组织作用

大多国家强调并放大非政府文化组织在文化市场建设中的作用，为非政府文化组织提供管辖空间。美国公共图书馆的社会服务实践具有典型性，以纽约公共图书馆为例，其社会文化服务包含计算机课程、英语与成人识字教育、就业与职业发展课程，以及辅助父母和看护人的教育服务等多种功能；而文化基金会也在文化服务市场建设方面扮演着重要角色，如其《国家文化发展基金法》明确基金会每年须支出一定比例的金额支持各项文化的发展。在"智能+"时代，以美国电气电子工程师协会（IEEE）为代表制定的《人工智能设计的伦理准则 2.0》（*Ethically Aligned Design Version* 2.0），美国信息技术产业协会的《人工智能政策原则》、美国互联网协会的《指导原则与建议》、美国电子隐私信息中心的《人工智能通用准则》等，推动了 AI 领域的发展。德国联邦政府则加大文化产业受疫情影响后的扶持力度，援助文化机构、推广数字化项目[①]；法国政府强调"文化民主化"，通过国家财政为公共文化行业提供经济支持，也积极实行文化分散政策，强调政府扶持和保护，

---

[①] 解学芳、申林：《"智能+"时代现代文化市场体系的制度创新》，《南京社会科学》2021 年第 6 期。

具有明显的非市场色彩,但智能时代的到来加速了法国从带有较明显的"非市场"色彩到市场化愈加显著的转变。此外,在文化服务环境建设方面,日本对产权保护做出了表率,明确提出"知识产权立国"战略,颁布了一系列涉及著作权保护与振兴文化产业发展的法律法规;日本政府和司法还共同对数字时代的盗版、抄袭等行为严厉打击;非政府组织"日本人工智能学会"则制定了《日本人工智能学会伦理原则》,为新时期文化市场健康发展创造了优良环境。

（四）制度创新赋能数字文化要素市场

在文化要素市场建设政策层面,各国为迎合数字化时代文化市场发展潮流均颁布了一系列适应数字化时代的相关政策。如英国提出将数字技术与创意产业相结合,致力于将英国打造为创意产业中心,并颁布《英国人工智能发展的计划、能力与志向》《关于负责任研究和创新的报告》《人工智能伦理原则》等政策[1];在新文化业态与新模式层出的"智能+"时代,法国积极推进实施"文化数字化"政策;澳大利亚制定《人工智能伦理原则》,其版权审议委员会强调机器程序生成内容不具有著作权[2];而日本政府在新技术引领下及时做出策略调整,先后提出"新技术立国"和"科学技术立国"的方针,制定《人工智能研发原则》《网络安全基本法》《个人信息保护基本法》《以人类为中心的人工智能社会原则》等政策法规,有效推动了本国文化市场的发展;美国则利用新技术与制度协同推动新兴文化市场发展——如美国为持续推进区块链技术的运用,提交了"区块链促进法案",先后设立了"美国商品期货交易委员会"、"证券交易委员会"和"货币监理署"等执法监管机构,有效地促进了美国区块链技术的运用,优化了加密数字货币的发展环境[3]。

（五）协助拓展海外文化市场与国际竞争力跃升

发达国家在满足本国文化市场需求的基础上,积极制定出口政策来

---

[1] 政策资料来源于英国议会网站 "AI in the UK: Ready, Willing and Able?", https://publications.parliament.uk/pa/ld201719/ldselect/ldai/100/10002.htm。

[2] 王迁:《论人工智能生成的内容在著作权法中的定性》,《法律科学（西北政法大学学报）》2017年第5期。

[3] 解学芳、申林:《"智能+"时代现代文化市场体系的制度创新》,《南京社会科学》2021年第6期。

支持文化企业将优质文化产品（服务）输往全球文化市场，特别是对于新兴数字文化产品（服务），确保本国在全球数字文化市场中的优势地位，以实现国际竞争力的跃升。英国在创意产业委员会（Creative Industries Council）下设"创意产业贸易与投资委员会"（Creative Industries Trade & Investment Board），定位于解决创意企业在出口市场等方面的发展障碍；与此同时，英国成立了由专家组成的"人工智能委员会"（AI Council），制定扩大英国 AI 相关企业出口等政策，如在贸易代表团中推广英国 AI 企业。韩国在"数字内容产业三大创新战略"中设立"内容出口窗口"（HUB），设置"出口支援综合一体化项目"，为国内文化企业提供能力诊断、联系买家等服务；针对游戏产业，韩国在 2020 年 5 月发布"振兴游戏产业综合计划"，强调扩大中小游戏企业的海外出口，提供针对性的对口支援服务，构建海外市场整合信息系统。日本经济产业省在 2020 年出台了支持内容产业海外拓展的政策措施，一是加强对内容企业出口业务资助；二是加大海外盗版打击力度；三是强化国际合作，其中特别鼓励日本动画、漫画、电影、音乐等内容和先进内容、技术相结合，为内容出口创造新市场。此外，欧盟、澳大利亚、加拿大、日本等国出台了鼓励影视行业开展联合制作（co-production）的政策，从而方便进入合作伙伴所在国家的文化市场。

## 第三节　借鉴与启迪：健全现代文化产业体系的中国路径

综观国外文化市场建设的做法与经验，对建设和健全具有中国特色的现代文化产业体系具有诸多可借鉴之处。从发达国家在"智能+"时代发展现代文化产业体系的经验来看，推动智能科技和文化产业的深度融合贯穿各个维度，包括赋能内容创新和优化文化产业链，建设创新合作网络和促进产业间协同发展，优化制度安排和推进融合战略，以及激发新兴市场张力和强化国际竞争力等。近年来，中国高度重视文化产业领域的数字化转型，党的十九届五中全会首次提出"文化产业数字化战略"，这一战略部署也被列入"十四五"规划。在"智能+"时代，中国应立足文化产业数字化发展实践，以文化产业智能化为战略导向，不断健全现代文化产业体系。建立健全现代文化产业体系是一个长期的过程，亟须政策与立法并举，理论与实践相结合，基于时代语境加快现代文化产业体系建设的与时俱进①。

**一 生态环境：加强预见性制度安排和文化科技协同发展顶层设计**

制度创新应与技术创新、产业创新实现协同进步，中国对于现代文化产业体系的制度安排和顶层设计发挥着引领、保障的重要作用。在"智能+"时代，各国都处在探索发展阶段，我们必须重视文化产业制度创新的系统性、前瞻性和预见性，全方位优化现代文化产业生态环境。

第一，夯实现代文化产业体系的法律基石。目前，既有的文化领域法律体系大多聚焦公共文化维度的立法保障，产业维度尚待深入化和体系化。发达国家在修订版权法、构建现代文化产业配套法律法规、制定AI伦理规范与科技伦理原则等方面采取了诸多措施。鉴于此，一方面要立足数字文化产业等新业态、新现象、新问题，不断修订和完善现有法律，加快"文化产业促进法"的正式出台，制定"数字文化产业促进法"及各行业的规范法和促进法；另一方面要构建符合"智能+"时代特色的文化产业法律体系，加强用户数据隐私保护、网络内容治理、算法治理、在线平台监管等②，重视新颁布的《中华人民共和国数据安全法》和《中华人民共和国个人信息保护法》的执行与落地效果，加快制定AI产业规范和AI文化科技伦理标准。

第二，增强现代文化产业体系的战略引领作用。发达国家以智能科技与文化产业深度融合为战略导向，出台相关政策措施来推动其落地生效。中国已将"健全现代文化产业体系"列入"十四五"规划，下一步应加快制定"十四五"时期健全现代文化产业体系的具体措施。既要将健全现代文化产业体系和科技自立自强战略、AI发展规划等科技战略对接协调，推动智能科技在文化产业领域的广泛应用及成果转化，也要将健全现代文化产业体系和国内区域发展战略、双循环新发展格

---

① 解学芳、申林：《"智能+"时代现代文化市场体系的制度创新》，《南京社会科学》2021年第6期。

② 阳镇、陈劲：《数智化时代下的算法治理——基于企业社会责任治理的重新审视》，《经济社会体制比较》2021年第2期。

局、"一带一路"倡议、RECP协定等通盘考虑，利用好国内、国际两个市场。

第三，整合完善现代文化产业体系的政策工具，构建更加现代、高效和包容的文化产业精准治理体系。健全现代文化产业体系的制度设计涵盖产业、金融、财政、文化、法律、科技、外贸等领域，借鉴英国创意产业委员会、日本"酷日本机构"等机构设置，在国家层面成立健全现代文化产业体系领导小组，强化对于文化科技深度融合等重大问题的顶层设计和统筹安排，促进数据、资本、人才、技术等要素的自由流通。此外，还要构建基于智能科技和制度创新协同的文化产业精准治理体系，充分发挥大数据、区块链、AI等新技术在精准治理方面的优势，提升动态化和高效化的治理能力及风险管控水平，实现文化治理的"善智"与"善治"。

**二 产业链升级：促进内容创新和智能科技深度融合驱动全面升级**

现代文化产业体系以最丰富的文化创意为核心，以最先进的智能科技为支撑。只有从产业链源头提升内容创新能力，在产业链全过程深化文化和智能科技的融合，才能驱动中国现代文化产业链和价值链的全面升级。

第一，提升内容创新能力，培育文化IP和文化品牌是发达国家发展现代文化产业的重要抓手之一。文化创意是文化产业链的源头，参照国外促进文化艺术内容创新的运行机制，中国应通过资助和奖励政策来扶持传统文化艺术内容创作和新兴文化科技创意开发，选择优秀的文化艺术作品或文化创意项目进行孵化，形成可供商业化、产业化的文化IP来实现文化产业的创新发展。加快培植文化品牌，围绕文化IP充分挖掘其市场价值，打造文化全产业链开发模式，产出一批优质的文化产品（服务），建立文化创意丰富、产业链完整、商业运营成熟的文化品牌。例如，敦煌研究院和腾讯达成战略合作，利用AI算法、机器学习等技术对敦煌壁画开展修复、还原的数字化保护，重塑敦煌壁画的展示方式和呈现效果，并围绕敦煌壁画、藏经洞文物等打造文化IP和品牌，拓展游戏皮肤设计、音乐舞蹈创作、云展览等新业态，不断延长产业链。

第二，聚焦文化和智能科技深度融合，在优化和升级文化产业链方面进行布局。借鉴发达国家加快智能科技在内容生成、产品（服务）生产、流通营销等文化产业链环节的推广和应用。当前，中国处于全球第四次工业革命中的第一梯队，在新技术领域具有优势，在文化科技融合的研发和应用方面取得了诸多成果。基于此，一是要加大对基础科学和核心技术的研发投入，实现AI、大数据、云计算、区块链、物联网、5G通信等技术不断迭代更新，累积技术优势。二是要推动智能科技融入文化产业链的各个环节，不断优化人工智能参与内容生成的人机协同模式，如AI新闻写稿、AI图像修复、AI主播等智媒体；利用VR、AR等虚拟现实技术增强文化产品（服务）的沉浸式、互动性、场景化的消费体验，如虚拟旅游、虚拟演出、虚拟展览等在线文旅新业态；提升大数据、AI算法在流通营销过程的精准匹配程度和个性化定制能力，如用户消费偏好测定、AI算法推荐等。三是要利用中国文化科技融合的先发优势，在新一轮的全球数字文化产业链分工中掌握主动权，参与制定全球数字文化产业的规则和标准，向"微笑曲线"的两端移动，占据全球数字文化产业价值链的高位，从而实现"弯道超车"。

三 跨界跃迁：打造智能文化科技新业态集群和创新合作网络联动

现代文化产业集群和创新网络是提升中国文化产业持续竞争优势、挖掘技术创新潜力的重要组织形式。借鉴国外做法，打造智能文化科技产业新业态集群和创新合作网络，实现文化创意的向外扩散，以点带面推动产业跨界联动跃迁。

第一，建设特色鲜明、结构合理的现代文化产业集群。发达国家以文化科技产业集群来带动区域产业共同发展，中国应根据各地文化资源禀赋和科技发展优势，按照"文化产业+智能科技"门类规划现代文化产业集群布局，做到差异化定位。打造"文化产业+人工智能"等新业态集群，汇聚区域内相关文化企业、科技企业、产业链关联企业、高校、金融机构等，强化不同主体之间的协同合作，促进产业链上、中、下游的沟通交流和专业分工。推动集群内竞争性文化企业之间的优势互补，中小微文化企业要加快内容创新和技术创新，龙头文化企业要为中小微文化企业提供创新孵化和成果市场化支持。

第二，整合"政—产—学—研"多方力量构建文化科技创新合作网络。多主体协同合作的创新网络是发达国家促进文化科技融合的普遍

第三章 "智能+"时代国外现代文化产业体系：研判与借鉴

组织方式。基于此，一方面，政府应结合各地 AI 等科技发展规划引导文化企业、科技企业、高校、研究机构、行业协会等参与构建文化科技创新合作网络，出台资金、土地、税收、金融、人才等支持政策重点打造"文化产业—大数据"研发中心、"文化产业—区块链"研发中心、"文化产业—人工智能"研发中心等。另一方面，高校、研究机构和文化企业、科技企业之间要增强协同创新能力，以高校和研究机构的科研优势、文化企业的市场优势和科技企业的技术优势为支撑，共同促进大数据、VR、AR、AI 等技术在现代文化产业中的应用研发和成果转换。

第三，发挥文化创意的扩散效应，实现文化产业和其他产业的跨界联动。在产业结构上，发达国家利用新兴文化产业优势推动关联产业协同发展，鉴于此，一方面要依托智能文化科技产业新业态集群充分开发产业链上游的文化创意，利用智能科技赋能来完善并延长文化产业链，打造全新的数字文化产品（服务），带动产业链上的科技产业等其他产业协同发展。另一方面要围绕特色文化资源或优势文化产业将核心文化创意扩散至国民经济三次产业，进行交叉创新，如"文化创意+农业""文化创意+消费品""文化创意+旅游观光"等跨界创新，催生文化产业多样化业态，从而协同驱动国民经济整体攀升。

**四 协同创新：构建"文化产业+智能科技"联动的"双循环"新发展格局**

面对复杂的国内外形势，党中央做出了构建"双循环"新发展格局这一重要研判。对文化产业而言，必须深化文化产业供给侧结构性改革，释放中国文化消费市场潜力，发挥好超大规模的内需优势，同时坚持对外开放，文化产业"引进来"和"走出去"并举，利用好国际文化市场和国外资源。

第一，以国内文化市场需求为导向，畅通"文化产业+智能科技"国内大循环。借鉴发达国家经验不断激发国内数字文化消费市场的活力和潜力，一方面积极扶持文化企业开展"智能+"时代消费者研究，利用大数据、AI 算法等技术识别用户偏好和市场需求，做好现代文化产业供给侧结构性改革，驱动文化企业扩大优质智能科技文化产品（服务）供给，提高精准分发能力和个性化营销水平，满足人民日益增长的高质量文化需要。另一方面要塑造现代文化消费理念，挖掘中国数字文化消费市场潜力，鼓励公共文化机构数字化、智能化转型和居民数字文化消费，立足用户需求牵引文化产业新业态和新模式的市场走向。

第二，加强文化交流和文化贸易，拓展"文化产业+智能科技"国际大循环。发达国家重视本国在全球数字文化产业中的竞争力和话语权，中国也应积极通过新兴的智能科技文化产品（服务）和数字文化传播媒介来展示中国优秀文化、讲好中国故事，增强他国民众对中国文化的认识和了解，不断扩大海外文化市场规模。

第三，要积极参与制定全球数字文化产业贸易规则和标准，提升中国在全球数字文化市场的话语权和主导权，占据全球数字文化产业价值链高位。出台扩大文化贸易的相关支持型政策，如提升文化企业贸易数字化和智能化管理能力，发展数字文化服务贸易，扩大数字文化产品出海，鼓励文化企业开展跨国创制项目。

# 第四章

# 区块链技术主导的现代文化产业体系智能运行机制：理论与实践创新

区块链技术具有去中心化、不可篡改、全程留痕、可以追溯、集体维护、公开透明、安全可信的特点，与解决文化市场现存的版权保护难题、文化产品真伪难以鉴别、文化交易程序烦琐、文化资产价值评估困难等问题较为契合。

## 第一节 区块链技术在现代文化产业体系中的适用机理

区块链技术特性与现代文化产业在适用基础、数据共性和内生诉求上高度契合。一方面，区块链具备应用于现代文化市场的技术基础，为破解文化市场版权管理难题、市场主体小散弱、信用制度不健全、交易环节不透明等"痛点"开启想象空间。另一方面，区块链在现代文化产业体系中的应用，将在版权确权与版权市场流通、文化市场信用制度及投融资机制方面带来变革，从而推动健康有序的现代文化产业体系良性发展[①]。

---

[①] 解学芳、温凤鸣：《"智能+"时代区块链驱动的现代文化市场体系变革》，《学术论坛》2021年第1期。

## 一 理论追溯：区块链技术与现代文化产业体系协同研究

货币产生的背景是社会分工背景下物物交换的发展，而比特币产生的背景则是全球经济一体化和互联网全球化。与互联网经济的发展相适应，比特币被看作所有已经执行的交易的公开分类账[1]，天生具有去中心化、时序数据、集体维护、可编程和安全可信等特点[2]，特别适合构建可编程的货币系统、金融系统乃至宏观社会系统[3]。总的来说，区块链是随着比特币这一数字加密货币的普及而兴起的一种全新的基础架构和分布式计算范式，在现代文化产业领域具备适用性。

第一，区块链技术的研究是起始点。从比特币到以太坊，再到联盟链 Hyperledger Fabric，整体体系架构上存在着诸多共性。钱卫宁等将区块链平台构架分为数据层、网络层、共识层、智能合约层和应用层，强调为了实现数据的不可篡改性，区块链引入了以区块为单位的链式结构，解决了传统数据库管理系统多方参与者协作场景中的不信任问题[4]。Sakho 等认为，区块链凭借分布式数据存储、点对点网络交易与智能合约技术、共识机制、非对称加密机制，其应用已从数字货币拓展到了金融领域，还将在版权管理、网络游戏、网络安全、电子投票等十六个场景和领域有应用前景[5]。总体而言，当下的区块链已逐渐脱离比特币独立成为技术创新的热点，将可能对当今商业社会组织模式产生颠覆式的影响[6]。

第二，关于区块链对现代文化产业的应用价值和版权作用机制的研究日渐增多。一方面，在现代应用价值维度，区块链最可能得到应用的领域有点对点交易、登记、确权和智能管理等[7]；而区块链也可应用于网络音乐领域，Gopal 等强调智能合约技术能够实现网络音乐产业商业

---

[1] Fanning, K. and Centers, D. P., "Blockchain and its Coming Impact on Financial Services", *Journal of Corporate Accounting & Finance*, Vol. 27, No. 5, 2016, pp. 53-57.

[2] 杨晓晨、张明：《比特币：运行原理、典型特征与前景展望》，《金融评论》2014年第1期。

[3] 袁勇、王飞跃：《区块链技术发展现状与展望》，《自动化学报》2016年第4期。

[4] 钱卫宁等：《区块链与分享型数据库》，《大数据》2018年第1期。

[5] Sakho, S., et al., "Blockchain: Perspectives and Issues", *Journal of Intelligent & Fuzzy Systems*, Vol. 37, No. 6, 2019, pp. 8029-8052.

[6] 谢辉、王健：《区块链技术及其应用研究》，《信息网络安全》2016年第9期。

[7] 蒋润祥、魏长江：《区块链的应用进展与价值探讨》，《甘肃金融》2016年第2期。

第四章 区块链技术主导的现代文化产业体系智能运行机制：理论与实践创新

价值的提升[①]。另一方面，区块链技术将通过保护创作者版权，提供支付与信用保障，文化产品定价与确权，创造新的商业模式，助力音乐、媒体、艺术、游戏等文化创意产业转型[②]。O'Dwyer 以 Monegraph 和 Ascribe 两家公司为例，探讨了区块链技术对文化产业的版权管理、数字资产交易等方面的影响[③]。Whitaker 等详细分析了区块链技术在版权与展览权分割、文物展出与归还、考古文物的数字化记录、出售或捐赠私人藏品等方面的具体应用[④]。韩晗认为，区块链作为"后全球化时代"的"第一技术"，去中心化、不可篡改、全程留痕、可追溯、集体维护、公开透明等特点可提高文化资本流通的速度，提供对知识产权的保护[⑤]。Zeilinger 以 Monegraph 公司为例，论述了区块链技术在知识产权保护、创造数字艺术市场中的作用和机制[⑥]。此外，区块链对现代文化产业链的变革机制具有启发效应，如解学芳从数字文化产业链的源头生产、中端流通、终端消费三个方面分析了区块链推动变革的作用机制，并探究了区块链时代的数字文化出海与数字文化安全[⑦]。

第三，关于区块链在文化市场应用的探索开启。区块链数据生成信息的时间戳和存在证明可实时记录并完整保存所有的交易记录，将区块链技术应用到艺术市场中——利用区块链的分布式数据网络和特有的图像识别软件为每位艺术家服务，收集艺术家艺术生涯创作的图录、流通、展览等完整档案，建立一个永久性的世界艺术和收藏品的分类信

---

[①] Gopal, G., et al., "Get Smart with Your Contracts: Blockchain Technology is Enabling Business Value Advancement in Everything from Manufactured Goods to Online Music", *Industrial & Systems Engineering at Work*, Vol. 5, No. 50, 2018, pp. 26-31.

[②] O'Dair, M., *Distributed Creativity: How Blockchain Technology will Transform the Creative Economy*, Cham: Springer, 2018, p. 16.

[③] O'Dwyer, R., "Limited Edition: Producing Artificial Scarcity for Digital Art on the Blockchain and its Implications for the Cultural Industries", *The International Journal of Research into New Media Technologies*, Vol. 26, No. 4, 2020, pp. 874-894.

[④] Whitaker, A., et al., "Art, Antiquities, and Blockchain: New Approaches to the Restitution of Cultural Heritage", *International Journal of Cultural Policy*, Vol. 27, No. 3, 2021, pp. 312-329.

[⑤] 韩晗：《论"后全球化"时代下区块链技术对未来文化产业的影响》，《出版广角》2020年第6期。

[⑥] Zeilinger, M., "Digital Art as 'Monetised Graphics': Enforcing Intellectual Property on the Blockchain", *Philosophy & Technology*, No. 31, 2018, pp. 15-41.

[⑦] 解学芳：《区块链与数字文化产业变革的内外部向度》，《人民论坛》2020年第3期。

139

息，可以解决中介信用问题，为艺术品防伪和防欺诈提供新的渠道，有助于建立文化市场的诚信机制，提高市场流动性[1]。臧志彭和崔煜以 Ujo music 和 Soundeon 两个区块链音乐平台为例，分析了区块链在音乐著作权交易中的应用。在 Ujo music 平台上，区块链为每个上传的音乐作品创建身份，并由此跟踪数字版权所有者，版权转移中的支付问题则由以太坊智能合约解决[2]。区块链还可以应用于艺术金融领域——区块链所实现的金融系统和技术系统的信用革命会使艺术品销售发生质的变化，同时，区块链还可成为艺术品估值的重要手段[3]。此外，区块链在文化应用场景方面的研究主要聚焦三个维度，即解决文化版权确权和版权流通，最大限度发挥长尾效应丰富文化产品本身，以及区块链使文化产品的经济价值实现 Token 化改造，进而改变文化投融资结构和逻辑[4]。

综上所述，区块链技术特性与现代文化产业的需求和特点高度契合，区块链技术已在文化市场和文化金融等领域崭露头角，未来还将对整个现代文化产业体系变革产生重要影响，特别是推动版权确权与版权管理、文化市场信用制度及投融资机制、文化生产组织方式与文化市场消费等方面问题的解决，进而推动健康有序的现代文化产业体系的不断健全[5]。

**二 适用基础：区块链技术变迁与现代文化产业体系演进**

第一，区块链的技术起源具备应用于现代文化产业体系的数字基因。区块链是一种新型的数字技术，又称"分布式记账"，最早由密码学家中本聪提出。为了解决数字货币中最棘手的"假币"问题，一个分布式、加密安全、不可篡改、共识验证的区块链被完美设计出来。从本质上来讲，作为新型网络信息技术，区块链是分布式加密数据库，实

---

[1] 黄隽：《区块链与艺术市场》，《21 世纪经济报道》2016 年 8 月 1 日第 16 版。
[2] 臧志彭、崔煜：《嵌入社会网络的技术：区块链在著作权交易中的应用再检讨》，《同济大学学报》（社会科学版）2019 年第 1 期。
[3] 张丹：《期待区块链解决艺术拍卖市场痛点》，《艺术品鉴》，2018 年第 19 期。
[4] 张扬：《区块链在文化产业的应用场景》，《2018 世界经济特区发展（深圳）论坛——改革开放再出发论文集》，2018 年。
[5] 解学芳、温凤鸣：《"智能+"时代区块链驱动的现代文化市场体系变革》，《学术论坛》2021 年第 1 期。

现点对点数据传输，数据存储节点操作人员可对其进行修改，类似于所有已执行交易的公开分类账。简言之，区块链是一个分布式的共享账本和数据库，具有去中心化、不可篡改、全程留痕、可追溯、集体维护、公开透明的特点，已成为人类在数据计算、储存领域最先进的技术之一，其用途十分广泛。基于区块链的分布式数据存储、点对点网络交易、时间戳、智能合约、加密等技术，区块链将在版权管理、文化产品交易溯源、网络游戏、网络文化安全等领域有广阔的应用前景①。

第二，区块链的演进脉络为现代文化产业体系优化提供新思维。区块链技术的发展经历了三个阶段：区块链1.0可编程货币阶段、区块链2.0可编程金融阶段、区块链3.0可编程社会阶段（见图4-1）②。一是区块链1.0可编程货币阶段。比特币的出现第一次让区块链进入了大众视野，而后产生了莱特币、以太币、狗狗币等"山寨"数字货币。可编程货币作为一种灵活的、可独立存在的数字货币，其出现使得价值在互联网中直接流通成为可能。基于区块链去中心化、可追溯、可信任等特点，文化交易的安全性与可靠性可得到保障。1.0阶段的区块链正是构建了一种全新的、去中心化的数字支付系统，随时随地进行货币交易、毫无障碍的跨国支付以及低成本运营的去中心化体系，对现有货币体系和传统金融体系产生颠覆性的影响。二是区块链2.0可编程金融阶段。可编程货币实现了货币交易的去中心化，而可编程金融则可实现整个金融市场的去中心化。2.0阶段的区块链核心理念是其作为分布式信用基础设施，用以支撑智能合约的应用。基于这一技术，区块链应用从单一的货币领域拓展到金融、保险等涉及合约功能的领域，并在股票、清算、私募股权等金融领域崭露头角。交易内容包括知识产权、房产契约、债务凭证等。而以太坊、合约币、比特股的出现也预示着区块链将成为驱动金融行业发展的重要引擎。三是区块链3.0可编程社会阶段，即超越货币和合约的泛区块链应用。随着区块链技术的进一步发展，其"去中心化"功能及"数据防伪"功能逐步受到重视——区块链的应用

---

① 解学芳、温凤鸣：《"智能+"时代区块链驱动的现代文化市场体系变革》，《学术论坛》2021年第1期。

② 解学芳、温凤鸣：《"智能+"时代区块链驱动的现代文化市场体系变革》，《学术论坛》2021年第1期。

不仅局限在金融领域，还可以扩展到任何有需求的领域[①]，如政府、健康、物联网、工业、文化、艺术等领域，进行身份认证、仲裁、审计、投标等。可以说，正是通过解决去信任的问题，区块链提供了一种通用技术和全球性的解决方案，无须再通过第三方建立信用和共享信息资源，从而提升整个领域的运行效率和整体水平。区块链3.0阶段的重点是以区块链颠覆互联网的最底层协议并将其运用到物联网中，让整个社会进入智能互联网时代，形成可编程的社会，这为现代文化产业体系的不断优化提供了启发效应与技术支撑。

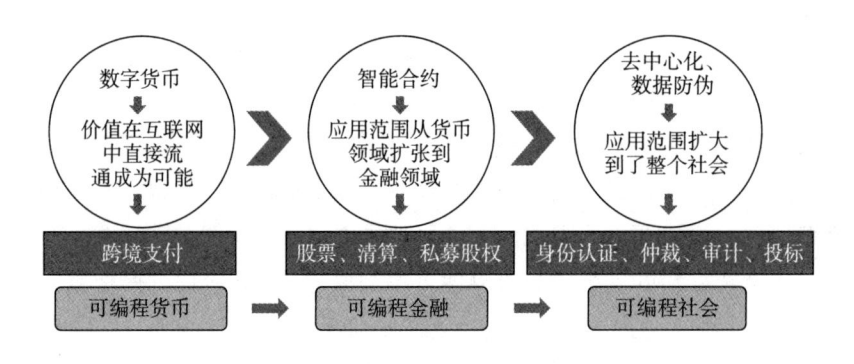

图 4-1 区块链的发展阶段

### 三 数据共性：区块链数字化本质与文化市场数字化融合

第一，文化产业与文化市场数字化趋势为区块链技术提供了应用空间。数字基础是区块链与文化市场创新的共性资源。区块链技术本质上是一个分布式的共享账本和数据库，具有鲜明的数字化特征。数字技术是随着计算机技术的发展而出现的一种新型的信息承载技术，当前数字技术正与国民经济各个行业相融合，文化领域成为数字化转型最早、程度最深的领域之一。文化市场的数字化，即文化产品的生产、存储、交易和流通过程全面走向数字化。特别是伴随大数据、云计算、AI、物联网以及区块链技术等现代数字化科技在文化市场领域的广泛运用，文化市场内部结构正在发生重大变化，传统文化市场不再占据高位，数字科

---

① 曹海军、侯甜甜：《区块链技术驱动社会治理创新：价值审视、可能挑战与路径展望》，《东南学术》2020年第4期。

技已成为现代文化产业体系的关键资产和重要构成要素,即以网络为依托、以高度数字化与智能化为方向、网络技术与数字科技相融合的新兴文化市场逐步上升为主导性市场,成为带动文化新经济发展的关键力量[1]。《新产业新业态新商业模式统计分类(2018)》[2] 将数字广播影视与视听内容、数字新媒体、数字化娱乐、网络出版、数字创意与融合、数字博物馆、数字内容设计、数字动漫、数字游戏制作等共 62 个小类纳入"三新"范围,而这些均是文化市场中的新产业新业态新商业模式,这些新的文化业态为区块链技术的介入提供了十分广阔的应用场景。

第二,文化市场数字化与区块链数字化交融,为文化市场与区块链的融合提供了技术基础。文化市场是文化资源配置的基础方式,包含了交易主体(文化产品的生产者和消费者)、交易对象(文化产品和服务)、交易中介等要素[3],其在文化产品、文化交易环境、文化交易支付方式方面的数字化,与区块链数字化特征高度契合。一是文化产品的数字化。数字技术催生了新的文化业态,使得文化产品的类型与展现方式更加多样化,如网络视频、网络游戏、数字动漫、网络音乐、网络文学、网络直播等领域的文化产品均是数字化呈现的。二是文化市场交易环境的数字化。传统的文化交易市场主要指线下的交易场所,如拍卖所、展览现场等,而随着文化产品数字化趋势,以及消费者文化消费环境的数字化,文化市场交易环境也发生了变化和转移,由线下逐渐转移到线上,形成了线上、线下、O2O 的基本格局。例如,各类电商平台、微信(小程序、公众号、微店)、App 等数字化中介日渐成为线上文化市场交易的主要场所,其中,故宫文化创意馆线上销售公众号、绝艺 App 等都是线上典范。三是文化交易支付方式的数字化。在线支付技术是数字技术在货币支付领域的典型应用,伴随在线支付技术日趋成熟,文化市场交易的在线化与数字化成为常态和主流。除了支付技术的数字

---

[1] 解学芳、温凤鸣:《"智能+"时代区块链驱动的现代文化市场体系变革》,《学术论坛》2021 年第 1 期。

[2] 《国家统计局关于印发〈新产业新业态新商业模式统计分类(2018)〉的通知》,http://www.stats.gov.cn/tjgz/tzgb/201808/t20180821_1618222.html,2018 年 8 月 21 日。

[3] 张晓明、惠鸣:《全面构建现代文化市场体系》,社会科学文献出版社 2014 年版。

化，支付方式中所使用的货币的数字化也是当前的一个重要趋势，比特币是近几年数字金融领域货币数字化的应用，在安全性和价值认同的前提下，比特币亦可成为文化市场交易的支付货币。由此可见，文化市场数字化不但打破了不同文化行业之间的技术壁垒和产业边界，也为文化行业之间的广泛融合、文化产品国际化交易与传播提供了新的可能性①。

第三，区块链的数字化变革力量成为数字文化市场发展的重要推力。区块链的真正本质是建造自己的全球社区。区块链技术已成为数字货币的底层基础技术、数字资产流通的信用载体、数字社会的信任机制以及网络空间价值共识共享共治的基础协议。区块链作为"信任的机器"将彻底改变社会价值传递方式，这不仅是数字经济的重要驱动力，也是推动未来数字文化市场变革与创新的重要力量。从技术经济学或技术社会学的角度来看，区块链已超越了技术本身，将有可能成为未来数字文化经济和数字文化社会的基础设施，有望成为文化市场步入真正的数字世界的关键点。区块链技术介入文化领域后，在大数据和 AI 基础上智能连接产业链的各个环节，在资源聚合上可以实现更大程度的互联互通，降低版权管理、版税管理和运营成本，为新兴文化产业发展与推动数字文化市场建设提供新契机、新平台和新力量。一是在源头创意上，区块链能够建构全新的数字文化价值分享平台，将数字文化原创者和生产者放在产业链的中心位置，为源头生产者提供了一个公平分享版权价值的平台，形成以数字文化内容为核心的发展模式，最大限度保护原创者和生产者的源头创意，打造"内容为王"的创新生态圈，重塑原有的以内容分发平台为中心的生产组织方式②。二是在中端流通上，区块链将变革数字文化交易体系及投融资模式。通过区块链的智能合约技术构建全新的流通平台和交易体系，重建信任机制，从信任个体转变为信任数据，消除文化交易的中间运营环节，保障平台两端生产者和消费者利益的最大化。三是在终端消费上，区块链变革了传统的商业模式，建立了内容评价和内容回报机制——消费者在参与数字文化内容生

---

① 解学芳、温凤鸣：《"智能+"时代区块链驱动的现代文化市场体系变革》，《学术论坛》2021 年第 1 期。

② 解学芳：《区块链与数字文化产业变革的内外部向度》，《人民论坛》2020 年第 3 期。

产过程中既培养了消费者版权意识,也创新了现有的劳动报酬方式,即区块链为数字文化消费链条中的每位消费者提供了获取偏好内容并精准消费的模式。

### 四 内生诉求:区块链自组织性与文化市场需求高度契合

基于区块链技术特点创建出有望解决文化市场难题的路径,是立足内生的文化市场诉求和外在的技术创新驱动的契合点。区块链赋能使得金融、文化、艺术等多个领域呈现出新的发展模式,区块链成为"智能+"时代最重要的基础设施之一[1]。

第一,"智能+"时代文化市场的痛点是版权难以管理、市场主体小散弱、信用制度不健全、交易环节不透明等问题[2]。在新兴互联网经济的助推下,中国文化市场持续快速增长、释放出巨大发展潜力和活力。特别是互联网和新媒体的迅猛发展催生了以短视频、网络直播、网络音频等为代表的数字化、网络化新型文化市场,并成为中国文化市场最活跃的领域。同时,新业态和新模式的涌现也带来诸多文化市场的"痛点"。一是数字文化版权确权、维权迎来新挑战,成为制约文化市场健康发展的障碍。数字文化市场中的盗版、侵权现象比较普遍,而维权又十分困难。近年来,中国文化领域知识产权侵权案例比比皆是,网络侵权成为文化产业发展不可承受之痛。例如,网络小说《锦绣未央》在背景设置、出场安排、矛盾冲突和情节设计上抄袭十二位作者发表的《温柔一刀》《身历六帝宠不衰》等作品,但在维权过程中,对于语句构成、故事情节构成等侵权司法认定十分困难,这不仅无法保障文化原创作者的利益,也打击了原创作者的积极性,不利于文化市场的健康发展。二是文化市场主体普遍存在小、散、弱等问题,鲜有面向国际市场的文化巨头。特别是网络文学、短视频、网络音乐等原创领域,UGC模式是内容生产的主要模式,导致生产规模都不大,且比较分散,难以形成规模效应。三是文化市场信用制度尚不健全,文化市场投融资机制尚需进一步厘清。文化和旅游部在 2018 年出台《全国文化市场黑名单

---

[1] 解学芳、温凤鸣:《"智能+"时代区块链驱动的现代文化市场体系变革》,《学术论坛》2021 年第 1 期。

[2] 解学芳、温凤鸣:《"智能+"时代区块链驱动的现代文化市场体系变革》,《学术论坛》2021 年第 1 期。

管理办法》，但文化市场仍然存在违规经营、不诚信等若干问题。文化市场投融资机制也还不健全，文化市场投融资风险评估较为困难，一方面是版权内在价值难以评估，另一方面是缺乏版权质押风险分散机制，文化市场信用制度与投融资机制还亟待健全和完善[1]。四是文化市场还存在一系列交易难题。文化市场由于文化产品种类繁多，不同种类的文化产品其交易环节和交易程序差异大，不同类型的文化市场之间还存在不协调等因素，使文化市场出现交易程序烦琐、效率低下、成本高昂、鉴定困难、交易环节不透明、安全难保障等问题。例如，当前艺术品鉴定市场鱼龙混杂，缺乏行业标准以及有公信力的鉴定和估值机构，使艺术品交易缺乏安全保障。

第二，区块链为破解文化市场"痛点"开启想象空间。上述场景都是文化市场在传统产业及其技术背景下长期存在问题的领域，而区块链技术去中心化、不可篡改、可追溯、智能合约等特性拥有了满足文化市场发展的深层需求和落地应用的优良条件（见图4-2）。一是区块链技术的Token化改造、透明化与可追溯、智能合约有助于实现文化无形资产的价值评估、创建去信任机制、开发出更具效率的文化投融资新模式。所谓Token，是指区块链生态系统内发行的信用凭证，用于在生态系统内的支付、使用权证明、投票权等，取决于生态系统的经济规模（使用人数×使用频率）[2]。在区块链上对文化产品进行价值标注和Token化确认价值，当达到算法指定的规模后自动开启智能合约，方便买卖双方进行文化产品的透明化交易，也为文化投融资提供了估值参考。二是区块链技术有助于变革文化产品交易方式、增强交易安全性，提升交易效率，保障文化市场交易秩序。区块链实质上为文化市场交易提供了一个公开分类账，其去中介化特质使参与文化交易的双方能够直接进行交易，而无须通过第三方机构。当前网络音乐领域建立了多个区块链音乐平台，如Soundeon和Ujo Music等，当歌曲创作者上传发布原创歌曲后，可以用Token标识歌曲价值，粉丝可以通过平台使用Token代币直接购买原创歌曲，从而改变了文化交易支付方式，提高了文化交易效

---

[1] 黄亮：《文化产业投资基金的风险与风控机制》，《东南学术》2013年第2期。
[2] 郑磊、郑扬洋：《区块链赋能实体经济的路径——区块链Token经济生态初探》，《东北财经大学学报》2020年第1期。

率，也增强了文化交易的安全性。第三，区块链技术有助于实现文化产品的确权、版权保护、版税分发，维护数字版权市场秩序。区块链技术可以有效实现文化产品的版权管理，在区块链平台上，文化生产者可以自主进行版权登记，基于时间戳技术可以实现版权确权，最大限度降低盗版侵权的可能性；交易记录可回溯、不可篡改的特性也让文化产品的版权流通更加顺畅；智能合约技术则让版税自动分发得以实现，也可以减少因利益分配导致的各种纠纷问题。总而言之，区块链技术可以有效地维护数字版权市场的交易秩序①。

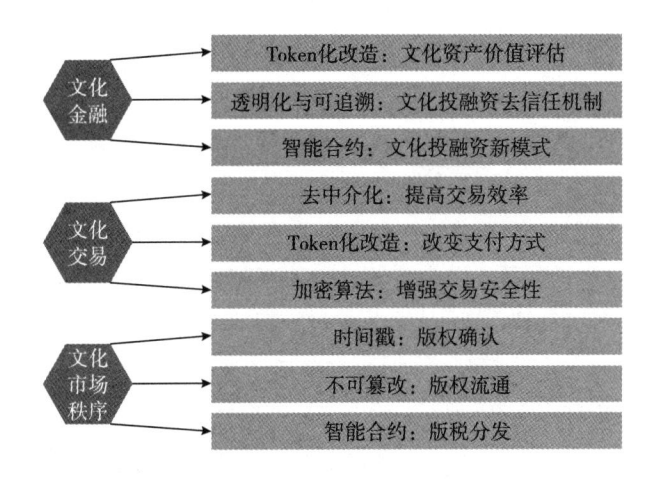

文化金融
- Token化改造：文化资产价值评估
- 透明化与可追溯：文化投融资去信任机制
- 智能合约：文化投融资新模式

文化交易
- 去中介化：提高交易效率
- Token化改造：改变支付方式
- 加密算法：增强交易安全性

文化市场秩序
- 时间戳：版权确认
- 不可篡改：版权流通
- 智能合约：版税分发

图 4-2　区块链在文化市场中的应用

## 第二节　基于区块链技术的现代文化市场投融资机制

现代文化市场投融资机制是现代文化产业体系的重要组成部分。基于区块链视角探索现代文化投融资体系的建构是在把区块链作为核心技术自主创新重要突破口时代背景下的有益尝试。区块链与文化投融资的深度联动也折射出区块链具备的共识机制、信任机制、协调共享机制等

---

① 解学芳、温凤鸣：《"智能+"时代区块链驱动的现代文化市场体系变革》，《学术论坛》2021年第1期。

多重特性与治理优势和现代文化产业发展目标拟合的重要性。作为一种新技术、新理念和新范式，区块链正以蓬勃的创新能力快速渗透到文化领域的各个环节与场景，赋能与重塑整个文化生态，日益成为文化创新发展的重要驱动力。

**一　问题提出：内外交织求变与区块链技术创造新机遇**

文化投融资是指投资者将资本投入文化领域以获取利益及文化企业筹集资金的行为和过程。现代文化投融资体系作为新经济语境下的新事物，是在传统文化投融资体系内嵌入"现代"元素，以高新技术为支撑、以市场化竞争为基础、以对标当前复杂环境下文化投融资内容与需求为导向，基于一定的秩序、规律和逻辑，服务于文化产业投融资行为或过程的运行机制。

从政策变迁脉络与现实诉求来看，2012年，文化部出台《关于鼓励和引导民间资本进入文化领域的实施意见》，提出鼓励民间资本投资文化产业，建立健全多元化、多层次、多渠道的文化产业投融资体系。2013年，党的十八届三中全会提出"鼓励金融资本、社会资本、文化资源相结合"的要求，为文化产业与金融业强强联合、深度对接定下了政策基调[①]。在此背景下，文化市场活跃度持续攀升，文化产业的投资价值不断凸显，文化领域跃升为新的金融蓝海。与此同时，文化产业的不断繁荣壮大给文化产业投融资工具、模式、规模、效益等方面带来前所未有的挑战。中小微文化企业如何扭转融资难的困局、文化投资方如何应对信任危机、文化投融资中心机构如何平衡效率等难题……诸多现实诉求的解决都有赖于文化投融资模式的革新。与此同时，党的十七大以来，政府出台的相关文化政策正由主要面向部分文化领域，转向支持整个文化产业的发展和市场建设[②]。党的十七届六中全会首次提出建设社会主义文化强国和构建现代文化产业体系。随后，党的十八大和十九大报告相继提出"建立"和"健全"现代文化产业体系和市场体系，2020年，于全面建成小康社会收官、全面建设社会主义现代

---

[①] 张晶雪：《十八大以来文化金融发展综述：构建起多层次的投融资体系》，https：//www.sohu.com/a/197495056_119659，2017年10月11日。

[②] 吕淑丽、邵君婷：《文化产业投融资文献综述与研究展望》，《当代经济管理》2020年第2期。

# 第四章 区块链技术主导的现代文化产业体系智能运行机制：理论与实践创新

化国家新征程开启之际召开的十九届五中全会再次就"健全现代文化产业体系"做出战略部署，并将其列为文化建设的三大重点任务之一，为新发展格局下推进文化产业高质量发展指明了现代化和系统化的明确方向。2022 年，党的二十大报告就"繁荣发展文化事业和文化产业"做出重要部署安排，为新时代文化工作提供了根本遵循、指明了前进方向。文化投融资体系是文化产业体系和市场体系中的有机组成部分。在求新求变的产业内部环境与引导激励的外部政策环境联合推动下，文化投融资体系进行现代化的革新与重塑是健全现代文化产业体系和市场体系的题中应有之义[1]。文化与科技深度融合为文化投融资模式的创新提供了东风之便。尤其是作为当今前沿科技突出代表的区块链，正随着技术的日益成熟和广泛应用从计算机技术跃迁为蕴含颠覆性变革力量的智能时代基础设施，在文化投融资创新发展方面有着优越的应用条件，有望成为现代文化投融资体系构建的抓手和契机。因此，基于区块链技术探究构建现代文化投融资体系兼具必要性与可行性。

从国内外研究脉络来看，自英国在 1988 年首次提出创意经济概念起，文化与金融的结合开始受到广泛关注。从现有文献来看，学者的研究内容聚焦在理论、实践与技术三大维度。一是理论维度，戴维·思罗斯比率先意识到了文化投融资的重要性，并将文化资本视作与物质资本、人力资本和自然资本并重的第四种资本[2]，是文化产业发展的命脉和源头。进入 21 世纪，学界对文化投融资的研究从理论维度逐步落地到实践维度，文化投融资模式遭遇的难点开始受到学者的审视。Higson 等通过对创意产业进行价值分析后提出经典论断：文化创意产业重内容、轻资产的投资风险是产业融资困难的症结所在[3]。进入新时代，"推动文化产业转型升级，实现高质量发展"成为全球文化产业发展的历史进程与目标，文化与 AI、5G、区块链等新科技深入融合发展日益

---

[1] 解学芳、祝新乐：《基于区块链的现代文化产业投融资体系创新研究》，《山东大学学报》（哲学社会科学版）2021 年第 5 期。
[2] 戴维·思罗斯比、潘飞：《什么是文化资本》，《马克思主义与现实》2004 年第 1 期。
[3] Higson, C., et al., "Creative Financing", *Business Strategy Review*, Vol. 18, No. 4, 2007, pp. 49-53.

成为当下主流和未来趋向，区块链技术进入各国学者的视野。国内外学者不约而同地在技术维度就区块链与文化产业的联动发展提出了相似的研判。区块链正成为数字创意产业的基础性技术，在文化生产、交易、版权保护等多个方面有着优越的应用条件。Davidson 等在前者的基础上又赋予区块链制度性技术（Institutional Technology）的语义，并从组织协调与治理模式的视角论证了区块链对包括文化市场体系在内的社会经济体系的重构[1]。陈少峰将跨界的技术驱动列为文化产业八大未来发展导向中的重要方向，预判人工智能、大数据、区块链等现代科技与文化产业的跨界融合将成为文化产业优化和革新的核心驱动力[2]。此外，区块链对文化投融资模式的颠覆也是学界研究重点。潘道远和李凤亮梳理了由区块链催生的多种基于网络互信的新型文化投融资模型，如加密股权众筹和知识产权抵押融资[3]。Owen 和 O'Dair 以音乐行业为案例，探究了区块链对创意产业融资模型理论的两大革新，即创意资产货币化和创建新型信息中介[4]。韩晗以文化投融资效率的提升为切入点，研究了区块链加持下文化金融领域的新机遇[5]。陈晓菡和解学芳基于颠覆式创新理论，展望了"区块链+文创产业"的未来，认为区块链技术的引入将塑造更公平公正的文化投融资环境[6]。

综上所述，国内外学术界都对文化投融资的重要意义及现实展开了广泛探讨，且就以区块链为代表的现代化智能技术为文化投融资模式的优化提供了突破口达成了共识。但现有研究内容相对零散，视域相对单一，尚未形成体系。鉴于此，以区块链技术为突破口系统探究现代文化

---

[1] Davidson, S., et al., "Blockchains and the Economic Institutions of Capitalism", *Journal of Institutional Economics*, Vol. 14, No. 4, 2018, pp. 639-658.
[2] 陈少峰：《新时代文化产业的十大趋势》，《出版广角》2019 年第 9 期。
[3] 潘道远、李凤亮：《区块链与文化产业——数字经济的新实践趋势》，《文化产业研究》2019 年第 1 期。
[4] Owen, R. and O'Dair, M., "How Blockchain Technology can Monetize New Music Ventures: An Examination of New Business Models", *The Journal of Risk Finance*, Vol. 21, No. 4, 2020, pp. 333-353.
[5] 韩晗：《论"后全球化"时代下区块链技术对未来文化产业的影响》，《出版广角》2020 年第 6 期。
[6] 陈晓菡、解学芳：《颠覆式创新：区块链技术对文化创意产业的影响》，《科技管理研究》2019 年第 7 期。

投融资体系的优化与健全至关重要。

## 二 理论支撑：基于区块链的现代文化投融资体系架构

区块链是一串由密码学方法相关联产生的数据块，这一概念的诞生最早可追溯到 20 世纪 70 年代。2008 年，中本聪在题为《比特币：一个点对点的电子现金系统》的论文中创造性地以区块链为底层技术，并将分布式存储和加密技术相结合，发明了比特币[1]。随着比特币价格一路攀升，区块链概念逐渐为人熟知，并快速经历了三大阶段的演进。区块链 1.0 是实现了中心化共识的数字货币应用，以比特币为突出代表；智能合约的开发标志着区块链进入 2.0 时代，主要被应用于金融领域；区块链 3.0 提供了数据分布式储存的解决方案，应用范围超越货币和金融边界的泛化至各行各业。目前的区块链是涉及数学、密码学、互联网和计算机编程等多种科学技术的复合型前沿技术，可被定义为一种基于共识算法，并由公开的、去中心化网络共同维护的分布式账本，主要提供开放的、不可篡改的底层数据服务，具有匿名性、开放性、独立性、安全性、去中心化的特点[2]。

区块链的技术源流与内涵特征决定了它不是简单的科学进步，而是能够介入文化投融资领域并引发科学革命的新范式。1962 年，美国科学哲学家托马斯·库恩在其出版的代表作《科学革命的结构》中首次阐释了"范式"（Paradigm）一词的概念并建立了范式理论，该理论认为范式不同于常规科学，而是综合了定律、理论、应用以及价值观等要素的科学共同体[3]。区块链作为一种结构和体系，是密码学、分布式系统、共识机制、博弈论的集大成者，在科学和技术之外，包含了去中心、去信任和自组织的思想理念与价值选择，符合范式的完整定义。创新经济学家佩雷斯和弗里曼在库恩范式理论的基础上于 1983 年进一步提出"技术—经济"范式理论，指出新技术范式在创新和扩散过程中

---

[1] Nakamoto, S., "Bitcoin: A Peer-to-Peer Electronic Cash System", *Decentralized Business Review*, 2008.

[2] 解学芳、祝新乐：《基于区块链的现代文化产业投融资体系创新研究》，《山东大学学报》（哲学社会科学版）2021 年第 5 期。

[3] ［美］托马斯·塞缪尔·库恩：《科学革命的结构》，金吾伦、胡新和译，北京大学出版社 2012 年版。

具有通用性和网络性的特征[①]，能够在整个经济社会体系产生渗透效应，不仅直接作用于生产要素、产业结构、商业模式等因素的革新与重塑，更成为经济社会体系创新的内生动力，可在各大领域产生深远影响。"技术—经济"范式理论为区块链介入现代文化投融资体系的适用性提供了理论保障。在科技、文化、金融成为文化投融资发展三大"新常态驱动力"的时代背景下，区块链作为新范式，不仅已成为三方力源的共性技术和基础设施，其承载的分布式、代码化、共识性等思维还具备着与现代文化投融资体系联动创新的巨大潜力，有望在传统投融资模式内触发范式革命，赋能构建更加公平、可信、智能化的文化投融资体系。

与介入可行性需要理论验证一样，现代文化投融资体系的框架搭建同样依托于科学理论的指导，认识论、协同学理论和系统科学理论为这一体系的建构提供了思想支持和逻辑支撑。现代文化投融资体系是集合了系统性、创新性、实践性、协同性等特征的整体。秉承认知与实践统一的方法论原则，在新技术驱动下，亟须从理论层、技术层和应用层这三层结构审视现代文化投融资体系的建构。协同学理论认为，产业体系的发展演进是所有各层次系统分系统之间关联、协同的结果。参照这一思想，现代文化投融资体系的协调创建须在理论层有序递进、技术层多方协作、应用层全景推演，从而最大化这一体系的协同效应。理论层的体系搭建作为重心，必须充分遵循系统科学思想。根据系统科学理论，系统是要素围绕特定的共同目标与功能而组成的有机统一体，系统的建设应坚持目标导向和问题导向。在系统科学理论指导下，现代文化投融资体系理论层的构建思路进一步明确，即以区块链技术为着力点，围绕文化资产这一核心，攻克文化投融资的实际难题，达到服务文化产业发展的目的。同时，系统科学理论要求充分、全面考虑系统要素——资产定价、双方互信、交易平台是文化投融资行为实现的三大要素。其中，资产定价是基础性要素，为文化企业或项目发起融资提供基础支撑和保障；双方互信是关键性要素，是直接关系文化投融资能否促成的内因；

---

① Carlota, P., "Technological Revolutions and Techno-Economic Paradigms", *Cambridge Journal of Economics*, Vol. 34, No. 1, 2010, pp. 185-202.

第四章 区块链技术主导的现代文化产业体系智能运行机制：理论与实践创新

交易平台是决定性要素，为文化投融资的最终实现架设了合作桥梁。基于对三大构成要素内在逻辑的考量，区块链技术主导的现代文化投融资体系的理论层架构由资产价值评估机制、去信任机制、智能平台三大纵向层级共同组成（见图4-3），三大层级形成了相互依存、内在联系的有机整体①。

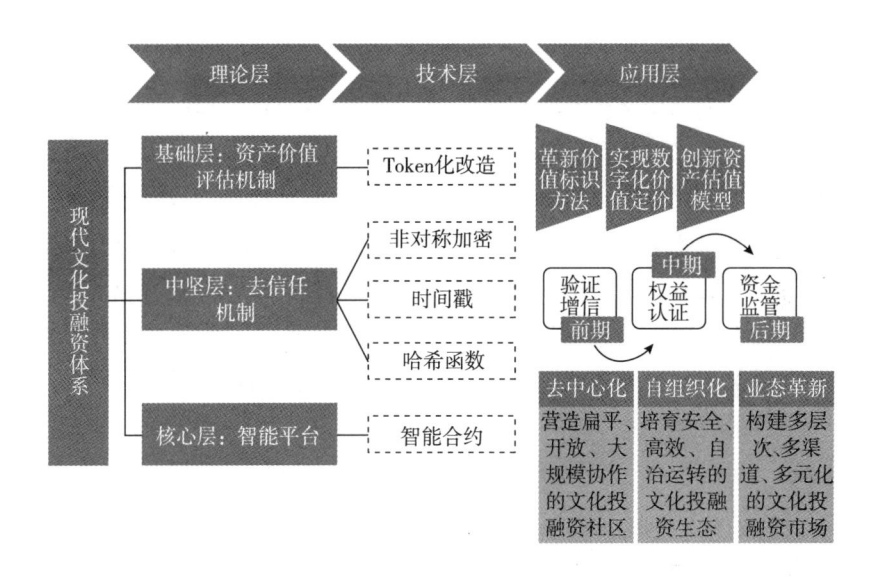

**图4-3 基于区块链技术的现代文化投融资体系**

三层结构与三大层级又囊括众多彼此关联的微观机制，共同组建了以区块链技术为引擎的现代文化投融资体系。在这一体系内，由Token化改造、非对称加密、时间戳、哈希函数以及智能合约等底层科技协同组建的技术层为涵盖三大层级的理论层的建构提供了有力支撑，并确保了理论可实践化，将这一体系拓展至广阔的应用层。基于Token化改造的现代文化资产价值评估机制充分解决了文化资产数字化变革中的三大突出问题：革新价值标识方法、实现数字化价值定价、创新资产评估模型，在基础层面确保文化企业或项目得以源源不断地进入融资市场，为

---

① 解学芳、祝新乐：《基于区块链的现代文化产业投融资体系创新研究》，《山东大学学报》（哲学社会科学版）2021年第5期。

153

现代文化投融资体系的持续运转输送了不竭动能。基于非对称加密、时间戳、哈希函数三方技术联动的现代文化投融资去信任机制在数字世界中重塑了信任与价值的传递，作为中坚层面承担了创建信任环境这一中心任务，实现了从文化投融资行为前期的验证增信到中期的权益认证，再到后期的资金监管全程"无信任"化，为现代文化投融资体系的稳健运转提供了有力保证。基于智能合约的现代文化投融资智能平台是处于核心层面的网络化交易载体，为现代文化投融资体系的高效运转与优化迭代提供了关键支持——不仅实现了去中心，营造了扁平、开放、大规模协作的文化投融资社区，而且实现了自组织，培育了安全、高效、自治运转的文化投融资生态，还催生了新业态，构建了模式多样、层次丰富的文化投融资市场。由此可见，基于区块链技术的现代文化投融资体系是基础层的资产价值评估机制、中坚层的去信任机制、核心层的智能平台三大层级在内在机理维度环环相扣，在实践逻辑维度相互协作，共同形成了文化投融资生态闭环，构建了一个布局合理、运行高效的现代文化投融资体系。

### 三 运行逻辑：基于区块链的现代文化投融资三大机制

基于区块链技术的现代文化投融资体系不断优化的关键是健全而科学的运行逻辑。从运行逻辑来看，文化投融资行为属于典型的链式过程。立足于链式思维基础层的现代文化资产价值评估机制、中坚层的现代文化投融资去信任机制与核心层的现代文化投融资智能平台三大机制依次贯穿了文化投融资行为全过程，共同构成了现代文化投融资体系的三大支柱。其中，资产价值评估机制攻克了无形资产和文化资产评估这一"拦路虎"难题，去信任机制突破了传统信任危机这一"卡脖子"问题，智能平台创建了智能化服务载体，打通了文化投融资落地的"最后一公里"。

#### （一）基于Token化改造的现代文化资产价值评估机制

文化资产价值评估机制是现代文化投融资体系的基础层。在现代文化产业体系中，资产价值评估是文化产业投融资机制建立的前提，也是文化产业和金融市场对接的关键。从本质上看，文化产业的资产价值评估是指对文化产品版权的经济价值进行评估，并以定量的货币价格形式表现这一价值。然而，文化企业的关键资产是不具有实物形态的无形资产,其价值辨识以及价值衡量具有特殊性和较大难度,文化资源的资产转化成了核心难题[1]。区块链作为数字货币底层技术可以为有价值的资产进行价值评估,这一操作的实现是基于区块链系统中的Token合约。

1. 内涵释读:Token原理及功能支撑

Token起初被译为代币或令牌,但随着区块链的快速发展,Token的内涵快速衍生,被含义更广的"通证"一词用以指代。Token种类丰富,分类标准不一,其中以瑞士金融市场监管局(Swiss Financial Market Supervisory Authority,FINMA)的分类最为权威,这一机构将Token分为支付型Token(Payment Token)、资产型Token(Asset Token)和实用性Token(Utility Token)三类。与类型相对应,三种Token分别承载着支付、权益证明、获取应用或服务等多种经济功能[2]。通俗地讲,Token是一种可流通的加密数字化的价值载体、权益证明,是区块链上的官方货币。Token本身并不为区块链特有,但只有在内置了Token后,区块链才得以拥有从超级账本进阶为价值网络的核心要素:可信任的价值与共识载体。在区块链上,Token借由挖矿机制被部署并发行,对实体资产、虚拟的数字资产进行数字化记录,并可在节点之间自由流通和交易。尽管在当下尚未有完善的理论对Token进行阐释,但它已深刻改变了旧有价值评估模型。文化版权也可以通过Token化改造携带相应的价值,转化相应的权益。在区块链技术的加持下,文化资产的数字化、资产化以及在链上的发行、转移和储藏不再只是想象。

2. Token化:区块链对传统文化资产评估机制的改造

Token化是指价值表达、权益证明、支付交易等数字经济行为全部借由Token完成的过程。在区块链上发行的Token使传统文化资产一经上链便自动接受Token化改造,这一改造于三大维度深刻地改变了传统文化资产评估模型[3]。一是革新价值标识方法。传统经济体系通常是以价格或者股权量化价值,显然不适用于网络化的链上投融资交易。区块链是在Token底层合约基础上搭建的价值互联网体系,在这一社区内,

---

[1] Edmans, A., "Does the Stock Market Fully Value Intangibles? Employee Satisfaction and Equity Prices", *Journal of Financial Economics*, Vol. 101, No. 3, 2011, pp. 621–640.
[2] 曹傧等:《区块链研究综述》,《重庆邮电大学学报》(自然科学版)2020年第1期。
[3] 解学芳:《区块链与数字文化产业变革的内外部向度》,《人民论坛》2020年第3期。

Token是类似于初代Q币的一种代币,因此,文化产品价值或文化企业资产的高低就可以通过持有代币即Token的多少来直观表现。Token这一数字货币的引入为在区块链上进行文化投融资提供了一套完美的交易媒介和价值贮藏方案。二是实现数字化价值定价。尽管Token扮演了股权的角色,但它又异于传统的股票,股票越集中则价值越高,而Token的价值支撑点来源于共识基础和使用规模,且与共识群体的规模和使用频次呈正相关关系,即持有Token的人越分散,使用频率越高,就越有价值。文化艺术产品正是Token化价值确认方式的一大受益者。以一幅画作上链为例,艺术家可为这幅画作赋予货币化的初始价值,这一价值与艺术家原本的市场价值相关,成名已久的艺术家作品价值较高,而年轻新锐的艺术家作品价值可能稍低;在上链后,画作接受Token化改造,链上其他的策展人、评论人、收藏人、拍卖或博物馆机构作为参与节点结成共识群体,并对画作进行带有自己声誉的确认、点评、点赞等行为,这些背书行为为画作打造了另一重市场价值——"可信声誉价值"[①];初始价值与"可信声誉价值"叠加形成了对这幅画作价值的定价。三是创新资产估值模型。传统文化资产评估模型一般为采用DCF(现金流折现模型)或P/E(市盈率)数学模型的股票估值模型[②],而Token则运用期权定价估值法来实现价值评估。在这一过程中,Token的价值可以被看作以项目未来价值为标的资产的看涨期权。Token资产评估的核心从固定资产转向未来收入预期,打破了原来单一、固化的文化估值模型,使之灵活化、动态化。

3. 实践化:粉丝模式Token的先行先试

Token与文化领域的联动在区块链风靡之际同步展开。在已有的实施Token化改造的文化产业实践中,文化娱乐行业是较早试水的先行军,涌现了一批以TokenStars Team为典型代表的落地项目。TokenStars旨在通过粉丝模式Token构建一个基于偶像和粉丝的共识与价值协议的

---

① O'Dwyer, R., "Limited Edition: Producing Artificial Scarcity for Digital Art on the Blockchain and its Implications for the Cultural Industries", *The International Journal of Research into New Media Technologies*, Vol. 26, No. 4, 2020, pp. 874-894.

② 唐毅泓:《我国文化产业融资现状及融资体系构建研究》,《理论与改革》2014年第4期。

偶像指数，将偶像打造成价值货币化的数字资产，并支持粉丝自主消费、投资的区块链平台。在TokenStars搭建的场景下，社交平台不再只是娱乐链，更是区块链。链上的IP不是偶像或明星，而是基于偶像或明星打造的数字IP，即偶像/明星Token。链上设置Token池为矿机，粉丝需要通过打赏、应援、消费、完成任务等行为获取专属Token（粉丝代币），这一过程即挖矿。粉丝代币作为娱乐经济的数字货币，可以用作支付结算，如为偶像打榜、订阅专属偶像影音内容、购买偶像的演出票务活动、消费周边等。Token一经使用便被销毁，在总Token池守恒的情况下，部分销毁必然带来Token价值的上升。基于此，"偶像指数"顺势建立，偶像指数越高，意味着偶像的影响力、粉丝的支持力越高，在偶像产品服务或者衍生品上的消费和投资就越高，从而意味着粉丝模式Token的价值就更高，偶像/明星Token的价值评估得以数字化、具象化。此外，粉丝代币也可用于共享偶像收益。在偶像价值化、资产化以及Token充当粉丝权益证明的基础上，持有专属Token的粉丝消耗代币支持偶像，促进偶像Token价值的提升成为一种投资行为，每个粉丝都是投资了偶像IP的股东，有权参与收益分红，偶像指数越高则分红越可观。而且这一粉丝模式Token合约在偶像与粉丝达成共识后直接建立，避免了经纪公司、演艺公司等第三方中介机构的操控和抽成，偶像和粉丝的收益均可实现最大化。

（二）基于去信任的现代文化投融资信任机制

信任是文化投融资行为得以达成的关键，因此，信任机制是现代文化投融资机制的中坚层。当下文化产业投融资市场薄弱除受价值评估困难影响外，还在于信任机制的缺乏。文化市场中小微型企业居多，此类文化企业受制于轻资产、规模小、效益不稳定、抗风险能力差、有效抵质押品缺乏等因素，常常被投资机构质疑盈利能力，因而融资之路频频受阻。鉴于此，文化投融资信任体系亟待破旧立新，区块链去信任的天然基因为现代文化投融资信任机制的优化提供了思路。

1. 变革诉求：既有信任体系遭遇信任、效率、成本危机

传统信任关系的构建无外乎两种：一种是历史经验的积累，交易双方需从零开始积累信任值，但这种点对点的信任结构不适用于迫切需要合作但又与彼此陌生的双方，因为需要耗费大量的时间成本，效率低

下，且这种参照历史经验的信任机制只会加剧文化企业融资难、融资高的困境；另一种是引入第三方信任机构或工具充当信任中介，在双方无历史合作的情况下协助建立合作关系，这也是当今广泛应用的主流信任机制。基于这一信任体系，信任中介参与交易，提供交易场所和结算服务，为双方完成信任背书，抽取佣金并承担交易责任。这种中心化信任机制的维系取决于交易双方对第三方的信任程度，且这种有限程度的信任会随着第三方信任链条的增长而逐级减退甚至瓦解[1]。而当下的文化投融资以多方同时参与的复杂交易为主，这意味着需要多个中介机构的介入，实际可操作性较低。此外，第三方机构的介入意味着投融资双方让渡部分收益，显著增加了投融资成本。可以说，中心化信任机构附着的信任、效率、成本危机严重制约着文化投融资市场的良性运转。由此可见，既有的两种信任体系与现代文化投融资体系高效率、低成本的建构导向明显不匹配，突破现有信任结构的局限性，用技术重构信任是现代文化投融资市场的内生性诉求。

2. 内在机理：三方技术协同组建去信任机制运作逻辑

凭借非对称加密、哈希函数、共识算法三方技术的紧密协作，区块链实现了由信任传递到去信任的跃升，并形成了去信任机制的运作逻辑（见图4-4）。去信任（Trustless）指区块链系统中的多个参与方无须互相信任就能完成各种类型的交易和协作。一是区块链自身作为一个分布式账本工具，通过非对称密码完成了对系统内所有个体（节点）的身份认证，除投融资双方的私有信息被加密外，其余数据对全网节点均是高度公开透明状态，数据记录以及运行规则可被全网节点通过公开接口追溯、核验，这也是区块链实现去信任的基础和前提[2]。二是每个区块依据生成时间被自动打上时间戳，时间戳本质上是一段完整的、可验证的数据，用以证明数据在某个特定时间之前便已经存在，由此，链上数据可被追踪，且修改难度呈指数倍增加。同时，每个新生成的区块都自动携带上一个区块经过哈希函数计算得出的哈希值，其作用相当于一种

---

[1] 郑观、范克韬：《区块链时代的信任结构——从技术去中心化到信任去中心化》，《社会科学文摘》2019年第11期。
[2] ［加］唐塔普斯科特、亚力克斯·塔普斯科特：《区块链革命——比特币底层技术如何改变货币、商业和世界》，凯尔等译，中信出版集团2016年版。

数据指纹，这一设计确保了区块之间遵循严格的顺序关系以构成链式结构，一旦某个区块中的数据被篡改，下一个区块的哈希值就会随之变动，导致后续区块无法衔接，从而被系统认定为无效并丢弃。综上可见，非对称加密、时间戳和哈希函数的联合设计赋予了区块链系统数据公开透明、可追溯且不可篡改的天然优势，创造了可"自证其信"的信任新范式，为现代文化投融资去信任机制的构建提供了核心技术支持。

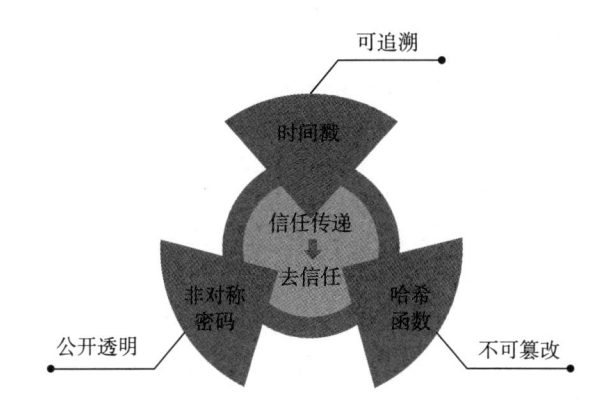

**图 4-4　三方技术协同组建的去信任机制运作逻辑**

**3. 链式应用：文化投融资全生命周期实现"无信任"化**

根植于去信任机制上的现代文化投融资体系在全生命周期实现了真正意义上的"无信任"，即无须考虑或负担任何信任成本。在投融资行为准备阶段，区块链通过构建分布式数据密码学账本实现对融资方和投资方的身份核验，确保了数据信息可追踪与数据安全。这一可靠、可追溯的信用数据体系一方面解决了投资方和融资方信息不对称的问题，同时由于实现了信息的不可被篡改，任何一方的失信行为都处在公开透明状态，最大限度上规避了文化投融资隐形的信任风险；另一方面为中小微企业开辟了验证增信，提升在文化投融资市场的竞争力，进而吸引文化投资的有效路径。在投融资行为进行阶段，由于区块链采用的是新增数据库，数据只能按照时间顺序被依次记录，可追溯但不可更改，从根源上真正实现了对文化投资方的权益认证和保护。此外，后投融资阶段的资金监管的空白始终是制约文化投融资市场良性发展的一大障碍,文化产权交易所等中介机构是投资方和融资方达成交易的桥梁和纽带,但并不承担监督资金合理使用的责任。而在去信任的区块链上,融资方对每笔资金的支取和分配被自动保存于分布式账本上,供所有投资者随时查阅和监督,违规追责不再是难题。可以说,区块链将人对人或制度的信任转化为人对机器的信任,在凡是需要信任的场景皆大有可为。韩国作为最热衷区块链技术的国家之一,率先将其引入娱乐产业,于2016年便打造了全球第一个区块链文娱项目 ENT——ENT 上的偶像团体可实施出道前融资:练习生的身份特长、成长履历以及练习时长等出道潜质信息处于公开状态,链上用户能够借由追溯这些信息决定是否成为粉丝,且通过使用 ENT 币购买专属偶像代币为偶像团体的成团投资,购买行为生成之时粉丝便获得"股东"身份,并收到一个不可替代的加密货币令牌作为权益证明,这一证明保障了偶像团体出道后的演出收益按照智能合约的约定比例自动实时地汇入粉丝的加密钱包;一旦偶像团体对资金的使用不符合粉丝的预想,粉丝可随时取消投资,收回 ENT 币,取消记录在链上被如实登记,成为一种信用证明,直接影响后续融资。

(三)基于智能合约的现代文化投融资智能平台

投融资平台是文化投融资行为最终达成落地的根本依托。构建网络化、社会化、智能化高度协同的文化投融资服务平台是现代文化投融资机制创建中的重要一环[1]。由此,基于智能合约的现代文化投融资智能平台是现代文化投融资体系的核心层。所谓智能合约(Smart Contract)是指一种执行合约条款的计算机交易协议,于1993年被智能合约先驱尼克·萨博(Nick Szabo)首次提出,他将其定义为"一套以数字形式定义的承诺(promises),包括合约参与方可以在上面执行这些承诺的协议"[2]。尽管智能合约早于区块链概念的诞生,但直到区块链技术出现,智能合约的作用才真正被付诸实践。智能合约和区块链的相互嵌入

---

[1] 西沐、宗娅琮:《我国文化产业投融资平台建构的理论分析》,《北京联合大学学报》(人文社会科学版)2018年第2期。

[2] Szabo, N., "Smart Contracts: Building Blocks for Digital Markets", *Extropy: The Journal of Trahumanist Thought*, Vol. 18, No. 16, 1996, p. 255.

为打造去中心化、自组织化的文化投融资智能平台提供了可能性,同时拓展了文化投融资市场的层次。

1. 去中心化:营造扁平、开放、大规模协作的文化投融资社区

智能合约是去中心化的内核。去中心化(Decentralization)是与"中心化"相对的概念,最初用以描述Web1.0向Web2.0迭代产生的新型网络内容生产形态,后广泛指代互联网发展过程中形成的社会关系形态、现象或结构。智能合约的植入使区块链不同于传统数据存储方式,链上节点呈分布式布局和核算状态,节点之间能够相互连接、制约,并进行自由、平等的数据交换,不受某一个中心节点的管制,进而实现了区块链上无须设立中心化的管理机构,这一开源、多元化的网络结构和状态被称为"去中心化"。智能合约去中心化的特性为在链上打造扁平化、开放化、大规模协作的现代文化投融资智能平台提供了关键技术支撑。一是激发文化投资主体活力,促进文化投融资市场的繁荣。在去中心化的区块链上,节点之间互相监督、鉴证,有效取代了以文化产权交易所为代表的实体文化投融资中心机构,大量由个体用户发起的分散的、弱关联的文化投资行为摆脱了对中央权威机构的依赖,在交易双方达成智能合约的前提下即可大量并行进行,促进了文化投融资行为指数倍增长,营造了更加活跃的文化市场。二是推动文化投融资市场扭转投资思路,实现投资权利下移。2020年12月,中央经济工作会议将强化反垄断作为完善社会主义市场经济体制的重要任务,这一战略部署与智能合约的去中心化不谋而合。去中心化的智能平台消解了文化投融资的门槛,支持文化投资行为的中心从大型金融机构转变为普通用户,为个人投资新兴数字文化项目或产品打通了渠道,避免了大型金融巨头无序扩张垄断文化投资市场,而且对以往在文化融资市场中难受投资方青睐的小微型文化企业利好。三是大规模协作成为可能。中心机构的消融使文化投资方和融资方能够超越时空的限制,在链上自由建立链接,个体投资人可寻求多个同伴"抱团"投资大型文化项目,投资机构也可与大量个体散户合作分散投资风险,有助于营建大规模协作常态化的繁荣的文化投融资市场。

区块链去中心化的优势正赋能传统业态和市场转型升级,长久以来受中介、垄断等问题困扰的艺术市场便是受益方之一。Maecenas就是

建立在区块链基础上的艺术投资平台，旨在改变模糊、非公开的艺术市场现状，实现艺术投资透明化、民主化。在 Maecenas 平台上，原本昂贵、流通性差的艺术品通过 Token 化改造被分解成数千个单价更低、更便于交易的金融产品，允许平台上所有投资者通过任意单位的购买获取部分艺术版权，极大地降低了艺术投资的进入门槛，消弭了普罗大众与艺术品市场的距离。同时，智能合约取代拍卖行完成艺术品收藏者与投资者之间的匹配并促成双方交易，中心机构的取缔大幅降低了投融资成本，就融资方而言，以往每笔交易拍卖行需收取已登记艺术品价值总额的 30%，而在 Maecenas 平台这一数字仅为 6%。

2. 自组织化：培育安全、高效、自治运转的文化投融资生态

"自组织"本是一个物理学名词，在 20 世纪 60 年代后逐步演化为研究复杂的自组织系统的形成和发展机制，即探究系统如何从无序向有序发展的自组织理论（Self-organizing Theory）[1]。德国学者 Haken 作为协同学创始人给出了自组织的经典定义："如果系统在获得空间的、时间的或功能的结构过程中没有外界的干扰，则系统是自组织的。自组织理论认为，自然界中的组织不应也不能通过中央管理得以维持，秩序只有通过自组织才能维持，自组织系统能够适应普遍的环境。"[2] 区块链正是一种建立在自组织思想上的技术，其自组织的实现有赖于搭建在链上的合约机制——智能合约。智能合约是指依据达成共识的智能合约代码自治执行，但智能合约上链后并不像中心化服务器那样时刻自动运转，其调动依赖相应的触发机制，如链上有文化融资被触发后，智能合约编写代码并按照预设条件运作，有序完成投融资行为。区块链是一个公链，链上网络的核心代码均采用开源的方式，这意味着程序语言供所有人知晓并可编程，因此，链上文化投资方和融资方可以自由设置自我预期，即自动触发投融资交易的算法和规则。同时，智能合约中引入了协调机制，确保随着分布式网络的无限延伸，投资方和融资方的不断增多，达成共识的规模不被降低。此外，智能合约采取穿透式金融支付方式，以强制执行的自动拨付防止融资方抵赖，有效防范了履约风险。基

---

[1] 吴彤：《自组织方法论研究》，清华大学出版社 2001 年版。
[2] ［比］伊利亚·普利高津：《确定性的终结——时间、混沌与新自然法则》，湛敏译，上海科技教育出版社 1998 年版。

于上述严密的运作逻辑，原本程序繁杂的文化投融资行为演化为一种多方契约行为，虽然取消了第三方中心机构的参与和管理，但在智能合约的执行下，链上的文化投融资平台能够实现自治运转和监管。这一专业、规范的文化投融资生态闭环满足了安全、便捷、高效、低成本的现代文化投融资市场诉求，更响应了国家对于互联网金融遵守数字规则的政策要求。

区块链与智能合约在音乐行业有着广泛的应用前景。从2018年开始，韩国Mapiacompany公司建立和运营的Muzika音乐平台便致力于以区块链创新音乐行业的初创项目。音乐人或词曲创作者将自己计划要完成的作品发布在该区块链网络上，粉丝根据个人意愿以类似于众筹的方式参与音乐作品的制作过程。创作者在完成作品后在链上发行并设置价格，用户付费收听或使用。通过Muzika的数据记录，音乐作品的播放和使用情况透明化且可被追踪，音乐作品创作者可直观确认自己的版权收入，粉丝则作为最初的股东，在所投资的音乐作品广泛传播后与Muzika平台分享收益，而Muzika平台方收取作品收益的10%作为服务费。可以洞见，智能合约的设置使区块链已经超越底层技术和基础设施本身，深刻变革了人类的组织与协同机制。

3. 业态革新：构建多层次、多渠道、多元化的文化投融资市场

长久以来，文化产业投融资体系由债券融资、银行信贷融资、社会投资、资本市场众筹等传统方式组成。区块链和智能合约的协作引发了商业模式、交易模式变革，传统互联网背景下的文化产品众筹及股权众筹模式在二者共同创建的价值网络内重获新生，为文化投融资市场带来了新可能。同时，智能合约创造了新的市场规则，在传统的"筹、投、贷"之外催生了文化投融资新方式、新模式，极大地丰富了文化产业投融资市场的层次、渠道和主体。

文化产业众筹是一种经典的投融资模式。这种众筹方式又根据融资对象的不同，细化为文化产业产品众筹、文化产业股权众筹和奖励众筹等。然而，不同于传统的互联网众筹，区块链上没有中央权威，极大地降低了众筹成本，且链上的文化产业众筹采用加密股权众筹的方式，以加密代币作为投资标的，每个投资方根据支付的资金数额确权相应的代币，可以是产品和服务的使用权、活动的入场券或者股权收益的凭证，

通过分布式账本和智能合约实现公平、公开、透明的登记、流通和可追溯记录，投资方在融资方盈利后借助穿透式支付获取相应份额的收益，有效避免了融资方"跑路"的风险；而且受益于区块链的公开性，每笔代币的用途和去向均可追踪，避免了众筹资金使用的道德风险。在这种模式下，文化创意者凭借个人影响力和声誉，在区块链上发起众筹来获取创作的资金支持。在众多文化投融资新模式中，"IP文化金融"是最具应用潜力的突出代表。在区块链的介入下，文化版权资产通过数字化改造成为文化投融资市场上的商业"通货"①，文化创意者或文化创意企业可以将作品或产品的知识产权做抵押，并在区块链开展相关融资招募，投资主体除传统的机构之外，也对个人敞开了大门。2019年，中国首个区块链知识产权融资服务平台在成都发布，这一平台以区块链为底层技术，以企业本身知识产权评价评估为核心，提供知识产权质押融资服务，助推知识产权在金融赋能中实现价值，缓解中小文化企业融资难题。

区块链提供的诸多新型投融资方式均是基于区块链的智能合约，免去了第三方中介机构的介入，将民间个人资本纳入文化投融资市场，是文化产业领域投融资来源的有益创新和重要补充，也是构建多层次、多渠道、多元化共存共生的文化投融资市场的突破性进展。目前，区块链金融已成为影视行业投融资的新方向——好莱坞导演Mitzi Peirone就曾于2018年在基于区块链技术的虚拟代币众筹平台WeiFund成功为自己首部心理惊悚剧情长片Braid筹措到全部资金，这种新型众筹模式为独立电影制作人创作更具艺术性的影片带来了可能性。

当然，在区块链浪潮席卷之际，也必须清醒地认识到，这一技术仍不成熟，存在不少虚假泡沫和潜在危机，在法律层面尚有诸多不明朗之处，对区块链以及数字货币的监管态度较为谨慎，强调防范系统性风险，而基于区块链的"嵌入式监管"也成为可能的监管方式②。因此，基于区块链的现代文化投融资体系的全面落地应用尚有待于区块链技术

---

① 乔瑜：《基于区块链技术文化创意产业知识产权保护研究》，《管理学刊》2020年第5期。
② 巴曙松等：《基于区块链的金融监管展望——从数据驱动走向嵌入式监管》，《山东大学学报》（哲学社会科学版）2020年第4期。

的进一步发展以及国家对区块链治理监管的强化①。借力区块链潜在的治理效能，探索"以链治链"将成为"推进国家治理体系和治理能力现代化"背景下规范区块链的可行进路。总而言之，区块链触发的新技术革命已是人类共识，要抓住契机，规避风险，稳扎稳打，在"探索—实践—升华"的过程中坚持以创新驱动理念持续完善并健全现代文化投融资体系，推进区块链与文化深度协同、合作共赢，方能助推文化产业高质量发展。

## 第三节　基于区块链技术的现代文化产品交易机制

在"智能+"时代背景下，区块链技术的快速发展革新了传统的信息交流方式，创造了新经济形态，推动着现代文化产业体系的新一轮变革。当前，一方面，现代文化市场交易仍然存在着交易效率低下、交易透明度低以及交易风险较高等现实问题亟待解决；另一方面，区块链技术的应用和产业已经具备良好的发展基础，应用范围也较为广泛。因此，区块链本身所具有的去中介化、智能合约、加密算法等特性与现代文化产品交易的发展诉求相耦合。随着"十四五"时期数字化浪潮的不断演进，区块链的发展基础也在逐步夯实完善，优化区块链主导下的现代文化产品交易机制将是必然。

### 一　现实诉求：区块链技术介入现代文化产品交易诸环节

作为一种去中心化的基础架构和分布式的算法范式，区块链从概念衍生到应用拓展全过程都广受关注，众多研究学者对此也展开了相应的研究。同时，区块链凭借其先发优势和技术特点，逐渐介入现代文化产业，在现代文化产品交易领域具有广阔的应用前景和研究意义，也可以进一步实现现代文化产业体系的优化。

（一）命题要义：来自现实诉求

当下互联网技术和信息技术快速发展，文化需求和文化产品呈现爆发式的多元衍生，文化产品交易也逐渐显现出新的安全问题，建立健全

---

① 张成岗：《区块链时代：技术发展、社会变革及风险挑战》，《人民论坛·学术前沿》2018年第12期。

现代文化产品交易机制十分必要。现代文化产品交易安全面临着全新的发展瓶颈。一方面，文化交易制度规范滞后于新兴文化产业发展、现代文化市场交易相关管理人才缺失、现代文化市场交易和新兴信息技术的协同发展不匹配等诸多发展短板涌现，阻碍了现代文化市场交易机制的优化发展。另一方面，在文化市场交易中，文化艺术产品的真伪难辨、价格难估、交易风险大、确权难、交易双方信息不对称等问题都降低了现代文化市场交易的安全性，也让文化市场交易主体双方的矛盾凸显，直接抑制了文化市场的繁荣发展。此外，互联网的普及让我们从农耕文明、工业文明一跃进入信息文明时代，诸如区块链、人工智能等新兴的信息技术重塑了现代文化产业体系及其发展业态，带来全新挑战。在此背景下，区块链技术本身的去中心化、加密算法等特性与现代文化市场交易的现实诉求高度匹配。加快推动区块链技术和现代文化产品交易机制的协同发展，不仅可以提升现代文化市场的交易安全程度，也可以助力现代文化产业的协同创新。

（二）探究基础：现有研究支撑

第一，厘清区块链概念是研究的前提。"区块链"最早出现于中本聪2008年发表的《比特币：一种点对点电子现金系统》这一论文中的论述，在此概念上衍生了比特币，并且逐渐将区块链由概念转向实践[1]。目前，区块链由于其去中心化等技术特点优势，在众多行业领域中发展迅速，亟须梳理和明确区块链的定义概念。曾诗钦等认为，区块链是一种分布式账本技术，具有多样的分类方式、服务模式和应用需求，凭借着智能合约等逻辑控制功能将区块链转换成存储系统[2]，它利用分布式共识算法生成并更新数据信息，通过对等网络实现数据信息的对接传送，通过链上时间戳的技术实现数据信息的不可篡改和可追溯。韩晗从应用视角出发，将区块链视作一个支持信息共享的分布式数据库，区块链天然具有去中心化、不可篡改、全程留痕、可以追溯、集体

---

[1] Raikwar, M., et al., "SoK of Used Cryptography in Blockchain", *IEEE Access*, No. 7, 2019, pp. 148550–148575.

[2] 曾诗钦等：《区块链技术研究综述：原理、进展与应用》，《通信学报》2020年第1期。

维护、公开透明等技术优势①。除概念阐释之外，区块链涵盖多项技术和相关概念，应用场景繁多，已有众多研究聚焦从技术结构、应用场景等多角度阐述区块链的应用优势。其中陈维超认为，区块链采用分布式存储，其去中心化传播的特性实现了信息的协同共享，区块链智能合约的可信共享程序代码提高了交易效率，时间戳和链上数据的特性解决了相互之间的交易信任问题，并且区块链助力创造了无须信任的数据交互环境②。郭上铜等认为，区块链技术具有"两高"优势：高可信，区块链上交易需要交易主体的信任和签名才可以实现，同时需要在链上达成共识，因此是全程留痕且不可篡改的；高可用，在区块链系统中，没有主备节点之分，因此链上数据是全网节点同步的③。

第二，关于区块链技术对现代文化产业的价值和影响。马考斯·欧达尔认为，区块链技术对于现代文化产业转型具有重要意义，区块链技术通过版权保护、提供支付凭证、文化产品定价确权等实现文化产业的转型④。解学芳认为，基于区块链去中心化、可追溯等多重特性在介入文化产业领域后，在内部向度上，区块链技术可以实现资源聚合上更大程度的互联互通，降低相应的管理成本和复杂性；在外部向度上，区块链可以催生现代文化市场中新业态和新组织形式，降低文化市场交易成本和文化传播出海的门槛，进一步促进文化产业结构的转型升级，提升国家文化影响力、辐射力和竞争力⑤。韩晗认为，在后全球化时代，区块链在文化市场中不仅是一种算法的革新，还代表着观念的更新，是互联网平权和民主化的表现，可以实现反抗技术霸权。同时，基于新冠疫情成为"后全球化"时代人类共同的挑战，通过区块链寻找推动"共同体化"成为对于人类共同体的维护，技术进步带来文化生产方式的

---

① 韩晗：《论"后全球化"时代下区块链技术对未来文化产业的影响》，《出版广角》2020年第6期。
② 陈维超：《基于区块链的IP版权授权与运营机制研究》，《出版科学》2018年第5期。
③ 郭上铜等：《区块链技术原理与应用综述》，《计算机科学》2021年第2期。
④ O'Dair, M., *Distributed Creativity: How Blockchain Technology will Transform the Creative Economy*, Cham: Springer, 2018, p.16.
⑤ 解学芳：《区块链与数字文化产业变革的内外部向度》，《人民论坛》2020年第3期。

变革，进而影响大众对文化消费的预期①。

第三，关于区块链在现代文化市场交易领域内的研究。目前，主要研究集中在区块链和数字版权市场交易之间的探讨。刘斌斌和罗宽序认为，区块链可以维护现代文化艺术交易市场主体的利益以及构建交易市场良好生态体系，区块链去中心化、透明化、防篡改等特性可以实现艺术品的保真，实现艺术品交易双方的信息对称以及解决等价交换的信用问题②。薛晗认为，区块链技术具有鲜明的"去中心化"、安全系数高以及公开透明的特点，随着区块链技术更多应用于版权交易领域中，可以通过安全存储数字版权交易过程中产生的所有数据，以此有效解决数字版权确权难的问题，促进交易环节的透明化，简化了数字版权侵权举证程序③。而基于区块链和文化市场融合的研究相对较少，其中解学芳和温凤鸣指出区块链的内生诉求和现代文化市场需求高度契合，认为区块链的核心技术特性与现代文化市场发展的深层需求不谋而合，并且在文化投融资、文化版权交易和文化市场秩序等领域具有广阔的应用前景，区块链技术同样驱动现代文化产业体系变革，有助于现代文化市场的版权确权和版权市场流通变革，变革创新文化市场信用机制和投融资机制④。由此可见，区块链技术和现代文化市场交易机制协同发展相关研究仍有待进一步探索和深入。

（三）介入优势：区块链赋能现代文化产品交易

区块链本质上是以区块为单元，按照时间有序存储相应的数据信息，通过密码学方式对数据进行加密，因此可以保证链上的数据信息不可篡改、前后有序、可追溯、链上验证等特性。区块链介入现代文化市场交易具有以下四个优势（见图4-5）。一是区块链具有去中心化、开放性、自治性、匿名性、可编程和可追溯的特性，能够助力多种类型现

---

① 韩晗：《论"后全球化"时代下区块链技术对未来文化产业的影响》，《出版广角》2020年第6期。

② 刘斌斌、罗宽序：《区块链与艺术：应用、保护和法的变革》，《河南工业大学学报》（社会科学版）2020年第4期。

③ 薛晗：《基于区块链技术的数字版权交易机制完善路径》，《出版发行研究》2020年第6期。

④ 解学芳、温凤鸣：《"智能+"时代区块链驱动的现代文化市场体系变革》，《学术论坛》2021年第1期。

代文化艺术市场交易主体的登记、变更、授权与衍生等交易信息的存储和追溯，以及在现代文化市场数字文化产品与服务的支付交易过程中提升交易的透明度。二是区块链主导的现代文化产品交易能够让交易主体参与到文化内容创作、生产、传播和消费的全流程中，相较于第三方平台和个人，交易信任度有效提升，能够借由区块链实现现代文化市场交易内容的生产者与消费者间直接联动。三是区块链不可篡改和不可伪造的特性，让现代文化市场更多通过数据做出相应的交易行为，改变了传统的人对人的交易模式，进一步提高了现代文化市场的交易效率。四是借由区块链所实现的现代文化市场交易中，多主体和去中心化的交易形式降低了传统文化市场交易的成本。基于此，在"十四五"时期文化市场发展面临重大机遇期，应加快健全现代文化产业体系，推动文化市场高质量发展，更需在"区块链+文化市场"中酝酿更多发展先机，探索区块链主导的现代文化产品交易机制，保障现代文化市场的交易安全，开创新技术时代①。

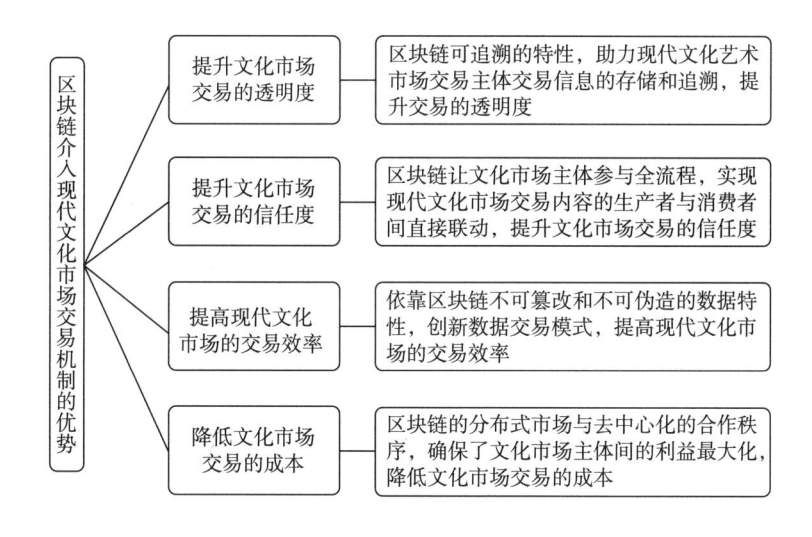

图 4-5 区块链介入现代文化产品交易机制的优势

---

① 《文化和旅游部关于印发〈"十四五"文化和旅游发展规划〉的通知》，http://www.gov.cn/zhengce/zhengceku/2021-06/03/content_5615106.htm，2021年4月29日。

## 二 现状审视：现有文化市场交易"瓶颈"与区块链介入实践

公众对于高质量文化艺术的诉求与日俱增，现代文化产业体系也亟待健全，但是现有的文化市场交易机制仍然存在一系列的发展困境——文化产品因为交易双方信息不对称以及市场交易技术的滞后，逐渐凸显出威胁现代文化市场交易安全性的因素，阻碍着现代文化市场交易机制的健康有序发展。基于此，众多区块链企业积极探索文化市场交易实践，诸如DIPChain通过区块链技术建构艺术品交易社区生态、Artlery利用区块链搭建艺术家和文化消费者交易网络等，通过区块链技术的介入，进一步提升现代文化市场交易的效率、透明度和安全性，也为中国构建区块链主导下的现代文化市场交易机制提供借鉴。

### （一）问题识别：文化市场交易机制现状

近年来，由于大数据、移动支付、人工智能技术、区块链技术等助推和政策导向，现代文化市场交易机制不断创新。不可否认，文化市场交易机制不成熟、不完善，以及文化市场交易固有的非公开性等属性特征，导致目前交易体系良莠不齐，安全隐患频发，文化市场交易效率低下、交易风险大、交易过程不透明、文化艺术品交易真假难辨等诸多威胁现代文化市场交易安全性的因素（见图4-6），消解了文化市场消费者的交易信心，也阻碍了现代文化产业体系的可持续发展。

| 文化市场交易效率低下 | ・文化艺术市场主体较多，交易环节冗长<br>・交易主体间信息不对称，增加甄别时间成本<br>・后疫情时代，文化市场变化多元 |
|---|---|
| 文化市场交易安全性较差 | ・文化艺术交易品本身特性，导致其价值难辨<br>・文化市场产品和服务部分来源难以考证<br>・文化市场交易体系复杂，缺乏有效的管理 |
| 文化市场交易过程不透明 | ・交易主体间选择性披露交易信息<br>・文化市场本身产品和服务的复杂模糊性<br>・市场的低透明度，后疫情时代线上交易影响 |

图4-6 文化市场交易机制的发展问题

第一，文化市场交易效率低下。现有的文化市场主体多元，其交易过程中步骤烦琐，同时由于交易双方信息不完全和不对称，容易造成交易风险的产生,并且降低整体交易速率。一方面,文化市场主体较多,涉及文化艺术从业者、文化作品本身、文化经纪机构或拍卖机构、文化市场消费者等,这些主体在交易过程中层层递进,使整个交易环节更为冗长,交易变数增大。例如,文化艺术市场中艺术品、艺术家、个人藏家、拍卖行、各类机构等诸多中间环节层层设压,任何一个环节的个人因素和判断都可能波及最终的市场交易。另一方面,文化市场交易环节中交易主体处于信息的非对称分布中,交易信息提供者必然选择性披露有利于自己的信息,因为信息的不完全和不对称,使交易过程中容易出现交易误解,也增加了交易主体甄别信息的时间成本等,进一步降低了现有的文化市场交易效率[1]。后疫情时代,由于信息流通成本的不确定性以及市场的多元变化,文化市场交易机制又遭遇新的挑战,文化市场交易效率进一步降低。

第二,文化市场交易安全性较差。这一安全性的危机不仅涉及交易作品本身真假难辨,也存在着交易市场内部乱象丛生等安全危机。在文化市场交易过程中,文化产品真假难辨,一是由于文化产品本身的特性,一些文化产品注重于作品自身的阐释和理解,而这恰恰是千人千面,具有自我思维的赋予,没有客观的衡量标准。二是文化市场中的服务和产品本身的来源有部分是无法得到确切考证,尤其是年代较为久远或者材料形式较为特殊的产品或服务,这在后续市场交易的过程中也埋下了安全隐患[2]。三是文化市场中的真假难辨还在于市场乱象本身,其交易过程中的体系层次复杂,同时缺乏精准有效的管理手段,既有的文化市场交易纠纷案件屡见不鲜,但是相应的法律追责或者索赔程序遥遥无期,因此市场内部文化产品服务提供者也因为利益所求缺乏对文化市场的有效监督,使文化市场交易过程中安全隐患较多。

第三,文化市场交易过程不透明。目前,整体文化市场交易中普遍存在交易信任缺乏的乱象。一方面,文化交易市场具有非公开性和模糊性的特征,由于市场内各交易主体间传播途径受到诸多限制,整个交易

---

[1] 刘翔宇:《中国当代艺术品交易机制研究》,博士学位论文,山东大学,2012年。
[2] 陈玮文:《探讨由区块链引发的艺术市场的变革》,《艺术与设计(理论)》2019年第4期。

过程透明度缺乏。另一方面，文化交易主体间可能出于对交易环境和交易行为的不确定性，在交易过程中选择性采取隐瞒、扭曲部分信息等交易行为，加之文化产品和文化服务本身价值判定的模糊复杂性，使文化市场交易变得更加不透明。文化市场中文化产品与文化服务的内容价值是无限的，而作为交易中的消费者主体个人知识是有限的，加之文化市场的低透明度、不对称的信息主体地位，导致文化市场交易安全性缺乏，甚至可能因为追逐利益而出现虚假营销和天价产品等问题，引发消费者的信任危机，将不利于现代文化市场的健康有序和可持续发展。当下后疫情的数字化时代，受制于疫情影响，众多文化市场转战于线上，而这将进一步提高文化市场的不透明度，如果没有加以有效规范和适当引导，将会出现更大的交易安全隐患，影响文化市场的健康发展。

（二）应用实践：基于区块链技术的现代文化产品交易案例

随着互联网技术的快速发展，区块链作为新兴技术已经实现介入现代文化市场交易机制中，特别是其去中心化、可溯源、防篡改等特性，与文化市场既有的安全隐患及未来发展诉求相耦合。目前，已有案例开始尝试基于区块链技术来保障文化市场交易的有序安全运行，越来越多的区块链应用出现在现代文化产品交易中，尤其是艺术品交易，正在迎来区块链技术带来的巨大变化。

第一，通过区块链技术的介入，构建艺术家和文化消费者交易网络，提升现代文化产品交易效率。Artlery 是采用区块链技术，搭建由艺术家和艺术品消费者组成的网络，以排除传统的艺术市场具有排他性和不透明性造成的交易不安全性。连接起艺术家与文化艺术产品消费者的 Artlery，通过货币链让交易主体成为其交易股东[①]。一是艺术作品在链上实行登记，其所有者和交易主体都具有一定的原始资产份额；二是为市场上的所有参与方提供合理的激励机制，而不是只为某些参与者提供激励机制；三是为艺术家的作品发起公开募股，用数字化的份额对应艺术家的作品，然后根据每个老用户的贡献度把份额进行分配；四是当平

---

① 郭全中：《"区块链+"：重构传媒生态与未来格局》，《现代传播（中国传媒大学学报）》2020年第2期。

第四章 | 区块链技术主导的现代文化产业体系智能运行机制：理论与实践创新

台成熟后，积累的作品权益可以被转让和交易。Artlery 基于区块链技术是一个公开的、分布式的账本，确保了艺术品市场交易的开放性、准确性和处理的及时性，这种交易模式的交易效率更高，链上的收益较之于传统交易体系所带来的收益也更大。

第二，将区块链技术导入文化产品交易过程中，逐步形成艺术品交易良性生态，打造链上交易社区，提升交易透明度和溯源性，巩固文化市场交易安全。DIPChain 是通过区块链技术打造艺术的链上社区，连接众多艺术产业生态节点，诸如艺术家、拍卖行、画廊、文创机构等，通过社区平台实现艺术品的溯源和确权，并通过智能合约加快交易流转，从而在社区良好的交易生态中鼓励文化市场的进一步内容产出和繁荣发展。一是 DIPChain 利用分布式系统和图像识别技术对艺术品进行处理，通过区块链技术保证艺术品的真伪，改变了传统的文化艺术交易市场中艺术品真伪难辨的乱象；而且通过区块链的介入证明文化产品内容所有权的独特区块，提供区块验证以及交易留痕以证明作品的真实性，从而建立起更好的认证系统，在一定程度上打击了艺术品的伪造行为。DIPChain 本质上是一个分布式系统，其核心功能是提供一个基于认证的、不可更改的溯源记录[1]；这样一种链上的记录可以有效保障文化市场中艺术品交易的真实性，也可以保障文化市场交易的权威性和可信任度。二是 DIPChain 可以助力实现文化市场中艺术品交易的透明化，链上的每一位市场交易主体和艺术家都有独特的身份标识 ID，所有交易在链上是留痕和可追溯的（见图 4-7）。三是 DIPChain 中的智能合约的使用，不仅可以通过确保艺术品的不可篡改保护文化市场交易主体的权益，也可以让所有的交易产品和市场服务真实可验。四是 DIPChain 将艺术家及其作品引入全新的链上社区后，打造了区块链艺创社区，为文化市场交易主体提供交互平台，也进一步加速了文化艺术内容产品和服务的流通，在一定程度上保障了现代文化产品交易机制的完善和长远发展。

---

[1] Suvajdzic, M., et al., "Blockchain Art and Blockchain Facilitated Art Economy: Two Ways in Which Art and Blockchain Collide", *2019 4th Technology Innovation Management and Engineering Science International Conference* (*TIMES-iCON*), 2019, pp. 1-5.

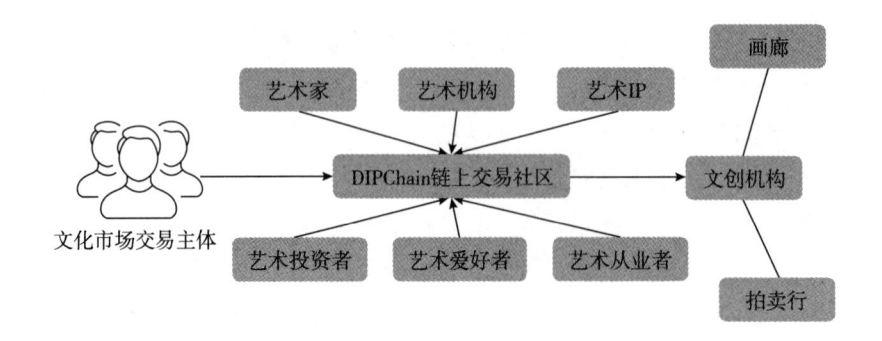

图 4-7　DIPChain 链上文化艺术交易社区

第三，区块链技术的应用，将进一步提高文化艺术市场交易过程中的数字化存储效率，提升交易全过程的留痕性，切实保障文化市场交易的安全性，也能助力文化艺术市场交易的溯源追责。ArtWook，是区块链技术介入去中心化艺术品交易平台建设的实例，将区块链技术和传统的艺术品市场交易模式进行结合和创新（见图4-8）。一方面，ArtWook通过与艺术品机构、艺术家、博物馆、画廊、拍卖行等各文创机构和个人进行初级艺术品交易，选定交易的文化艺术品标的物；在选取和确认交易标的物之后，ArtWook 在此基础上通过专业的技术手段确认该标的物的来源以及相关的交易可靠信息，借由区块链，在链上建立该交易品的档案，同时链上的艺术品相关数据也确保了真实可靠、公开透明、不可篡改、可追溯等特性，在最大限度上保证了艺术品交易主体的真实性，也提升了交易安全性和交易受众的信任度。另一方面，在文化艺术交易过程中，链上信息的完整真实也给交易定价等提供了相对可信的参考，避免了目前文化市场交易现状中交易主体真假难辨、交易价格虚高的问题①。此外，交易完成后，交易有关的区块链档案也建立完成，在其链上的分布式账本中记录所有相应文化艺术交易，进而提供了追责以及二次交易的溯源便利。由此可见，ArtWook 借由区块链实现了去中心化艺术品交易平台，确保了链上交易的公开透明性，有效突破了目前文化市场交易中交易主体信息不对称、交易透明度缺乏、交易安全性较低

---

① 赵越、杨玉冰：《运用区块链技术重构艺术品交易制度》，《法制与社会》2021 年第 15 期。

174

的发展瓶颈。

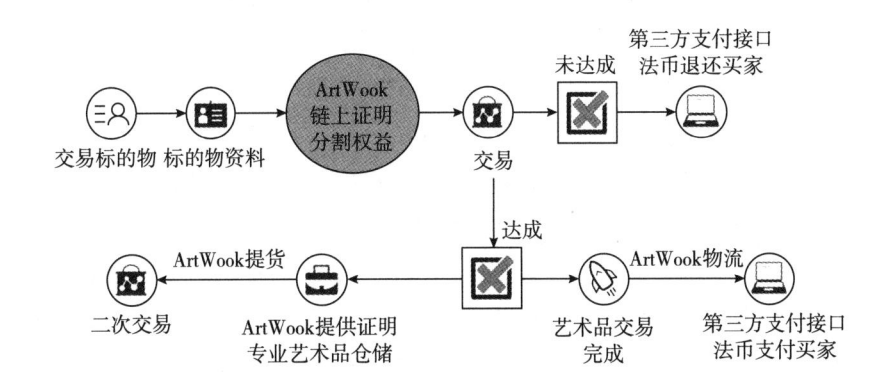

图 4-8 ArtWook 链上艺术品交易

（三）创新诉求：区块链技术赋能现代文化产品交易现状

随着"智能+"时代的迅速发展，现代文化产品交易的广度、速度以及高度都已经发生了变化，也对既有的交易体系建设提出了更高的要求。既有的文化市场交易机制不完善，文化市场交易固有的非公开性等属性，导致目前出现众多交易内容良莠不齐，安全隐患频发，交易效率低下、交易资金风险大、交易过程不透明、文化交易产品真假难辨等文化市场交易不安定因素，消解了文化消费者的交易信心，也阻碍了现代文化产业体系的可持续发展。

区块链技术顺应时代需求，其去中心化、Token 交易模式、非对称加密算法和节点公开透明等特性，与现代文化产品交易机制优化建设诉求相耦合。区块链技术作为一种去中心化的基础架构和分布式算法范式，逐渐介入现代文化产业中，成为现代文化产品交易机制优化的主导技术。其技术特性和内生诉求能够最大限度上保障其主导的现代文化市场交易的安全——其去中介化的特质缩短交易线程，提升文化市场交易效率；Token 交易和智能合约的双向保障使文化市场交易免除地域和货币限制，改变了传统的文化市场交易方式；非对称的加密算法结构提升了现代文化市场交易安全系数；同时节点公开透明，交易过程的可溯源及不可篡改性，也筑牢了文化市场交易的信用机制。由此可见，基于区块链技术的现代文化市场交易运行机制带来了文化市场交易方式变革，有力地保障了现代文化产品交易安全,提升了现代文化市场交易效率,以更好地助力于现代文化产业体系的创新发展。

### 三 交易体系:区块链主导的现代文化产品交易机制优化

基于传统文化市场交易过程中出现的问题痛点,以及"智能+"时代区块链技术的探索,应加快将区块链去中心化、Token交易模式、非对称加密算法和节点公开透明等特性优势融入现代文化产业体系的构建过程中,探索适合文化产业发展实践需求的交易机制。虽然由于目前区块链技术本身的瓶颈以及政策法律制约,区块链尚存在诸多不成熟的问题,但将区块链技术运用于现代文化产品交易运行机制中,有助于变革传统文化交易方式,增强文化产品交易的安全性,巩固文化市场体系的长远健康发展,从而推动文化强国建设。

(一)实现"去中介化"交易,提高文化市场交易效率

所谓"去中介化"是指在每个节点参与者都有平等的权限参与管理系统决策,并不存在单一主体参与者的绝对控制改变权。传统的文化市场交易因为多主体的参与以及相应的流程烦琐,导致其文化市场交易供给效率低于需求效率,因而需要新技术的介入和改变。区块链技术本身"去中介化"的特性,极大地提高了现代文化市场交易过程中文化产品的交易效率,降低了交易成本。区块链主导的现代文化市场最大限度地减少了交易过程中可能出现的中间环节,从而能够让文化交易各方"点对点"直接交易(见图4-9)。

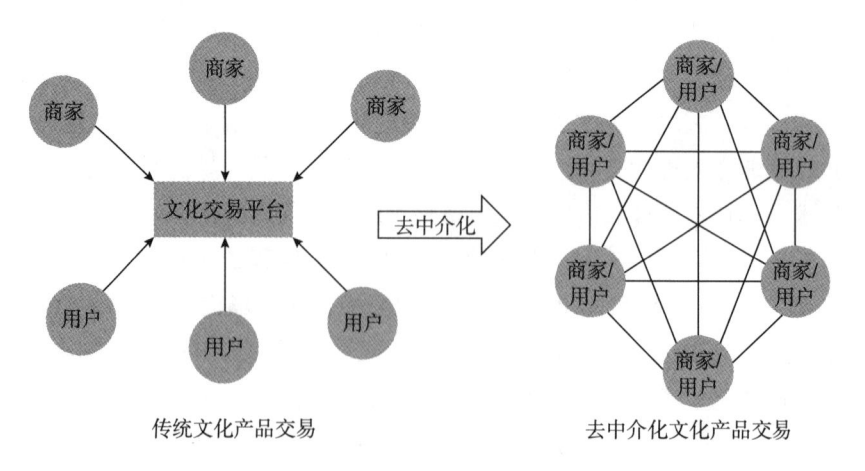

图4-9 去中介化文化产品交易

第四章 区块链技术主导的现代文化产业体系智能运行机制：理论与实践创新

区块链主导的现代文化产品交易机制，是由众多节点共同组成的点对点网状结构，改变了过去依赖于第三方平台的模式，进一步杜绝了文化市场交易主体间信息不对称导致的交易时间成本增加。当下区块链主导的现代文化市场，其去中介化的特性维护了每个文化市场交易主体的独立地位，通过分布式节点的交易，减少了第三方平台带来的流程冗余。区块链主导的现代文化产业体系通过共识机制、签名验签、链式存储结构、P2P通信等核心技术记录数据①，每个数据及其记录表都在其主导的文化产品交易机制中处于同等地位，所有的信息再转化为区块链的通行语言——哈希散列函数，传统的"中介"被消除，所有的文化市场数据和交易主体都构成一个信息链条，从而实现去中心化的信息及交易资本的流通。由此，在文化市场交易的过程中，各个节点用户之间实现了交易平台的数据信息的自我验证、传递和管理，用户对用户的文化资产直接销售，同时文化市场交易信息在交易区块链中的每个节点互为备份，各节点地位平等、共同维护区块链整体文化交易系统的功能。与此同时，点对点分布式的数据存储使交易查询和匹配更加迅速，也在最短时间内将各个交易节点反馈给受众信息，实现了各交易方的直接接触，提升了交易效率。

此外，基于区块链技术的文化产品交易避免了因为平台、各用户节点影响正常运行的问题，免去了众多系统平台的验证管理流程，缩减了运行管理的时间成本，提高了文化产品交易的效率；特别是区块链以分布式账本为基础结构去中心化地实现了市场交易和数据传播，提升了交易主体达成共识的速率。

（二）实现 Token 交易，改变传统文化市场交易方式

在传统的文化市场交易中，交易安全性不足导致的交易信任是最大的制约因素，第三方中介或者监督机制都存在着一定的市场交易风险，同时达到一定规模时也会受限于安全性。而区块链主导下的现代文化市场交易机制下 Token 被加以类型化和效用化，其本质是基于区块链技术的新组织方式下的权益凭证和分配模式②，利用区块链技术下的 Token

---

① 韩晗：《论"后全球化"时代下区块链技术对未来文化产业的影响》，《出版广角》2020年第6期。
② 杨东：《"共票"：区块链治理新维度》，《东方法学》2019年第3期。

对文化市场交易实现变革。这种数字权益证明可加密、可流通——Token 在文化产品交易过程中可以改变原先传统货币形式的支付方式,成为支付工具,进行一定的价值转移;文化产品交易支付方式的 Token 化改造,通过密码学加密保障了数据信息的真实性和防篡改性,在交易过程中 Token 作为交易凭证,可以实现不限时间、地点的验证,其中一部分可以交易与兑换,实现了良性流通的可能性,也保障了现代文化市场交易货币的安全性。

区块链主导的现代文化产品交易机制在降低交易成本的同时,也实现了文化生产内容的数字化,即成为链上的数字资产,再通过加密分布,真正实现了文化产权的私有。一方面,区块链 Token 交易与智能合约的共同助力,使数据安全得以保障,免去了人为干预数据信息的风险,进而使现代文化市场交易更加可靠、高效和安全。另一方面,区块链主导的现代文化产品交易中,Token 化交易赋予交易参与者既作为区块链主导下的现代文化市场的生产者,也是其系统的消费者,还是其系统的管理者[1],即 Token 化交易的过程没有中间人,因此生产者、消费者和管理者身份产生重叠。这也加强了链上的监督,在提升交易速率的同时,使现代文化市场交易更为安全有效。此外,随着区块链技术的发展以及概念的衍生,Token 也逐渐衍生出了 NFT,在 Token 化交易的基础上更强调其唯一性,作为数字藏品的唯一加密凭证令牌,在链上交易的过程中 NFT 进一步增强了交易过程中的数字性、唯一性和安全性,从而实现加密交易[2]。NFT 数字藏品交易过程中的唯一性也保证了链上文化产品交易数据的防篡改,保证了交易行为的真实可靠,也使在文化产品交易过程中交易主体保有利益和责任追续权,进而在一定程度上改变了传统的文化市场交易方式,助力打造更健康的现代文化产品交易生态系统。

(三)加密算法保障交易,增强文化产品交易安全度

针对传统文化市场交易信息真假难辨,安全性、隐私性较低,主体信任度较低等交易安全痛点,区块链主导的现代文化市场交易通过加密

---

[1] 郑磊、郑扬洋:《区块链赋能实体经济的路径——区块链 Token 经济生态初探》,《东北财经大学学报》2020 年第 1 期。
[2] 郭全中:《NFT 及其未来》,《新闻爱好者》2021 年第 11 期。

算法有了密钥的保障,能够增强文化产品交易安全性。在区块链市场交易过程中,非对称加密算法适用范围更广,有公钥和私钥这两个非对称的密钥,分别应用于加密和解密的过程中。

区块链主导的现代文化市场交易机制在经过加密算法保障之后,具有三个方面的安全性。首先,当区块链主导的交易数据被密钥中的任意一个加密之后,只有通过加密的密钥对应的密钥才能实现解密的过程,高效保证了大额文化市场交易过程中的资金和信用安全。公钥和私钥分开的模式,较容易管理且容易完成密钥的分发,在文化市场交易过程中通常包含加密和解密的过程,更为安全稳定。其次,任何人都可以获取交易过程中公钥的密码,但私钥是经过保密的,只对交易主体,亦即密钥的所有者授权,其他人则无法获得这一私钥。相较于对称的加密算法,多方拥有同一个密钥的密钥风险性极高,一旦泄露极有可能出现数据泄露,因此非对称的加密算法在现代文化市场中的安全性能更高。最后,加密对于区块链的匿名性、不可篡改和不可伪造等至关重要,是多方位保障文化产品交易的重要技术支撑。基于区块链技术的现代文化市场交易机制大多采用非对称加密,这一加密算法更为安全有效,同时也更易验证。在现代文化市场交易过程中的非对称加密主要包含三个步骤,即算法加密、数字签名和登录认证(见图4-10)。首先,算法加密是由文化产品售卖者(记为A)、文化产品购买者(记为B)的公钥对市场交易中的信息数据进行算法加密,并将其同步给B,B可用私钥对信息进行解密;其次,数字签名场景是由A用自己的私钥加密信息后发送给B,B用A的公钥对信息解密,这一解密过程可以验证信息是否是A所发送的;最后,登录认证则是由客户端使用私钥加密登录信息后发送给服务器,后者接收后采用该客户端的公钥解密并认证登录信息。由此,这些链上的加密程序也进一步保障了文化市场交易的安全有效。

除了数据安全和隐私保护,区块链的介入也使文化产品交易维权更为高效精准。区块链主导的现代文化产品链上交易信息可以被所有人查看,但是交易主体的身份信息,只有在得到主体授权后才可以得知,由此,身份信息安全可以得到高度保障,实现数据安全和用户隐私的有效保护。此外,非对称加密机制的公钥让交易信息在链上完全公开,使他人篡改难度加大，有效保障了文化市场交易信息的真实性。一旦发生交易纠纷，文化市场交易主体可以自行在链上查找公钥信息，并在时间戳、哈希算法等技术的支持下精准固定侵权证据，确保维权力度和效率，也进一步提升交易主体的信任度，增强交易体系的安全稳固性。

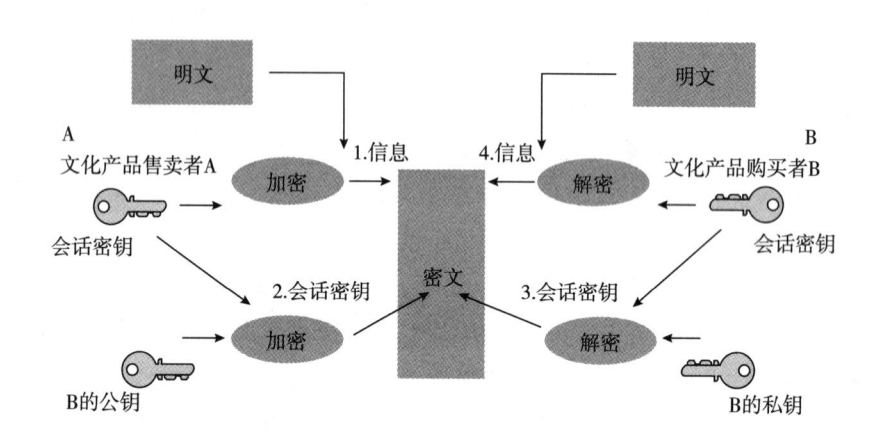

图 4-10　区块链主导下的文化产品交易过程中非对称加密

**（四）实现交易公开透明，解决文化市场交易信用问题**

随着文化市场新型交易日趋多元化，文化市场交易平台和交易产品内容的不透明引发了市场主体对于文化市场交易安全性的质疑。在传统的文化市场交易中，定价混乱、真假混卖等不规范的现象屡禁不止，抑或是由于自身传播途径受到诸多限制，抑或是没有切实可行的交易保障手段，因此部分文化市场交易信任缺失。而基于区块链主导的现代文化市场交易，依赖于区块链上的所有数据信息的公开特性，可以进一步提升数据的透明度，解决文化市场交易信用问题。

在区块链主导的现代文化市场交易机制中，信息数据通过依次传播的方式，从一个节点发散到临近节点，再由此递增点对点传播，因此每个节点都可以在这一交易链上找到相应数据信息实现链接[①]。这一技术下的现代文化市场交易安全、真实、透明，进一步保障了交易主体的权

---

[①] 石丹：《论区块链技术对于数字版权治理的价值与风险》，《科技与出版》2019 年第 6 期。

第四章 区块链技术主导的现代文化产业体系智能运行机制：理论与实践创新

益。一是区块链主导的现代文化市场交易本质上是将数据信息打包成区块，按照时间戳介入链上交易中，前后相连，最终成为去中心化的一个链上交易结构，所有节点在这个链式结构上进行持续性区块生产和验证[1]。二是区块链技术下的现代文化市场交易的信息全网公开，交易主体的身份信息藏匿，交易不可逆转，同时每个交易在链上都实现了留痕，这一个个小区块连接到链上，形成一个分布式共识的数据库，交易的信息数据在此真实有效，且具备隐私性[2]。三是交易数据信息一上链，链上的算法结果和去中心化的链接形式，都让其数据信息难以被篡改，这在一定程度上双向保证了数据信息的真实性、有效性；同时能加强交易主体对文化产品本身以及原创作者等信息的真假性判断，交易过程中每笔交易的产生也会作为一个数据区块融入链上，使交易信息在链上公开可见以及便于日后的查询验证，并因为加密算法和分布式账本等特性让交易记录也具备真实、不可篡改等特性。四是区块链主导下的现代文化市场交易主体在链上有效存储交易信息和交易记录，不仅保障了文化艺术市场交易信息的可追溯性，也可以利用区块链实现去中介化的监督，有效提升现代文化产业体系的信用机制，降低文化交易过程中的欺诈和虚假行为，进一步助力构建健康有效的现代文化产业体系发展。

## 第四节　基于区块链技术的现代文化产品知识产权保护机制

当前，人工智能技术已与互联网技术深度交融，其应用场景覆盖医疗、金融、交通、教育、文化等几乎所有关乎人类生活的领域，一个建立在大数据和智能算法上的"智能+"时代已经来临[3]。互联网赋能下的新兴文化业态助推文化产业蓬勃发展，科技成为文化产业升级的重要

---

[1] 高航等：《区块链与新经济：数字货币 2.0 时代》，电子工业出版社 2016 年版。
[2] 贾引狮：《基于区块链技术的网络版权交易问题研究》，《科技与出版》2018 年第 7 期。
[3] 解学芳、徐丹红：《"智能+"时代基于区块链技术的现代文化产业版权管理创新》，《福建论坛》（人文社会科学版）2021 年第 8 期。

支撑。但由于数字文化作品传播速度快、边际成本低，易产生网络侵权问题，从而极大地侵害了创作者的利益[①]。依据传统的著作权认定法规，维权的时间和金钱成本高，取证也极为困难，这无疑对创作、创新生态产生了负面影响。

## 一 区块链介入知识产权保护领域：契机与基础

面对知识产权管理难题，全球各国都开始尝试采用区块链技术以缓解侵权现象——通过区块链技术从文化版权的确定、交易、取证等各方面维护创作者的权益，并以其去中心化、透明化、不可篡改等特征重塑文化产业版权管理生态体系，鼓励创新源泉的涌动，推动文化产业健康发展。在此背景下，如何将区块链技术灵活运用至现代文化市场知识产权保护中，如何从版权的确定、流通和分发等维度系统探讨保护策略及未来发展方向至关重要。

第一，关于区块链介入文化市场知识产权保护领域的缘起。互联网从根本上改变了版权的性质，包括侵权行为的增加和执行的困难[②]。与此同时，版权保护作为政治问题的辩论被关注，呼吁加强版权保护的版权持有者以及反对派将版权问题上升为一场"政治争辩"。此外，数字信息修改的便捷性往往导致该信息的版权所有者无法从信息的分发中正常获利，由此，数字版权管理（DRM）应运而生，由内容所有者驱动，以维护内容的"所有权"并确保根据使用情况向内容创建者支付"使用费"[③]，并致力于对数字作品在市场流通过程的管理，以此保障数字作品利益相关者的利益[④]。典型的数字版权管理系统一般由加密、公钥/私钥、数字证书、数字水印、存取控制、验证、安全通信协议、安全内容存贮、权限描述语言等技术组合而成[⑤]。此外，Dedge 等以图像

---

[①] 解学芳、徐丹红：《"智能+"时代基于区块链技术的现代文化产业版权管理创新》，《福建论坛》（人文社会科学版）2021 年第 8 期。

[②] Berti, J., "Copyright Infringement and Protection in the Internet Age", *IT professional*, Vol. 11, No. 6, 2009, pp. 42-45.

[③] Paul, S., *Digital Video Distribution in Broadband, Television, Mobile and Converged Networks: Trends, Challenges and Solutions*, New York: John Wiley & Sons, 2011, pp. 107-114.

[④] 司端锋等：《多媒体数字版权保护系统的研究与实现》，《北京大学学报》（自然科学版）2005 年第 5 期。

[⑤] 邓尧伟：《数字版权管理（DRM）及研究热点》，《图书情报工作》2003 年第 6 期。

第四章 | 区块链技术主导的现代文化产业体系智能运行机制：理论与实践创新

领域为例分析基于区块链的版权保护模式，指出根据哈希算法对图像的转码来阐释区块链对图像相似度检测的实现，采用唯一的 ID 申明版权并依靠链接查看版权的有效状态，实现版权保护[1]。实际上，区块链正逐步与实体经济深度融合，除了数字货币、智能合约、智能资产的分布式账本系统，还将成为万物互联的价值互联网的技术支柱[2]。

第二，互联网技术进步带来的颠覆性传播方式削弱了数字版权作品的价值基础，侵权现象泛滥，版权意识薄弱，区块链技术便成为救数字版权于水火的关键技术。首先，区块链介入数字版权市场的研究缘起于技术本身的优势。Alka 和 Khadeer 指出，区块链中分散的数据管理框架能确保用户数据的隐私和控制，保护各类多媒体文件的安全性[3]；赵丰和周围认为，区块链的核心技术特征为版权保护的结构性问题提供了解决思路，有利于降低版权保护的管理成本、解决版权登记举证难题，满足数字版权的交易需求及培养网民版权意识[4]。其次，研究关注区块链应用于版权管理的细分行业。区块链与文化产业的结合点在于加盖时间戳，有效帮助及时确权、简化版权交易以及方便维权[5]；高诗晗指出，区块链解决了版权保护中各区域的司法管辖未能达成统一的问题，在音乐、影视方面，区块链运用标准自动的智能合约和透明真实且无法篡改的数据，使艺术家掌握权力，保证创作者利益最大化[6]；Owen 和 O'Dair 则探讨了区块链技术在唱片业中的应用，指出区块链是新形式的中介和金融化的先锋，实现艺术家直接盈利的新模式[7]。区块链制造了数

---

[1] Dedge, O., et al., "Image Copyright Protection System Using Blockchain", *Mukt Shabd Journal*, Vol.9, No.6, 2020, pp.34–40.

[2] 钟卫：《关于粤港澳大湾区发展区块链产业的浅析》，《广东经济》2019 年第 11 期。

[3] Alka, V. and Khadeer, H. F., "A Blockchain Based Approach for Multimedia Privacy Protection and Provenance", *IEEE*, 2018, pp.1941–1945. DoI: 10.1109/SSCI.2018.8628636, Nov.2018.

[4] 赵丰、周围：《基于区块链技术保护数字版权问题探析》，《科技与法律》2017 年第 1 期。

[5] 杨白雪等：《区块链加速服务实体经济》，《信息通信技术与政策》2018 年第 7 期。

[6] 高诗晗：《区块链在文化产业的应用及发展建议》，《中国市场》2018 年第 14 期。

[7] Owen, R. and O'Dair, M., "How Blockchain Technology Can Monetize New Music Ventures: An Examination of New Business Model", *The Journal of Risk Finance*, Vol.21, No.4, 2020, pp.333–353.

字艺术版权的稀缺性，使版权的自由流通和利润得以兼顾[1]。甘竞圆进一步指出区块链技术的特征在"确权""用权""维权"三个维度为UGC模式的版权保护困境提供出路[2]，特别是在用权方面通过实现版权追溯、精确付费、激励用户、平衡用户与平台服务商话语权以及解决协同创作权属问题，而在维权方面公正独立，自动记录与惩罚简化了侵权举证和惩罚手续[3]。

第三，区块链助推现代文化产业发展创新成为其应用价值所在。首先，区块链技术创建了一个公平的价值分享与交换平台，在整个产业中削弱了版权代理公司的重要性，并通过智能合约简化了产业环境[4]。文化领域因数字化程度高而最便于利用区块链进行改造和升级，提升支付分配、货币化和合同执行等的透明性与安全性[5]。张元林提到内容产品的经济价值通过Token化改造实现价值确认，杜绝造假现象[6]。其次，研究聚焦区块链弥补传统文化市场知识产权保护的策略维度[7]。传统机构需要依靠区块链技术弥补其权力集中、认证复杂等缺陷，利用区块链技术完善版权集体管理，并变革版权集体管理组织的职能，使其在社会引导方面产生重要影响[8]；区块链的发展在技术层面有助于建立可信联盟链，在服务层面可以加强查重和申诉机制，在运营层面借Token和流量构建平台原创生态，在制度层面促进版权链与数字版权唯一标识符

---

[1] O'Dwyer, R., "Limited Edition: Producing Artificial Scarcity for Digital Art on the Blockchain and its Implications for the Cultural Industries", *The International Journal of Research into New Media Technologies*, Vol. 26, No. 4, 2020, pp. 874–894.

[2] 解学芳、徐丹红：《"智能+"时代基于区块链技术的现代文化产业版权管理创新》，《福建论坛》（人文社会科学版）2021年第8期。

[3] 甘竞圆：《区块链与用户生成内容的版权问题治理研究》，《新世纪图书馆》2020年第4期。

[4] 石超、余晓春：《区块链的知识产权保护模式与战略布局研究》，《科技与法律》2019年第4期。

[5] 施剑平等：《区块链技术在媒体文化产业的发展探究》，《电视工程》2018年第4期。

[6] 张元林：《区块链引发文化产业变革》，《中国出版传媒商报》2018年3月1日第5版。

[7] 解学芳、徐丹红：《"智能+"时代基于区块链技术的现代文化产业版权管理创新》，《福建论坛》（人文社会科学版）2021年第8期。

[8] 郑鲁英：《区块链技术冲击下版权集体管理的发展之路》，《集美大学学报》（哲学社会科学版）2020年第1期。

(Digital Copyright Identifler，DCI）体系的对接①。可见，区块链应用在文化市场知识产权保护方面具有较大空间。

## 二 区块链介入知识产权保护范域：困境与诉求

在"智能+"时代，互联网环境促成的高速且复杂的信息传播生态为现代文化市场知识产权保护带来巨大挑战，而区块链技术则将是应对知识产权管理难题的智能化解决方案②。从区块链内涵来说，广义角度的区块链是基于加密区块结构进行数据有效检验和保存，并利用分布式节点的共识算法实现数据生成和更新的基础框架；从狭义角度理解，区块链主要指的是一种不可篡改的、去中心化的、透明的分布式共享分类账本，该账本中的各数据库按照时间顺序进行排列和加密，并据此形成特定的数据结构③。从区块链结构来说，由应用层（包括各区块程序方案）、合约层（包括智能合约和脚本）、激励层（包括发行与分配机制）、共识层（主要为共识算法）、网络层（包括数据传播及验证机制）和数据层（包括数据块和加密算法）构成。从区块链的主要技术支撑而言，包括分布式账本技术、非对称加密技术、P2P网络技术、时间戳技术、智能合约技术等④。伴随数字化、网络化传播带来的挑战，现有文化市场知识产权保护面临着版权确认证据不足、版权流通受到平台操纵、版权使用范围存在局限等问题，亟须区块链技术的介入实现突破⑤。

### （一）区块链技术的介入：知识产权保护面临三大困境

伴随现代文化市场数字化进程的加快以及知识产权管理滞后的弊端，新时期文化市场知识产权保护困境日趋凸显，主要表现在版权确认的存证困境、版权流通的中心化控制困境和流通与版权的使用场景局限化困境等方面。

---

① 袁啸昆等：《构筑信任，链向未来：区块链技术在著作权领域应用现状研究》，《〈上海法学研究〉集刊（2020年第5卷 总第29卷）——2020世界人工智能大会法治论坛文集》，2020年。

② 解学芳、徐丹红：《"智能+"时代基于区块链技术的现代文化产业版权管理创新》，《福建论坛》（人文社会科学版）2021年第8期。

③ 李闻：《区块链技术推动下的数字版权保护研究》，《出版参考》2020年第5期。

④ 王群等：《区块链原理及关键技术》，《计算机科学与探索》2020年第10期。

⑤ 解学芳、徐丹红：《"智能+"时代基于区块链技术的现代文化产业版权管理创新》，《福建论坛》（人文社会科学版）2021年第8期。

第一，版权确认的存证困境。现有文化版权确认机制的存证流程冗长且费用昂贵，在互联网小微作品爆发式增长的环境中不再完全适用。一是著作权法的版权登记并非强制执行，对版权存证造成困难。版权存证是依据著作权法进行确权的重要前提，《中华人民共和国著作权法实施条例》第六条规定："著作权自作品创作完成之日起产生。"[①] 同时，《中华人民共和国著作权法》第十一条规定"创作作品的自然人是作者"。第十二条规定"在作品署名的自然、法人或者非法人组织为作者。且该作品上存在相应权利，但有相反证明的除外"在这一规定中作品的"完成之日"和"署名作者"往往在版权登记后才能成为维权依据，但版权登记并非强制和自动的行为，其实施流程也存在诸多弊端，导致诸多作品游离于版权保护范围之外。二是目前的文化版权存证方式存在费用高、流程繁复、时效性差等弊端，且大量小微作品无法实现版权登记。中国版权保护中心的标价显示，舞蹈、美术、摄影作品的登记费用为 300 元，文字和口述作品的登记费用按字数从 100 元至 300 元不等[②]。版权登记流程需要经过申请表填写、材料邮寄、银行汇款、材料审查等环节，直至作者收到邮寄的作品登记证书方可结束版权登记程序，总耗时约一个月。对于小微作品与追求短平快的网络文化作品而言，其时效性已不合时宜。三是互联网驱动下的内容生产下沉，放大了版权登记困难所带来的影响。互联网环境推动了专业生产向全民参与的文化内容生产转型，催生了大量碎片化的 UGC，小微文化创作者激增，文化作品数量井喷，低成本非盈利内容占据了互联网内容的半壁江山。或长或短的文字、视频和图片都作为作品进入了公众视野。在此背景下，人人皆可为创作者，但大量创作者在繁复的版权保护程序面前望而却步，加之各地的文化作品版权管理标准也不尽相同，对于后续文化版权的确认和回溯形成了阻碍[③]。

第二，版权流通的中心化控制困境。版权流通存在中心化平台霸权

---

① 解学芳、徐丹红：《"智能+"时代基于区块链技术的现代文化产业版权管理创新》，《福建论坛》（人文社会科学版）2021 年第 8 期。
② 中国版权保护中心著作权自愿登记收费标准，2018-10-26 修订。
③ 解学芳、徐丹红：《"智能+"时代基于区块链技术的现代文化产业版权管理创新》，《福建论坛》（人文社会科学版）2021 年第 8 期。

第四章 | 区块链技术主导的现代文化产业体系智能运行机制：理论与实践创新

问题，在一定程度上削减了创作者的创作动力与文化创新活力。一是中心化的版权流通使市场成为平台方的"一言堂"，创作者缺乏议价权，其收益无法保障。数字版权流通过程主要指作者通过许可、转让、质押等方式将版权作为一种特殊商品进行交易，也就是著作权财产的流转过程。在互联网文化市场快速发展的背景下，传统的"一对一"式版权流通方式受到挑战，作品以非加密形式从各类中心化平台直接流向大量受众。由于作品收益通常会经过中心化平台抽成分账，创作者几乎失去议价能力。例如，YW 集团在 2020 年 4 月底推出的合同条款在创作者间掀起巨浪——合同规定电子销售额、互动阅读体验作品收益、翻译作品收益以及音频改编收益等平台方抽成 50%，同时平台方授权期满后作者不得对该作品再次进行收费销售，引发创作者不满，影响了创作积极性。二是中心化的版权流通使作者无法完整保留对作品版权的使用权。以阅文集团创作者合同为例，规定"将作品在全球范围内的网络传播权及汇编、改编权等权力独家授予甲方，并允许甲方自行使用作品进行各类商业行为"[1]，这意味着签约作者一旦上传作品便自动毫无保留地出让作品使用权，并且该作品在著作权法中规定的大部分权利都归属平台，由平台进行后续版权交易及报酬分配，使创作者失去了对自己作品版权的掌控权限。三是中心化的版权流通模式对创作市场产生不利影响。其实文化内容生产的中心化版权管理问题在阅文事件爆发前早已暗流涌动，如 CG 游戏签约合同中作者仅保留署名权，版权永久属于 CG 游戏；某设计平台的用户协议中也提及用户发布的内容将免费授予站酷不可撤销的使用许可，平台有权将其用于各种形态产品和服务上；其他平台的用户协议中也有类似条款。可见，作品的版权出让已成为互联网内容平台的"潜规则"，创作者无法在版权交易中获得实权，沦为平台获利的工具。但创作者是文化内容生产的核心群体，对创作者权利的剥削造成了消极的文化创作环境，将会逐渐侵蚀文化市场的创新活力[2]。

第三，版权的使用场景局限化困境。版权存证和版权中心化流通困

---

[1] 资料来源于 YW 集团作者签约合同，2020-04-30。
[2] 解学芳、徐丹红：《"智能+"时代基于区块链技术的现代文化产业版权管理创新》，《福建论坛》（人文社会科学版）2021 年第 8 期。

境的存在,相应限制了文化产业版权的使用场景。一是对于小微版权来说,各平台的碎片化 UGC 无法得到有效利用。作者对各类因素的顾虑使版权流通不畅,部分优质内容在授权转载后化为其他机构组织的流量,但作者几乎无法得到任何回报;而侵权转载甚至擅自商用的行为更是屡见不鲜,加之版权登记的缺失,将作者置于既无法阻止不正当使用也无法获益的尴尬境地;同时,需要利用这些碎片版权的企业或组织也在资源聚合和对接创作者的过程中浪费了大量精力。若出现多个组织同时对同一作品提出授权申请,双方在合约比对、版权拆分和风险评估中都存在困难,获取报酬的滞后性则导致创作者将承担更大的风险;若同一作品有多个创作者,报酬分配也将成为难题。二是对于各类文化 IP 孵化来说,尚有待开发的增量市场也面临尴尬困境。目前,IP 孵化主要通过创作者的垂直领域深耕并依托于粉丝信任实现。IP 早期的影响力扩散很大程度上依靠粉丝的自发宣传和注意力贡献,但粉丝投入的大量精力缺乏量化渠道,也无法获得实质性的回报,沦为免费劳动力。这些投入若能被量化为货币,将在 IP 体量大幅增加时实现货币增值,为各类文娱 IP 创造新的产值,也更能调动粉丝支持 IP 发展的积极性。三是从国际层面来看,优质文化 IP 囿于平台影响力而难以走向全球。"中国故事"的传播较大程度上依赖国家层面的宣发,大量带有中国日常生活特色的作品和 IP 难以打入国际文化市场,参与国际版权交易更是难上加难。民间话语在国际互联网环境中的缺席使中国文化输出进程缓慢,"中国故事"的声音在全球文化交流融合的时代略显微弱,不利于中国国际话语权的提升。

(二)区块链技术应用:知识产权保护实践的诉求

当前文化市场知识产权保护环节主要包括版权确认、版权流通、版权使用和版权维护等方面。放眼全球,各国都已开始将区块链运用至文化版权管理中,如美国的 Blockai、Mediachain、Monegraph,日本的 Anique,中国的原本、亿书、纸贵科技等都是立足于不同环节的区块链文化版权管理项目。鉴于此,利用时间戳技术提高文化版权确认效率,基于不可篡改性变革文化市场版权流通环节信用体系,通过去中心化的支付和认证手段有效填补文化版权管理技术空缺等,是满足新时期文化市场知识产权管理实际诉求的重要选择。

第四章 | 区块链技术主导的现代文化产业体系智能运行机制：理论与实践创新

1. 时间戳技术提高版权确认效率

区块链的时间戳技术降低了版权确认的门槛，为普及便捷可信的版权确认提供了技术支撑。在区块链技术中，时间戳是加盖于每个区块上的、用于证实该文件在该时点已经生成的数字证明。第一，区块链产品利用时间戳自动记录作品上传时间，使版权存证得以轻松进行[①]。如Binded就利用时间戳技术为版权存证提供依据，它主要提供图像版权保护服务，通过区块链的时间戳登记实现低成本的版权存证，公司仅收取必要的版权登记费用，其产品将始终保持免费，从而实现版权登记的大众化，其作为一个开放的平台，能够接收并储存用户自行上传的需要进行版权确认的文件，文件一经上传便会被加盖即时生成的时间戳和基于密码学产生的数字签名，并以不可篡改的特性永久保存于区块链中，从而对文件的生成时间和版权归属进行可靠的认定；安存科技也利用时间戳提供版权存证服务，作为一站式互联网数字作品备案及网络侵权取证平台，其存证时间来自中国科学院国家授时中心，可精确至毫秒，作品在发布即自动使用服务，以固化电子数据的形式证明作品发布时间及版权人；同样，纸贵科技的版权存证服务也将全类型证据进行保全，提取数据信息并上传至纸贵联盟链中，同步生成时间戳，完成存证。

第二，区块链产品可用时间戳技术实现版权溯源与取证。在Binded上（见图4-11），艺术家可将作品拖拽至平台并生成一个艺术家可以保存的版权证书，从而实现版权认证，有效防止日后其他用户未经许可使用文化产品；与此同时，Binded还提供了大数据识别服务，用户可用其查询相似作品以判断作品是否存在侵权问题，若确有侵权，则可利用区块链的链式特性结合时间戳进行按序追溯，以极低的成本获取具有可信度的证据。此外，腾讯的"至信链"产品则主要面向游戏版权保护，在确保内容生成时间真实的情况下，采取全网覆盖式扫描来查证游戏版权内容，并对擅自使用版权方内容的情况进行取证，从而实现版权取证的固化上链，使证据清晰化、结构化。

---

① 解学芳、徐丹红：《"智能+"时代基于区块链技术的现代文化产业版权管理创新》，《福建论坛》（人文社会科学版）2021年第8期。

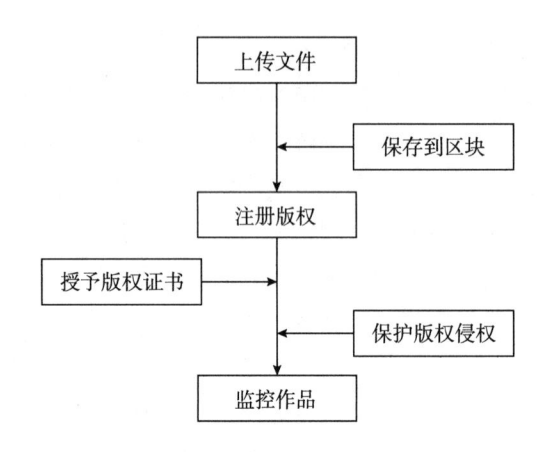

```
      ┌──────────┐
      │  上传文件  │
      └─────┬────┘
            │        ┌──────────┐
            ├────────│ 保存到区块 │
            │        └──────────┘
      ┌─────▼────┐
      │  注册版权  │
      └─────┬────┘
┌──────────┐│
│ 授予版权证书 ├┤
└──────────┘│        ┌──────────┐
            ├────────│ 保护版权侵权 │
            │        └──────────┘
      ┌─────▼────┐
      │  监控作品  │
      └──────────┘
```

**图 4-11　Binded 公司版权确认模型**

第三，区块链产品将时间戳与政府公证机构相结合，实现官方背书。例如，安存科技的存证完成后将由公安部进行鉴定，而纸贵科技的存证也获得杭州之江公证处的认证，从而形成具备法律效力的电子证据，使存证更加具有权威性。由此可见，区块链平台的存证服务为官方公证机构完成了"预登记"的步骤，缓解了原先的文化版权取证难题，成为实体登记的有力工具，实现优势互补（见图 4-11）[①]。

**2. 不可篡改性变革文化产品版权流通环节信用体系**

区块链的不可篡改性为文化版权流通创造了机械信任，在保护隐私的基础上创建身份可信且记录透明化的交易。目前的区块链平台主要通过赋予文化版权唯一数字身份，并对其进行加密和分布式记账来实现不可篡改的文化版权流通。

第一，区块链平台的分布式存储使文化版权的流通记录不可篡改。美国的 Mediachain 通过分布式存储系统提供不可篡改且可溯源的作品存储与版权交易服务——Mediachain 作为美国 Mine Labs 公司开发的元数据协议，侧重服务图像和音乐作品，允许作者在作品上添加各种信息并存储至分布式文件存储系统（IPFS）中，IPFS 将文件存储转移至区块链外为其生成独一无二的加密哈希值，从而为文件内容进行双重加密，

---

[①] 解学芳、徐丹红：《"智能+"时代基于区块链技术的现代文化产业版权管理创新》，《福建论坛》（人文社会科学版）2021 年第 8 期。

第四章 | 区块链技术主导的现代文化产业体系智能运行机制：理论与实践创新

并实现快速溯源；同时，Mediachain 所使用的 IPFS 系统具有去中心化目录、去中心化网络及去中心化身份标识，大大降低了服务器被黑客攻击的可能性，并采用"时空证明"和"复制证明"两种证明机制确保矿工提供的存储与检索服务的质量。而上海七印科技旗下的内容分发与交易项目 Primas，将区块链技术应用于数字版权的流通领域，根据分布式可信内容协议（DTCP）建立能够运行多个 App 的生态，打造了一个具有开放性、互通性和可信度的优质互联网空间①。

第二，区块链平台运用密码学技术强化不可篡改性。区块链介入文化产业版权保护的关键是内容数字指纹的识别，使用区块链技术加密作品的相关状态及信息，包括可证明作品生成时间的时间戳。如果侵权者传播不实信息或侵犯著作权均会被永久记录，将承担不可逆的后果，因而可据此确认权利人的最终版权以及可能涉及的盗版确权的内容追溯问题，有效保障了交易安全。例如，百度开发的 XuperChain 区块链平台，采用了非传统的分层确定性加密，保证数据安全的同时能符合监管要求，加密方与解密方相互隔离，大幅提升了安全性。

第三，区块链平台为文化版权体系创建身份识别机制，建立可信对象。区块链介入版权运营模式主要在于建立了完整的 DNA 体系和溯源机制，以身份认证的方式实现安全透明的去中心化版权流通——为每位用户和每份作品赋予独一无二的数字身份，从而实现唯一可信的识别，所有数据的上传和修改都被记录在 DNA 中并存证至区块链，对于内容的操作主体和变动情况乃至每一条分享、转载和评论状态都可以在该 DNA 中看到，保证了版权流通的透明性。例如，Mediachain 的身份标识技术就是通过区块链的不可篡改性记录真实的版权信息，以规范文化版权的流通过程；又如，Primas DNA 建立了价值评价体系和信用评价体系，通过内容影响力和创作者信用等综合性维度评判内容价值，为可信、高质量的版权流通创造可能性，同时真实全面的数据避免了以往中心化软件随意进行数据篡改导致优质 IP 被埋没的问题②。

---

① 解学芳、徐丹红：《"智能+"时代基于区块链技术的现代文化产业版权管理创新》，《福建论坛》（人文社会科学版）2021 年第 8 期。
② 解学芳、徐丹红：《"智能+"时代基于区块链技术的现代文化产业版权管理创新》，《福建论坛》（人文社会科学版）2021 年第 8 期。

### 3. 智能合约重塑版权使用生态

区块链的智能合约模式提供了去中心化的创作平台，交易双方的人际信任关系被转化为智能合约中的"机械信任"，打破了版权的交易流通壁垒，从横向维度拓宽了版权使用范围，从纵向维度让更多贡献主体得以获益。智能合约是记录于分布式账本中的约定义务，受到合约规定的 IP 内容不再是一份单纯的作品，而是经过版权确认的、可实现创作者与受众间直接交易的虚拟资产[①]。基于此，IP 创作者可实现自我发行，并通过设定智能合约中的触发条件（如特定时间、事件等）和响应规则（如特定交易、动作等）来确定版权收益与分配。当作品受众触发了该预设条件，创作者预设的版权收益将会自动进入其账户，也就是实现虚拟资产交易的过程。区块链的智能合约技术颠覆了耗时耗力的传统合同模式，为创作者与版权需求方提供了简洁明了的对接方案（见图 4-12）。通过采用智能合约功能实现知识创富，使版权交易突破时空限制，不断延展版权使用空间。

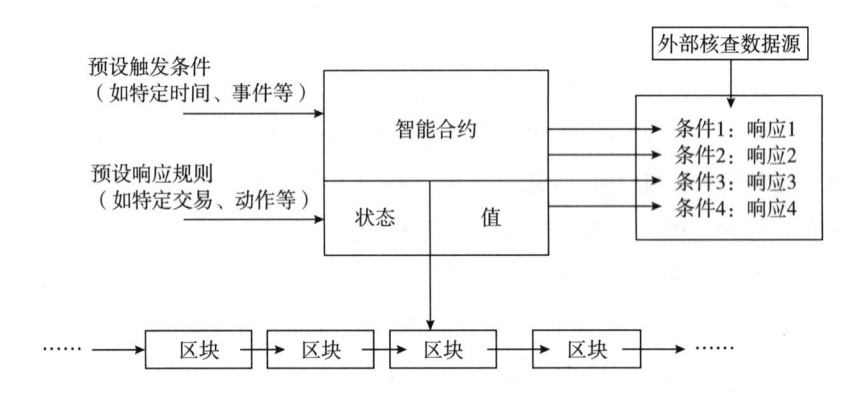

图 4-12 版权智能合约的运作机制

第一，智能合约实现了版权资源整合。在商业应用维度，基于区块链的数据规则有助于实现数字文化版权的扩展性，保护用户数据，实现知识整合与创富。例如，亿书基于智能合约系统提供内容挖矿、广告挖

---

① 谭雪芳：《基于区块链的 IP 产业新议程：版权管理、粉丝价值和生态重构》，《福建论坛》（人文社会科学版）2018 年第 12 期。

第四章 | 区块链技术主导的现代文化产业体系智能运行机制：理论与实践创新

矿、存储挖矿、存证挖矿、运营挖矿等，通过智能合约帮助创作者进行文字写作投稿存证并获益，开发去中心化应用（DAPP）和可供交易的媒体号皮肤，并作为法律辅助为版权溯源取证以及为网络媒体提供媒体号运营管理。区块链的智能合约模式为知识的重组和管理提供了创新方案，实现了知识互组。用户可以将分散的知识组合为新的文章或图书，并记录各自的版权和贡献比例，采用智能合约的预设算法自动完成版权交易，达到了"1+1>2"的效果[1]。例如，"人民版权"正在向融媒体建设的"内部融合、党媒融合、跨业融合和社区融合"这四个融合目标前进[2]，用区块链整合政府与商业资源，并致力于图片、视听作品、网络文学等内容的版权保护，使版权资源得以有效利用，创造新的价值。

第二，智能合约拓宽版权分发途径。智能合约在确保版权归属的基础上为文化版权的分发铺设了新路径，鼓励了创新创意活动的可持续化发展，并将 IP 衍生领域纳入版权使用范畴。例如，亿书打造的"亿推"工具能将组合后的文章、图书等衍生品推广分发至网络文化市场中，系统基于智能合约中的条款，根据贡献比例自动为用户分配报酬，进行 IP 版权场景拆分和版税分发，拓宽了 IP 的使用场景。又如，TUNE 的智能合约模式中创作者可自行预设交易条款合同，越过中心化运营平台，实现与购买者的点对点直接交易，最大限度地减少了中心平台对流量和收益的影响，同时使新音乐人有机会与资深制作人直接合作，提高资源利用率，加速 IP 孵化。与此同时，"人民版权"这一区块链平台也正在创造全内容版权生态，向流量平台分发优质的版权内容，并通过重新分配收益的方式激励其他媒体渠道传播版权内容，实现了版权价值最大化。

第三，智能合约的 Token 机制将用户纳入受益范围。在文化产业发展过程中，中心化平台对流量的掌控决定了创作者的收益，一方面创作者的权利无法得到保障，收益分配失衡，且多数资源被大型文化公司垄

---

[1] 解学芳、徐丹红：《"智能+"时代基于区块链技术的现代文化产业版权管理创新》，《福建论坛》（人文社会科学版）2021 年第 8 期。

[2] 董盟君：《区块链+版权保护：以人民在线的实践探索为例》，《新闻与写作》2020 年第 1 期。

断。另一方面受众和粉丝群体则被排斥在产业链之外，作为总体的数据和流量存在，区块链依托智能合约技术实现作品版权 Token 化，从而起到激励用户进行内容生产的作用。例如，TUNE 作为音乐区块链数据库项目，将版权使用中被忽视的用户主体纳入，即粉丝可购买音乐人发行的 Token，持有 Token 的粉丝能享受该音乐人的演绎收入分红，实现对粉丝情感投入的回馈与激励；同时 TUNE 发行的 Token 可用于音乐作品的销售、租赁、打赏、购买广告等，使音乐制作环节中各类贡献者实现价值流通，并同时解决了创作者的收益分配问题，实现需双方重塑音乐产业生态。目前，RecordGram 已成为第一个与 TUNE 合作的 DAPP，通过 TUNE 的 Token 机制鼓励创作、传播、推广和购买，打造了去中心的、多方受益的音乐版权使用与保护的新生态①。

### 三 基于区块链的现代知识产权管理：机制创新

区块链技术的发展对现代文化产业版权保护机制提供了全新思路以及技术支持，"区块链+版权"的组合开始蔓延至文化产业各领域，将带来整个文化市场版权管理机制的革命性创新——基于区块链技术的时间戳实现文化版权精准确认、基于区块链的不可篡改性实现文化版权透明流通、基于区块链智能合约实现去中心化的文化版权高效分发（见图 4-13）。

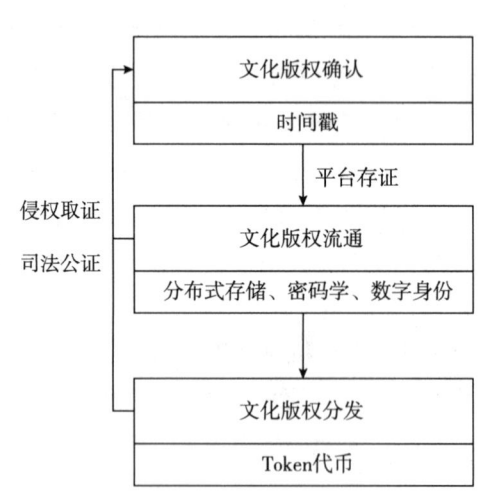

图 4-13 区块链应用于现代文化产品知识产权管理的三大机制

① 解学芳、徐丹红：《"智能+"时代基于区块链技术的现代文化产业版权管理创新》，《福建论坛》（人文社会科学版）2021 年第 8 期。

## （一）基于区块链技术的时间戳实现文化版权精准确认

鉴于文化版权确认的存取证困境，区块链中的时间戳技术可以精准解决版权确认难题，通过其真实、不可逆的特性实现可靠的文化版权确认，从而在微观层面保障作者权益，同时在宏观层面提供文化版权的回顾与管理依据[①]。

第一，版权确认环节是确认版权的完整性和真实性，其基础是完成完善的版权登记，而精准运用时间戳以及树根哈希值是版权登记机制的关键。区块链中的区块包含区块头和区块数据，其中区块头包含区块编号（或被称为"区块高度"）、前一个区块头的哈希值、代表本区块数据的哈希值（可由多种算法实现，如使用 merkle 树算法计算树根哈希值，或直接使用所有组合块数据的哈希值）、时间戳、区块大小等内容；而区块数据则包含一系列业务及分类账本事件，以及其他需要呈现的数据。在文化作品内容创建新区块时，系统会通过加盖时间戳的方式记录区块的写入时间，确认版权生成时间；此后每笔交易都会进行数字签名并加盖时间戳，同时在区块头中存储一个由哈希算法得出的树根哈希值；由于每个区块中都记录了前一个区块头中的树根值，因此通过该值可以对区块链中的版权状态进行追溯，从而实现版权溯源。创作者在区块链平台进行注册并上传作品时，一经身份认证，就可以将作品从最初的灵感形成到最终完成作品创作的整个过程完整记录于区块链系统中，通过加盖时间戳并使用仅由创作者持有的私钥对信息摘要进行加密，形成数字签名，而版权明文信息则保存至本地；区块链的记链接口收到明文信息后将验证签名记入账本，发送至其他节点进行账本同步[②]。未来若公钥持有人成功解锁此作品，则证明此作品的所有权属于对应私钥所有人，即原作者，从而实现作者身份的确认；同时区块链中的时间戳又能提供时间证明，使版权确认包括了身份信息和时间信息以及其他交易信息的确认，实现了确认机制的完整性。可见，基于区块链技术的现代文化版权确认机制区别于传统的版权确认，采用带有时间戳的链式区块结构存储数据，所有数据都按确权顺序进行排列（见图4-

---

[①] 解学芳、徐丹红：《"智能+"时代基于区块链技术的现代文化产业版权管理创新》，《福建论坛》（人文社会科学版）2021年第8期。

[②] 陈宇翔等：《基于区块链的版权保护方法研究》，《电子技术应用》2019年第10期。

14），为数据增加了时间维度，具有极强的可验证性和可追溯性；对于文化版权确权具有开拓性意义，它以较低的成本为创作者提供登记空间，鼓励作者进行版权登记，从版权生成的根源上缓解确权问题，也为版权管理机构减轻了运营负担。

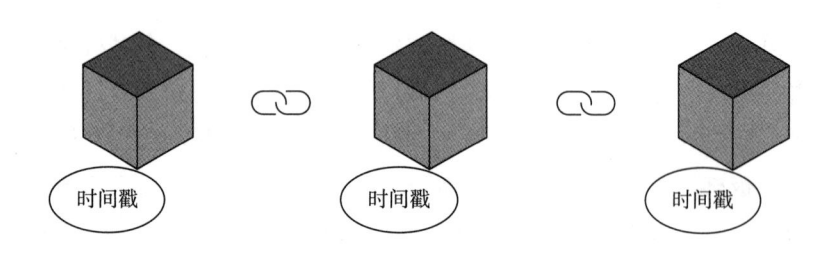

图 4-14　基于时间戳的文化版权确权顺序排列

第二，时间戳是作为文化市场版权数据的存在性证明。区块链的分类账本登记形式使其成为一个存在于数字空间中的记录账本，所有上传内容的版权信息及后续事务状态均记录于其中，汇聚为庞大的版权数据库①。在文化版权确权过程中，作品上传至区块链平台，经过去中心化组网、点对点组网共识算法、可信任化组件加密算法、公私钥双认证智能合约以及自动化程序支付的技术支撑，以唯一的数字 DNA 的形式呈现于市场，而平台储存作品的提交时间、作品内容、作者身份和授权方式。在这一数据库中，作品的提交时间及其真实存在性就由时间戳来证明，时间戳代表了作品被实际上传的时间。每个区块的时间戳都会将上一个区块的时间戳纳入哈希算法，时间戳一旦改变，该区块和上一区块的哈希值将无法匹配，因此使用时间戳能够保证区块链上的数据真实不被篡改②。

第三，时间戳不仅有助于形成不可篡改和不可伪造的区块链版权确认的数据库，也为其应用于公证、知识产权注册等时间敏感的领域奠定基础。目前，已承认时间戳的法律效力，区块链存证可作为侵权事件的

---

①　谭雪芳：《基于区块链的 IP 产业新议程：版权管理、粉丝价值和生态重构》，《福建论坛》（人文社会科学版）2018 年第 12 期。

②　解学芳、徐丹红：《"智能+"时代基于区块链技术的现代文化产业版权管理创新》，《福建论坛》（人文社会科学版）2021 年第 8 期。

法律依据进行公证。2018年9月,《最高人民法院关于互联网法院审理案件若干问题的规定》明确表示互联网法院应当确认通过区块链技术证实的电子数据,由此拓展了文化版权确权新路径,对完善司法取证环节有至关重要的作用。此外,区块链技术为基于互联网和大数据的文化内容生产增加了时间维度,使通过区块上的版权数据与时间戳来重现历史和文化市场发展历程成为可能,以时间线的方式呈现各个时间点的文化作品形式,版权传播方式和授权、交易行为,为文化版权保护提供了更系统全面的数据,为版权管理提供了可靠的历史参照和未来发展指向。

(二)基于区块链的不可篡改性实现文化版权透明流通

区块链的不可篡改性主要是通过时间戳、数字签名、公钥和私钥的运用以及智能合约共同实现的。在区块链的不可篡改性保护下,文化市场版权流通可以高速、透明而有效地进行,实现对版权所有者利益的维护(见图4-15)。

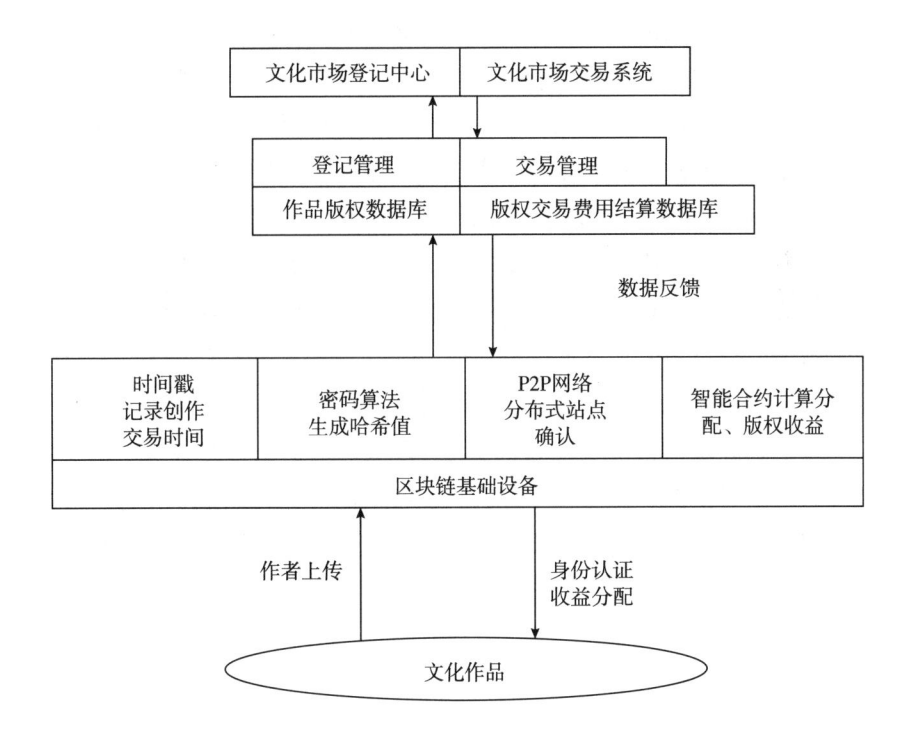

图4-15 基于区块链的文化版权交易流程

第一，区块链的不可篡改性有助于在文化市场中弱化中心机构权力，优化版权流通机制。现代文化市场版权内容的流通主要体现在版权交易环节。版权交易是指作品版权中全部或部分经济权利，通过版权许可或版权转让的方式以获取相应经济收入的交易行为。当前文化版权交易模式主要分为私人直接交易（版权人直接为使用者授权和分发作品）和中介机构介入交易（由版权人将作品授权给机构并确定分成，再由中介机构为作品加密保管最后出售给使用者）两种模式。但这两种模式存在权属不清晰、交易费用高、效率低、使用情况模糊、小微作品交易门槛高、隐私保护有风险、机构中心化控制等多个痛点[1]，既无法保障创作者获得合理报酬，也将创作者置于弱势地位而影响整个文化市场的创新活力。依托区块链建立的文化版权交易流程，一方面以区块链服务器代替了传统模式中的中介地位，另一方面实现了类似于私人授权但具有不可篡改性、更可靠的"新私人授权"模式[2]。

第二，区块链的不可篡改性能够从交易内容、交易数据、交易条约等各方面维持数据在流通中的真实性。基于区块链技术的现代文化版权流通体系可以借助区块链的公共平台来存储交易记录，通过分布式账本进行登记，由利益互不相干的节点对交易进行验证和确认，保证所有用户持有账本的一致性；当系统检测到账本不同时，默认多数节点持有的账本为真实数据，因此数据篡改需要获取51%的节点允许，并耗费巨大的算力计算出区块链中的最长链，这一操作几乎不可能实现；而且所有的流通记录都将永久存储于区块中，授权方式、内容和主体都公开透明，从而保证文化版权交易的合理合法。

第三，区块链技术主导的版权流通环节的透明化特性得以让版权交易流程清晰可溯源，使版权所有者利益最大化（见图4-15）。基于区块链技术的不可更改且高度透明的特征，最大限度保证版权交易数据的真实性以及独立性，避免了版权流通环节可能存在的欺诈行为——经由区

---

[1] 袁啸昆等：《构筑信任，链向未来：区块链技术在著作权领域应用现状研究》，《〈上海法学研究〉集刊（2020年第5卷 总第29卷）——2020世界人工智能大会法治论坛文集》，2020年。

[2] 解学芳、徐丹红：《"智能+"时代基于区块链技术的现代文化产业版权管理创新》，《福建论坛》（人文社会科学版）2021年第8期。

块链验证并达成共识的文化版权信息一经写入便无法抵赖，即使有抵赖情况发生，系统也会根据智能条约中签订的内容直接将报酬转至版权方，以强制的技术方式进行信任背书，从而保证文化版权内容流通过程中的可信任性，使版权所有者免于陷入利益分配纠纷。而且版权方能够加密版权内容，在保障数据不被篡改的同时保护了版权所有人的隐私。现有的区块链加密技术有混合器、环签名、零知识证明、同态加密和通道技术，可采用交易证书、公钥私钥等工具，在不呈现个人真实身份的情况下实现可信交易，进一步保障了版权内容所有者的隐私权；同时文化版权流通过程中的不可篡改性对于版权内容的防伪溯源也发挥着重要作用，版权的流通过程被区块的哈希值系统化地串联起来，通过任意一个区块的哈希值都可向上追溯至版权所有者，并且能够使用公钥检测版权所有人身份，为版权防伪上了双保险。从优势来说，区块链在文化版权特定交易条件下触发自动流程，不需要中间平台的接入，可以解决文化版权内容访问、分发以及获利环节的各类信任问题；同时，时间戳以及分发存储的功能有助于维护创作者利益，营造鼓励行业持续创新的生态。

（三）基于区块链智能合约实现去中心化的文化版权高效分发

智能合约技术是区块链的核心技术之一，也是实现各类衍生功能的重要技术基础。智能合约作为信用中介介入文化版权分发，不仅能维护文化市场信用、降低成本、提升创作者地位和实现 IP 的创新化运营，还可以为文化版权输出创造可能性[1]。

第一，区块链可以通过智能合约来保障文化市场承诺的履行。智能合约是一套以数字方式拟定的承诺，以计算机程序的形式存在于共享区块链账本上，由事件驱动。它预设了版权分发过程中的多种可能状态以及分发规则、触发情景、特定情况下的应对反馈等，可依赖程序化合约嵌入区块链中的各种资产和交易，从而利用编程控制将市场和资产纳入可定义的范围内。各个参与版权分发的主体可依据智能合约所制定的违约条件、违约责任和外部核查数据源等内容达成一致，在现代文化产业

---

[1] 解学芳、徐丹红：《"智能+"时代基于区块链技术的现代文化产业版权管理创新》，《福建论坛》（人文社会科学版）2021年第8期。

体系中自动执行合约，从而摆脱任何中心机构[①]。智能合约版权交易体系可以对作品所有数据信息进行版权存证，并据此拟定一套完整的合约，版权内容的交易者可在作者创作作品的任何一个阶段参与进来，设定彼此的权利、义务并通过智能合约规范和记录，从而显著提升文化版权交易市场的效率。与此同时，区块链可实现对版权分发流程的实时监控，对外部数据源实施扫描和检测后触发智能合约的预设条件并自动执行预设程序，从而使文化版权分发具有自治、自足和去中心化的特征。在各方监督下，文化版权内容的智能合约符合条件时会自动执行，无法干预、操纵、反悔和篡改，在可信数据的基础上保证了版权分发运行结果的可靠度，维护了文化版权市场的秩序[②]。

第二，文化版权领域内引入智能合约有着自动化、低成本、事前预防的优势。以往的 IP 版权使用范围具有较大的局限性，授权过程也十分冗繁，作品须进行复杂的授权申请或经过第三方交易平台方可获得使用权，耗时耗力且创作者无法获得应得的回报。智能合约的 IP 授权方式以技术为中介，在一定程度上避免了传统 IP 交易中的信任危机和第三方平台的压制，将创作者置于 IP 交易生态的中心。一是智能合约的主要优势是自动性。互联网时代的版权流通需求无处不在，从作品的保存、分享到使用都牵涉到版权的转移和交易。智能合约运行的自动性体现在交易主体的自动性和交易规则实施的自动性上，双方无须亲自出面即可完成交易，为创作者省去大量时间成本，同时版权主体能够通过自行编写智能合约对版权的各项内容进行区分界定，限制使用方式和使用范围，按预设程序自动结算报酬的方式也避免了双方沟通产生的误会和描述中的模糊性，实现清晰明确的即时操作，确保版权的合法使用，也鼓励了受众的知识付费行为。二是智能合约具有低成本优势，其为计算机程序进行资产划拨的过程运行成本低，交易采用自动化的点对点交易模式规避了代理平台和中间商的分账，降低了版税管理成本、版权管理成本和运营成本，也降低了沟通成本和时间成本，从而降低版权交易的

---

[①] 谷月：《区块链技术在公共管理领域中的应用研究》，《今日财富（中国知识产权）》2019年第3期。

[②] 解学芳、徐丹红：《"智能+"时代基于区块链技术的现代文化产业版权管理创新》，《福建论坛》（人文社会科学版）2021年第8期。

第四章 | 区块链技术主导的现代文化产业体系智能运行机制：理论与实践创新

门槛，使版权交易普及至小微文化市场和个体创作者。三是智能合约将事后议价流程和支付规定转移至流通过程前，具有事前预防性。侵权行为的发生通常是由于未经商议和未经付费而擅自使用，智能合约将这一流程提前规定在作品信息中，流通行为与支付行为一一对应，即时转账，从而有效地防止大部分侵权行为。

第三，智能合约技术除了适用于文化版权的内部管理外还适用于全球范围，为文化版权走向世界开辟了新航道。Token 作为区块链系统中的特定权益证明，通过用户对文化作品的分享、点赞等劳动力贡献进行分发和流通，即基于智能合约的文化版权交易通过 Token 将作者和用户的收益转化为虚拟代币，量化了 IP 价值，实现了文化市场规模增值。例如，美国柯达公司和英国媒体公司 WENN Digital 合作推出了柯达币（KodakCoin）作为 Token，无须经过各国货币兑换便可进行付款，实现了文化版权的跨国界流通。可见，Token 机制是实现中国优秀文化作品的版权"走出去"的契机，用区块链将"中国故事"链接至海外平台，依靠自动可信的智能合约交易系统打入国际文化市场，有助于不断提高中国文化产业国际竞争力。特别是 2021 年上海树图研究的区块链在共识算法方面取得突破，其自主研发的 Conflux 树图公有链系统 1.0 成为"全球第三代公有链"，打破了欧美的垄断，为加快中国区块链技术在文化领域应用能力的跃迁提供保障[1]。

由此，随着区块链技术渗透至文化市场，文化版权的管理产生了新的可能性，为传统版权管理难题打开了突破口。在确权方面，时间戳技术实现文化版权确认的机制，作为存在性证明在文化市场和司法求证中获得新应用；在版权流通方面，区块链的不可篡改特性在一定程度上解决了数据和内容篡改、非法流通等问题；在版权分发方面，区块链技术对版权分发机制进行去中心化调整，为版权使用和增值创造机遇，重构了版权管理体系，实现低成本、高效率的自动化分配，为版权的全球化流通奠定基础。不过由于区块链技术尚未完善，仍存在漏洞——如经过原作者细微改动的作品也会因算法生成新值而被认定为新作品，从而产

---

[1] 解学芳、徐丹红：《"智能+"时代基于区块链技术的现代文化产业版权管理创新》，《福建论坛（人文社会科学版）》2021 年第 8 期。

生重复上链的问题；区块链的不可篡改特性会导致某些失误操作被永久留存，也可能限制原创者修改自己的作品或授权方式的权力等问题……集体版权管理机构仍是版权管理中不可或缺的一环。

在未来，区块链将发挥其中介作用，承担版权管理与存储的责任，而版权管理机构的重心将由技术转移至社会责任上来，完成机械信任所不能完成的版权规范与版权引导。与此同时，在消费者层面提升用户知识付费意识；在创作者层面鼓励知识产权所有者进行内容创新，并利用技术实现创意变现；在市场层面规范各类平台，构建合理高效的版权确权、用权和维权流程，创造良好的文化创作和版权环境；在国际层面加强文化沟通与技术合作，利用区块链的互联互通特性加速中国原创 IP 的国际化进程。

# 第五章

# 现代文化产业体系治理能力跃迁：智能技术与制度协同

　　智能技术所拥有的强大且快速的算法与算力，通过与制度的协同创新，二者可以聚变为契合现代文化产业体系的现代化治理能力。在这一过程中，治理内容、治理技术、治理制度之间的"三位一体"至关重要。在治理内容维度，主要表现为治理主体的多元联结、治理客体的靶向覆盖、治理机制的纵深改良，人机协同的产业融合趋势以及智能有序的产业配置体系则确保了现代文化产业体系安全系数和能力的提升；在治理技术维度，数据智能挖掘、数据智能处理、人机混合智能分别构建起风险自动识别机制、智能预警系统、智能应急管理体系，技术间的聚合效应不仅为产业内万物互联共享提供强力支撑，也进一步保障这一过程的安全性与规范化；在治理制度维度，作为内生变量的制度设计通过普惠性、科技伦理、数据规制、版权保护等维度的政策创新，不仅促进智能技术在现代文化产业体系中的应用，也在很大程度上对技术失范问题做出有效回应与防治。

## 第一节　治理命题：迎合现代文化产业体系不断健全新诉求

　　技术与制度之于经济增长、产业发展的主导地位之争由来已久，出于对技术"双刃剑"效应的顾虑，在过去很长一段时间内，当谈及文化产业的治理议题时，技术视角常被悬置，或是仅被视为制度规制的对象。然而，作为面向未来的爆发性科技，以 AI 为代表的智能技术不断创新并逐渐深入赋能现代文化产业体系，单一的制度创新视角显然不足以应对 AI 时代愈加宽广的文化产业治理边界，在此背景下，治理命题成为迎合现代文化产业体系不断健全的必然诉求。

自近代科学技术赋能文化生产领域伊始，技术浪潮与文化产业形态及文化市场更迭产生了愈加紧密的联系，同时各细分领域的制度演化也在一定程度上受到助推。放眼当下，作为一项引领人类生产生活领域颠覆性变革的战略性科技，智能技术俨然成为推动新一轮现代文化产业体系变革的前沿驱动力，不仅重构了传统文化产业链上的各个环节，还催生了智能时代的新型文化市场，使智能时代的现代文化产业体系与文化市场体系建设逐渐浸润于以 AI 为底色的生态环境中。

然而，由于 AI 深度学习模型的"黑箱"问题悬而未决，人机和谐共处尚处于探索阶段，尽管智能技术与文化产业在外部产业链的深度融合正逐步实现，但二者在内部价值链的摩擦却有增无减，AI 技术的"双刃剑"效应使现代文化生产和实践过程中的失序现象频生。在此情况下，变革现代文化生产体制机制、加强文化市场法律规约显得尤为紧要，即只有以技术和制度的协同创新推动现代文化产业体系的"善治"，才能最终实现 AI 领域的"善智"。

纵观文化产业治理的进程，每次治理模式的跃迁都必然伴随着治理主体的进一步多元化、治理客体的进一步靶向化，以及治理机制的进一步改良化。在经历了市场化制度改革所推动的"合作治理"模式和互联网技术变革所主导的"公共治理"模式后，如今的智能化浪潮正是一个崭新的、推动现代文化产业体系治理再次跃迁的历史拐点，现代文化产业体系的健全正大步向着由制度创新和智能技术创新协同驱动的"精准治理"模式迈进。

基于此，将进一步从治理主体多元化、治理客体靶向化、治理机制改良化这三个维度构筑人机协同、智能有序的现代文化产业体系精准治理内容框架，以数据挖掘、数据智能、混合智能为核心搭建现代文化产业体系精准治理的技术框架，最终导向基于智能技术的现代文化产业体系精准治理制度框架（见图 5-1）。

第五章 | 现代文化产业体系治理能力跃迁：智能技术与制度协同

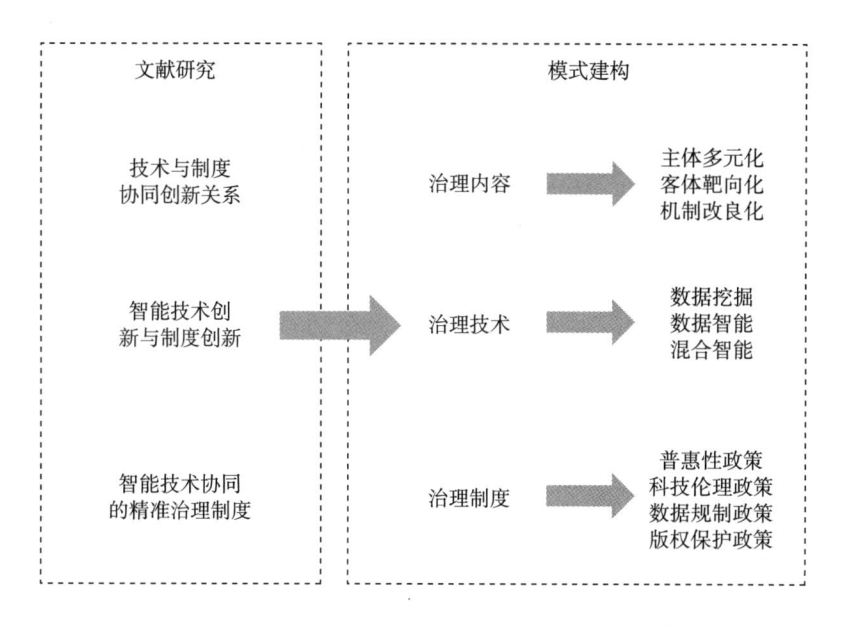

图 5-1 智能技术与制度协同的现代文化产业体系精准治理框架

## 第二节 治理原则：构建现代文化产业体系的精准治理基准

技术创新与制度创新经历了从何为主导的对立到交替共进的互动，至此一种由技术与制度协同引领的创新系统得以成形[①]，为包括现代文化产业体系在内的多个领域提供创新发展的理论基础。智能时代的来临昭示着技术的新一轮迭变，智能技术已然成为引领现代文化产业体系发展的第一要素；但与此同时，基于国际贸易危机、国内社会矛盾转化的宏观背景，加之智能科技浪潮所带来的对创意和价值的挑战、对伦理和产业边界的入侵，现代文化产业体系治理被赋予时代诉求。与此同时，智能技术与制度的协同创新为现代文化产业体系治理注入了"精准化"内涵，以及以民众文化需求为导向、以 AI 技术为支撑、以文化产业政策匹配为目标的根本属性。

---

① Freeman, C., "The National Innovation System in Historical Perspective", *Cambridge Journal of Economics*, Vol. 19, No. 1, 1995, pp. 5-24.

205

以 AI 为主导的现代科技所引发的智能化浪潮在给现代文化产业体系带来革命性变化的同时，也引发文化内容创意缺失、文化价值属性模糊的困局，智能技术自身的无边界发展特性使其形成对产业边界和人机边界的进一步入侵；与此同时，国际贸易危机背景下中国文化产业全球价值链地位亟待提升，国内主要矛盾转化背景下民众对于美好文化生活的需求亟待实现。上述四个方面分别从产业融合、技术特性、国际局势、国内需求的视角出发，共同向 AI 赋能的现代文化产业体系提出了精准治理的时代诉求（见图5-2）。

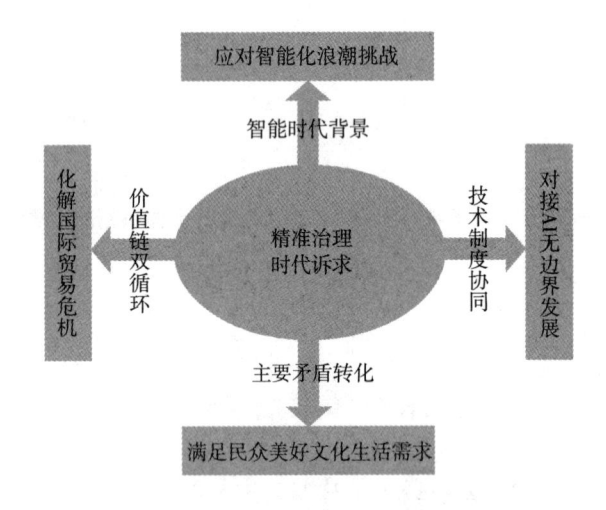

图 5-2　智能时代现代文化产业体系治理诉求

### 一　智能时代应对智能化技术浪潮挑战的诉求

随着同 AI 相关产业的融合程度不断加深，现代文化产业体系的发展受到机器学习、自然语言处理、语音识别、计算机视觉等越来越多人工智能领域新技术的驱动与支撑，其生产模式、市场运作、传播模式、消费体验均产生了深刻变革。在文化产品生产环节，通过智能元素的加持，诸如 AI 写稿、AI 编曲、智能选片等契合现代文化产业内容生产和表达方式的新业态新模式应运而生，传统文化产业的创作形式、生产效率和产品内涵均得到了颠覆式的革新；在文化传播模式环节，AI 算法基于大数据的多维智能分析，使文化内容的智能审核、新型文化产品和服务的靶向营销与推送成为可能，并在此基础上进一步由用户被动接受转向人机交互传达，实现传播链路与渠道的延拓；在文化消费体验环节，智能技术带来基于长尾效应的个性化消费内容，打破了传统文化产业规模经济的限制，刺激文化消费需求的开放与升级（见表5-1）。

表5-1　　　　　AI赋能现代文化产业体系的技术实践

| 赋能环节 | 文化产品生产 | 文化传播模式 | 文化消费体验 |
| --- | --- | --- | --- |
| 作用形式 | 创新文化创作形式<br>提升文化生产效率<br>丰富文化产品内涵 | 拓宽文化传播渠道<br>提高渠道传播效率 | 刺激文化消费需求<br>提升文化消费体验 |
| 融合实例 | AI写稿、AI编曲、<br>AI绘画、AI选片 | 虚拟主播、大数据推送、<br>智能审核 | 沉浸式展览、智能聊天、<br>虚拟演出 |

然而，在智能时代现代文化产业体系各环节被技术赋能的实践发展过程中，智能技术同样在内容创意和价值属性两个层面带来挑战。一方面，就内容创意层面而言，AI赋能现代文化生产模式的基本技术逻辑是基于智能程序对现有文化产品进行大量、快速的深度学习，从而进行"从有到有"的二次创造，与人脑基于文化内涵的"从无到有"的原创概念有着本质区别，在此意义上，AI文化产品的出现显然使精神文化的表达受到折损；与此同时，AI作为技术理性高度发展的阶段性成果，预示着新机械复制时代的来临，文化产品的智能化有可能推动大众化、商品化在现代文化产业体系领域内深入根植，文化"灵韵"亦将在此过程中进一步丧失。另一方面，就价值属性层面而言，智能技术的价值中立性往往使基于供需匹配的大数据智能分析手段过分关注新兴文化产品的市场经济效益而忽视其人文伦理价值，利用AI生成的虚假新闻报道、恶意剪辑视频和不良文学作品将给现代文化产业体系领域内的公共文化安全和价值伦理规范带来巨大风险与隐患。

二　价值链双循环下化解国际贸易危机的诉求

全球新冠疫情冲击下国际贸易显示出的萧条现象，其实反映出了本轮国际贸易危机同当前全球价值链分工演进趋势千丝万缕的联系：产品生产流程中反映中间需求的模块伴随全球价值链分工的迅猛发展被越发细致地延伸、解构为不同子模块，当风险因素顺次透过中间产品的需求关系，在整条价值链上不断放大自身效果，最终便会演化为国际贸易危机[1]。纵观当前全球价值链，传统制造业和传统国际贸易范式仍然为其构成基础，也就是说，发展中国家在嵌入全球价值链的过程中，不仅难以做到产品工艺、功能的自动快速升级，更无法轻易实现产业全球价值链的高端跃升[2]。智能时代的来临与新兴文化产业形态无疑为发展中国家嵌入全球价值链带来转机，而如何应对疫情裹挟下的本轮全球贸易危机同样也是智能时代现代文化产业体系研究密切关注的命题。

作为中国双循环战略中的重要环节，现代文化产业体系的不断健全正逐步成为拉动内需、推动社会经济整体增长的重要动力。一方面，从全球价值链与"双循环"格局来看，中国把握人工智能、5G技术发展红利及其产业化所带来的部分领先优势，促进了AI、大数据、区块链等应用领域技术与现代文化产业体系的深度互融，在提升产业附加值的同时构成了基于智能技术与制度协同的现代文化产业体系的治理基础。另一方面，从全球价值链的国内循环视角来看，唯有通过以智能化新兴文化产业为代表的现代文化产业体系实现提质增效，才能畅通、优化国民经济内循环，引领中国新经济实现从"跟跑"到"领跑"的弯道超车。所以，智能技术与制度协同视角下的现代文化产业体系治理对应着国内国际双循环相互促进的战略诉求，是中国提升在全球价值链分工中的国际地位、防范并化解国际贸易危机的重要举措。

### 三 主要矛盾转化下满足美好文化生活的诉求

基于新时代中国特色社会主义的发展成绩和发展阶段，习近平总书记在党的二十大报告中指出：我们要"明确我国社会主要矛盾是人民日益增长的美好生活需要和不平衡不充分的发展之间的矛盾，并紧紧围绕这个社会主要矛盾推进各项工作，不断丰富和发展人类文明新形态"。根据马斯洛需求层次理论，人民愈发广泛的对于美好文化生活的需求实现了低层级需求向高层级需求的发展，本质上是兼顾物质基础层

---

[1] 戴晓芳等：《危机冲击下全球贸易如何"崩溃"》，《国际贸易问题》2014年第12期。

[2] Humphrey, J. and Schmitz, H., "Developing Country Firms in the World Economy: Governance and Upgrading in Global Value Chains", *INEF Report*, University of Duisburg, 2002, pp. 25–27.

面"量"的累积与精神内涵层面"质"的提升。

智能时代回应并满足人民对于美好文化生活的需求——尤其是精神文化层面——并内化为智能时代现代文化产业体系发展的目标与动向，指引着文化产业领域内实现由高速增长到高质量发展的模式转换，而当今智能化浪潮无疑在供给侧为这种模式转换带来动力与契机。一方面，从现代文化生产体系的供给端来看，智能技术依托其用户数据规模化获取、生产模式深度化学习、产品内容自主化生成、信息序列智能化共享等优势，能够精准分析渐趋多样化、个性化的文化消费需求，将最大限度实现文化产品供给端与用户需求端的匹配。另一方面，从文化政策的供给来看，智能技术作为治理工具，为政府治理描绘了一幅崭新的图景，原本单一化、线性化的治理手段逐渐向着智能化、数字化、个性化、网络化以及非线性化方向发展，原本静态的治理结构转向协同化、扁平化、弹性化的动态网络型灵活治理结构，原本条块分割型的治理机制转向具备快速反应、包容创新等一系列适应智能时代特点的超级合作型治理机制。综合上述两个方面不难发现，运用 AI 等先进技术推动现代文化产业体系向高质量进阶是适应我国社会主要矛盾变化的必然要求，在"人工智能+文化产业"的创新实践过程中，中国文化产业要想寻求高质量发展，其在供给端的根本路径需要着眼于智能技术与制度协同驱动下的现代文化产业体系治理精准化。

**四 技术与制度协同驱动对接无边界扩展的诉求**

所谓智能技术与制度的协同，是指现代文化产业体系治理过程中，智能技术与制度设计既有相互牵制的一面，又有相互作用、相互支撑的一面。从智能技术创新的维度出发，一方面，智能技术的颠覆性、复杂性所引发的技术变革牵动着现代文化产业体系各细分领域内的变革，不断催化新制度的出台。另一方面，AI 技术同社会发展的关联紧密，AI 无边界拓展带来的人文伦理与科技伦理风险将进一步加剧，现代文化产业体系的制度创新将面临更为严峻的考验。

智能时代 AI 的无边界扩展使人机边界模糊，从而有可能引发人文伦理的失调和文化创意的失效。一是 AI 虚拟主播、日益增多的 AI 语音机器人等在拉近人类与 AI 距离的同时，也引发了人机"心智边界之争"：未来 AI 自我认同的意识一旦形成，能否被认定为道德主体，又是否会进一步对人类在现实意义上的生存构成挑战,以及智能时代的人类与 AI 系统应当以何种伦理关系共处都将成为难题。二是随着智能技术赋能现代文化产业体系的深入化,大众数据隐私风险加剧,"信息茧房""算法歧视"等问题也随之凸显,尤其是基于智能算法推荐技术的新型文化产品鼓励回避复杂社会问题,极易造就民众的"城堡式心态"[①]。三是从 AI 入侵现代文化产业体系边界的角度来看,人类的创意正面临前所未有的挑战与困局,AI 智能写稿、AI 绘画软件、AI 合成音乐以及 AI 策展项目,无一不从根本上动摇着以精神生产为主导、以人类智慧为核心的文化产业传统"守则"。因此,在现代文化产业体系领域内,人类所面临的产业边界入侵风险表面上看是因为超智能机器的出现,但实际上是因为创意受损后低智能人的出现[②]。

以上三个方面本质上反映出现代文化产业体系治理的焦点议题,即对智能技术风险的规避和对 AI 入侵边界的反思,亟须探索 AI 进入边界和以人为本之间的平衡问题。由此,通过制度创新将人机混合共生新形态纳入现代文化产业体系精准治理的顶层设计中,并做出预警性制度安排至关重要。

## 第三节　治理内容:构建现代文化产业体系的精准治理模式

AI 引发的第四次科技浪潮为文化产业全领域带来颠覆式变革,"智能化""网络化""数字化""个性化"成为文化产业在智能时代的关键词。为了实现文化产业资源要素与 AI 技术要素的深度融合,基于智能技术与制度协同的现代文化产业体系治理模式也必须在现有内涵和特征上进一步延伸,通过强调治理的精准化,达到同整体产业体系的高度契合。

---

① [英]安吉拉·默克罗比:《后现代主义与大众文化》,田晓菲译,中央编译出版社 2001 年版。

② 陈静:《科技与伦理走向融合——论人工智能技术的人文化》,《学术界》2017 年第 9 期。

第五章 现代文化产业体系治理能力跃迁：智能技术与制度协同

## 一 智能技术与制度协同的精准治理内涵

自演化经济学与新制度经济学理论视域融合伊始，制度逐渐被定义为一种特殊的、具有广泛社会性和普适性的技术。由此，制度在产业演化模型的诸多变量因素中，正式获得与技术同等甚至引领技术的地位。随着新式算法的横空而来，以及超级计算、传感网等新技术的广泛应用，AI不仅为人类世界描摹了一个新的社会创造物和机器广泛介入的新型社会形态，更赋予智能时代技术与制度协同这一命题以新的内涵，即智能技术与制度在产业演化模型中被置于彻底平等的地位，以交替互补的形式共同引领产业的转型升级。

以AI为典型代表的智能技术揭开了继哥白尼革命、达尔文革命、神经科学革命之后的"第四次革命"[①]——数字革命的序幕，一个由互联网、大数据、AI三重叠加的"后人类时代"正面向我们走来。回顾并展望智能技术对文化产业领域的赋能，将大致经历弱AI与强AI两个发展阶段。弱AI阶段依托于单台智能机器的自我深度学习和反复强化，基于特定数据模块、内容序列和AI算法，并结合商业价值与艺术美学的双重标准，实现智能时代文化产业全产业链上的智能生产、智能评估、智能反馈、智能优化；而强AI阶段不仅具备处理更为复杂的多维任务的能力，更进一步实现了智能化与全球化的聚合，即大数据全覆盖、终端云端齐运作、云存储云计算共开启的全球互联[②]。AI技术正逐步超脱于单维的技术概念，并在传统文化产业领域的基础上形成一个结构丰富、层次分明、具备各种信息处理能力的多维文化产业空间。从这一意义上来说，智能时代的现代文化产业体系要遵循"AI+文化"的发展理念：在产品要素方面，以智能技术融合引领新型文化传播方式，以文化IP授权充实人工智能产品内核；在创新主体方面，主要依托于高新技术与文化融合型企业组织，以及文化企事业单位与人工智能企业的项目合作；在产业形态方面，文化旅游、新闻出版、演艺娱乐、传统艺术等传统经营性文化行业同大数据、物联网等智能行业融合，智能文旅、数字出版、智能文娱、数字艺术等新的文化业态应运而生，形成智

---

[①] ［意］卢西亚诺·弗洛里迪：《第四次革命》，王文革译，浙江人民出版社2016年版。
[②] ［英］玛格丽特·博登：《AI：人工智能的本质与未来》，孙诗惠译，中国人民大学出版社2017年版。

能化、数字化、在线化的现代文化产业集群（见图5-3）。

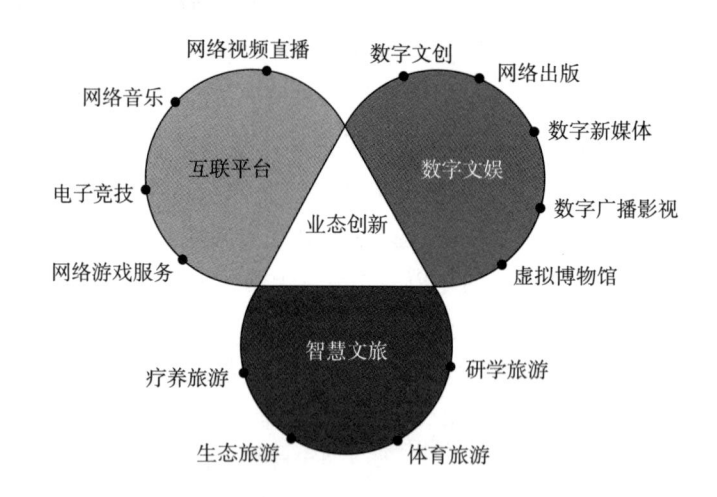

图5-3 智能时代现代文化产业体系的业态创新

不可否认的是，AI赋能现代文化产业体系的核心优势及其背后真正的隐忧均来自"精准"。有学者曾指出，AI虽被认为可以解构人类社会，但其本质只是拥有高精度的预测能力[①]。事实上，尽管AI存在算法类型和理念的差异，但任何AI算法经过层层抽象都可以被囊括进"表示—评估—优化"的链路模型。也就是说，AI的"精准"来源于其深度学习，而深度学习所仰赖的数据和算法本质都是人为设定、建构的。因此，在这一层面上，以往学界所热衷探讨的文化产业领域内的AI与人类之争其实并无太大意义，更为紧要的是厘清智能技术与制度协同视角下现代文化产业体系精准治理的内涵特征与内在逻辑，并围绕"治理什么"和"如何治理"进行模式建构。

目前，对于智能技术与制度协同的现代文化产业体系治理研究中，相关内涵的界定其实并未得到明确，但是关于AI赋能产业的精准治理却有着以下两种定义：一是基于产业转型的实践角度，将"产业管理"向"产业治理"的路径转换和"精细化"向"精准化"的操作转换合

---

① ［日］松尾丰、盐野诚：《大智能时代：智能科技如何改变人类的经济、社会与生活》，陆贝旎译，机械工业出版社2015年版。

第五章 | 现代文化产业体系治理能力跃迁：智能技术与制度协同

二为一；二是从范式生成的理论意义出发，认为智能时代背景下的产业治理精准化是以其"问题效应"实现对传统产业管理模式中"工具效应"的超越[①]。鉴于此，在界定智能时代现代文化产业体系精准治理内涵时，不仅需要对照文化产业的传统治理模式，更要充分结合理论和实践两种角度。换言之，智能技术与制度协同的现代文化产业体系精准治理是指：从技术视角出发，以智能技术催化新制度，充分利用 AI 技术形成的智能知识网络建构现代文化产业体系风险管理体系；从制度视角出发，以制度匡扶新技术，以依托多元主体在政策上的合作共治，兼顾智能技术赋能现代文化产业体系的激励与规制措施；从技术创新与制度创新协同视角出发，是治理主体多元化、治理内容精准化、治理手段技术化、治理制度预见性的新型治理思维、治理理念、治理方式与治理机制的集合。

## 二　智能技术与制度协同的精准治理特征

技术与制度之间既有对立矛盾，又展现着和谐互动，故而现代文化产业体系领域内的智能技术创新与制度创新亦显示出相互作用而又相互支持的内在张力。不过，这种内在张力在维护变量之间平衡状态的同时，也进一步推动智能技术与文化产业制度之间的紧密联结，从而最终达到二者在产业治理目标导向上的高度协同，实现经济效益与社会效益的高度统一。在此过程中，基于智能技术与制度协同的现代文化产业体系治理被赋予了"精准"的核心要义，具体表现为治理内容维度上需求精准化导向、治理技术维度上技术精准化支撑，以及治理制度层面上政策精准化匹配这三个方面的特征（见图5-4）。

### （一）治理需求精准化导向

AI 驱动精准治理，其价值内核依然紧扣对社会主流价值的回应与民众需求的满足，故而从内容设计层面来看智能技术与制度协同下的现代文化产业体系精准治理，其首要特征也势必以主流价值诉求与民众文化需求为导向。人工智能之于政府治理有着不可或缺的作用，而公共部门运用前沿信息技术进行精准预判、决策与行动的目的归根结底还是在

---

[①] 李大宇等：《精准治理：中国场景下的政府治理范式转换》，《公共管理学报》2017年第1期。

于为社会大众文化自信建构与文化需求满足提供更好的服务。

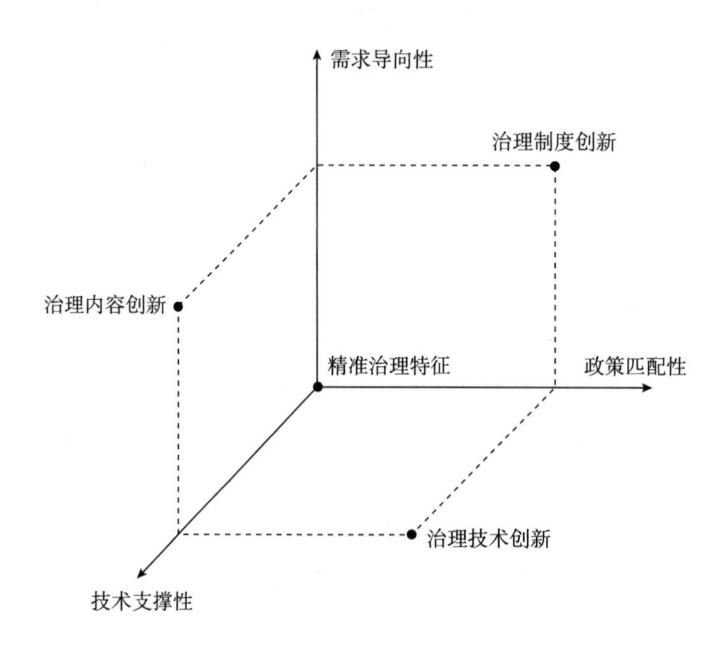

图 5-4　智能技术与制度协同的精准治理特征

随着国民经济的飞速发展和智能科技的日新月异，民众生活水平大幅提高，关乎人民全面发展的文化需求也逐渐呈现出多样化、个性化趋势，且难以再折中满足，文化产业传统治理模式的"能力赤字"此时便暴露无遗。尽管对公民文化需求秉持同样的重视态度，但其被动化地采取"先问责、后响应、再善后"的治理机制，既无法准确回答"智能时代人民群众文化需求是什么"这一前置性问题，也无法及时回应智能技术驱动背景下现代文化产业体系领域内的治理诉求，甚至由于误判需求还会产生无效的文化政策。

相较之下，智能技术与制度协同下的现代文化产业体系精准治理一反传统治理模式的结果导向，以一种正本清源的姿态，从着眼问题的解决反馈转向强调问题的源头探索。具体而言，就是以民众文化需求作为内在原动力，通过大数据、AI 等智能技术对其进行层级化、类型化分析，全方位甄别并归纳民众文化需求方面的热点和痛点，在这一基础上进行后续的资源配置和政策传递，有效弥合文化需求与政府治理之间的

"结构距离"。

（二）治理技术精准化支撑

现代文化产业治理的一大突出特点在于其技术性，即技术总能借由效益和效率的双重价值指引，以其自身独有优势参与产业治理。回顾文化产业治理的发展历程，几乎每一次治理模式跃迁都受到了新的科学技术革命的推动，而现代文化产业体系的"精准治理"理念正是在人工智能技术的催化下形成的。AI 赋能下现代文化产业体系精准治理的关键在于 AI 技术对现代文化产业体系各环节、各领域把控的精准程度，实现"精准"的前提莫过于以智能技术进行内容识别与监测，因而从技术路径层面来看，智能技术与制度协同下的现代文化产业体系精准治理，其特征重点表现为以 AI 技术为支撑。

从产业实践的眼光来看，智能技术之于现代文化产业体系精准治理的支撑性可以具象化为算法决策，并进一步形成数据化、智能化、精确化三个方面的技术性特点。一是算法决策的数据化对应着治理的客观性与公正性，在一定程度上提升了智能时代现代文化产业体系治理的程序正义；二是算法决策的智能化牵引出智能时代现代文化产业体系治理在信息收集与整合过程中的自主性，有效兼顾了治理的决策效率与制度成本；三是算法决策的精确化直接影响着智能时代现代文化产业体系治理的精准性，依托人工智能的数据挖掘与分析能力，在面对复杂而又宏大的数据体系时准确识别其中的知识性规律，进一步解决了传统治理决策受制于人类有限理性的困境。

不过，技术支撑性并非仅强调 AI 在实现现代文化产业体系的精准治理这一过程中所发挥的工具价值，它同样意味着作为新时代经济基础的 AI 正以催化制度变革的形式，推动现代文化产业体系治理理念的跃迁。例如，在公共文化服务领域内长期遭受非议的供需结构畸形问题在 AI 技术的协助诊断下逐渐得到调整与改善，其背后的本质实则是 AI 技术推动了现代文化产业体系治理主体的多元化、合作化与治理客体的靶向化、个性化，使公共文化服务供给在理念上实现了从供方驱动到需方驱动的转变，精准供给体系由此得以形成。

（三）治理政策精准化匹配

长久以来，文化产业政策通过制度支援的方式引导美学创造、经济效益与集群生活方式，被视为沟通美学、经济学与人类学的桥梁。托比·米勒和乔治·尤迪思以法国哲学家福柯的"治理术"概念解读文化产业政策的内涵，指出文化产业政策的实质是近现代国家在文化产业领域构成治理性知识体系或规训系统的重要环节[1]。可以说，无论时代背景如何、产业环境如何，政策都是在谈及治理时绕不开的核心议题。此外，以 AI 为代表的智能技术来势汹汹，在扩展现代文化产业体系边界的同时，也带来诸多伦理、法律方面的挑战。在此情况下，如何使政策制度变革紧跟技术迭代脚步就成为当今时代文化产业治理的关键所在，于是，智能技术与制度协同下现代文化产业体系精准治理的第三个特征便呼之欲出，即以精准的文化政策匹配为目标。

正是因为在重塑产业治理理念与出台新的产业政策之间有着同生同构的联系，所以政策匹配既可以说是智能技术与制度协同视角下现代文化产业体系精准治理的主要表现形式之一，也可以说是推动治理模式进一步精准化发展的因素。具体而言，现代文化产业体系的政府治理需要以智能技术引导下所产生的新的思想观念与行动模式为基础，只有将产业内新型文化要素嵌入不同维度的文化产业政策中，才能实现多元文化主体之间的良性互动，以及传统与新文化产业形态之间的有效聚合。当然，尽管智能时代现代文化产业体系的精准治理模式建构离不开产业政策的革新与适配，但不论是治理理念的重塑还是政策法规的匹配，本质上都是为文化产业升级制定新的游戏规则：理念层面主要表现为诸如"设置""限定""规范""控制"等传统文化产业管理模式中的关键词被纳入现代文化产业体系的精准治理中，二者功用合二为一[2]；落实到政策层面，匹配性则意味着政策类型实现了由规制政策向治理政策的让渡，而政策焦点发生了由文化产品服务向文化生产链路的转变。

### 三 智能技术与制度协同的精准治理模式

现代社会治理活动的基础离不开技术与制度的协同。一方面，AI可以借助计算机这一载体踏足人类社会的公共文化领域，因而智能技术

---

[1] ［澳］托比·米勒、［美］乔治·尤迪思：《文化政策》，刘永孜、付德根译，南京大学出版社 2017 年版。

[2] ［英］克里斯·比尔顿：《创意与管理：从创意产业到创意管理》，向勇译，新世界出版社 2010 年版。

作为制度的挑战者，成为现代文化产业体系治理的聚焦对象可谓必然。另一方面，AI 领域内相关研究和技术水平的迅猛发展所带来的一系列链式突破，也将推动现代文化产业体系治理的制度框架建设向着精准化、智能化飞速跃升。可见，AI 赋权、制度创新与现代文化产业体系治理在本质上是一种三维互动的协同关系，这也为建构智能时代现代文化产业体系的精准治理模式提供了新思路：在以治理内容为核心的基础上，进一步纳入智能技术创新与制度创新的协同视角。鉴于此，智能技术与制度协同的现代文化产业体系精准治理模式构成主要包括以下维度。

第一，在治理内容维度，智能技术与制度协同的现代文化产业体系精准治理以内容分类优化为基础，通过技术创新扩散、制度前瞻引导的协同实现整体治理机制的改良，并以此串联起了多元化的治理主体与靶向化的治理客体，以人机协同的产业体系、开源有序的产业配置，共同促进智能时代新型文化安全能力的提升。其中，由政府、文化企业、行业协会、大众媒体、民众与 AI 机器等共同构成的多元化治理主体，将贯穿现代文化产业体系精准治理的整体构建过程。

第二，在治理技术维度，基于 AI 与制度协同的现代文化产业体系精准治理将依次由基于大数据挖掘技术的风险自动识别机制、基于大数据处理技术的智能监测预警系统，以及基于人机混合技术的智能应急管理体系构成，并建立起"风险监测—内容存储—分析评估—预警反馈—智能决策—应急反应"的精准治理技术逻辑。

第三，在治理制度维度，基于智能技术的现代文化产业体系精准治理框架将在普惠性政策、科技伦理政策、数据规制政策和版权保护政策四维协同创新的基础上，加强财政支持，明确价值主体，把控内容隐私，保护 AI 文化产品版权，实现智能时代现代文化产业体系立法施策的精准化。

由此，智能技术与制度协同的现代文化产业体系精准治理模式由精准治理主体系统、内容系统、技术体系、制度框架协同构成。其中，基于 AI 的现代文化产业体系精准治理形成了治理模式的整体脉络，治理主体、客体与机制在技术与制度的协同创新作用下分别沿着多元化、靶向化、改良化的方向不断演进。换言之，智能技术与制度协同视角下的现代文化产业体系精准治理的技术体系与制度框架的升级和跃迁是内容系统革新最为主要的动力源泉。与此同时，复杂多元的治理主体、靶向分众的治理客体、改良更新的治理机制亦不断深化着现代文化产业体系的精准治理技术与制度框架之间的协同创新效应——技术体系在制度理念的影响下形成了精准把控、规范有序的层次结构和模块布局，制度框架则基于智能技术的不断涌现而呈现出精准施策、创新协同的特点（见图5-5）。

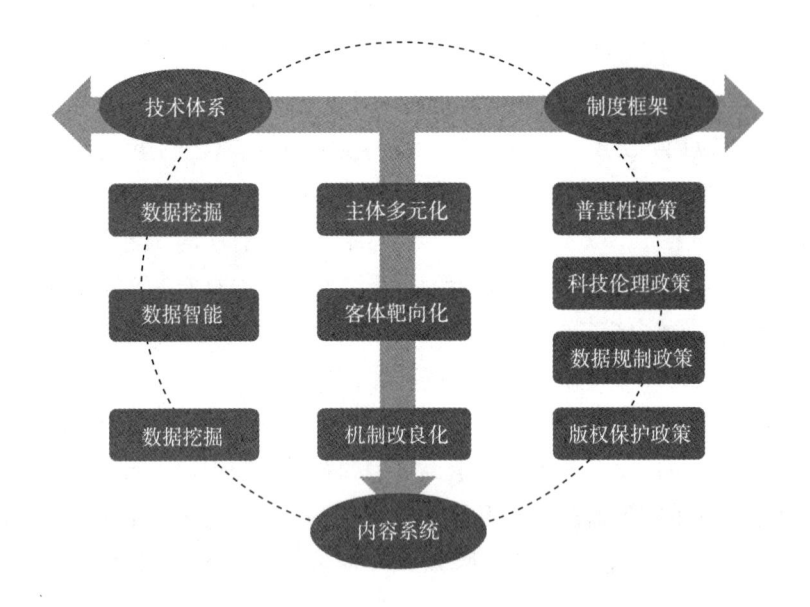

图5-5　智能技术与制度协同的现代文化产业体系精准治理

## 第四节　治理框架：构建智能有序的现代文化产业体系

在智能技术与制度协同视角下，现代文化产业体系精准治理内容的核心特征表现为人机协同与智能有序，其实质是基于智能技术和制度创新的协同加持，不断完善现行治理模式中的主体、客体和机制，最终实现"善治"的理想化状态。在治理内容的参与主体层面，多元化和人机协同化发展带来现代文化产业体系与市场体系安全系数提升；在治理内容的客体层面，靶向化发展形成了开源有序的文化创新生态网络和智能分众的文化产业配置体系；此外，内容的分类优化、技术的创新扩散、制度的前瞻引导促进着现代文化产业体系治理机制不断改良（见图5-6）。

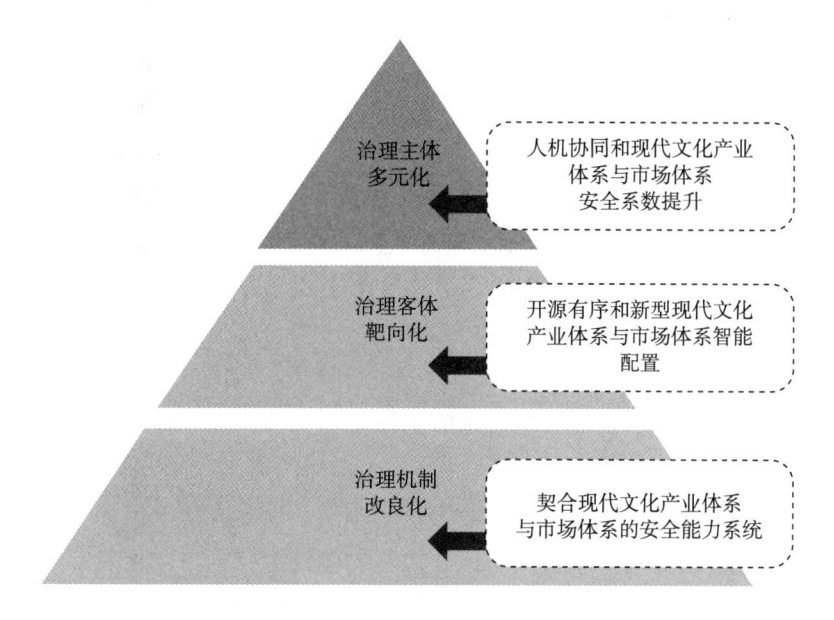

**图5-6 智能技术与制度协同的现代文化产业体系精准治理内容**

## 一 治理主体多元化：人机协同与安全系数提升

治理主体多元化是指政府、文化企业、行业协会、大众媒体、民众基于各自不同的角色定位，依托智能技术手段，以人机协同的形态共同参与治理过程，实现现代文化产业体系安全系数提升。随着智能化时代的到来，以AI为代表的智能技术基于大数据、云计算、平台化、移动化发展，在各行业部门、学科领域内产生了颠覆性变革。智能技术发展及其影响的无边界性在AI与文化产业跨界融合的过程中被一并赋能给了现代文化产业体系，这使智能时代现代文化产业体系的治理边界被极大扩展。面对这种"无边界的治理"，治理主体将会"逐步由层级制结构转向更为网络化、更具协作性的形式"[①]，具体表现为治理角色定位

---

① ［德］克劳斯·施瓦布：《第四次工业革命：转型的力量》，李菁译，中信出版社2016年版。

的多样化与存在形态的人机协同化。多元主体的共同参与带来了多层次、多维度、多样式的治理特点，建构起了智能技术与制度协同的现代文化产业体系精准治理模式基础。

（一）多样化的治理角色定位

作为多中心治理的主要特征之一，且区别于政府作为单一主体的传统层级治理结构，多元化治理主体剔除了"自上而下"的服从与控制，强调相互独立的不同个体或组织以协同合作的方式建立统一的自治主体，形成特定的管理秩序，通过对社会资源的共同获取和利用、对公共事务的共同参与和治理，实现整体利益最大化[①]。在 AI 驱动现代文化产业体系治理精准化的进程中，治理主体的多元化最为直观的表现是角色定位的多样化以及参与方式的多样化，政府、文化企业、行业协会、大众媒体、民众均为 AI 赋能文化产业的利益相关者：政府作为公共文化政策的制定者和现代产业治理的主导者，为 AI 精准治理制定政策法规；文化企业作为技术开发者，推进 AI 在现代文化产业体系领域内的应用创新以及同文化深度融合的跨行业协作；行业协会承担着 AI 赋能现代文化产业体系的监管者角色；大众媒体作为技术与文化的推广者，负责"AI+文化"跨领域的前沿信息传播；民众则通过消费、体验、评价 AI 文化产品和服务的方式参与治理进程（见表 5-2）。因此，面对现代文化产业体系领域内各种亟待解决的问题，上述各方也要在联合行动、共同参与的基础上各显身手、各司其职。

表 5-2　智能时代现代文化产业体系多元治理主体角色及参与

| 主体 | 角色定位 | 参与方式 |
| --- | --- | --- |
| 政府 | 主导者 | 把握 AI 时代现代文化产业体系发展的宏观方向，为精准治理制定政策法规 |
| 文化企业 | 研发者 | 负责智能技术的研发及其在文化产业领域内的应用，加强"A+文化"的跨行业协作，通过与政府合作建立或更新基础设施 |
| 行业协会 | 监督者 | 参与智能技术的研发，对智能技术赋能现代文化产业体系的具体过程进行监管 |

---

[①] Ostrom, E., "Crossing the Great Divide: Coproduction, Synergy and Development", *World Development*, Vol. 24, No. 6, 1996, pp. 1073-1087.

第五章 | 现代文化产业体系治理能力跃迁：智能技术与制度协同

第一，政府需要紧紧把握技术层面 AI 的发展方向以及制度层面政策法规的治理基调，使 AI 赋能下的文化产业创新遵循满足人民美好文化生活需要这一总体目标。第二，政府治理立足于国家安全和社会稳定，其宏观视角具有令人信服的中立性，但往往在技术预见性和行业前瞻性方面有所欠缺，此时若在中观层面上分别同文化企业、行业协会和大众媒体建立合作关系，则将进一步在技术研发开拓、监管督查、推广传播等维度为智能时代现代文化产业体系的精准治理补充新思路，使新型文化产品的开发与宣传问题得到解决，政策的有效执行和行业内的自我约束亦得到保证。第三，聚焦于微观层面，在传统的文化产业治理模式中，民众虽为文化产品、技术、政策的直接受众，但是由于话语权的缺失，其意见无法被及时纳入治理决策中，而现代文化产业体系的精准治理依托 AI 等智能技术，在一定程度上将文化治理权交还民众手中，最终形成一个容纳多元主体、覆盖产业链各环节、全方位保障文化产业安全、与智能时代现代文化产业体系高度适配的精准治理体系。

（二）人机协同化的存在形态

在智能时代背景下，现代文化产业体系的治理主体多元化的终极目标归根结底仍然在于产业体系安全系数的提升。进一步剖析各主体参与并达成精准治理的过程，不难发现这一治理目标的最终实现离不开人机协同理念下的治理主体形态多元化。具体而言，就是 AI 赋能下的现代文化产业体系治理手段实现多元化与智能化，从而推动单元治理主体的存在形态边界不断拓宽，由单一化的"人类主导"向多元化的"人机协同"延伸。

在机器类人化和生物工程化的协同趋势下，AI 机器在生物外观、行动准则、思维模式等越来越多的方面展现出人类的智能特性[1]。基于全球智能化浪潮的推动，一个机器智能与人脑智能交互融合的时代逐渐到来。针对"人类智能与人类技术结合"这一 AI 新纪元的来临，雷·库兹韦尔巧妙借用了物理学上的"奇点"概念，"到 2045 年，人和机

---

[1] [美]凯文·凯利：《失控：全人类的最终命运和结局》，东西文库译，新星出版社 2010 年版。

器将会深度融合,那就是奇点时刻"。[①] 智能技术的不断创新(包括技术自身迭代与技术间的结合)将人类推向自我认知的极限,信息在被嵌入人脑后将面向存储容量更大、处理能力更强、传播速度更快的机器智能,而"奇点"的临界状态则暗示着人类即将借此实现自身智慧的突破与超越,并且在未来社会中,颠覆性技术的不断涌现也会催生出越来越多的"奇点时刻"。有学者甚至预测,在21世纪的最后25年,AI机器不仅将在法律地位上等同于人类,更将取代人类成为地球上最聪明、能力最强的生命形式,彼时人机界限将彻底消弭。

上述预测与论断无疑为智能时代现代文化产业体系治理主体的人机协同化发展带来了理论上的支撑。事实上,随着"智能化社会治理"概念被愈加广泛地提及,智能技术基于其算法模型建构的内在发展逻辑,为社会经济各领域内的治理议题寻得了一条智能化解决路径[②]。尽管当下依旧存在不少难点,但是将治理规则纳入AI算法模型,却能够最大限度避免人类决策偏误对现代文化产业体系安全造成的折损,这也是实现产业治理多元化、智能化、精准化的大势所趋和关键所在。在人机共治、共建的社会背景下,人机融合、协同催生出技术与制度协同下的文化产业治理主体的新形态,不仅满足了智能时代现代文化产业体系精准治理的客观需要,更确保了治理主体能够熟练掌握相关智能技术的正确使用方法,真正做到各类治理行为的精准化实施。

二 治理客体靶向化:开源有序与体系智能配置

治理客体靶向化的含义在于针对智能时代现代文化产业体系的不同环节进行精准施策,依托智能技术实现文化创新生态环境和文化产业体系配置的优化。现代文化产业体系各个环节的行为主体共同构成了其精准治理的对象,换言之,在智能时代现代文化产业体系的精准治理体系中,除了政府处于绝对的治理主体地位,其余社会成员身上并不存在治理主体与治理客体之间的明确界限。治理主体所呈现的多元智能化、人机协同化等发展特点其实也将同步反映于治理客体身上,具体表现为治

---

① [美]雷·库兹韦尔:《奇点临近:2045年,当计算机智能超越人类》,李庆诚等译,机械工业出版社2011年版。
② 王磊、陈林林:《人工智能驱动下智能化社会治理:技术逻辑与机制创新》,《大连干部学刊》2019年第2期。

理客体基于文化创新生态网络开源有序、文化产业体系配置智能分众两个方面实现靶向化发展。

（一）开源有序的文化创新生态网络

治理所涉及的服务往往由多元化部门组合提供，涉及政府与民间、公共与私人、公益与营利等一系列团体组织。罗兹基于上述观点，在其治理理论中以"网络"一词来描述参与或接受治理服务的、彼此相互依赖的行动者之间的联系，由此将治理涉及的本质问题界定为如何管理网络[①]。现代文化产业在文化赋能与技术赋能高度融合的推动下，步入了文化品牌塑造期的发展阶段，然而随着大数据、云计算、物联网、AI 等一系列新兴智能技术的先后问世，技术领域的不断创新与跃迁不仅促使现代文化产业体系的诞生，更以创新生态网络的联结，推动其迅速进入文化生态化的新发展阶段。从治理客体的组成单位来看，不论是人作为独立客体的根本属性，还是智能时代现代文化产业体系的整体布局，文化产业发展进入创新生态网络构建这一崭新阶段都是必然的。

从现代文化产业体系创新生态网络的外部循环来看，在 AI 的主导和大数据的驱动下，人、机、物之间的三元协同关系得以迅速建立并被不断加固，系统内各组成单元在机器学习、知识循环、开源开发、智能传递等诸多环节，均向外界展示着一种开源创新的高效互动姿态。智能技术与生俱来的开源性带来文化生产形式、文化传播载体、文化消费方式的三重数字化，不仅推动"智能+"对文化产业各细分领域的纵向赋能，也促进文化产业与不同智能技术间的横向融合，其中基于开放共享与安全有序并重的智能平台建设进一步满足了智能时代现代文化产业体系在云端与终端的同步发展诉求，对现代文化产业体系创新生态网络的建构发挥着至关重要的作用。

深入透析现代文化产业体系创新生态网络的内部机理，不论是在理念维度的价值链层面，还是在实践维度的产业链层面，各创新环节之间的联系都颇为密切，以大数据挖掘、智能化处理、群智混合为代表的智

---

① ［英］R. A. W. 罗兹：《理解治理：政策网络、治理、反思与问责》，丁煌、丁方达译，中国人民大学出版社 2020 年版。

能技术不仅联结起创新要素的传送纽带,更被排列到共同的技术矩阵和知识谱系中,在一定程度上构成了现代文化产业体系创新生态网络的形态基础。与此同时,作为共享经济在智能时代的主要外化形式之一,大数据、5G等高新技术驱动下的现代文化产业体系创新生态网络受到感知识别、深度学习、认知推理等AI创新因子的持续赋能,将人工智能算法纳入内在机理,在此基础上逐渐形成以信息开放互联、人机深度互融为特征的智能化平台[1],并进一步通过实现新型文化产品、文化企业、文化消费者等不同治理客体之间的无缝对接,有效提升创新生态网络内的资源流动和信息交换效率。以文化旅游为例,小猪短租、爱彼迎、榛果民宿等文旅平台依托AI技术,采取B2C2C的共享经济模式,通过人气景点、风土人情、高性价比等不同类别标签,在平台受众的精准住宿选择和用户体验反馈之间形成信息闭环,由此促使交易频次迅速提高,以内容共享化、推荐定向化、服务精准化实现智能时代新型文旅经济的高质量发展。

(二)智能分众的文化产业体系配置

长期以来,供需结构严重错配的问题普遍存在于中国文化产业市场,在如今智能技术所牵引的时代潮流下,建构现代文化产业体系领域内的精准治理模式对于治理客体而言,除了要保证AI技术、相关政策法规等现代文化产业体系中新资源要素的市场化配置,更需要在此基础上进一步实现配置体系的靶向化、智能化及分众化。

第一,文化产业体系配置的智能化和分众化是基于智能技术与制度协同的现代文化产业体系实现治理精准化的必由之路。智能配置的实际表现可以概括为信息智能捕获、智能生产创作、智能分配传播。从AI赋能现代文化产业体系精准治理的范畴来看,不仅涵盖了上述三个维度,更在具体的智能技术层面实现了进一步延伸:基于知识库和传感器应用的内容精准匹配与投放、基于机器深度学习的创意精准定制与变现,以及基于精密算法找准、结构洞和大数据深度挖掘的需求精准定位与传递。

---

[1] 解学芳、臧志彭:《人工智能在文化创意产业的科技创新能力》,《社会科学研究》2019年第1期。

第五章 | 现代文化产业体系治理能力跃迁：智能技术与制度协同

第二，技术自身创新与技术赋能创新之间内生性的协同互动关系，构成了现代文化产业体系配置智能化、分众化的基础。在 AI 牵引现代文化产业体系领域内设计研发、生产创作、传播分配、消费体验等诸多环节向着智能化与个性化方向发展的过程中，智能技术对于用户习性的深度学习能力以及服务功能的优化改进能力均得到不断提升。例如，早在新媒体广告行业发展的初级阶段，智能技术便已经凭借其强大的大数据运算能力和应用感知能力做到精准定位广告投放对象、精准控制广告投放过程、精准预测广告投放效果，并在此过程中不断推进技术层面运算深度化和感应智能化的升级与革新①。

第三，现代文化产业体系中的供给与需求将通过智能化、分众化的文化产业体系配置，达到动态平衡。在文化智能平台建设的助力下，传统文化市场由于信息不完全、不对称导致的客体发展不平衡、不充分的问题将同步得到妥善解决。智能技术基于其强大的人机互动能力、场景数据应用能力、机器深度学习与即时领悟能力，实现了新型文化产品和服务间信息流的开放与汇通，以更低的成本促使不同类型的文化智能平台在用户文化需求和平台内容供给之间建立起精准配对与链接。

### 三 治理机制改良化：精准善治与安全能力系统

治理机制改良化，是着眼于治理内容、技术和制度的协同创新，以实现现代文化产业体系"善治"、安全能力提升的动态化过程。《中华人民共和国国家安全法》和《中华人民共和国网络安全法》先后颁布，促使意识形态领域的文化安全问题备受关注，维护国家文化安全亦成为文化治理现代化的首要任务。作为国家文化治理的前沿领域，现代文化产业体系在建构精准治理模式的过程中需要格外注意产业发展与文化安全的兼顾并重②。在此意义上，基于智能技术与制度协同，以治理内容分类优化、治理技术创新扩散、治理制度前瞻引导等一系列治理机制的不断改良与跃升为基础，来构建现代文化产业体系安全能力系统，对于实现 AI 时代文化产业精准治理能力跃进而言，

---

① Bukovina, J., "Social Media Big Data and Capital Markets-An Overview", *Journal of Behavioral and Experimental Finance*, No. 11, 2016, pp. 18-26.

② 祁述裕：《国家文化治理现代化研究》，社会科学文献出版社 2019 年版。

显得尤为必要。

基于 AI 深度融合的现代文化产业体系治理内容分类优化机制处于整体安全能力系统的上游地位,可以进一步细分为治理主体的协同优化机制和治理客体的分类匹配机制。一方面,"AI+文化产业"跨业态发展所带来的"创新性破坏"不仅向传统文化产业治理主体结构发起挑战,也弥补了传统治理主体的注意力盲区。智能机器人与多元治理主体的进一步协同,加之"体验—试验—检验"的应用反馈机制,使精准治理的主体布局与现代文化产业体系的发展趋势更为适配,智能技术创新与其应用创新由此对现代文化产业体系的精准治理形成双螺旋驱动[1]。另一方面,虽然智能时代现代文化产业体系的治理客体总体上共同构成了开源有序的文化创新生态网络以及智能分众的文化产业体系配置,但实际上智能技术对于现代文化产业体系不同细分领域、发展时期、价值链环节的赋能程度各不相同,基于这种 AI 介入的差异性,不同行业、不同阶段、不同环节需要匹配不同的精准化治理路径。

基于 AI 持续赋能的现代文化产业体系治理技术创新扩散机制处于整体安全能力系统的中游地位,是沟通治理主体需求和治理政策供给的桥梁,亦是实现治理内容与治理制度精准匹配的核心所在。在政府层面,智能技术的自主学习、人机交互、知识更新能力使其在整体把握经济社会运行规则的基础上,得以从数据化的视角透视现代文化产业体系领域内政策法规信号、经济增长模式、文化发展规律三者间的互动逻辑;在市场层面,智能技术在语义分析、精准理解、逻辑推理等方面所具备的技术功能使其能够对现代文化产业体系前沿市场做出科学预判,精准分析产业政策、市场需求、大众参与、产品价值等要素关系的嬗变理路;在企业层面,智能技术为文化企业的经营决策提供准确指引,通过解决重复创意设计、文化资源闲置、资本投入偏差等实际问题,突破信息黑箱、要素错配困境,从而避免现代文化产业体系的结构体系失衡。

---

[1] 解学芳、刘芹良:《创新 2.0 时代众创空间的生态模式——国内外比较及启示》,《科学学研究》2018 年第 4 期。

第五章 | 现代文化产业体系治理能力跃迁：智能技术与制度协同

基于AI无边界发展的现代文化产业体系治理制度前瞻引导机制处于整体安全能力系统的下游地位，主要负责确保智能时代现代文化产业体系的良性发展和有序运作。库伊曼将治理做了12种划分，并将其视为"社会—政治"的互动关系总和，而制度作为这一互动的背景，为所有的治理活动建立了规范的秩序基础[1]。在"AI+文化产业"的早期阶段，需要治理主体提供相对较为宽松包容的制度环境和强有力的政策支持，而当智能技术渐趋成熟并成为现代文化产业体系密不可分的重要组成部分时，传统文化产业治理模式将被基于大数据深度挖掘、强调预见性和前瞻性的现代文化产业体系精准治理模式所取代。所以，AI带来的边界伦理与道德责任问题既是智能时代现代文化产业体系精准治理的秩序困境，也是现代文化产业体系治理制度前瞻引导机制的根本意义。落实到具体制度设计层面而言，一是要关注AI时代现代文化产业体系的进入边界和以人为本的平衡问题，厘清AI创新的文化科技伦理边界以及AI赋能文创的产业边界。二是以多元主体协同的形式来参与智能时代现代文化产业体系的伦理治理，通过建构道德责任承担、分配机制提升精准"善治"的能力，实现由智能技术赋能文化产业到人文伦理嵌入AI系统的价值转向[2]。三是进一步完善AI与文化产业的交互融合环境，健全产学研用一体化的规范体系，围绕智能技术与制度协同视角，以及现代文化产业体系治理精准化、智能化的发展趋势，建构前瞻性、预警性制度生态。

## 第五节　治理技术：数据智能赋能现代文化产业体系治理

基于AI与制度协同来构建现代文化产业体系精准治理技术体系，其实质在于将AI深度嵌入新型文化产品和事务的治理程序，并通过对技术适度有序的智能化运用来重塑价值创造的过程。治理技术不断升级

---

[1] Kooiman, J., *Modern Governance: New Government-Society Interactions*, London: SAGE Publications, 2002, pp.35-48.

[2] 解学芳：《人工智能时代的文化创意产业智能化创新：范式与边界》，《同济大学学报》（社会科学版）2019年第1期。

创新的根本目的在于对智能时代现代文化产业体系潜在风险进行更为准确的监测分析和更为迅速地预警应对。在此意义上，基于数据智能挖掘技术、数据智能处理技术和人机混合智能技术，分别构建风险自动识别机制、智能研判预警系统和智能应急管理体系，将最终形成基于AI与制度协同的现代文化产业体系精准治理技术体系（见图5-7）。

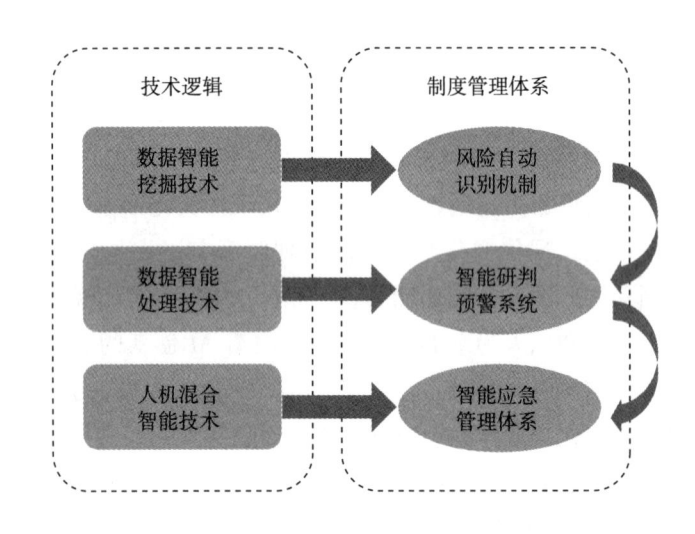

**图5-7　现代文化产业体系精准治理的技术框架**

## 一　数据挖掘：现代文化产业体系风险自动识别机制

数据挖掘是指基于AI、模式识别、数据库、可视化等技术，对现代文化产业体系内各治理客体的数据进行广泛搜集、分类筛选和自主推理，通过对风险外在特征的监测和内在成因的归纳，总结其潜在模式，从而有效识别风险。从整体的功能概念上来看，数据挖掘技术所支持的现代文化产业体系风险自动识别机制通过智能技术与制度的协同，构成了现代文化产业体系精准治理技术框架的基础，是后续智能技术赋能现代文化产业体系精准治理行之有效的前提，并主要负责现代文化产业体系领域内安全预警相关数据信息的监测、整合与更新。因而，风险自动识别机制的核心在于数据信息的采集，具体而言就是基于先进AI算法和算力，深度挖掘数据价值，通过政府、文化企业、行业协会、大众媒体、民众、智能机器人等多元人机主体，对现代文化产业体系领域内的市场运作情况进行实时监测，对产业结构体系中的潜在不稳定因素进行精准识别，并为后续的风险评估与决策提供可靠的数据信息。

从子系统模块的层次结构来看，风险监测模块和内容存储模块共同组成了基于 AI 与制度协同的现代文化产业体系风险自动识别机制的核心板块——信息采集体系。作为采集数据内容的主要渠道，风险监测模块以现代文化产业体系发展的数量、质量以及可持续发展情况三大子模块为评价依据，负责实时定位风险因素、掌握风险信息、跟进风险处理。在此过程中，大数据挖掘等智能技术使广泛的监测网络布局和密集的监测网点建设成为可能，不仅成为保障风险数据信息科学性、准确性的关键环节，更是在技术与制度协同视角下，实现智能时代现代文化产业体系治理精准化的第一步。例如，人民网舆情数据中心的"人民众云"板块基于大数据挖掘和自然语言处理技术形成 AI 智能监测，通过不断完善自身算法推荐机制，以确保智能时代网络舆情导向的智能化把控。

与此同时，内容存储模块通过及时获取相关风险的基础数据、积聚其详细资料信息来配合监测模块的工作，在风险自动识别机制与分析预警、应急管理等后续行动系统之间建立起便捷的通道，实现了现代文化产业体系精准治理技术体系内部信息的有效沟通和数据的即时共享（见图 5-8）。

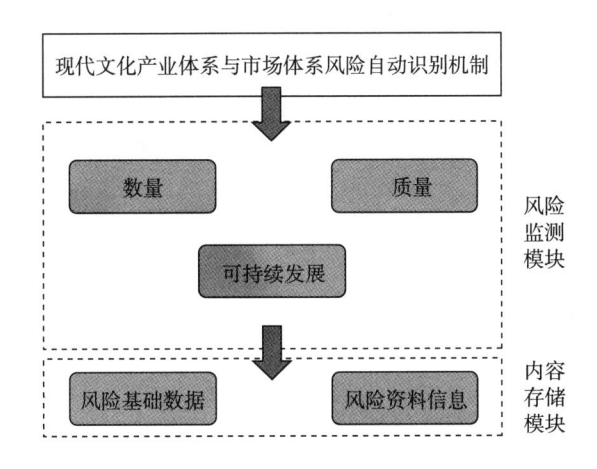

图 5-8 基于 AI 与制度协同的风险自动识别机制

智能技术与制度协同的现代文化产业体系精准治理在技术层面主要反映为产业安全系数的提高，而产业安全能力的提质增效首先离不开现代文化产业体系领域内风险的识别、监测与采集，因此，建立一个全自动化、高智能化且体量庞大的产业风险信息数据库是十分必要的[①]。在此过程中，以数据挖掘为典型的智能技术从四个方面确保了风险信息数据库的有效性，进一步实现风险自动识别机制同现代文化产业体系运行结构体系、精准治理模式之间的契合。

第一，客观性。数据挖掘等智能技术的介入在一定程度上排除了风险信息识别过程中监测主体的个人主观因素，确保了识别程序的公正性，使严控风险信息来源不再是纸上谈兵，真实可靠的数据源头以更为客观的视角反映现代文化产业体系的实况，推动产业治理精准化。

第二，统一性。在现代文化产业体系的自动化风险识别机制建构过程中，为保障风险信息来源的一致性与监测内容的连贯性，相关数据信息的采集在计量方法和统计口径方面需要始终保持前后统一，上述标准在依靠智能技术手段得以实现的同时，也为之后风险研判结果的准确性奠定了基础。

第三，系统性。在理论层面，现代文化产业体系的风险自动识别机制拥有完整的次序结构，且各模块与子模块之间具备严密的内在逻辑关联。落实到实践领域，一方面，数据挖掘技术通过整体性、系统性数据的收集与完善，突破了现行数据信息采集的广泛程度，既关注到数量、质量等静态监测维度，又兼顾了可持续性这一动态检测指标，极大地避免了数据分析和风险识别的片面化。另一方面，智能技术将进一步推动现代文化产业体系风险监测智能化，即风险识别机制将自动筛查各模块所采集的数据和反映的内容之间是否存在重复现象，并相应地予以剔除。

第四，预见性。智能时代现代文化产业体系领域内的风险因素往往随着新技术的裂变式迭代而不断更新，因此风险自动识别机制中对于数据信息的采集不仅要能够描摹产业安全的现状，更需要预见现代

---

① 周晓宏：《我国文化产业安全预警体系构建研究》，人民出版社2019年版。

文化产业体系在下一个阶段的发展趋向。大数据的深度挖掘通过提升风险信息采集的精度，对未被纳入现有产业风险识别模块的不稳定因素保持高度的警惕和敏感，为改良智能技术与制度协同的现代文化产业体系风险自动识别机制、完善其精准治理模式做好前瞻性计划与安排。

### 二 数据智能：现代文化产业体系风险智能预警系统

数据智能是指在云计算环境下，AI 基于现代文化产业体系内的大数据进行深度机器学习，并自动应用适当的统计分析模型，从收集来的海量数据中进一步提取有效信息，是现代文化产业体系不断优化的有力支持。作为现代文化产业体系精准治理技术的核心环节，基于大数据智能处理技术的智能分析预警系统对现代文化产业体系风险预警效能及精准治理效果有着最直接、显著的影响。在 AI 与制度的协同加持下，现代文化产业体系智能预警系统将进一步参考被识别到的风险数据信息，对现代文化产业体系的安全能力级别、风险规模系数、风险发生概率等多方面指标进行量化分析和智能判断，并做出及时的预警反馈。在这一理念下，智能分析预警系统建构的关键在于其风险数据信息输入与输出之间的有序联结和畅通循环，风险自动识别机制所提供的相关风险的基础数据和详细资料信息经由输入端进入智能分析预警系统，经过各模块及其子模块的智能化处理与加工，再以现代文化产业体系风险评价信息的载体形式输出，为后续智能应急管理体系的反应与行动提供科学依据。

纵观现代文化产业体系智能预警系统的层次结构，分析评估模块和预警反馈模块分别在思维理念与行为路径两个层面指导智能技术赋能现代文化产业体系的精准治理模式，共同支撑起了智能预警系统的主体框架。其中，作为整个系统的关键与基石，分析评估模块首先制定一套科学化、智能化的风险评价标准体系，由于智能时代的技术多样性，现代文化产业体系领域内的风险可能发生的层级和概率均不相同，因此风险预警评价标准体系也将以宏观、中观、微观三个层面来进行划分，根据风险的规模系数评估结果来分析其匹配层级的安全能力级别，从而得到更为精准的风险发生概率值。与此同时，智能分析预警系统将在综合把握 AI 时代现代文化产业体系总体安全态势的基础上，进一步对风险预警事件所处的细分行业领域进行精确预测，对相应风险防范预案进行智能化定制与反馈（见图5-9）。

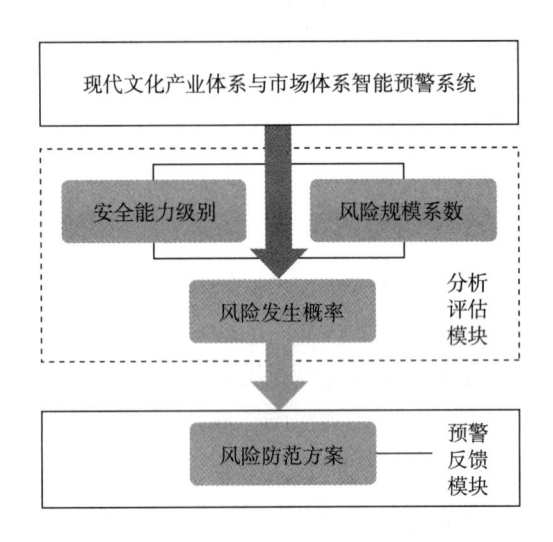

图 5-9 基于 AI 与制度协同的智能预警系统

智能时代现代文化产业体系所涉及的风险因素具备高度的复杂性和多样性，数据信息的完整性、连贯性和统一性难以得到持续有效的保障，因此即便智能分析预警系统的建构获得了 AI 大数据处理技术的加持，也仍然需要在风险评估及方案反馈过程中重点关注风险数据信息共享化和产业分类标准细分化这两个方面。

第一，整合风险信息，实现交流共享。以往文化产业与文化市场的风险分析预警工作通常由多个部门分别进行监管，无论是前期的风险分析与评估工作，还是后续的方案定制与反馈，所依赖的数据信息均分散于不同的权力部门。而在此过程中，由于缺乏有效的交流传递机制，加之治理主体对于这些风险数据信息的具体掌握程度不尽相同，致使许多风险数据信息过于碎片化而无法得到充分使用。因此，在技术维度上建构智能时代现代文化产业体系的精准治理模式，很大程度上就是要在数据信息共享化的基础上建构现代文化产业体系的风险智能预警系统。具体而言，就是在面对层出不穷的新技术赋能挑战时，借力大数据处理等智能技术的快速更新迭代，建立并不断优化现代文化产业体系领域内的风险信息数据交流传递机制。一方面，要以多元化的协同治理主体来保障该机制运行畅通有序，通过在宏观、中观、微观三个层面上风险监测预警平台的联动整合与协调分散，逐步实现现代文化产业体系领域内相关风险数据信息的横向联动与纵向共享。另一方面，要使风险数据信息的共享渠道和沟通程序进一步规范化，配合风险联合分析预警过程中各治理主体责任的进一步明确化，由此提升智能时代现代文化产业体系的风险预警效率和治理精准程度。

第二，细化产业分类，明确界定标准。虽然现行的文化及相关产业分类标准在一定程度上弥合了先前版本存在的诸如产业分类笼统、行业界定宽泛等方面的问题，但其中技术创新的视角并未得到足够的重视，特别是对于 AI 等新兴智能技术赋能下的现代文化产业体系及其相关领域的划分，依然谈不上细致，其实际分类效果在智能时代背景下亦有待进一步检验。而相较之下，国际社会惯例中的产业概念则显得狭窄许多，一般是指同类产品的国内生产者全体。因此，智能技术赋能的多样性在决定了新型文化产品类型丰富程度的同时，还通过技术维度对现代文化产业体系领域内的分类标准提出了更为细致的要求，从而使智能分析预警系统能够接收到更为精确、具体的风险评价对象，相关风险数据信息的处理过程也将随之变得更为靶向化、个性化、精准化。

### 三　混合智能：现代文化产业体系智能应急管理体系

混合智能是指各种智能技术之间以及智能与非智能之间的集成，是通向智能时代技术创新升级的重要途径，其中人机融合发展将会成为新一代 AI 的典型特征。这种以人机协同为主要形态的混合智能又可以被进一步划分为"基于认知计算的混合智能"和"人在回路的混合智能"[①]。前者是指在智能技术系统中引入受人脑启发而构建的，具备因果推理、直觉推断、联想记忆等基本人脑功能特点的新型混合智能计算模型；后者则是直接将人的主体作用导入智能技术系统，将人类分析、反馈问题的高级认知机制同机器计算、存储问题的强大处理机制紧密联结，形成"1+1>2"的新型混合增强智能范式。这两种混合智能的基本

---

① 王刚等：《混合智能系统研究综述》，《系统工程学报》2010 年第 4 期。

实现形式贯穿现代文化产业体系智能应急管理体系的框架脉络中,并在智能技术与制度协同的视角下,共同参与现代文化产业体系的精准治理模式在技术创新层面的最终建构环节。

第一,现代文化产业体系智能应急管理体系的层级架构依次由智能决策模块和应急反应模块构成。智能决策模块紧承上文所提及的智能预警系统,基于机器和数据智能构建 AI 算法模型,对预警反馈模块中定制的风险防范方案进行智能化决策与筛选,同时通过 AI 智能软件与硬件的配合,模仿人类大脑功能,进一步提升智能机器的感知、推理和决策能力。此举不仅在一定程度上保障了最终采用的方案与相应风险之间的适配度,更为重要的是极大地提升了决策的速度,确保现代文化产业体系精准治理过程中的安全警报得以及时解除。智能决策模块中的算法决策子模块正是依托于"基于认知计算的混合智能",而得以有效运转的。

第二,为避免 AI 算法模型中可能存在的理论局限性以及高级认知功能方面的不足,现代文化产业体系智能应急管理体系在算法决策子模块后,将专家决策子模块一并纳入,通过专家团队的丰富实践经历来弥补经验的视角,目的是对 AI 采集的现代文化产业体系风险数据源进行危害研判,同时为 AI 智能机器人所提供的风险应对方案决策结果保驾护航;当智能应急管理体系中机器决策的精度出现任何异常时,通过专业人士和专家团队的主动介入来调整相应参数,以"人在回路的混合智能"构成提升智能决策水平的反馈路径。

第三,应急反应模块的重点在于依据混合智能决策结果,通过先预报、再警示、后调控的流程环节,针对可能危及现代文化产业体系安全、引发经济社会危机的"智联网"操作应用及突发事件,快速开启针对产业内外风险因素的应急预案和防范机制,基于人机配合的智能化手段高效实行相关应对措施。建立在定期化预报、定时化警示、定点化调控的理念基础上,应急反应模块中的各个环节成为现代文化产业体系智能应急管理体系对于实现治理精准化、定向化做出的最为直接的贡献,同时亦最大限度地保护了现代文化产业体系在智能时代背景下健康有序的发展(见图 5-10)。

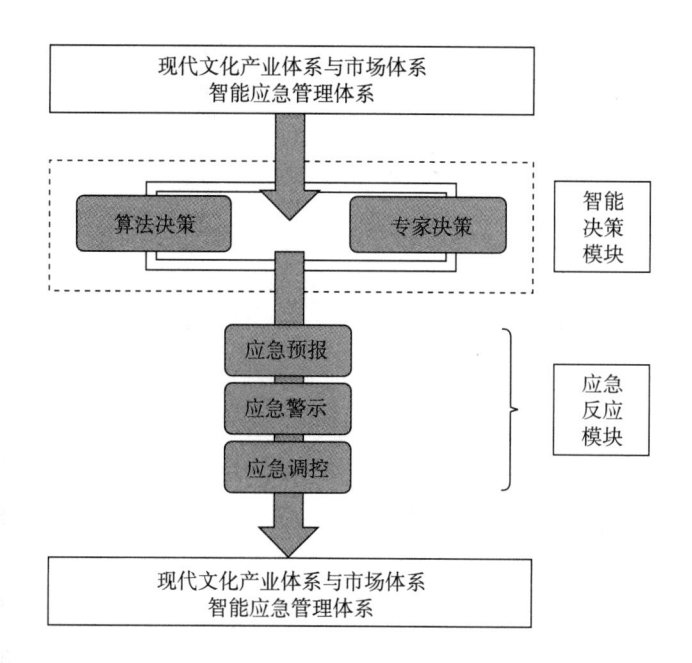

```
                  ┌─────────────────────────┐
                  │ 现代文化产业体系与市场体系 │
                  │   智能应急管理体系       │
                  └────────────┬────────────┘
                               ↓
        ┌ ─ ─ ─ ─ ─ ─ ─ ─ ─ ─ ─ ─ ─ ─ ─ ─ ─ ┐
        │  ┌──────────┐      ┌──────────┐   │   智能
        │  │ 算法决策 │ ←→  │ 专家决策 │   │   决策
        │  └──────────┘      └──────────┘   │   模块
        └ ─ ─ ─ ─ ─ ─ ─ ─ ─ ─ ─ ─ ─ ─ ─ ─ ─ ┘
                               ↓
                       ┌──────────┐
                       │ 应急预报 │        ┐
                       └──────────┘        │
                       ┌──────────┐        │ 应急
                       │ 应急警示 │        ├ 反应
                       └──────────┘        │ 模块
                       ┌──────────┐        │
                       │ 应急调控 │        ┘
                       └──────────┘
                               ↓
                  ┌─────────────────────────┐
                  │ 现代文化产业体系与市场体系 │
                  │   智能应急管理体系       │
                  └─────────────────────────┘
```

**图 5-10　基于 AI 与制度协同的智能应急管理体系**

无论是在风险的智能决策环节，还是在应急反应环节，"混合智能"作为现代文化产业体系智能应急管理技术的集大成者，都是一个绕不开的核心议题。若使混合智能技术在风险决策和应急管理过程中更好地赋能智能时代现代文化产业体系的精准治理，那么建立风险决策智库、深化预案实施精度在这一意义上就显得尤为必要。作为建立在哲学社科、自然科学等多学科领域基础上的特殊知识资源，智库通常以跨学科专家团队为基本表现形式，能够有效跨越来自不同学科领域的风险决策主体在专业知识、研判能力等方面的鸿沟，弥合预案实施过程中各行动主体在时间、精力等方面的差异。不过，混合智能技术的介入同时赋予现代文化产业体系风险决策智库以崭新的内涵，即在纳入多元化治理主体的基础上，进一步实现智库的人机融合化发展，以"机器智能+人脑智能"的技术与制度协同模式，保障智能时代现代文化产业体系风险决策与预案实施过程的精准化。

## 第六节　治理制度：智能技术赋能预见性制度创新能力建构

现代文化产业体系在内容边界与智能技术形态上已然实现诸多突破和创新，但倘若忽视政策制度的协同创新与前瞻引导，现代文化产业体系的精准治理模式将会成为空中楼阁。一是财政资金的完备、税收优惠的加大、融资渠道的健全、新兴业态的培育共同构成了现代文化产业体系普惠性政策创新的基本内涵；二是作为智能技术的实际开发和应用者，新型文化企业需要从人类价值主体地位保障、伦理风险意识提升两个层面指引科技伦理政策的创新；三是新型文化市场针对数据控制者，将从强化数据主体隐私保护和消除"信息茧房"效应的角度创新数据规制政策；四是现代文化产业体系内的版权立法问题，尤其是 AI 创造物的权利主体性与客体性，已在国内外学界获得广泛讨论，也必将进一步推动现代文化产业体系版权保护相关政策创新，并最终与上述三类政策建立四维协同结构，共同促进基于智能技术的现代文化产业体系精准治理制度的跃迁[①]（见图 5-11）。

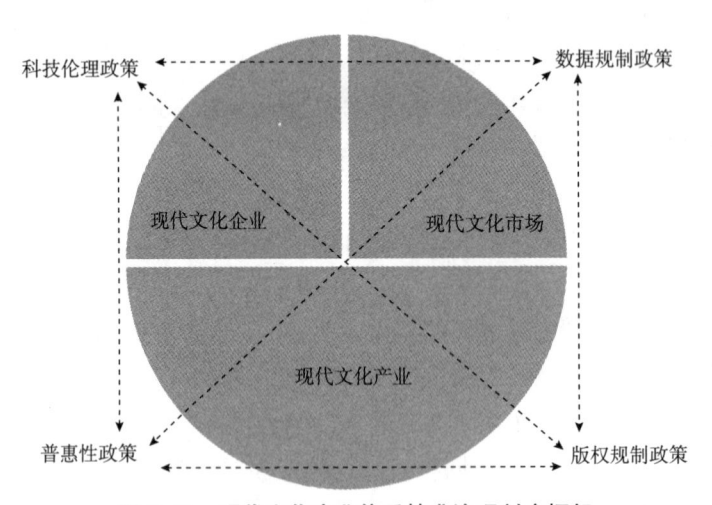

图 5-11　现代文化产业体系精准治理制度框架

---

[①] 解学芳、申林：《"智能+"时代现代文化市场体系的制度创新》，《南京社会科学》2021 年第 6 期。

## 一 现代文化产业体系的普惠性支持政策创新

尽管步入智能时代，现代文化产业体系的本质仍在于产业经济的升级发展、产品服务的生产经营，而上述过程均离不开创新成本的持续投入。现代文化产业体系领域内的大型企业虽然具备相当的资金筹措和周转能力，但仍然无法独自支撑整个市场对于创新的资金需求；与此同时，占据新型文化市场主体的中小企业及小微企业一直以来饱受融资难的困扰，缺少启动资金使其在面对涉及高新智能技术的文化项目时往往心有余而力不足。在此情况下，通过完善现代文化产业体系经济相关的普惠性法律体系和政策制度，并保障产业经济、业态战略规划的全方位实施，不仅是解决智能时代现代文化产业体系现实困境、推动其经济发展和业态升级的必由之路，也是促进基于AI的现代文化产业体系精准治理制度建设的应有之义。

第一，要加强智能时代现代文化产业体系的财政支持政策。财政政策同文化产业跃迁之间始终保持着内在统一的关系，既然"AI+文化产业"的深度融合离不开产品与技术的不断创新，那么现代文化产业体系的财政政策优化也需要借助人工智能手段来探求更契合智能时代现代文化产业体系的财政投入方式，使文化财政资金的杠杆作用在智能化趋势下得以充分发挥。根据2020年11月文化和旅游部发布的《关于推动数字文化产业高质量发展的意见》（以下简称《意见》），基于智能技术的现代文化产业体系财政支持政策创新主要体现为政策环境的优化。在资金项目设置方面，用好中央预算来针对智能时代现代文化产业体系不同的细分行业设立国家专项基金，支持现代文化产业发展和项目建设，促进现代文化产业体系财政专项资金制度的多样化和灵活化；在资金运作把控方面，智能技术的介入优化了现代文化产业体系的资金运作方式，并通过精准监控，有效解决了权力寻租、套利行为以及不公平竞争等一系列存在于传统文化产业行政性资金配置方式中的治理难点；在资金绩效管理方面，智能技术赋能现代文化产业体系资金绩效评价机制的建设，"AI模型+专家评审"相结合的文化项目管理办法不仅提升了资金使用的目标与效益，也使资金使用过程中的激励与约束机制更加公开化、透明化。

第二，要完善智能时代现代文化产业体系的税收优惠政策。一直以来，税收政策对于中国文化产业的安全有序发展有着重要的战略意义，因而实现智能技术与制度协同的现代文化产业体系精准治理离不开对税收制度的持续化改进和精细化实施，其核心意义在于将现代文化产业体系全面纳入国家促进科技进步、自主创新以及科技成果转化方面的税收优惠政策。一方面，由于不同类型的文化企业获得的减税效果存在明显区别，因此不仅要加大税收减免力度，更为重要的是在现代文化产业体系内建立差异化税收制度，尤其是要减轻符合高新技术认定标准的、涉及智能技术领域相关内容的新型文化企业的税收负担。另一方面，智能技术有助于实现现代文化产业体系内的退税方式改良，通过简化操作步骤，以"即征即退"解决"先征后退"所带来的滞后性，推动新型文化企业的资金流转。

第三，要健全智能时代现代文化产业体系的金融投资政策。出于对金融投资风险的防范，中国文化金融市场发展不充分、不均衡的问题由来已久，加之新冠疫情产生的影响，现代文化产业体系领域内的投融资活动普遍处于低迷的状态。然而，金融行业与现代文化产业体系的深度对接和跨界融合不仅能够培育新的经济增长点来为产业升级发展提供新契机，也是现代文化产业体系基于智能技术与制度协同来实现精准治理所需要重点关注的维度。对此，要不断强化现代文化产业体系的金融要素支撑，健全文化金融投资体系。对金融机构而言，要支持其不断探索与现代文化产业深度融合的新路径，鼓励其基于"AI+文化+金融"的"三位一体"模式，不断开发新型数字文化金融产品，并为之建立灵活的智能化产品定价机制，实现金融行业对于不同新型文化企业的差别化、个性化支持；对新型文化企业而言，不仅要通过专项投资基金的设置来引导社会、企业资本同政府的合作，也要支持企业实现自身资本市场融资渠道的多样化，还要依托智能技术赋能，加快建设现代文化产业体系信息共享平台，健全失信企业黑名单制度，通过完善有关新型文化企业的信用评价体系，解决其融资难背后的根源问题，从而净化智能时代现代文化产业体系的投融资活动环境。

第四，要注重培养智能时代现代文化产业体系的新业态。一方面，通过平台经济的发展来促进现代文化产业体系上线、上云。不仅要推动5G、VR/AR、AI、多媒体等技术在行业内的应用，以此建设"智能+"

第五章 | 现代文化产业体系治理能力跃迁：智能技术与制度协同

新平台；更要推动文化演艺行业和文化会展行业的数字化、智能化转型，提高相关演出、展览的在线制作生产能力，引导观众养成"线上观看+线上付费+线下体验"联动的新型文化消费习惯，既赋予"互联网+"模式新内涵，也将其深入贯彻于现代文化产业体系链的每一个环节。另一方面，通过拓展智能技术在现代文化产业体系的应用深度与广度，推动优秀传统文化内容在智能时代重构与新生。在5G+4K/8K超高清、无人机、VR/AR等技术赋能现代文化产业的发展过程中，全息互动投影、无人机表演、夜间光影秀等新型文化产品应运而生，技术的应用创新由此带来了沉浸式新业态：在生产端，现代文化产业体系内的多元文化资源开发的数字化水平得到大幅提升；在消费端，用户的文化虚拟体验内容被进一步丰富化、感官化，形成了新的发展图景。

## 二 现代文化产业体系的科技伦理政策创新

一直以来，在传统文化产业的伦理秩序中，机器和技术都处在人类的附庸地位，然而当高度智能化的AI机器人逐步介入现代文化产业体系的各个环节后，人类相较之下难免显得愚钝又呆板，甚至可能面临人类智能与机器智能关系翻转，从而使人类沦落为AI智能机器的零件。究其原因，一方面，智能技术开发的责任归属困境和责任失当难题扩大了现代文化产业体系道德规范失控风险。非黑即白的对错责任划分体系产生于机器价值模糊的传统语境中，而不再适用于AI赋能下的现代文化产业体系。换言之，一旦现代文化产业体系的文化生产环节发生动摇文化安全的责任事故，AI文化产品将挣脱文化科技伦理和道德法律规范，对现代文化产业体系乃至整个经济社会秩序造成危害。另一方面，现代文化产业体系领域的数字鸿沟加剧了价值失衡、社会解构的风险。随着智能技术的深度赋能，以机器学习为体、云计算为用的智能应用基于涉及用户隐私的个人数据生成"数据画像"，在此过程中，"算法黑箱"与"算法歧视"问题逐渐暴露无遗。譬如，iOS与安卓用户在携程网机票预订平台上获得的不同低价机票查询结果、被引入歧途成为反女权主义纳粹分子的Twitter千禧一代聊天机器人Tay，以及对黑人种族产生系统性歧视的风险评估算法COMPAS等，都是这一问题在现代文化产业体系领域的直接反映。

综上可见，如若新型文化企业放任AI"野蛮生长"，那么AI社会责任、道德伦理的缺失将会为智能时代现代文化产业体系的整体发展戴上沉重的镣铐。因此，在当前局势下，构建基于智能技术的现代文化产业体系的精准治理制度模式，就必须站在AI赋能的视角来强化新型文化企业的科技伦理政策创新。

第一，要保证人类在智能时代新型文化企业的人工智能运行系统中始终处于创意主体与价值主体地位，建立契合智能技术与制度协同视角的、适配现代文化产业体系精准化治理体系的精神秩序。欧盟于2020年发布的《人工智能白皮书》指出，发展AI不仅需要有利的商业环境，更需要建立在以人为本的价值观和广泛认可的公共文化治理原则之上。随后，欧盟又于2021年出台《人工智能法》，其中再次重申了智能技术应用实践的强化、AI相关行业投资的加大首先必须符合欧洲的基本价值观。当前，现代文化产业体系的技术水准尚且停留在"弱人工智能"阶段，新型文化企业作为AI等智能技术的主要研发者，需要坚持"以人为本"的核心价值观导向，即确保人拥有充分的自主决策能力，并将平等、公正、和谐、可持续价值观嵌入"AI+文化产业"的智能化发展体系，在"知识同构"与"情感共振"的教育模式中，将人工智能培养为具备正确人本价值观和高度社会责任感的个体，以此指导现代文化产业体系领域内人工智能应用创新活动的有序开展。

第二，要提高智能时代现代文化产业体系技术主体的伦理风险意识，促使其加强关于AI文化科技伦理的制度规范建设。随着AI与文化产业的深度融合、对文化企业的持续赋能，以及AI机器自身智能水平的不断提升，人机共生共存、协同融合将会在现代文化产业体系各细分行业内呈现愈加常态化的发展趋势，而技术安全失控、法律规约失准、道德伦理失常等一系列治理难题也将随之浮出水面。为此，欧盟在《人工智能法》中，针对使用智能技术的企业，在关键基础设施、公民教育、产品的安全组件等八个高风险领域内制定了严格的防护机制。这便在明确人类与AI机器之间主次社会关系的基础上，进一步对智能时代新型文化企业把握技术创新的文化科技伦理边界提出了新的要求。新型文化企业作为智能时代人文生态的基础建设者，不仅需要利用AI技术来满足民众日益增长的、对于美好文化生活的需求，更需要在定期进行AI道德伦理评估的基础上，把握现代文化产业体系领域内智能技术的人文化发展动态和方向。因此，在构建智能技术与制度协同的现代文化产业体系精准治理模式时，除了参考国外科技伦理立法经验，还应借鉴其他 AI 相关产业的做法，如 Google 筹建 AI 智能伦理研究委员会，制定并颁布《谷歌 AI 的原则》这一智能技术伦理标准；美国 IEEE 于 2017 年发布最终版本的《人工智能设计的伦理规则》，从人权、福利、问责、透明四个维度[1]，对智能时代的设计相关产业进行道德约束和伦理规制。

### 三 现代文化产业体系的数据规制政策创新

智能时代是互联网、大数据和机器智能的三维叠加，尽管新型文化市场内各要素基于智能技术赋能获得提质增效，但也面临着新型媒介形态所带来的诸多现实困境与监管挑战，成为现代文化产业体系在智能技术与制度协同视角下的治理痛点和难点。一方面，智能时代现代文化产业体系领域内的大众数据隐私权似乎更易遭受侵犯，数据隐私风险不断加剧。譬如，黑客曾攻破 AcFun 视频平台的用户数据安全系统，引发舆论一片哗然。另一方面，智能推荐在增强新媒体平台用户黏性的同时，也使现代文化产业体系领域内的"信息茧房"问题日益凸显，为迎合流量而过度依赖 AI 算法，由此产生的低俗内容往往使有价值、有深度的内容遭到边缘化处置。人民网于 2017 年 9 月针对智能平台的算法推荐弊端连发三文，指出 AI 算法在实现内容大规模、个性化分发的同时，也直接导向了劣质内容、不雅信息、标题党等问题。

可以说，在智能技术与制度协同视角下，现代文化产业体系治理精准化的整体实现，离不开文化市场层面的保驾护航，具体而言就是新型文化市场内的主体需要最大限度地发挥智能技术的正向效应，通过不断更新并纳入新型文化市场数据规制政策，来排解用户数据隐私安全的风险隐患、把控现代文化产业体系内容的生产传播。

第一，要强化个人数据隐私的保护，提升智能时代现代文化产业体系市场的信息安全。放眼世界，不少国际组织均对于数据安全问题"约法三章"，如欧盟国家联合施行的《通用数据保护条例》；再就各国

---

[1] 谭九生、杨建武：《人工智能技术的伦理风险及其协同治理》，《中国行政管理》2019 年第 10 期。

内部而言，全球已有121个国家和地区在不同程度上为智能时代的国民信息保护实施专门的政策法规①，中国也于2021年8月颁布《中华人民共和国个人信息保护法》。2021年伊始，网络预约、网上购物、网络支付、网络音视频、互联网应用程序等行业领域陆续出台了各自的服务数据安全指南，并针对人脸识别、步态识别、声纹识别、基因识别等新兴智能技术制定相应的数据安全要求。一方面，数据处理安全化必须遵循最小必要原则，数据控制者在数据收集、存储、使用等各个环节的权限得到了明确的界定和规范，尤为重要的是，各领域的数据安全要求均在原则上对委托处理、共享、转让、公开披露等存在数据安全隐患的行为做出了规制。另一方面，从数据管理安全化的角度出发，在保障数据主体权利的基础上，需要进一步落实数据控制者的数据管理和保护责任，在面对数据意外泄露、数据境外存储等风险情况时应及时进行安全评估和报备。除了相应法律规范的完善，行业协会必须牢固树立、积极培养现代文化产业体系内各市场主体关于用户数据隐私的保护意识，并在此过程中发挥重要的监察作用，按照"数据权属责任认定—数据获取资质审查—数据使用风险控制"的制度框架，定期进行风险数据信息评估和审计。与此同时，数据保护官（DPO）这一职能岗位的出现和快速兴起，将进一步确保市场内文化数据隐私实践和文化数据安全中心的平稳运行，助力智能时代现代文化产业体系在数据治理维度实现精准化。

第二，要尽可能消除AI推荐算法在新型文化市场个性化发展过程中的"信息茧房"效应，使AI的技术优势发挥得当。一是中央与地方政府应首先担起在现代文化产业体系领域内监管智能推荐技术应用的重担，清除过剩低端内容，规范产品服务市场，为优质供给提供市场空间，并通过AI智能治理技术来健全奖惩机制、严控执法流程，实现现代文化产业体系领域内有关智能推荐算法应用的精准化顶层制度设计和政策供给。二是作为智能推荐技术的应用者、个性化推送服务的提供者，现代文化产业体系的智能媒体平台所肩负的社会责任将不再仅局限

---

① 李景平：《人工智能深度介入文化产业的问题及风险防范》，《深圳大学学报》（人文社会科学版）2019年第5期。

于优质内容的传播与推广,而进一步延伸至风险内容的识别与审查,即通过人机协同的"审核+规制"模式,降低向用户推送低俗、无价值信息的概率。譬如,新华社以智能化编辑部辅助新闻内容的人工审核工作,今日头条通过"灵犬"反低俗助手及时进行平台内部的治理和整顿,科大讯飞也推出了媒资内容智能监审机制来应对现代文化产业体系信息数据海量化带给内容审查的难题。三是在这个众生皆为自媒体的时代,人人都身负现代文化产业体系内容使用者、传播者、生产者的三重身份,因此尽管智能媒体平台的用户手中掌握的技术有限,但仍然需要做到自觉抵制、不浏览、不传播低俗审丑的信息,更要在内容产出源头提升文化内容的质量,共同参与营造并维护智能时代现代文化产业体系的优良数据生态环境。

**四 现代文化产业体系的版权保护政策创新**

在中国现行 AI 发展政策体系中,强化版权保护无疑是一个关键的政策信号,如《新一代人工智能发展规划》中明确提到,建设智能技术标准和版权保护体系对于实现 AI 战略发展"三步走"有着重要的保障作用,AI 创新成果的版权化将有助于智能技术领域的持续创新和标准化互动。"十三五"时期,根据《"十三五"国家科技创新规划》和《"十三五"国家战略性新兴产业发展规划》,发展人工智能,培育人工智能产业生态,推动人工智能技术向各行业全面融合渗透以及发展大数据驱动的类人智能技术方法,在基于大数据分析的类人智能方向取得重要突破这两个方面成为这一阶段的主要任务。同样,以 AI 为代表的高新产业和新兴技术也作为重要议题被纳入版权强国战略,秉承"十四五"规划中对于健全版权保护运用体制的强调,国家知识产权局在《推动知识产权高质量发展年度工作指引(2020)》中明确提出要全面加强版权立法,尤其是在新领域和新业态,并通过引入智能技术手段,加强战略性新兴产业的版权分析及动向监测能力。目前,在 AI 赋能下的现代文化产业体系领域,新型生产与创作模式打破人们对于文化艺术创作固有的认知,在 AI 文化产品的版权合法性以及 AI 文化生产过程中的版权侵权主体责任认定方面引发了广泛争议。换言之,除了盗版 IP 猖獗、版权价值缩水等乱象频生所带来的困扰,基于智能技术的现代文化产业体系精准治理制度建设在版权保护立法及政策创新方面需要更进一步考量并解决两个问题：一是对现代文化产业体系领域内AI创作物的抄袭、盗用是否构成通常意义上的版权侵权，二是人机混合智能状态下现代文化产业体系版权侵权责任主体该如何界定。

从AI产品版权保护现状来看，微软人工智能机器人小冰的诗集《阳光失了玻璃窗》一经发表便遭遇电子盗版和大面积剽窃，引发了社会各界对于AI版权保护的广泛探讨。关于AI文化产品的抄袭、盗用是否构成通常意义上的版权侵权，这一问题的根源在于中国现行政策法律体系对智能时代AI产品的权利客体认定尚且模糊——AI创作物往往在被承认独创性的同时，又因其并非出自然人之手，而不被认定为著作权法意义上的"作品"。在AI赋能背景下，人机协同发展趋势和人机合作生产模式使现代文化产业体系内容生产的智能化特征愈加显著，因此智能时代现代文化产业体系的版权政策体系应尽快将AI文化产品纳入"作品"范畴，并赋予混合智能形态下的AI机器人以"机器作者"身份。只有走出AI文化产品的版权客体认定悖论，通过精准立法对相应政策设计做出跟进和创新，才能突破目前AI创作物的版权保护困境，从而全面实现现代文化产业体系基于智能技术的精准化制度安排。

第一，加快研究AI主导的知识产权制度创新问题。AI前沿技术是当前文化产业版权保护制度创新的强大助力，应加快研究AI主导下的文化内容著作权归属与开发、AI文化科技应用边界、AI文化版权保护等制度创新问题。与此同时，要根据AI介入现代文化内容创作与生产领域出现的新情况、新动向与新矛盾，加快建立起迎合"智能+"时代现代文化生产特点的预见性知识产权法律法规体系，让知识产权保护制度作用于AI文化创新活动的全过程，保障"智能+"时代现代文化产业体系与现代市场体系安全[1]，特别是要加快AI文化产品的制度设计。在现有版权政策法律体系中，人机混合智能状态下的AI作品和"机器作者"将带来侵权责任主体的认定难题。在近代人本主义哲学的理论视角下，创作行为及其产生的作品被视为人类自由意志的外在表现形式。黑格尔在其《法哲学原理》一书中指出，基于学问、知识等自由

---

[1] 解学芳、申林：《"智能+"时代现代文化市场体系的制度创新》，《南京社会科学》2021年第6期。

精神的内在特有物质而产生的文化艺术作品可以完全反映创作者的个人独特属性①。然而，步入智能时代，现代文化产业体系内容生产的完整过程已无法再由单独的人类或 AI 来实现，机器基于算法的智能化创作行为在很大程度上对传统版权法律的思想根基造成冲击。因此，面对现代文化产业体系领域内版权侵权行为所呈现的"分离式"特点，同样应当参照主客体分离评价标准来进行 AI 文化产品的权属制度安排。

第二，厘清 AI 文化产品版权的主体资格。从制度基础的角度来看，尽管目前学界对于 AI 文化产品的定性及相应版权保护的路径选择颇有争议，但是回顾版权相关政策法律的发展脉络，难以在其中找到将 AI 拟化为人并使其享有与人同等的法律主体地位的制度依据。再从技术路径的角度来看，现代文化产业体系对于人工智能的应用建构了以"数据建模—机器学习—人机回圈"三部分为核心的技术逻辑，AI 算法驱动的智能化文化生产机理可以被概括为：AI 机器基于大数据采集对文化生产任务进行自动化识别、可视化分析与分类化处理，实现 AI 文化产品批量化生产与规模化传播②。也就是说，基于 AI 的现代文化产业体系生产模式的本质在于人工智能系统通过对现有作品外在特征与素质的模仿、重组来进行文化内容的二次生成与创造，在很大程度上仍然反映出系统设计者的审美倾向与价值取向，智能技术对于现代文化产业体系的深度赋能事实上并未使人类失去对于智能时代新型文化产品的实际控制权③。在这一意义上，欧盟在其发布的《人工智能趋势和发展——对知识产权框架的挑战》最终报告中以"人工智能协助产出"对此进行定义，认为 AI 目前且在可见的未来都只会是人类的工具而无法实现完全的自主创造，人工智能"机器作者"身份的存在不会也不应使智能时代版权相关政策法律的权属配置受到影响。因此，现代文化产业体系的版权保护政策创新应当在现有政策法律体系和人本主义的基础上，尽快明确 AI 文化产品版权的主体资格，即智能时代的人类虽不再是文化产业人工智能技术系统的唯一运行主体和治理主体，却是不变的价值

---

① ［德］黑格尔：《法哲学原理》，范扬、张企泰译，商务印书馆1961年版。
② Surden, H., "Artificial Intelligence and the Law: Essay: Machine Learning and Law", *Washington Law Review*, No. 89, 2014, pp. 87-115.
③ 徐小奔：《人工智能"创作"的人格要素》，《求索》2019年第6期。

主体和责任主体。

第三，建立智能时代版权保护制度的科技伦理观。正确的价值观与精神信仰是文化产业可持续发展的灵魂与内在引领，也是促进中国优秀文化朝着网络化、数字化新业态演进的关键；特别是针对优秀的传统文化、非物质文化遗产、新文创产品、文博数字化等相关产品与服务，既要加大数字化、网络化传播范围与力度，也要加快构建起牢固的优秀文化防线，增强版权保护制度的伦理观，降低科技成果在文化产业领域的非道德使用所带来的危害，并纠正技术偏离正轨的负面性[1]。此外，需发挥受众、文化企业、文化行业协会的重要作用，加快培养文化企业及大众的文化伦理观，既通过受众与文化行业的自律来实现，同时辅以自律性道德规范与知识教育，也发挥文化行业自治组织的作用，将文化版权意识与文化伦理观潜移默化地注入。进入AI时代，AI重塑着文化内容的创作、生产与传播体系，利用AI优势高效、智能地进行富有精神内涵的文化生产是文化产业健康可持续发展的保障，但AI时代的文化创新是有边界的，坚守文化创新伦理和边界也是"智能+"时代应有的审慎态度[2]。

第四，构建大数据主导的知识产权保护政策的相关制度。一是做好知识产权相关数据统计工作，特别是对知识产权保护的相关数据进行采集与深度分析；关注和跟踪新兴文化市场、文化企业及创业者反馈，根据新情况及时完善知识产权保护的现有政策架构。二是实时优化知识产权保护环境，针对新业态与新问题加快版权保护预警体系建设，加大对知识产权侵权行为的惩治力度；同时预防技术创新成果推广与创新扩散受到知识产权滥用的限制，破除AI文化创新阻力。三是出台鼓励文化专利申请的相关政策，建立与完善文化知识产权的服务规范，促进文化科技成果转化；建立多平台、多渠道、多模式的中小文化企业知识产权服务，作为健全创新体系、活跃文化市场创新活力的保障。四是加快制度创新助推智能产业共性技术创新平台建设，这是确立新型知识产权保

---

[1] 解学芳、申林：《"智能+"时代现代文化市场体系的制度创新》，《南京社会科学》2021年第6期。

[2] 臧志彭、解学芳：《人工智能时代文化产业主流价值传播：重塑与建构》，《毛泽东邓小平理论研究》2019年第4期。

护体系、促进软性要素协同发展的关键。此外，还要树立国际思维，加快顶层协调机制和规制的不断完善，既要打破国际技术壁垒，也要加强全球知识产权市场联合协作，不断提升智能技术信息交流平台与技术转移、成果评估和交易、产学研合作等共享平台的国际化建设水平[①]。

---

① 解学芳、申林：《"智能+"时代现代文化市场体系的制度创新》，《南京社会科学》2021年第6期。

# 第六章

# 治理反思：数智技术赋能现代文化产业的创新边界

互联网技术、算法学习、大数据等飞速跃迁，使"智能+"思维越来越深入人心，AI 发展介入众多细分行业领域内，并且内生培育出新业态、新模式，促进了行业内的创新融合发展。同时，"智能+"时代 AI 因其本身的大数据资源优势和自适应的技术优势、AI 算法的深度学习和创作能力，奠定了它进入现代文化产业创新领域的基础。具体表现在 AI 逐步介入现代文化产业的内容创作、分发、营销等创新发展的过程中，带来了现代文化产业领域内新的发展图谱，带动主体间的创新，衍生出制度、经济和社会文化等环境创新，带动多维度协同创新；AI 在现代文化产业发展中进行深度融合和创新，提升文化内容生产效率的同时，赋能创意和内容，形成数字亮点。然而，AI 技术逐步"进入"现代文化产业创新领域中展现优势的同时，也凸显了超越现代文化产业创新伦理边界的伦理风险——AI 突破了人文价值伦理所强调的以人为中心的伦理边界，消解了现代文化产业的人文精神，激发了人类主体认识的危机，解体了 AI 与现代文化产业人文价值伦理之间的清晰界限；AI 基于算法所形成的虚假内容宣传、算法偏见、"信息茧房"和"知识鸿沟"等偏离了社会层面的主流价值取向，也背离了个人层面的价值准则，与现代文化产业创新的主流价值伦理边界相背而驰，为"智能+"时代现代文化产业创新发展带来巨大隐患；由于目前"智能+"时代现代文化产业创新治理体系不够成熟，因此 AI 滥用容易引发受众个体数据的不当收集、使用和数据隐私侵权等诸多数据安全伦理越界问题。由此，基于技术与制度协同视角探究"智能+"时代现代文化产业的创新边界与协同治理至关重要。

## 第一节　发展图谱：数智技术赋能现代文化产业创新的内涵及谱系

21世纪计算机和智能机器的快速进步，助力AI技术迅速发展。同时，AI本身所具有的自主学习能力也使其加快进入现代文化产业创新领域，即让现代文化产业在AI技术发展中凸显更多创新释义和表征。AI从"介入"到逐渐"进入"现代文化产业创新领域，持续影响了现代文化产业的内容生产、分发、交互体验到商业变现的全链条与场景。"智能+"时代AI给现代文化产业创新带来了新的发展谱系，一是带动内容、技术和模式三个现代文化产业主体间的创新，二是衍生出制度环境、经济环境和社会文化环境的三大环境创新，三是带动数字文创的广度、宽度与深度三度协同创新，让AI在现代文化产业中进行深度融合和新型创新，助力现代文化产业的纵深式长效发展。

**一　AI进入现代文化产业创新领域**

作为科技演化的现代产物，AI随着自身的生成进程，逐步介入现代文化产业场域的生产、传播、营销等各个环节。

（一）AI自主学习能力使其进入成为必然

AI具有较强的自主学习能力，使其进入现代文化产业创新领域成为必然。AI自主学习能力具有自发性，它能够自由感知外部世界并且获取信息，通过机器智能对于相关信息进行存储和计算，做出相适应的行为决策。智能体相较于人类，在相关信息的接收、处理和行动方面速度较快，因此大大提升了决策行动的效率。同时，机器智能可以实现从学习到验证的不断往复运动，可以更加灵活地实现从学习到运用的体系化管理过程。现代文化产业着重于强调人文领域的现代化科技创新探索，对于文化资源的数字化整合以及文化内容的智能创新提出了更高的要求[1]，AI的自主学习能力使其能够以技术赋能的形式，集合传统文化

---

[1] 张婷：《图书馆数字文创开发：现状、问题与对策》，《图书馆学研究》2020年第7期。

内容以及形式,在动态学习中进行应用更新,也让现代文化产业的更新迭代有了内容支撑。

AI自主学习能力具有自适应性,能够根据已有机器学习的知识基础选择相应适合的使用场景,并且通过大数据进行分析,推荐个性化的学习方式。现代文化产业会衍生不同场景和内容,垂直领域具有不同文化业态间的壁垒,因此在文化产业领域的数字化自适应则显得尤为重要,AI自主学习的自适应性也让它进入现代文化产业创新领域成为必然。现代文化产业领域的AI可以突破二维影像和三维数字模型的维度空间限制,对文化产业内容进行分类、检测、分割、检索、编辑、合成、替换、应用等不同学习运用,从而自动生成新的现代文化产业内容。AI在提升文化产业内容创新效率的同时,可以赋能创意和内容制作数字亮点。

（二）AI审美创作行为使其进入成为必然

AI之所以能够进入现代文化产业领域创新发展中,是因为AI区别于传统工具"搬弄式"的模仿路径,使用系统性集成式的实时策略和集施控与受控于一体的运营模式,其审美创作行为具有导向优势[①]。AI介入现代文化产业场域内,凭借类似于人脑的运行程序,不仅能实现现代文化产业创作阶段"如何为之"的工具性运用和创作行为,也能延伸至艺术构思阶段"何以为之"的审美行为及现代文化产业的构思,AI这一审美供给和数字创作提高了现代文化产业的创新效率。

AI的审美创作行为是在AI大数据的基础上,整合性创新已有信息资源,在现代文化产业的社会实践和审美实践中按照美的规律进行能动创造[②],并且出于一定的目的、动机,按照数字文化对象的审美特性与发展规律进行改造和自觉自由的创造,也会在前人创造的基础上进行新的开拓和发展,创造异于前人的新的美好事物。AI不再只是作为计算机执行设定好的行为,能够独立创造新事物,进入文化产业领域实现创作。目前,AI的审美创作进入现代文化产业领域在现实生活中已经有

---

① 鹿咏:《人工智能与当代艺术生产的"后人类"构想——兼及对"数字人文"的审美思考》,《内蒙古社会科学》2021年第2期。

② [美]雷·库兹韦尔:《奇点临近:2045年,当计算机智能超越人类》,李庆诚等译,机械工业出版社,2011年版。

应用。世界 AI 大会上，AI 通过现场艺术肖像画的绘制，提升展览的交互性；AI 可以通过机械臂、动作捕捉、VR、三维影像、纱幕投影等前沿技术手段融合进《茉莉花》等舞蹈、音乐、民歌、戏曲等艺术形式中；今日头条也应用 AI 机器人张小明，通过对接实时的数据库信息，撰写新闻稿件……AI 能够根据文化产业创新的相关性和需求，整合已有机器智能中的大数据，参与现代文化产业的审美设计和内容创作[①]，这一特性使其进入现代文化产业创新领域成为必然。

## 二 数智技术赋能现代文化产业创新内涵

从概念萌芽到理论研究和专家系统的逐步成熟，从 AI 大爆发到逐步实现社会化应用，AI 经历了不同阶段的发展创新。"智能+"时代现代文化产业创新是将数字化信息技术同文化产业融合发展，其创新表征体现在 AI 作为新时代信息技术，赋能现代文化产业创新发展，AI 改变文化创新形式及其创作本身，同时激发了众多普通受众参与文化创作中，能够迸发出类内创新的无限可能。

### （一）"智能+"时代现代文化产业创新释义

"智能+"时代现代文化产业领域内的创新释义，与"智能+"时代的创新息息相关。AI 经历了三大历史阶段的发展创新。

第一阶段，人工智能的概念在 20 世纪五六十年代被提出并得到了初步的发展，实现 AI 技术的导入。1950 年，马文·明斯基（Marvin Lee Minsky）与迪恩·埃德蒙斯（Dean Edmonds）合作建造了第一台神经网络计算机，图灵在书籍《计算机器与智能》中所探讨的人工智能与机器学习、算法之间的关系，也掀起了 AI 的热潮。其中 AI 这一概念，普遍被认为起源于 1956 年的达特茅斯会议，会上提出了 AI 这一概念，并且进入了 AI 元年。

第二阶段，1980 年至 21 世纪末，AI 的研究理论和专家系统开始逐渐成熟，AI 通过产业化转向实用。到 20 世纪八九十年代，AI 开始成为产业。日本在 1981 年宣布为期十年的"第五代计算机"计划，第一个成功商用的 AI 系统开始在美国数据设备公司运转，并用七年时间部署

---

[①] 曾白凌：《目的之"人"：论人工智能创作物的弱保护》，《现代出版》2020 年第 4 期。

了四十余个专家系统，使很多人工神经网络相关的工作在20世纪80年代得以完成，语音识别技术、计算机视觉与知识表示领域也发展迅猛。20世纪90年代，智能Agent开始出现，机器人驾驶汽车从理论上成为可能[1]。

第三阶段，21世纪初期至今，AI迎来大爆发，相关的理论研究趋于成熟，AI开始逐渐展现出社会化应用的井喷态势。这一阶段计算机产业的快速发展让AI的创新发展搭上了"便车"，同时网络、大数据、云计算等技术趋于成熟，让AI收获了新的发展亮点。IBM开发的超级电脑沃森在2011年参与《危险问答》这一智力问答节目，同人类选手同台竞技并获得了冠军。2016年，众所周知，由谷歌旗下Deepmind公司基于深度学习原理研发的AI体阿尔法狗战胜人类职业围棋选手。微软小冰、洛天依等AI逐渐应用于新闻传播、文娱产业等各种行业。AI创新运用于越来越多的行业领域，在提升既有经济效益、产业链升级改造的同时，也给众多行业领域提供更多的便利。

"智能+"时代现代文化产业领域内的创新释义，是将AI的创新变化渗透到内容的生产、分发、交互体验到商业变现的全链条与全场景。在现代文化产业生产领域，AI创新大幅降低了内容生产的门槛；在现代文化产业分发环节，"算法+社交分发"构成了各内容平台分开的形式；在现代文化产业生产的交互方面，智能机器人的发展热潮也展现了AI交互体验的可能性；从商业运营的角度而言，AI促进了现代文化产业内容生产和消费之间协同的新型变现模式的崛起。5G、区块链的发展也将赋能AI创新，以新的载体形式影响着现代文化产业创新释义，其创新空间也将逐渐增大。

（二）"智能+"时代现代文化产业创新表征

现代文化产业将电子计算机技术、网络媒体技术等数字化技术手段同文化产业相结合产生新型的文化创新表现形式。"智能+"时代，科技、文化、艺术、生产构成了互联互通的生态圈，AI等数字科技的发展给文化产业创新提供了全新的场域与语境，也赋能了新的发展形态，文化产业发展呈现出数字化的导向。随着数字技术的快速迭代，现代文

---

[1] 张梦媛：《人工智能创新的伦理问题及规范研究》，硕士学位论文，郑州大学，2020年。

化产业的创新表征也得到进一步的衍生。AI 技术对于现代文化产业的创新，不仅体现在加速信息内容和数据文本的传输，也催生了更多文娱形态。新兴的技术形态使现代文化产业在丰富人们文化生活的同时，重塑了现代文化产业的生产与传播方式，"智能+"时代现代文化产业创新表征主要体现在三个方面。

第一，现代文化产业的创新体现在它改变了传统的文化形态。原先的大众媒介彼此独立存在、互通难度较大。以文字为核心的印刷文化、以声音为中心的广播文化等独立的文化形态在现代文化产业中得到融合，并且可以统一呈现。现代文化产业通过数字技术跨越了时间和空间的限制，将不同时空的文化内容以数字信号的形式进行整合，并且创新融合出新的内容。

第二，现代文化产业的创新体现在改变文化内容创作本身。一方面，数字化的科技手段可以促进文化内容提质，让传统的文化产业从视听之外衍生出更多的方式和体验，让文化内容呈现当代特征。如当下的虚拟电影，正是在视听文化形式之外，通过数字化手段创新受众体验。另一方面，数字化的技术形式可以实现文化创作者和消费者需求之间的对接，让需求即时反馈，并且实时反映在现代文化产业的创作过程中，让现代文化产业创作更贴近受众需求。

第三，AI 等信息技术数字化也会激发众多普通受众参与到文化创作中，进而迸发出类内创新的无限可能。数字文化产品便于存储和传输的特性，让众多受众接收海量信息的同时，也可以通过即时的意见反馈参与到文化创新中。在现代文化产业平台上，用户是作为"消费者"和"内容生产者"双重身份存在的。现代文化产业也借由大数据挖掘等优势，及时将受众的审美与价值评价等转换为生产经验，实现文化产品的快速迭代，展现出数字化赋能文化创新的突出特点和显著优势。

### 三　数智技术赋能现代文化产业发展谱系

"智能+"时代现代文化产业创新的发展谱系包含主体维度、环境维度和客体维度三个不同维度的创新发展体系。一是"智能+"时代 AI 介入现代文化产业的内容创新、技术创新、模式创新领域的"三位一体"创新。二是"智能+"时代现代文化产业创新环境现状，包括 AI 介入现代文化产业创新的制度环境、经济环境、社会文化环境等。三是

AI介入现代文化产业创新的广度、宽度与深度状况，即AI进入现代文化产业各个细分行业的发展现状、AI在现代文化产业诸行业的应用现状、AI在现代文化产业创作生产和营销传播等全流程的创新发展。

（一）主体维度："三位一体"创新

AI进入现代文化产业创新领域会带动三个主体间的创新，分别为内容、技术和模式的创新。内容是现代文化产业的核心和本质所在，包含绘画、音乐、影视、图书等的文化产品和文化服务的数字生产内容。一方面，AI的介入让现代文化产业超越时空的场域限制进行内容创作，从而实现内容创新。2016年，百度运用AI"情感语音合成技术"，在张国荣诞辰60周年的纪念活动中复刻了张国荣的声音，用声音与观众们亲切互动。AI技术突破了时间的限制，重现了经典文化艺术。2021年在世界AI大会上，腾讯通过OCR技术识别观众在手写板上写下的上海地理名称，并且用数字气味播放器释放与场景相对应的气味，从而突破地理空间的限制，让观众在感官上体验到"鼻尖上的上海"，沉浸式走进熟悉的上海。AI的介入使现代文化产业领域的内容创新打破了时间与空间界限，数字文创的内容创作和内容生产更加多元化。另一方面，AI利用智能感知、智能分析和智能制造等功能参与到现代文化产业的内容生产中，也为现代文化产业创新产品增添了独属于技术创新的智能元素，为传统文化产品赋能[①]。

AI进入现代文化产业创新领域会带动其技术领域的创新，包含创作技术和传播技术两个方面。在创作方面，传统的现代文化产业主要基于创作主体的审美构想和主体观念进行艺术创造，AI介入的技术基础是海量的数据库。AI可以在现代文化产业创作中借助大数据搜集和分析技术生成结构化的数据，进而基于自然语言处理、语音识别、计算机视觉等应用技术进行文化作品的创作，技术主体从自然人转换为机器智能。今日头条的新闻写稿人张小明正是基于庞大的数据库以及实时更新的新闻数据内容，实现了快速写稿。在传播技术方面，创新体现在AI的介入使现代文化产业的传播更快捷，也更为精准。AI可以基于现代

---

[①] 杨毅等：《人工智能赋能文化产业融合创新：技术实践与优化进路》，《福建论坛》（人文社会科学版）2018年第12期。

第六章 治理反思：数智技术赋能现代文化产业的创新边界

文化产业受众的相关大数据，如网页浏览内容和屏幕停留时间等多维数据，形成现代文化产业受众的群像，助力其精准营销。AI 可以有效提升现代文化产业的传播效率，同时这一精准化服务使文化产品更好地满足于人们的精神文化需求。

AI 进入现代文化产业领域，也会创新其模式领域，让每个受众都参与文化内容创作过程，"智能+"时代下双向创作的模式得以形成。在传统的文化创新模式下，产品及内容服务直接呈现在受众面前，受众只能被动接受，同时很难实现交互，相关的需求反馈也具有延时性。这也导致文化产品的诸多价值没有被有效消费，无法全方位满足文化消费者的文化需求。因为 AI 技术的介入，消费者可以在移动终端以最低的成本接触海量的文化产品，同时可以实现个性化的定制生产。通过 AI 的大数据算法分析和即时性反馈，文化消费者可以双向参与到文化产品的再生产中，在消费文化产品的同时，通过自己的审美体验创造新的文化内容，如华为在 AI 大会上所展示的 AI 作画智能应用，就是利用这一模式特性进行创作，通过与观众的交互实现创作艺术肖像画的绘制。

（二）环境维度：三大环境交融

AI 进入现代文化产业创新领域将会影响现代文化产业的制度环境、经济环境和社会文化环境。制度环境是内生变量，受到已有的法律规范和社会秩序的制约，同时受到现有技术发展水平的影响。AI 对于现代文化产业创新的制度环境影响主要体现在两个方面。一方面，AI 介入现代文化产业领域，由于 AI 技术本身的自主性、高度复杂性以及风险存续性使其需要制度环境的规范，"智能+"时代现代文化产业的制度创新可以构建规范性的制约制度和扶持性的激励制度，从而助力现代文化产业创新能力的构建。另一方面，"智能+"时代，催生众多现代文化产业领域的新业态，AI 打破原有的价值体系和文化生产传播体系，也带来了数字鸿沟和信息鸿沟扩大化、版权保护利益失衡以及文化泛娱乐化等潜在危害，这些危害也是需要筑牢 AI 现代文化产业创新制度环境的必然因素，需要通过制度规范来建立新的制度体系，加大对于现代文化产业产品和服务的内容审查与管理监控，监督 AI 介入现代文化产业创新所带来的文化技术伦理以及引发的一系列新问题。

"智能+"时代智能技术也将影响现代文化产业创新的经济环境。

255

AI作为当下至关重要的国家战略之一,从"介入"到"进入"各行业带动产品服务的转型升级,影响着诸多发展方向。而对于经济环境的影响,最主要的在于其影响着不同行业领域,同时代表了一种新的经济形态。依托AI技术,可以实现与传统文化产业融合,通过优化文化生产要素、更新文化体系、重构商业、消费模式等途径实现经济环境的转型升级[1]。AI以不同的方式介入艺术、体育、电竞等现代文化产业领域,在内容生产、内容传播、内容消费等领域具体体现,这让现代文化产业产生诸多新兴经济业态,其经济效益也得到显著提升,同时提升了现代文化产业服务的精准度,高效提升文化受众的消费体验。此外,AI的介入可以极大地减少劳务开支和人员培育成本,AI等数据及程序语言易于复制,所以AI技术能够在较低经济成本的基础上进行广泛的知识和文化内容传播。

AI的发展对于现代文化产业创新中社会文化环境的创新主要表现在三个方面。一是AI技术介入现代文化产业提升了文化休闲质量,文化内容生产效率得到大幅度的提升,使AI主体有更多精力和时间从事更高质量的文化内容创新和生产。原先文化生产过程中大量耗时、复杂且重复性的工作被智能体所接替,人类主体将重点放在现代文化产业的创意领域[2],有效提升了居民的生活满意度、文化休闲的质量。二是AI的介入影响了既有的就业结构,将原先传统的人机协作的社会生产模式转换为"人—人工智能—机器"的模式,程式化的就业机会将会被更高质量的文化内容生产所替代,涌现众多新兴的就业机会。三是社会文化及伦理关系被重构。AI在数字文化领域的创新会引导至产生智能助手、情感陪护机器人、人机混合体等,这些对于文化的渗透,会改变传统的人际关系、家庭观念以及道德观念等,从而重构"智能+"时代新型的伦理关系及相关社会文化环境。

(三)客体维度:三度协同创新

AI介入现代文化产业体系创新中,将会带动其广度、宽度与深度

---

[1] 黄楚新、王丹:《"互联网+"意味着什么——对"互联网+"的深层认识》,《新闻与写作》2015年第5期。

[2] 解学芳、臧志彭:《人工智能在文化创意产业的科技创新能力》,《社会科学研究》2019年第1期。

第六章 | 治理反思：数智技术赋能现代文化产业的创新边界

的"三度"协同创新。

所谓广度，是 AI 进入现代文化产业各个细分领域的状况。文化资源、文化内容都是文化产业数字化的新形态表达。AI 创新文化资源的表达形式，让传统文化资源在当代"活"起来。如故宫利用 AI 建立数字博物馆，使原先只能远观的角楼得以通过 AI 影片的形式重现，并且通过数字化的技术手段讲述如何用榫卯结构把上半块木头组合成三重檐七十二条脊美丽的建筑。AI 使文化资源数字化重现，在深挖文化资源的同时进行"智能+"时代的原创重构。在文化内容方面，AI 从原先的运算智能发展到目前感知智能和认知智能突破的阶段[①]。从复制人类的学习方式到内容认知和情感模拟等层面，AI 逐步探索人类基于历史经验和生活体验而产生的情感和意识，从而在文化内容创作的过程中得以展示；AI 也有助于相关意见性信息的收集，并且融入文化内容的再生产过程中。AI 技术延伸至文化资源、文化内容、文化平台经济、文化数据市场、文化供应链要素、文化产权等文化产业数字化新业态，使 AI 介入现代文化产业创新的广度得以扩大。

所谓宽度，是 AI 在现代文化产业诸行业的创新应用程度。AI 介入现代文化产业诸行业内容，逐步呈现出文化内容从生产、传播到消费等全流程的数字化特征，为诸行业带来新兴发展业态[②]。在网络新闻等创作编辑中，腾讯新闻写作机器人 Dreamwriter、AI 交互主体微软小冰等都可以用几秒的时间实现新闻报道的撰写以及全球首发；在影视行业领域，AI 创新性运用于研究影片中处理瑕疵案例，并且将其纠正成光线饱满自然的图像；在音乐领域，毕业于上海音乐学院音乐工程系的 AI "小冰"可以作曲《智能家园》；在电竞游戏领域，AI 游戏中的"武林高手"——腾讯"王者绝悟"可以现场与职业电竞选手展开精彩的表演赛……AI 在现代文化产业领域内众多不同行业领域内实现融合，提升 AI 介入的宽度，赋能数字时代文化创新发展。

所谓深度，是 AI 在现代文化产业创作思维、文化创意生产、文化产品营销与传播、文化消费流程等方面深度创新的程度。AI 技术的快

---

① 邓磊等：《我国数字创意技术发展现状与展望》，《中国工程科学》2020 年第 2 期。
② 沈珺：《人工智能技术打造数字文化产业新形态》，《中国社会科学报》2021 年 7 月 20 日第 A01 版。

速发展，已具备了介入现代文化产业不同深度领域的现实条件，在文化内容生产、营销和消费等全流程领域得到创新性应用。在文化内容创作领域，微软小冰于 2017 年出版现代诗集《阳光失了玻璃窗》，阿里影业下的编剧机器人可以在 10 分钟内创作出 1 集电视剧，鲁班每秒设计海报 8000 张。在文化产品营销领域，AI 具有文化消费者数据收集和获得的天然条件，而这也在传播、营销过程中奠定了基石，能够通过不同的数据信息反馈成用户画像，从而指导文化产品的运用传播[①]，如腾讯平台可以实现日均精准推荐视频 2 亿次、精准推荐新闻 1 亿次，使现代文化产业消费者接受的文化服务和内容与自己的需求最为契合。在文化消费的场域，AI 的影响主要在于定制化的内容消费和互动的消费形式，基于既有的文化消费数据所匹配的内容分发，给予文化受众更精准和个性化的内容体验。此外，AI 通过感知智能和认知智能的快速发展，能够实现互动性的内容消费，被广泛应用于各类展览中……从文化内容创作生产到文化传播，再到文化消费等诸多现代文化产业全流程环节中，实现 AI 应用深度的延伸，人工智能进入文化产品和服务的全过程中，也让其在现代文化产业创新中拥有更多可能性。

基于 AI 介入现代文化产业领域的"三度"图谱——广度、宽度、深度的创新延伸，能看出以 AI 技术为基础，以需求为动力，通过产学研高度合作，AI 已经成为现代文化产业创新发展的核心助推力，在应用过程中也满足了"用得更好、用得更深、用得更广"的诉求，实现"智能+"时代下现代文化产业生产力的跃迁。

## 第二节　超越边界："智能+"时代现代文化产业创新科技伦理困境

超越边界，即逾越界限，"智能+"时代智能技术的发展使现代文化产业创新逾越了符合法律规范和人文道德认知的伦理边界。不可否

---

[①] 李景平：《人工智能深度介入文化产业的问题及风险防范》，《深圳大学学报》（人文社会科学版）2019 年第 5 期。

## 第六章 | 治理反思：数智技术赋能现代文化产业的创新边界

认，随着 AI 技术的不断发展，"弱人工智能"[①] 渐渐发展为"强人工智能"[②]，AI 从原先的"介入"也逐步转换为"进入"现代文化产业创新领域，整个现代文化产业呈现出了数字化、网络化、虚拟化以及智能化的特征，越来越多的文化新业态得以内生。但是人们也逐渐意识到，AI 技术的发展带来了诸多超越伦理边界的隐患问题。强 AI 时代的到来，更加剧了 AI 主导现代文化产业创新领域内伦理边界模糊、伦理边界逾越等伦理困境，并且引发了一定的社会风险。这些超越伦理边界的问题主要表现在三个方面：一是 AI 消解了现代文化产业创新的人文价值伦理边界；二是 AI 算法偏离了现代文化产业创新的主流价值伦理边界；三是 AI 技术冲击了现代文化产业创新的数据安全伦理边界，使"智能+"时代现代文化产业创新领域内的伦理边界规范面临失守的困境。

### 一 AI 消解了现代文化产业创新的人文价值伦理边界

人文价值伦理边界，即尊重人性为本的价值理念，也包含人与物之间的平衡、人文精神的涵养以及对于人创新主体地位的正确认知。在 AI 迅猛发展的同时，现代文化产业创新的人文价值伦理边界也面临消解的困境。阿西莫夫（Asimov）曾经提出有关机器人的三大定律，其中之一就是智能体不能侵犯人类的主体利益，后来又提出了"零律"进行补充，要求机器人要保护人类的整体利益。"智能+"时代机器智能介入现代文化产业创新领域，跨越了人文价值的伦理范畴，消解了现代文化产业的人文精神并激发了人类主体认识的危机，从而解体了 AI 与现代文化产业创新中的良好伦理边界架构。

#### （一）AI 消解现代文化产业的人文精神

AI 已经成为时代的趋势，AI 技术即"拟人化"，通过系统思维，

---

[①] "弱人工智能"（Artificial Narrow Intelligence）是指能制造出进行推理和解决问题的智能机器，机器本身不具备自主意识，诸如击败职业围棋棋手的 AlphaGo 等。弱人工智能被广泛应用于农业、工业、电力及勘探等领域，并产出了系列商业化的专家系统开放工具，为提升社会生产效率提供了巨大辅助。

[②] "强人工智能"（Artificial General Intelligence）意味着机器不仅善于推理和解决难题，而且具备了相应的自主意识，主要包括认知模拟（Cognitive Simulation）和应用 AI（Applied Artificial Intelligence）两种形式，认知模拟旨在模拟人脑如何工作，应用 AI 旨在开发可应用于商用化的智能系统，如人脸识别系统、语音识别和自然语言理解等。随着计算机视听觉、生物特征识别，新型人机交互，智能决策控制等应用技术产业化，强人工智能研究正处于爆发期，广泛应用于金融、安防、交通、医疗、制造等领域，其效率水平已超越公众预期。

而非需要单独系统分开处理各种智能行为①。AI 在现代文化产业创新领域内强调自主的意识，可以具有独立的审美创作和审美意识等，同时类人化地具有思维模式和行为准则，独立进行现代文化产业的产出。与此同时，AI 的发展也逐渐显示出消解现代文化产业人文精神的弊端，使现代文化产业创新领域出现人与自身、他人、社会之间的关系异化，展现出缺乏人文精神和文化涵养的隐患。

AI 的发展会使现代文化产业创新的伦理领域出现人的异化，包含人与自身、人与人、人与社会之间关系的异化。从 AlphaGo 智能机器人打败职业围棋手，到 Hanson Robotics 开发的类人机器人索菲亚获得沙特阿拉伯公民身份并担任 AI 教师，都加剧了人们对于 AI 超越甚至奴役人类的担忧。当 AI 发展至强 AI 阶段，机器智能会造成数字化技术理性的无限膨胀，从原先仅作为现代文化产业创作主体的辅助性力量，转变为奴役人的异化技术力量。人文精神的消解体现在人沦为技术的附庸物，现代文化产业创新的主体与 AI 机器分离，人最终被边缘化②。人预期自身的异化相应会导致人与人之间的关系异化，以及人与社会关系的异化，从而将"智能+"时代现代文化产业创新转变为机器智能和技术理性垄断的机械、单调世界。

AI 发展的不平衡性、技术理性和功利主义，使人文精神的塑造以及文化涵养的培育逐渐缺失。第一，"智能+"时代现代文化产业的创新明显存在不平衡性，国家间发达程度、地区间发展程度、现代文化产业细分行业间发展程度等都存在差异性，因此也会消解人文精神。如 Google、微软和苹果等行业巨头通过资本收购的方式聚集 AI 资本、技术和人才，从而形成行业垄断。强 AI 介入现代文化产业创新领域，不可避免受到国家、地区以及细分行业等的发展程度的影响，形成人文精神传播上的"马太效应"，人文精神在数据理性和技术层面控制下趋于一元化。第二，强 AI 时代，功利和效用的中心论更为明显，AI 技术加强了人类在现代文化产业领域对于技术和数据的依赖性和控制，现代文

---

① 陈俊波、高杨帆：《系统论视角下的人工智能与人类智能》，《自然辩证法研究》2019年第 9 期。

② 潘俊：《AI 理性价值智能的隐忧与消解》，《自然辩证法通讯》2018 年第 4 期。

## 第六章 | 治理反思：数智技术赋能现代文化产业的创新边界

化产业中的人文精神将被 AI 技术科学所挤兑，解决人生意义与价值判断的问题将被人们所忽视，因而如果不对 AI 的快速发展、技术的不断演变加以控制的话，人文精神将陨落，人的存在被虚拟化、机器化，人被作为智能数据来源的符号，人的尊严被无视，人文关怀缺乏。例如，某新闻平台不间断的侵权抄袭风波，正是在数据效用至上的工具理性的驱使下，该平台利用 AI 快速生产用户喜好的内容，缺乏对于原创内容以及对知识产权的保护意识，从而屡屡沦为"新闻的搬运工"，忽视人文伦理。在强 AI 无控化发展之下，AI 技术下蕴含的人文精神意在反映人类美好德行的文化理念将被削弱，AI 技术的功利性不断凸显，而现代文化产业创新中关注人的价值与精神需求的人文功能这一优势反而逐渐丢失。

（二）AI 拟人化发展态势激发主体创新危机

"智能+"时代，以算法和数据为内核的现代文化产业创新在交互过程中展现出一种"拟人化"发展态势[1]。"拟人化"发展使 AI 体可以自主地进行认知、决策和行动，而这种 AI 的拟主体化仅是一种功能性的模仿，更多基于已有的大数据基础，并不是有意识的能动性、自我意识和自我意志[2]。这种拟人化的发展将会引发现代文化产业的主体创新危机，一方面是对于人的主体地位的质疑，另一方面是针对人的伦理道德的主体性质疑。

AI 从"介入"到"进入"现代文化产业创新领域，不单实现了外形的相似，也可以通过复制现代文化产业创作过程中的人类情感和思维模式，进一步实现对智能体的模拟。AI 与创作主体越来越相似，渐渐表现出强烈的自我意识，而这种文化创作中的人类情感、思维模式和意识是人区别于 AI 的伦理安全界限，界限的模糊将进一步破坏人作为文化创造的主体地位。控制论之父维纳就曾预言机器智能希望在所有层面上取代人类。电影《机器姬》表现了 AI 与其创造者权利翻转的恐怖景象。机器智能随着不断介入，能够逐渐模仿以至于取代人类，因此

---

[1] 段伟文：《控制的危机与人工智能的未来情境》，《探索与争鸣》2017 年第 10 期。
[2] 段伟文：《人工智能时代的价值审度与伦理调适》，《中国人民大学学报》2017 年第 6 期。

"智能+"时代下现代文化产业创新主体将受到质疑[①]。AI在延伸人类智能的同时，智能体也在发展演化成能够自行进行思考的类人体，这将冲击人类的主体地位，彻底压倒人类。AI技术创新文化产业链，引发了人文主义的反思，福柯认为"知识序列的崩溃"会导致助学意义上"人将被抹去"，AI介入现代文化产业创新领域也会在感知智能到认知智能突破阶段，逐步形成未来能够实现自我认同的思想系统，这也将挑战现实意义上人的存在，对于人的主体地位形成冲击。

此外，随着AI技术越来越深入渗透到现代文化产业的内容生产、传播销售、文化产品和服务消费等全流程，影响至现代文化产业的各个细分行业领域，"智能+"时代现代文化产业创新的精神文化消费属性愈加凸显，它也能伴随着现代文化产业的创新，逐步影响人类的意识形态以及主流价值观的塑造，因此人工智能是否可以具有和人类主体一致的道德责任与伦理规范也成为"智能+"时代发展的隐患之一。2018年，基于AI研制的无人驾驶Uber，在美国亚利桑那州冲撞非机动车主并且致人死亡，但是相关法律并未有完善的对于AI体的规范，难以界定其道德责任及法律制裁。随着人工智能越来越多地介入现代文化产业领域中，"道德过载"的矛盾也愈加凸显，AI在现代文化产业领域了解和介入得越多，所应该承担的道德责任也越大，但是国内目前相关的伦理边界规范仍然不完善。此外，AI介入现代文化产业创新领域内，出现的主体伦理问题将存在一定的延时性，AI技术人员、文化创意阶层无法在第一时间对抗AI存在的偏差。就AI体本身而言，也还未突破认知智能层面上的技术进展，关于人类社会的是非好坏的常识以及价值判断标准还未在机器智能中得到成熟的发展。因此，在其拟人性的发展过程中，智能体和人类主体之间的道德伦理平衡关系将会被破坏，当智能体凌驾于人类智能之上时，技术的主导性可能导致伦理道德的丧失。

## 二 AI算法偏离了现代文化产业的主流价值伦理边界

主流价值观是指被最大多数受众所认可的思想形态，中国目前的主流价值观是以社会主义核心价值观为核心内容的当代价值观形态。而

---

[①] 解学芳：《人工智能时代的文化创意产业智能化创新：范式与边界》，《同济大学学报》（社会科学版）2019年第1期。

第六章 | 治理反思：数智技术赋能现代文化产业的创新边界

"智能+"时代现代文化产业不断地发展创新，AI 基于算法所形成的虚假内容宣传、算法偏见、"信息茧房"和"知识鸿沟"等不仅偏离了中国社会主义现代化建设中的社会层面的价值取向，也背离了个人层面的价值准则，与现代文化产业创新的主流价值伦理边界相背而驰，为"智能+"时代现代文化产业创新发展带来巨大隐患。

（一）人工智能算法操控生成有违主流价值的虚假内容

随着 AI 技术的快速发展，尤其是 AI 算法的发展，AI 自动生成文本、照片、语音、视频等一切数字内容将成为可能。但是与此同时，AI 算法的滥用使虚假内容泛滥，"智能+"时代现代文化产业产品的真实性遭到质疑。AI 算法在现代文化产业中的发展可以让技术实现单一的图像、音频合成，如 AI 换脸技术；同时可以结合语音识别、人脸识别以及唇形搜索，进行人脸语音的识别，提升了文化生产效率，助力更多创新性元素的添加，可以对于已经过世演员的数字复活以及创作虚拟人物进行影视剧的制作。在新闻生产领域，大数据的原生优势使新闻制作的效率大大提升。但是 AI 算法使人们伪造和操控音视频的门槛与成本大幅降低，AI 技术使用主体在其中的影响力逐步提升，其价值判断也会直接影响现代文化产业产品和服务的价值导向。不法分子会利用 AI 技术制作部分负价值导向的现代文化产业产品，如虚假报道、评论和数据等，操控算法生成有违主流价值的虚假内容的风险也与日俱增。

AI 算法可能被一些想要谋求个人利益的不良人士所利用，借助本身含有虚假或者错误信息的原始数据信息，AI 技术通过大数据信息的找寻以及在数据之间进行快速的搭桥联系，从而构建了伪真实的关联，造成虚假的信息被传播。例如，2016 年，美国大选期间就曾出现虚假新闻的推送争议不断，"智能+"时代现代文化产业领域因为算法也可以造假相关评论和关注度，对于明星排行榜及娱乐热搜等进行虚假内容的形成。一方面，由于 AI 算法可以根据用户点击偏好以及浏览时长等阅读偏好等数据信息，选择性进行推送，并且精准推送算法所得出的内容信息，因此在一定程度上还会造成虚假内容的大范围传播[1]。AI 算法

---

[1] 袁帆：《中国网络新闻传播领域算法伦理研究——基于"三视角"理论框架》，博士学位论文，华东师范大学，2020 年。

缺乏对于内容性质以及质量的正确甄别能力，将会在不加区分的基础上按照之前的算法运行逻辑进行大范围推送。纽约大学和法国格勒诺布尔-阿尔卑斯大学的研究人员的一项同行评审研究显示，在2020年美国大选期间，比起知名正统的新闻网站的点击人数，社交平台上的虚假信息点击人数多了近5倍。另一方面，虚假内容的广泛传播对于"智能+"时代现代文化产业产品及服务相关质量产生难以估量的影响，同时通过现代文化产业精神属性冲击"真、善、美"的主流价值观。这些虚假信息和文化产品服务将被用来混淆视听，或者以不正当手段获取利益，给整个社会的伦理建设和公共安全带来巨大隐患。

（二）AI算法偏见极化社会不平等和知识鸿沟

算法偏见是指AI在内容生产和传播等过程中所产生的意见偏颇，导致信息传播的准确性受损，影响受众获取客观真实信息的算法内容①。"智能+"时代AI算法通过深度学习，吸收现代文化产业创作过程中主体的语言习惯、行为习惯等特征，将这些数据转换为大数据和机器语言，从而进行智能输出。而这种算法偏见通常包含算法设计研发人员在算法搭建过程中所添加的人为因素的偏见、算法来源数据自身的偏见，以及强AI时代智能体作为道德主体在进行独立思想和价值判断时候产生的偏见，这将带来两个方面的负面影响。

第一，AI算法像一个"黑箱"，系统复杂，自我解释性较差，很多时候给出的是基于大数据得出的数字结果，而如何得出结论以及它的依据都没有具体详细的解释，因此会产生算法偏见。偏见可以在一定程度上表现为算法之下针对性别、种族、消费、弱势群体等偏见想象，而AI算法的广泛应用，使这种偏见会极化社会的不平等，造成影响社会公共安全及相关的政治道德风险。麻省理工学院的一项研究表明，当使用各种人脸识别的AI算法来识别性别时，算法将肤色较深的女性误认的比例比对肤色较浅女性识别错误的比率高了30%左右，34.7%肤色较深的女性会被误分类为男性②。这种AI算法的偏见将会加剧新型技术时代下的种族歧视，同时增加有色人种群体伤害的发生概率。同样的算

---

① 汪怀君、汝绪华：《人工智能算法歧视及其治理》，《科学技术哲学研究》2020年第2期。
② Buolamwini, J., et al., "Intersectional Accuracy Disparities in Commercial Gender Classification", *Conference on Fairness, Accountability and Transparency*, PMLR, 2018, pp.77–91.

第六章 | 治理反思：数智技术赋能现代文化产业的创新边界

法偏见还会发生在性别、年龄、弱势群体等方面，AI 推荐算法因为算法平衡的价值观念导致 AI 技术的算法歧视及偏见，加剧社会不平等社会发展矛盾。

第二，"智能+"时代现代文化产业的算法偏见会造成"信息茧房"①，加剧"知识鸿沟"的形成。AI 通过智能算法推荐，在实现现代文化产业精准营销、减少用户信息悬着的冗余、增强用户对现代文化产业平台黏性的同时，也由于算法推荐，让文化受众接收到的信息是通过数据进行过滤筛选的。基于用户兴趣的大数据现代文化产业产品推介会不断固化受众自身的立场及观点，受困于同质化的"信息茧房"中，长期接触精准营销的信息，导致"回声室效应"，即受众只关注自己感兴趣的领域，对于其他方面一无所知②。"抖音"正是社交媒体中使用智能算法推荐的代表，通过用户偏好的算法推荐，增强用户黏性，但是这类 AI 的技术发展，也使抖音受众囿于认知偏好的"死胡同"，同质化的信息获取使其知识面愈加狭隘③。由美国传播学者蒂奇纳等所提出的"知识鸿沟"假说指出，随着信息的增多，经济社会状况更好的人反而更易于高效获取信息，从而拉开了社会人群的知识差距④。"智能+"时代现代文化产业创新中，基于大数据的算法推荐，使文化产品的受众被动困于信息茧房中，加剧了与社会中其他群体的知识鸿沟。同时，位于信息茧房中的受众观点是相对偏颇的，在相同圈层群体中沟通交往，会加剧自己的偏见极化，最终反而会因此削弱社会黏性，这种现代文化产业领域内知识鸿沟的扩大化不利于社会的稳定可持续发展。

**三　AI 冲击了现代文化产业创新的数据安全伦理边界**

数据安全伦理边界，即数据可以安全、高效、私密地进行传播，受

---

① 信息茧房的概念最早由哈佛大学法学院教授桑斯坦在 2006 年出版的著作《信息乌托邦》中提出，是指人们在信息领域容易受自己的兴趣所指引，只会注意到能使自己愉悦的信息，从而形成了信息壁垒，把自己封闭在像蚕茧一般的"茧房"中。
② 廖秉宜等：《智能媒体的伦理风险与规制路径创新》，《中国编辑》2021 年第 2 期。
③ 温凤鸣、解学芳：《短视频推荐算法的运行逻辑与伦理隐忧——基于行动者网络理论视角》，《西南民族大学学报》（人文社会科学版）2022 年第 2 期。
④ Yang, J. A. and Grabe, M. E., "At the Intersection of the Digital Divide and the Knowledge Gap: Do Knowledge Domains and Measures Matter?", *The Information Society*, Vol. 30, No. 5, 2014, pp. 310-322.

众的数据信息也能受到保护。不可否认，随着 AI 技术的快速发展，介入现代文化产业创新领域，也在发展中逐渐超越了数据安全伦理边界，这一伦理困境成为亟待解决的核心问题。目前，"智能+"时代现代文化产业创新治理体系中，对于 AI 数据的权属和使用安全边界方面还缺乏相对清晰明确的规定，数据和隐私保护的问题也比较突出。"智能+"时代现代文化产业创新发展，容易引发数据安全伦理越界的问题，主要表现为现代文化产业个人数据的不当收集滥用和数据隐私侵权等。

（一）AI 加剧现代文化产业数据的滥用

目前，AI 对于现代文化产业的数据处理和自动创造过程大多数还处于"黑箱"状态，文化数据仍然是 AI 算法中的核心内容。同时，AI 对于现代文化产业创新发展中多广度、宽度、深度的介入，使 AI 技术对于文化受众的个人数据进行了大规模的采集和使用，加剧了现代文化产业数据的滥用问题，如果缺乏有效的控制，可能会给社会的可持续安全发展带来潜在风险。

人工智能加剧现代文化产业数据的滥用，主要有三种表现形式[①]。一是现代文化产业大数据的"杀熟"，即 AI 通过大数据的分析，对于现代文化产业受众的行为习惯、社会属性、消费能力以及兴趣爱好等进行算法规则的圈定和分类，并且根据不同的分类采取不同的营销和定价方式。例如，根据 AI 数据设立定价，针对不同用户采取不同的价格政策，包含新老用户定价区别化、不同地区用户定价区别化、浏览量或多或少的用户定价区别化等，来实现现代文化产业生产者的利润最大化。对于消费能力较高或者消费黏性较强的受众群体，系统会适时给文化产品进行酌量加价。浙江绍兴人民法院就曾受理过关于携程的 AI 数据杀熟案件，某钻石贵宾用户因为大数据的分析，支出超过原价近一倍的费用入住某著名旅行平台上某酒店。类似的大数据"杀熟"还会出现在现代文化产业的商品推荐、新闻推送、视频传播、文化产品营销等不同场景中，涉及滥用受众数据的法律问题。二是致瘾性的数据推荐。AI 会通过数据和算法，对于受众既往的消费习惯、兴趣爱好等进行预判，

---

① 赛迪智库：《算法滥用的社会危害及治理建议》，《中国计算机报》2021 年 9 月 27 日第 13 版。

第六章 | 治理反思：数智技术赋能现代文化产业的创新边界

从而向受众个性化推荐营销其感兴趣的内容。但是 AI 技术还未达到可以自主识别鉴定相关内容的发展阶段，因此在推荐营销过程中无法准确判定其内容是否恰当、合适，有些内容甚至违背法律原则及公序良俗，使用户沉迷致瘾，这种数据的滥用会造成部分文化受众在低俗文化、不良艺术中致瘾。三是通过滥用数据从而引导现代文化产业消费，AI 通过算法分析现代文化产业消费受众的数据，继而影响受众选择消费的场域及内容，这种受众数据的滥用会引导消费，阻碍文化领域内的多样化发展，并且紊乱"智能+"时代现代文化产业市场交易的稳定秩序和市场规范。

同时"智能+"时代，现代文化产业领域内的个人数据的滥用还包含未征得数据主体同意，创新性使用数据内容或者给予第三方挪用数据等情况。当前时代，个人数据经常会被公共文化机构或者私营主体进行二次开发利用，这种未得到数据主体许可的使用会使数据主体的部分权能受到损害[1]。原先用户作为所有权者应当对于自身行为产生的数据信息具有知情权，但是目前部分数字文化平台出于商业利益的考量，往往用较为隐蔽的手段非法采集文化受众的行为数据，并进行筛选使用[2]。例如，Facebook 人脸识别收集的数据就曾被质疑用于其他营利性公司的商业用途，IBM 用户个人健康数据被质疑相关数据被医疗企业和健康研究机构所商业购买，这一数据滥用的情况在众多科技公司屡次受到争议。或者在现代文化产业创新的第一轮数据收集过程中并无意用作其他用途，但是随着技术和智能机器的不断发展，衍生出数据的创新性用途，但是并未告知用户或者对于用户知情权方面有一定的延时性，也会对于数据安全伦理规范和行为准则形成一定的越界问题，在数据流转过程中可能对文化受众本身的权能造成损害，生成了潜在的数据安全风险。

（二）AI 滥用引发数据隐私泄露风险

AI 需要借助于深度挖掘和分析用户的行为痕迹信息，形成大数据，

---

[1] 邵国松：《媒体智能化发展的伦理与法律问题初窥》，《现代传播（中国传媒大学学报）》2018 年第 11 期。

[2] 余雪：《失范与重塑：人工智能时代的新闻伦理探究》，《新媒体研究》2021 年第 1 期。

从而实现为现代文化产业受众精准投放传播文化产品及服务信息，因此"智能+"时代现代文化产业必然是以大数据为基础的，才能在当代呈现出快速发展、广泛应用的繁荣景象，也呈现出与现代文化产业创新相融合等特征。但是迈入AI快速发展阶段，必然意味着人工智能存在着滥用的风险，因为数据作为"智能+"时代更新迭代的重要基石，如果没有得到合规的安全使用，会导致现代文化产业领域内出现用户隐私泄露等数据安全伦理问题。

"智能+"时代现代文化产业创新过程中所涉及的人脸智能识别技术中的人脸图像信息，以及受众在文化消费过程中的消费数据、网页浏览行为，从广义上而言都属于数据用户的数据隐私。一方面，AI滥用会侵犯用户的隐私，汇集的数据信息是有关于用户浏览习惯和兴趣爱好的隐私数据。另一方面，AI的快速迭代发展，使各类文化数据以及受众个人数据信息的采集无处不在、无时不有，AI的数据采集和应用流程给人们带来隐私侵犯与全景式监控的担忧[1]，而作为数据的个人隐私又极易通过数据的复制、存储、传播等泄露并且进行二次使用，这让"智能+"时代现代文化产业创新的个人身份图像信息数据、网络文化消费行为轨迹数据以及对于数据处理分析的偏好信息等都被置于泄漏的尴尬境地。部分不法分子以及营利性机构借助所获取的大数据信息，基于日益强大的数据整合以及信息处理能力，能够精准"画像""智能+"时代现代文化产业受众，隐私泄露所引发的次生威胁也得以形成。2018年，就曾有一家美国公司通过问答应用软件窃取将近九千万的用户数据，非法助力特朗普团队的竞选。同时，随着强AI时代的到来，AI机器学习算法已经摆脱对人类信息处理和表达能力的依赖，完成了"智能+"时代现代文化产业的自我生产，由此可能产生不可解释风险与自我强化的困境，为个人隐私和信息安全带来进一步的威胁隐患[2]。

随着技术的变革，在"智能+"时代现代文化产业创新中，AI与更多的新兴业态进行融合发展，包含与云计算技术、5G、区块链、VR、AR的叠加应用，使AI滥用引发数据泄露的风险性进一步加强。以云

---

[1] 张书勤：《AI赋能文化产业的管理制度创新研究》，《出版广角》2020年第6期。
[2] 贾开：人工智能与算法治理研究，《中国行政管理》2019年第1期。

第六章 治理反思：数智技术赋能现代文化产业的创新边界

计算为主要支持架构的 AI 技术应用，大量现代文化产业受众数据被存储在云端，而在云端的存储方式更易于盗取和攻击[①]。5G、区块链等作为新一代移动互联网技术，与 AI 的融合变革使万物互联，将现代文化产业由以文字、图片和影像为主的平面信息传播，逐步转换为全景信息和三维立体传播，这意味着信息传播的实时化、在场化水平得到进一步提升[②]，与此相对的正是文化受众用户隐私侵犯行为也变得更加容易和隐蔽，增加了个人隐私数据泄露的风险。

## 第三节  协同治理："智能+"时代现代文化产业创新伦理边界把控

规制边界，是指通过外在的制度约束、内在的自我约束等多方努力，把控发展边界，以防在发展过程中技术的野蛮生长，逾越制度、法律、价值、道德等界限，陷入不可控范围内。基于上文定性阐释"智能+"时代现代文化产业创新伦理越界所产生的发展困境与定量识别，可以进一步论证伦理边界探索中所得的类内关键词，诸如制度、监管、立法、整合、人才、政策、范式、培育、创新等伦理边界的对策探索。纵观目前 AI 全面渗透现代文化产业创新领域，相较于其他新兴的科技，AI 算法具有更高的自主性，尤其是在迈入强 AI 的发展阶段，更有可能改变人类的未来。因此，我们应当基于以上对于伦理越界困境的阐释，针对性提出规制伦理边界的对策，把控"智能+"时代人文价值伦理边界，培育 AI 良好的人文生态，实时把控其创新伦理边界；构建 AI 伦理道德承担分配机制，防止智能体凌驾于人类社会伦理规范基准之上，守住"智能+"时代主流价值伦理边界；完善多元监管体系，培育 AI 复合人才，适应数字文创的新变化、新特征，创新技术手段，握牢"智能+"时代文化数据的伦理边界。在此基础上，全方位把控现代文化产业智能化创新伦理边界，确保 AI 成长为"科技向善"的重要力量之一，同时助力现代文化产业的快速发展，推动文化强国战略的有效

---

[①] 张鑫、王明辉：《中国人工智能发展态势及其促进策略》，《改革》2019 年第 9 期。
[②] 廖秉宜等：《智能媒体的伦理风险与规制路径创新》，《中国编辑》2021 年第 2 期。

实施。

## 一 把控"智能+"时代人文价值伦理边界

"智能+"时代智能技术得到快速发展，随着强 AI 时代的来临，智能体介入现代文化产业创新领域的自主性日益增强，因此具有类人性的 AI，如何遵守人类社会的道德规范和伦理价值要求，如何更好营造"智能+"时代现代文化产业的良好人文生态，从而让智能体更好地服务于人类，成为当下需要把控的重要人文价值伦理边界。"智能+"时代现代文化产业的人文价值伦理边界把控，需要培育"智能+"时代现代文化产业创意空间的人文生态、发挥"智能+"时代数字文化创意阶层的创意价值最大化以及动态监测"智能+"时代现代文化产业的人文伦理边界。

### （一）培育"智能+"时代现代文化产业创意空间的人文生态

"智能+"时代智能技术带给现代文化产业新发展生机的同时，也引发了消解人文价值伦理边界的发展困境。要实现 AI 背景下现代文化产业的可持续发展，需要避免福柯所言的"人将被抹去"的困境。而现代文化产业本质性的特征在于其中所蕴含的精神性，这种精神性存在的前提在于"智能+"时代现代文化产业创新的人文价值伦理边界，因此需要培育构建现代文化产业的人文生态，培育核心价值观与 AI 技术共建融合的生态体系，助力营造良好的 AI 现代文化产业创新的人文生态。

在培育"智能+"时代现代文化产业创意空间的人文生态时，需要增强技术赋值，使技术和伦理达到平衡生态。因此，可以将社会主义核心价值观和人文价值通过技术赋值的手段，在全流程中嵌入算法[1]。一是在算法设计推荐过程中，内容上需要增加体现人文价值的变量权重，诸如增加现代文化产业中的真善美的挖掘和嵌入，体现 AI 人文生态的引领和规范；在设计主体上，要鼓励人文价值的研究者和人文社科专家等参与算法推荐的设计过程，将人文价值的精神性通过程序语言进行表达。二是在算法处理和算法推荐的过程中贯穿人文价值，着重贯穿现代

---

[1] 樊瑞科、张茂杰：《算法推荐视域下社会主义核心价值观有效传播研究》，《社会主义研究》2020 年第 5 期。

第六章 | 治理反思：数智技术赋能现代文化产业的创新边界

文化产业创新发展的数据选取、数据挖掘、数据清洗和数据分析等过程中。树立人文主义 AI 数据观，使数据在算法处理的过程中尽可能彰显真实客观、健康向上、正向审美等的人文价值，形成良好的"智能+"时代数字文创的数据生态。三是在智能体的审核过程中，通过人机结合双重审核筛选，排除低质的数据信息，尽可能推荐高质积极的信息，增强 AI 算法推荐过程中的人文内涵，从而实现人文价值观的有效传播。

同时，机器的发展阶段越高，越需要道德伦理进行规范[1]。现代文化产业创新具有精神性的同时，也因为智能体自身的类人化而具有社会特性，因此也需要在编制设计的过程中嵌入道德规范，使其遵守人类社会的道德规范，从而更好地服务于人类，具有人文生态。通过"自上而下"由指导设计实现伦理理论的算法和子系统，以及"自下而上"借由 AI 大量显示场景学习、反复试错[2]，实现智能体的自我发展和决策，监督和强化学习现代文化产业创意空间的人文场景，设计编制能够自动收集信息、筛选数据、计算数据、决策推荐的 AI 体[3]。这一现代文化产业的智能体也需要具有"向善"的道德属性，所做出的道德决策符合人类社会的人文价值要求，从而形成一个尊重和履行人类道德价值观，同时兼具自主性和意向性的现代文化产业智能体，构筑起强化现代文化产业创意空间的人文生态。

（二）发挥"智能+"时代数字文化创意阶层的创意价值最大化

数字文化创意阶层的创意价值最大化，需要基于"智能+"时代下人文生态的背景，立足于人类美好生活的诉求。利用"智能+"时代现代文化产业创新的智能机器人助力"人机和谐"的伦理重构，从而实现人类作为创意创新主体的价值的最大化，推进 AI 在数字文化创意价值发挥中的"人文化"，而非被机器智能最大化所凌驾[4]。

"智能+"时代以 AI 为主导的新兴智能技术群深入影响现代文化产

---

[1] Korsmeyer, C. and Rosalind W. Picard, "Affective Computing", *Minds and Machines*, Vol. 9, No. 3, 1999, pp. 443–447.
[2] 简小烜：《人工智能体的道德设计及其面临的挑战》，《长沙大学学报》2020 年第 4 期。
[3] 成素梅、高诗宇：《智能机器人应有法律主体资格吗》，《西安交通大学学报》2020 年第 1 期。
[4] 解学芳：《人工智能时代的文化创意产业智能化创新：范式与边界》，《同济大学学报》（社会科学版）2019 年第 1 期。

业，重塑了数字文化创意阶层的生活和生产形态，但是人机关系也受到智能技术文化的冲击。为了实现创意阶层价值的最大化，AI不能取代人作为价值最终根源的地位，要将所有计划的标准立足于人的最优发展，而非生产最大化。

第一，需要对于人类自身进行规范，数字创意主体需要增强对文化本体的美好追求和崇高的审美趣味，赋予人类自身获得"责任伦理"能力，通过良好的反馈机制促进人形成对人机伦理的合理认识①。同时，逐步提升对于真善美的伦理感知能力和改造能力，内化为创意，最终转化为助力人机伦理的品格机制。通过树立正确的人机关系伦理"三观"，在数字文化创意阶层的主体层面形成深刻的人机和谐的认识论和方法论，助力实现创意价值的最大化。

第二，库兹维尔曾经提出著名的"奇点"理论，预言在2045年AI将不断进化产生自我意识，超过人类智能本身②。为了避免到达一定的临界点，人类智能过度依赖于机器智能，创意阶层应当继续保持优于机器智能的创意价值，体现出在现代文化产业领域内，人类心智所区别于智能体的独特之处，同时通过人类本身对于现代文化产业的物质世界以及精神世界的自我理解，打造以认知为基础的创意最大化，通过结合"智能+"时代的语言、思维和文化重现创意阶层的价值所在③。"智能+"时代AI可以做更多重复性、烦冗性的工作，从而使创意阶层拥有更多闲暇时间，获得自由而全面的发展，深化人类自我认知，在现代文化产业领域内实现有效的创意阶层价值最大化。

（三）动态监测"智能+"时代现代文化产业的人文伦理边界

在"智能+"时代现代文化产业创新的大背景下，AI必然会引起社会安全风险、数字文化鸿沟、信息茧房等人文伦理的问题，因此需要时刻关注、动态监测、及时调整"智能+"时代现代文化产业创新的人文伦理边界。这需要动态监测"智能+"时代现代文化产业创新领域造

---

① 徐瑞萍等：《从冲突到和谐：智能新文化环境中人机关系的伦理重构》，《自然辩证法通讯》2021年第4期。

② ［美］雷·库兹韦尔：《奇点临近：2045年，当计算机智能超越人类》，李庆诚等译，机械工业出版社2011版。

③ 蔡曙山、薛小迪：《人工智能与人类智能——从认知科学五个层级的理论看人机大战》，《北京大学学报》（哲学社会科学版）2016年第4期。

成的社会差距及社会不安定问题。动态监测的优势在于能够及时发现问题，做好顶层设计的调整安排。

第一，要利用"智能+"时代的智能体实现算法和数据结合的优势特点，建立动态的监测机制，利用特定的计算逻辑和算法规则对数量庞大的现代文化产业相关数据进行实时的监测、快速和精准的分析，同时在这个基础上自主生成治理的决策[①]。借助于 AI 的技术力量，政府、现代文化产业运营机构等治理主体能够在第一时间获得充分、准确的治理信息，实时关注"智能+"时代现代文化产业的动态数据，及时解决现代文化产业创新发展领域内遇到的瞬时性、突发性、常态性问题，为现代文化产业的快速发展提供必要的数据基础和信息支撑，及时生成治理决策，通过动态监测机制提升数字文创治理的准确性和精细化水平。

第二，动态监测现代文化产业的人文伦理边界需要加强监测的顶层设计，秉承以现代文化产业高质量发展的理念，体现分层设计的思想，遵循以数据为关键、算法为基础、规范为助力的准则。一是动态监测在 AI 数据领域需要保证准确、全面的数据特征，需要包含"智能+"时代现代文化产业内各行业、各领域、各时段等的全面真实数据，这也直接保证了动态监测的准确性。二是在算法层面上应当建设具有动态监测性的 AI 感知设备以及警报设备，只有通过这些硬件设备以及智能视觉、物联网、语音识别等 AI 软件设备，才能实时捕获"智能+"时代现代文化产业领域内人文价值的不文明行为或者数据危险边界，进而转换为大数据分析、精准定位解决等。三是人文价值动态监测的规范领域需涉及物理层面、网络层面、应用层面等全方位的规范，通过设备监测、数据安全、应用反馈、技术处理等全流程搭建"智能+"时代现代文化产业人文价值的防护墙，实时进行风险的动态监测及预警，加强对"智能+"时代现代文化产业的监管和人文伦理的规范，避免 AI 技术给现代文化产业带来人文价值方面的负面影响。

## 二 把控"智能+"时代主流价值伦理边界

随着"智能+"时代现代文化产业不断发展创新，AI 基于算法也

---

[①] 张龙辉、肖克：《人工智能应用下的大都市区治理：技术逻辑与治理路径》，《重庆社会科学》2020 年第 8 期。

产生了偏离当代主流价值观的发展瓶颈。诸如 AI 算法缺少制度规范和立法规范等，造成虚假内容宣传遍布、算法偏见、"信息茧房"、"知识鸿沟"等，不仅违背了社会层面的价值取向，也与个人层面的价值准则相悖。为了实现"智能+"时代现代文化产业的可持续健康发展，应当对"智能+"时代主流价值的伦理边界进行清晰的界定和规范，从制度层面上，在算法编制和设计中嵌入主流价值；从立法层面上，健全现代文化产业立法规范，通过法律法规的制定来实现 AI 时代的"善治"，重拳整顿"智能+"时代主流价值伦理的越界行为；同时使用"共同进化"政策协同赋能，强化现代文化产业在新技术时代的主流价值边界意识。

（一）制度设计嵌入主流价值观

为了确保"智能+"时代现代文化产业创新与主流价值观相向而行，需要在制度设计中嵌入与主流价值观相协调的内容。应当明确"智能+"时代 AI 与现代文化产业创作主体之间的社会关系，建立良性的精神秩序；形成与数字文创内容适配且更完备的数字文创主流价值观兜底和鼓励机制；在制度设计的同时坚持"以人为本"的价值核心，将公平、公正、和谐、可持续发展价值观的主流价值观嵌入"智能+"时代下数字文创的制度规范中。

在制度设计的过程中，一是应当嵌入现代文化产业生产者的主体性。正确规范制度中 AI 的伦理地位，避免其带来的主流价值观伦理失范问题。应当在智能体中嵌入相关的道德伦理标准，进一步强调道德标准和制度规范的重要性[1]。二是为了避免机器智能的算法推荐所带来的算法歧视以及信息茧房，应当引入更为多元化的现代文化产业内容，在制度中设置专门的非兴趣栏目，按照相关的数据比例进行算法推荐，满足现代文化产业受众对其他符合主流价值观的内容需求。同时，根据算法和个人浏览等相关数据特征，定期更迭和选择推荐呈现生产的数字文化内容，而不是局限于单一的现代文化产业内容[2]。三是制度设计的主流价值观需要体现在公共匹配的要素中，在制度设计中纳入综合社会环

---

[1] 张玉洁：《论我国人工智能的法治化进程：现状、挑战与革新》，《广州大学学报》（社会科学版）2019 年第 2 期。

[2] 杨磊：《智媒时代算法推荐技术的新闻伦理思考》，《新闻世界》2020 年第 11 期。

第六章 | 治理反思：数智技术赋能现代文化产业的创新边界

境、当下热点、平台特点等因素，突破信息茧房这一"智能+"时代现代文化产业创新中主流价值观的伦理边界，使更多符合该价值观的内容到达最广的人群，弥合算法歧视，通过制度设计凝聚主流价值[①]。四是需要在制度编制和设计的过程中逐步完善对于现代文化产业创新发展中主流价值观的兜底和鼓励机制，鼓励现代文化产业的受众成为制度中的监督者，利用奖励或者积分制度等相关举措，积极鼓励受众举报不符合主流价值观的文化内容，同时设置制度红线，对于"智能+"时代现代文化产业的主流价值观做出明确的准则规定，从而使相关内容有章可循，也便于凝聚民众于制度设计的力量之中。

（二）健全 AI+现代文化产业立法

法律控制对于风险治理至关重要，因此立法者需利用法律法规控制相关潜在风险[②]。健全 AI 应用于现代文化产业领域的法律法规体系，是防范"智能+"时代现代文化产业主流价值偏离的重要手段。科学立法规范 AI 以及 AI 在文化创新领域内的法律主体资格，构建起"智能+"时代现代文化产业从内容生产、内容传播、内容归属、责任主体等相关核心要素的保护框架，通过立法规范不断加强知识产权保护[③]。

健全 AI 文化立法规范，确保 AI 数据的安全性和公开透明性。AI 技术所引发的主流价值观背离的问题具有可预见性，应在制度层面进行预防性设计。一方面，基于 AI 介入现代文化产业创新领域的实践发展，确保 AI 体在法律规范框架内，匹配与人类智能发生冲突时的预警安排。另一方面，建立智能体取代人类活动所使用的基本规范，在智能体设计编制的过程中需依靠法律规范保障 AI 算法透明性和公平性地披露，避免智能体通过算法的"黑箱性"将个人利益与算法推荐相捆绑，确保公平、公正、公开的主流价值观。此外，通过规范数据与算法披露方式，有效避免算法歧视等 AI 技术性问题，促使现代文化产业领域内 AI 技术伦理从隐性向显性转化。

---

[①] 龙耘、袁肖琨：《智媒时代的主流价值引领：内涵、挑战及策略》，《新闻与写作》2020 年第 12 期。

[②] 吴汉东：《人工智能时代的制度安排与法律规制》，《法律科学（西北政法大学学报）》2017 年第 5 期。

[③] 杨毅等：《人工智能赋能文化产业融合创新：技术实践与优化进路》，《福建论坛》（人文社会科学版）2018 年第 12 期。

健全 AI+现代文化产业的立法规范，作为优化资源配置与主流价值观负载的制度匹配。一方面，研究和确立"智能+"时代现代文化产业领域内"应该为"和"不可为"两个方面的责任制度与约束制度，明确 AI 对于第三方造成损失或违反主流价值观所应当承担的法律责任。另一方面，"智能+"时代的法治应用通过法律法规的制定来规范现代文化产业以及内容生产、内容传播、内容消费全过程中主流价值观的合法性边界，规制 AI 机器在现代文化产业领域内恪守主流价值观，同时通过数字文化内容传递主流价值。

（三）实现人机"共同进化"制度赋能

"智能+"时代现代文化产业中 AI 技术和创意主体之间的"人机关系"也是主流价值观伦理边界重要的关注点之一。通过人机"共同进化"制度赋能"智能+"时代数字文创的主流价值体系，提升文化创意主体的价值。"智能+"时代数字创意阶层和智能机器实现交互运作，由创意阶层控制并监测现代文化产业的创意产出，智能机器实现传播和内容复制生产，由 AI 拓展人的能力，同时通过创意阶层的行为调节和改善算法，不断完善"智能+"时代的现代文化产业创新，实现价值最大化[1]。

在现代文化产业的内容创意领域内，人机共同进化体现在 AI 的大数据库、深度学习以及群智开放延伸了 AI 创意阶层的创意价值；在现代文化产业的内容运营领域，AI 通过大数据收集、分析等深度挖掘应用，精准了解现代文化产业受众的喜好及主流价值观偏好，从而实现现代文化产业内容的精准传播；在现代文化产业的传播营销领域内，人机共同进化政策体现在其自主的交互模式和智能化的反馈模式，可以在扩大文化内容传播影响力的同时，将受众的意见及时纳入再生产的良性保障中[2]。AI 的快速发展要求现代文化产业受众发挥积极作用，指引人机共同进化，走向至善的"智能+"时代现代文化产业创新发展的伦理方向。

---

[1] 杜娟：《从"人机协同"看人工智能时代的新闻伦理构建》，《社会科学研究》2019年第4期。

[2] 解学芳：《人工智能时代的文化创意产业智能化创新：范式与边界》，《同济大学学报》（社会科学版）2019年第1期。

在人机"共同进化"制度赋能下，一方面，AI 的智能机器可以替代人类完成繁重的数字文创的数据计算和推理工作，节约时间精力，使创意阶层可以将更多的时间与精力投入更富有价值的创意工作和内容生产中。另一方面，人机共同进化的制度可以反哺创意阶层投入更多时间和精力进行创新改进智能体，从而使智能体拥有更强大的功能，实现双向的价值赋能，双方形成正反馈的关系，从而规避"智能+"时代现代文化产业创新发展背离主流价值的风险。

### 三 把控"智能+"时代文化数据伦理边界

数据是驱动现代文化产业领域内 AI 快速发展的关键要素和重要基石。随着技术的更新迭代和时代的发展，"智能+"时代现代文化产业的数据安全伦理问题也成为关注的焦点，隐私的泄露、数据的滥用致使 AI 发展某种程度上成为制约社会文化等发展的因素。把控"智能+"时代数字文化数据伦理边界，一方面是把控 AI 技术自身所面临的文化大数据伦理边界，另一方面是把控 AI 技术被恶意和不当使用所面临的数据伦理边界。此外，还需要进一步完善多元化的监管体系，协同营造 AI 数据使用生态，建立 AI 数据安全标准体系；同时培育好复合型的智能人才，加快 AI 数据的适度安全开发，做好数据安全的守护者。

#### （一）完善监管体系，营造 AI 数据合规使用生态

加强"智能+"时代现代文化产业创新的数据安全伦理边界，需要从内生机制中完善监管体系，既要包含各个监管主体之间的联动监管，又要针对"智能+"时代现代文化产业的智能主体进行全流程监管和全方位监管，协同营造 AI 数据合规使用的良性生态。

第一，需要加强多监管主体之间的联动监管，包含国家政府、科研院所、社会组织、行业组织、现代文化产业的内容生产者和受众等多元共治的 AI 数据安全伦理监管体系。例如，文化和旅游部、科技部、工业和信息化部等相关政府部门，协同行业协会、媒体公众的多主体监管体系，对 AI 技术数字文创开发数据审核、数据道德风险评估、数据隐私保存等进行有效监管。同时，构建第三方独立的 AI 文化数据共享监管机构，依托其固有的经验优势，设置第三方独立的、专门的 AI 数据安全伦理监管部门，负责独立、客观监管"智能+"时代现代文化产业的数据安全伦理边界问题，同时受理和裁决各监管主体对于数据安全伦

理的举报、投诉以及由此产生的相关数据纠纷。

第二，需要加强"智能+"时代现代文化产业的智能主体中全流程监管、全方位监管，即在现代文化产业创作思维、文化创意生产、文化产品营销与传播、文化产品消费的全流程环节实行 AI 数据安全的监管。对于 AI 文化数据的来源、保存方式、使用方式、作用目的等实现数据的全流程监控与管理。除了文化数据采集阶段，在数据流通和数据消费等 AI 数字文创涉及的相关流程中均需要监管介入，明确数据安全伦理监管责任体系的建设，明确相关职责，促使"智能+"时代的数据共享与算法推荐的过程中个人隐私权益和数据安全得以保障[1]。加强数据安全伦理的全方位监督体系，是指全面监管现代文化产业不同领域和行业内的数据安全伦理，警惕"智能+"时代现代文化产业创新对于文化数据的盲目开发以及隐私侵犯等问题，做到全面把控，精准治理数据真伪难辨、数据信息的个别垄断、数据安全性疏忽等 AI 数据使用生态中潜在的新技术问题，维护"智能+"时代现代文化产业创新相关主体的数据安全和隐私安全。

（二）创新技术手段，建立 AI 数据安全标准体系

"十四五"规划指出，原创性、引领性的科技攻关聚焦于关键核心技术，发展新一代 AI，建立 AI 安全体系。由此可见，技术对于"智能+"时代 AI 发展的重要性。同时，因为 AI 的数据资源不同于传统资源，具有流动特性，因此需要创新技术手段，加强"智能+"时代现代文化产业数据全周期内的各个环节的安全保护，针对不同应用场景下的不同特点，形成闭环的数据安全伦理管控机制，建立 AI 数据安全标准体系，有效保护现代文化产业主体和消费者的合法权益及相关数据隐私。

"智能+"时代创新技术手段包含建立健全 AI 文化数据安全的标准体系，创新技术手段。作为一种加密手段，同态加密应用于"智能+"时代的现代文化产业创新领域内，可以在不解密的情况下对加密的数据执行计算，而计算结果是加密的，因此可以实现在不侵犯隐私的情况下

---

[1] 王岩、叶明：《人工智能时代个人数据共享与隐私保护之间的冲突与平衡》，《理论导刊》2019 年第 1 期。

对现代文化产业数据进行分析。差分隐私的 AI 技术手段可以规避基于数据而进行应用的 AI 机器，在运行的过程中学习或者记住任何特定现代文化产业数据主体的细节信息。安全多方计算的技术方式作为一种加密协议，可以分布在现代文化产业创新发展中内容生产的任一环节，作为其中单独的环节不能看到其他环节的数据，这种非公开式的分布式数据可以在维护数据伦理安全的基础上保证文化内容的输出。联邦学习作为一种机器学习技术，使创意阶层这一主题在不交换数据的同时，共同构建通用的机器学习模型，可以维护"智能+"时代现代文化产业创新的数据伦理边界问题，同时保护数据隐私[1]。运用创新技术手段，解决 AI 技术所带来的数据安全挑战，保障"智能+"时代现代文化产业相关数据使用的安全、合规和高效。

此外，互联网时代诸如区块链等新兴技术也可以应用于构建 AI 数据安全标准体系，保障 AI 时代现代文化产业创新的数据安全和隐私保护。创新使用区块链"嵌入式监管"技术于 AI 数据安全体系的建设中，基于分布式账本，独立读取和存储相关信息。嵌入区块链这一创新型技术手段，利用其非对称性加密算法、分布式账本的特性都能保障"智能+"时代现代文化产业的数据安全，解决隐私之间的冲突。利用新技术手段构建 AI 数据安全标准体系，培育现代文化产业的精准善治能力，打造一个安全、开放和智能的 AI 数据治理生态[2]。

（三）培育复合人才，加快 AI 数据的适度安全开发

AI 时代现代文化产业创新高速发展、规模快速扩张，然而与此形成鲜明对比的是数据安全方面的人才培养输出仍然存在缺口。为了加快 AI 数据的适度安全开发，需要加强培养复合型的人才，能够全面参与到 AI 数据的产、学、研、用等全流程，同时可以做到融会贯通，适应当下 AI 高速发展的市场需要以及数据安全伦理的即时性问题。因此，需要高校、科研院所、企业等多方协力，共同助力培育人才与实现人才价值最大化的良性政策环境和科研环境，实现 AI 数据安全领域内的人才有效供给。

---

[1] 魏国富、石英村：《人工智能数据安全治理与技术发展概述》，《信息安全研究》2021年第 2 期。

[2] 张书勤：《AI 赋能文化产业的管理制度创新研究》，《出版广角》2020 年第 6 期。

培育复合人才，加快 AI 数据的适度安全开发，需要从以下三个方面展开。一是需要着眼于高等院校和科研院所，通过课程培养、岗位实践等形式进一步完善科研机构和教育主体中对于 AI 数据安全的教育。鼓励高校立足于新时代市场需求本身，培养 AI 与网络信息安全交叉学科的复合型人才，形成"人工智能技术+网络数据安全"双重专业背景和知识储备的专业人才。同时，需要组建和壮大 AI 安全师资队伍，鼓励国内外 AI 安全院系的师生共同开展相关的研究，取长补短，补充相关的课题研究项目并且对相关课题研究予以资金支持。扩大和提升"智能+"时代现代文化产业领域内数据安全专业人才培养的数量和质量。二是提升企业中 AI 数据安全人才的保障，鼓励企业同相关专业的培训机构合作或者邀请科研院所、高校领域内的专家学者，进一步加强企业员工的 AI 数据安全的培训教育以及前沿技术思想等的学习，提升企业员工的数据安全和隐私保护能力，与科教单位等共建 AI 数据安全培训基地、AI 数据创新中心，发挥龙头企业的引领支撑作用。三是加强国外 AI 数据安全的人才和相关技术经验的技术引流，通过制定人才政策引进专项人才，支持高校和企业引进世界一流 AI 数据安全领军人物[1]，服务于 AI 数据安全领域内的关键共性技术研发，从而通过 AI 数据安全方面国内外的交流学习，进一步反哺目前"智能+"时代现代文化产业创新领域内的数据安全伦理边界赓续。

在 AI 技术不断发展的同时，我们不应该仅将视角局限于 AI 的技术介入层面，也应重视 AI 与创意阶层、现代文化产业创新生态之间的融合，找准"智能+"时代现代文化产业创新良性的边界规制。一方面，应当把控好"智能+"时代现代文化产业创新的人文价值伦理边界，培育人文生态、发挥数字文化创意阶层的创意价值最大化。另一方面，把控好"智能+"时代主流价值伦理边界，进行清晰的界定和规范，在算法、编制和设计中嵌入主流价值观，并通过法律法规实现 AI 时代的"善治"。此外，把控好"智能+"时代数字文创的数据伦理边界，需要进一步完善多元化的监管体系，营造 AI 数据合规使用生态，建立 AI 数据安全标准体系，加快 AI 数据的适度安全开发。基于此，伴随"智

---

[1] 魏薇等：《人工智能数据安全风险及治理》，《中国信息安全》2020 年第 3 期。

能+"时代技术智能的快速发展以及"人工智能+现代文化产业"模式的不断融合，把控好创新伦理边界，实现现代文化产业创新最大化，在现代文化产业创新发展中实现 AI 与创意阶层的"共同进化"，真正提升现代文化产业的创新力，既是健全现代文化产业体系的重要抓手，也是实现"智能+"时代文化自信的关键。

# 参考文献

一　中文文献

（一）著作

［美］埃弗雷特·M. 罗杰斯：《创新的扩散》，辛欣译，中央编译出版社 2002 年版。

［英］安吉拉·默克罗比：《后现代主义与大众文化》，田晓菲译，中央编译出版社 2001 年版。

高航等：《区块链与新经济：数字货币 2.0 时代》，电子工业出版社 2016 年版。

国家统计局：《中国文化及相关产业统计年鉴（2015）》，中国统计出版社 2015 年版。

国家统计局：《中国文化及相关产业统计年鉴（2017）》，中国统计出版社 2017 年版。

［德］黑格尔：《法哲学原理》，范扬、张企泰译，商务印书馆 1961 年版。

［美］凯文·凯利：《失控：全人类的最终命运和结局》，东西文库译，新星出版社 2010 年版。

［德］克劳斯·施瓦布：《第四次工业革命：转型的力量》，李菁译，中信出版社 2016 年版。

［英］克里斯·比尔顿：《创意与管理：从创意产业到创意管理》，向勇译，新世界出版社 2010 年版。

［美］雷·库兹韦尔：《奇点临近：2045 年，当计算机智能超越人类》，李庆诚等译，机械工业出版社 2011 版。

# 参考文献

［美］理查德·佛罗里达：《创意阶层的崛起：关于一个新阶层和城市的未来》，司徒爱琴译，中信出版社 2010 年版。

［意］卢西亚诺·弗洛里迪：《第四次革命》，王文革译，浙江人民出版社 2016 年版。

［英］玛格丽特·博登：《AI：人工智能的本质与未来》，孙诗惠译，中国人民大学出版社 2017 年版。

祁述裕：《国家文化治理现代化研究》，社会科学文献出版社 2019 年版。

［英］R. A. W. 罗兹：《理解治理：政策网络、治理、反思与问责》，丁煌、丁方达译，中国人民大学出版社 2020 年版。

芮明杰：《中国新型产业体系构建与发展研究》，上海财经大学出版社 2017 年版。

［日］松尾丰、盐野诚：《大智能时代：智能科技如何改变人类的经济、社会与生活》，陆贝旎译，机械工业出版社 2015 年版。

［加］唐塔普斯科特、亚力克斯·塔普斯科特：《区块链革命——比特币底层技术如何改变货币、商业和世界》，凯尔等译，中信出版集团 2016 年版。

［澳］托比·米勒、［美］乔治·尤迪思：《文化政策》，刘永孜、付德根译，南京大学出版社 2017 年版。

［美］托马斯·塞缪尔·库恩：《科学革命的结构》，金吾伦、胡新和译，北京大学出版社 2012 年版。

［美］威廉·麦克高希：《世界文明史：观察世界的新视角》，董建中、王大庆译，新华出版社 2003 年版。

吴彤：《自组织方法论研究》，清华大学出版社 2001 年版。

［比］伊利亚·普利高津：《确定性的终结——时间、混沌与新自然法则》，湛敏译，上海科技教育出版社 1998 年版。

张晓明、惠鸣：《全面构建现代文化市场体系》，社会科学文献出版社 2014 年版。

周晓宏：《我国文化产业安全预警体系构建研究》，人民出版社 2019 年版。

## (二) 期刊、论文

巴曙松等:《基于区块链的金融监管展望——从数据驱动走向嵌入式监管》,《山东大学学报》(哲学社会科学版) 2020 年第 4 期。

本清松、彭小兵:《人工智能应用嵌入政府治理：实践、机制与风险架构——以杭州城市大脑为例》,《甘肃行政学院学报》2020 年第 3 期。

蔡曙山、薛小迪:《人工智能与人类智能——从认知科学五个层级的理论看人机大战》,《北京大学学报》(哲学社会科学版) 2016 年第 4 期。

蔡武进:《我国文化治理的理论意涵及现实经验》,《文化软实力研究》2019 年第 5 期。

曹偰等:《区块链研究综述》,《重庆邮电大学学报》(自然科学版) 2020 年第 1 期。

曹海军、侯甜甜:《区块链技术驱动社会治理创新：价值审视、可能挑战与路径展望》,《东南学术》2020 年第 4 期。

常荔、陈敏:《新时代文化改革发展的主要问题与建议》,《理论月刊》2019 年第 1 期。

车树林、王琼:《"新常态"下文化产业制度创新：现实困境与路径选择》,《南京财经大学学报》2018 年第 3 期。

陈长伟:《人工智能+内容开启广电智媒体时代》,《有线电视技术》2017 年第 11 期。

陈东、周锦:《新时代发展文化产业的意义与策略》,《中国国情国力》2018 年第 6 期。

陈洪等:《数字创意产业：实现从无到有的突破》,《中国战略新兴产业》2017 年第 1 期。

陈建军:《关于打造现代产业体系的思考——以杭州为例》,《浙江经济》2008 年第 17 期。

陈静:《科技与伦理走向融合——论人工智能技术的人文化》,《学术界》2017 年第 9 期。

陈俊波、高杨帆:《系统论视角下的人工智能与人类智能》,《自然辩证法研究》2019 年第 9 期。

陈少峰：《新时代文化产业的十大趋势》，《出版广角》2019 年第 9 期。

陈思等：《论文化与科技的深度融合及智能化运作逻辑》，《河南师范大学学报》（哲学社会科学版）2021 年第 6 期。

陈思琪、尚鸿雁：《从经济学角度看文化产业体系改革》，《艺术科技》2016 年第 6 期。

陈维超：《基于区块链的 IP 版权授权与运营机制研究》，《出版科学》2018 年第 5 期。

陈玮文：《探讨由区块链引发的艺术市场的变革》，《艺术与设计（理论）》2019 年第 4 期。

陈小亮、陈彦斌：《发展人工智能的产业政策存在的问题与调整思路》，《人文杂志》2019 年第 11 期。

陈晓菡、解学芳：《颠覆式创新：区块链技术对文化创意产业的影响》，《科技管理研究》2019 年第 7 期。

陈鑫、张苏缘：《文化与科技融合背景下江苏文化产业结构升级与路径选择》，《文化产业研究》2019 年第 3 期。

陈宇翔等：《基于区块链的版权保护方法研究》，《电子技术应用》2019 年第 10 期。

成素梅、高诗宇：《智能机器人应有法律主体资格吗》，《西安交通大学学报》2020 年第 1 期。

戴维·思罗斯比、潘飞：《什么是文化资本》，《马克思主义与现实》2004 年第 1 期。

戴晓芳等：《危机冲击下全球贸易如何"崩溃"》，《国际贸易问题》2014 年第 12 期。

邓磊等：《我国数字创意技术发展现状与展望》，《中国工程科学》2020 年第 2 期。

邓尧伟：《数字版权管理（DRM）及研究热点》，《图书情报工作》2003 年第 6 期。

董盟君：《区块链+版权保护：以人民在线的实践探索为例》，《新闻与写作》2020 年第 1 期。

董向慧、张丽红：《给算法推荐装上主流价值的"方向盘"》，《中国记者》2019 年第 7 期。

董向慧等：《"人工智能+媒体"蕴含的风险及对策》，《新闻战线》2018 年第 13 期。

杜娟：《从"人机协同"看人工智能时代的新闻伦理构建》，《社会科学研究》2019 年第 4 期。

杜巧霞：《人工智能在融媒体时代的应用与发展》，《传播力研究》2018 年第 17 期。

段伟文：《控制的危机与人工智能的未来情境》，《探索与争鸣》2017 年第 10 期。

段伟文：《人工智能时代的价值审度与伦理调适》，《中国人民大学学报》2017 年第 6 期。

樊瑞科、张茂杰：《算法推荐视域下社会主义核心价值观有效传播研究》，《社会主义研究》2020 年第 5 期。

范建华、秦会朵：《"十四五"我国文化产业高质量发展的战略定位与路径选择》，《云南师范大学学报》（哲学社会科学版）2021 年第 5 期。

范玉刚：《"健全文化产业体系研究"的问题导向、多维价值与时代关切》，《学习与探索》2020 年第 10 期。

范玉刚：《常态化疫情防控下文化产业发展的思考》，《理论视野》2021 年第 6 期。

范玉刚：《论文化产业发展的国家战略意识》，《学习与探索》2012 年第 12 期。

范玉刚：《论新时代文论话语体系建构的人民性价值取向——习近平文艺思想研究之一》，《山东社会科学》2018 年第 8 期。

范玉刚：《提升文化贸易质量助力新时代文化"走进去"》，《湖南社会科学》2020 年第 2 期。

范玉刚：《在全面深化改革中实现国家文化治理》，《湖南社会科学》2014 年第 2 期。

范周：《建设文化强国必须加快发展文化产业》，《人民论坛》2011 年第 32 期。

方垄展：《封面新闻如何细分市场，打造年轻人的"智媒体"》，

《中国记者》2017年第3期。

房晓楠：《AI算力迎来发展新机遇》，《机器人产业》2020年第3期。

符绍强等：《全球媒体VR报道对比研究及策略分析——以CGTN、BBC、CNN和〈纽约时报〉为例》，《中国广播电视学刊》2019年第11期。

傅才武：《重新认识中国文化市场的独特价值》，《文化软实力研究》2019年第5期。

甘竞圆：《区块链与用户生成内容的版权问题治理研究》，《新世纪图书馆》2020年第4期。

高嘉琪、解学芳：《"智能+"时代健全现代文化产业体系研究》，《中国特色社会主义研究》2021年第3期。

高奇琦：《人工智能、四次工业革命与国际政治经济格局》，《当代世界与社会主义》2019年第6期。

高诗晗：《区块链在文化产业的应用及发展建议》，《中国市场》2018年第14期。

葛红兵：《创意本位的文科及其可能性》，《探索与争鸣》2020年第1期。

葛志娟：《厚植现代产业体系发展新动能》，《唯实》2019年第10期。

谷月：《区块链技术在公共管理领域中的应用研究》，《今日财富（中国知识产权）》2019年第3期。

顾江等：《"十四五"时期健全现代文化产业体系的逻辑框架与战略路径》，《管理世界》2021年第3期。

郭瑾：《发展数字文化产业与我国软实力提升研究——以TikTok为例》，《山东社会科学》2021年第5期。

郭琪：《"AI+记者"：智媒时代人机协同写作模式的局限性与可能性》，《出版广角》2019年第24期。

郭倩倩：《网络圈群舆情治理研究》，《中国特色社会主义研究》2020年第Z1期。

郭全中：《NFT及其未来》，《新闻爱好者》2021年第11期。

郭全中：《"区块链+"：重构传媒生态与未来格局》，《现代传播（中国传媒大学学报）》2020年第2期。

郭全中：《新兴传媒产业关键影响因素研究》，《中国出版》2020年第16期。

郭上铜等：《区块链技术原理与应用综述》，《计算机科学》2021年第2期。

郭新茹、陈天宇：《长三角文化市场区域合作与一体化路径研究》，《江苏社会科学》2020年第2期。

韩晗：《论"后全球化"时代下区块链技术对未来文化产业的影响》，《出版广角》2020年第6期。

韩立民、臧一哲：《中国文化产业国际发展与战略选择——从地缘环境视角出发》，《西南民族大学学报》（人文社会科学版）2019年第12期。

韩晓芳、解学芳：《文化产业科技创新能力研究述评：2004—2015》，《科技管理研究》2016年第14期。

贺俊、吕铁：《从产业结构到现代产业体系：继承、批判与拓展》，《中国人民大学学报》2015年第2期。

洪涛、洪勇：《加快我国智能流通发展的政策建议》，《北京工商大学学报》（社会科学版）2012年第3期。

胡惠林：《当代中国文化治理的历史逻辑与基本特征》，《治理研究》2020年第1期。

胡惠林：《新时代应尤其注重维护国家文化资源安全——学习习近平总书记总体国家安全观关于文化资源安全的重要思想》，《人民论坛·学术前沿》2018年第22期。

胡惠林：《中国文化经济学：历史、现状与特点》，《福建论坛》（人文社会科学版）2017年第12期。

胡正荣：《国际传播的三个关键：全媒体·一国一策·精准化》，《对外传播》2017年第8期。

胡正荣、王润珏：《我国主流媒体智慧全媒体建设的目标与路径》，《行政管理改革》2019年第7期。

花建：《新视听技术与文化产业的新业态》，《同济大学学报》（社会科学版）2019 年第 1 期。

黄楚新、王丹：《"互联网+"意味着什么——对"互联网+"的深层认识》，《新闻与写作》2015 年第 5 期。

黄江杰等：《我国数字创意产业发展现状及创新方向》，《中国工程科学》2020 年第 2 期。

黄亮：《文化产业投资基金的风险与风控机制》，《东南学术》2013 年第 2 期。

黄先蓉、郝婷：《现代文化市场体系建设的政策需求与制度创新》，《科技与出版》2013 年第 12 期。

黄永林：《新中国 70 年我国农村文化的历史变迁》，《贵州师范大学学报》（社会科学版）2019 年第 5 期。

季卫东：《人工智能开发的理念、法律以及政策》，《东方法学》2019 年第 5 期。

贾开：人工智能与算法治理研究，《中国行政管理》2019 年第 1 期。

贾美霞、李孟刚：《文化产品流通视角下我国文化产业安全的现实困境与提升路径》，《经济与社会发展》2018 年第 2 期。

贾引狮：《基于区块链技术的网络版权交易问题研究》，《科技与出版》2018 年第 7 期。

简小烜：《人工智能体的道德设计及其面临的挑战》，《长沙大学学报》2020 年第 4 期。

蹇莉、杜唐丹：《文化强省建设视域下四川文化产业的发展路径》，《新西部》2019 年第 19 期。

江晓原：《人工智能：威胁人类文明的科技之火》，《探索与争鸣》2017 年第 10 期。

蒋建国：《建立健全现代文化市场体系》，《求是》2013 年第 24 期。

蒋润祥、魏长江：《区块链的应用进展与价值探讨》，《甘肃金融》2016 年第 2 期。

解学芳：《"互联网+"时代文化产业跨界发展与混业经营研究》，《文化产业研究》2019 年第 2 期。

解学芳：《基于技术和制度协同创新的国家文化产业治理》，《社会科学研究》2015年第2期。

解学芳：《区块链与数字文化产业变革的内外部向度》，《人民论坛》2020年第3期。

解学芳：《人工智能时代的文化创意产业智能化创新：范式与边界》，《同济大学学报》（社会科学版）2019年第1期。

解学芳：《我国文化及相关产业统计问题的审视与优化》，《文化产业研究》2017年第2期。

解学芳：《智能技术与制度协同下的现代文化产业体系构建》，《人民论坛》2022年第5期。

解学芳、陈思函：《5G+AI技术群驱动的文化产业新业态创新及其机理研究》，《东南学术》2021年第4期。

解学芳、盖小飞：《技术创新、制度创新协同与文化产业发展：综述与研判》，《科技管理研究》2017年第4期。

解学芳、高嘉琪：《AI技术与制度协同驱动的文化产业演化机理及进阶模式》，《社会科学研究》2021年第2期。

解学芳、韩晓芳：《文化产业科技创新能力研究：现状研判与革新路径》，《学术论坛》2015年第4期。

解学芳、雷文宣：《"智能+"时代的现代文化产业体系：挑战与重塑》，《深圳大学学报》（人文社会科学版）2021年第4期。

解学芳、刘芹良：《创新2.0时代众创空间的生态模式——国内外比较及启示》，《科学学研究》2018年第4期。

解学芳、申林：《"智能+"时代现代文化市场体系的制度创新》，《南京社会科学》2021年第6期。

解学芳、温凤鸣：《"智能+"时代区块链驱动的现代文化市场体系变革》，《学术论坛》2021年第1期。

解学芳、徐丹红：《"智能+"时代基于区块链技术的现代文化产业版权管理创新》，《福建论坛（人文社会科学版）》2021年第8期。

解学芳、臧志彭：《"互联网+"背景下的网络文化产业生态治理》，《科研管理》2016年第2期。

解学芳、臧志彭：《"互联网+"时代文化产业上市公司空间分布与集群机理研究》,《东南学术》2018 年第 2 期。

解学芳、臧志彭:《"互联网+"时代文化上市公司的生命周期与跨界演化机理》,《社会科学研究》2017 年第 1 期。

解学芳、臧志彭:《人工智能在文化创意产业的科技创新能力》,《社会科学研究》2019 年第 1 期。

解学芳、臧志彭:《在"智能+"时代健全现代文化产业体系》,《中国社会科学报》2021 年 5 月 11 日第 1 版。

解学芳、张佳琪:《AI 赋能:人工智能与媒体产业链重构》,《出版广角》2020 年第 11 期。

解学芳、张佳琪:《"智能+"时代现代文化产业体系的健全逻辑:要素协同与数字治理》,《学术论坛》2022 年第 3 期。

解学芳、祝新乐:《基于区块链的现代文化产业投融资体系创新研究》,《山东大学学报》(哲学社会科学版) 2021 年第 5 期。

金迈克等:《数字创意时代中澳文化产业"走出去"的问题与路径》,《深圳大学学报》(人文社会科学版) 2018 年第 3 期。

金元浦:《新时代文化创意产业高质量发展》,《中国商界》2019 年第 1 期。

金元浦:《做好顶层设计转变文化发展方式》,《中国国情国力》2018 年第 12 期。

康小明、向勇:《产业集群与文化产业竞争力的提升》,《北京大学学报》(哲学社会科学版) 2005 年第 2 期。

匡文波:《对个性化算法推荐技术的伦理反思》,《上海师范大学学报》(哲学社会科学版) 2021 年第 5 期。

匡野:《5G 视域下短视频文本生产技术性偏向的多维考察》,《中国编辑》2021 年第 1 期。

蓝庆新、窦凯:《全球价值链视角下的中美贸易摩擦分析》,《经济社会体制比较》2019 年第 5 期。

蓝庆新、窦凯:《中国数字文化产业国际竞争力影响因素研究》,《广东社会科学》2019 年第 4 期。

蓝天:《中国文化产业发展的优势、困境与国际竞争力提升》,《产业组织评论》2014 年第 4 期。

雷杨、王琳慧：《新中国 70 年以来文化政策的演进浅析》，《渭南师范学院学报》2019 年第 9 期。

雷杨等：《"文化—技术"关系视角下现代文化产业高质量发展对策研究》，《理论导刊》2020 年第 3 期。

李大宇等：《精准治理：中国场景下的政府治理范式转换》，《公共管理学报》2017 年第 1 期。

李凤亮、潘道远：《文化自信与新时代文化产业的功能定位》，《深圳社会科学》2018 年第 1 期。

李红美：《探析智媒体时代受众的认知危机》，《传媒论坛》2018 年第 23 期。

李景平：《人工智能深度介入文化产业的问题及风险防范》，《深圳大学学报》（人文社会科学版）2019 年第 5 期。

李良成、李莲玉：《目标—工具—产业链三维框架下人工智能政策研究》，《自然辩证法研究》2019 年第 10 期。

李清芳：《大数据、人工智能、数字挖掘技术及其管理政策：不足与改进》，《职业》2019 年第 28 期。

李姗姗：《智能时代社会化媒体的新角色与功能》，《江西社会科学》2021 年第 8 期。

李闻：《区块链技术推动下的数字版权保护研究》，《出版参考》2020 年第 5 期。

李玄戈：《从独立到共生——论设计师与人工智能的关系演变及未来发展》，《艺术教育》2018 年第 9 期。

李燕临、马宁宇：《人工智能浪潮下的传播变革与媒体转型研究》，《中国广播电视学刊》2019 年第 1 期。

李媛媛：《现代文化市场体系建设的历史回顾、功能特点与政策建议》，《西安交通大学学报》（社会科学版）2017 年第 5 期。

梁辰、李萍：《智媒时代的新闻生产》，《青年记者》2019 年第 17 期。

廖秉宜等：《智能媒体的伦理风险与规制路径创新》，《中国编辑》2021 年第 2 期。

林嘉琳等：《我国公众智能价值观的现状评估与引领研究——基于

2020 年智能技术的热点舆情分析》，《当代传播》2021 年第 3 期。

刘斌斌、罗宽序：《区块链与艺术：应用、保护和法的变革》，《河南工业大学学报》（社会科学版）2020 年第 4 期。

刘仓：《中国文化体制改革探析》，《当代中国史研究》2018 年第 4 期。

刘航、张建勋：《我国东中西部人工智能产业政策及发展对比研究》，《科技和产业》2019 年第 9 期。

刘京运：《地平线：新基建时代，以 AI 芯片填补算力需求》，《机器人产业》2020 年第 3 期。

刘少华、宋亚辉：《我国网络文化市场监管的法制化路径研究》，《湖南大学学报》（社会科学版）2020 年第 4 期。

刘翔宇：《中国当代艺术品交易机制研究》，博士学位论文，山东大学，2012 年。

刘雪梅、杨晨熙：《人工智能在新媒体传播中的应用趋势》，《当代传播》2017 年第 5 期。

刘阳：《英国〈数字经济法（2017）〉的核心内容及启示》，《经济法论丛》2019 年第 1 期。

刘宇、周建新：《文化自信视域下传统文化资源的出版创新》，《出版广角》2020 年第 17 期。

刘志杰、智慧：《技术赋能 or 技术附庸：智媒时代文化产业的技术垄断与规制》，《出版广角》2020 年第 6 期。

柳斌杰：《推动媒体融合向纵深发展》，《传媒》2019 年第 19 期。

柳杰：《转向与超越：文化创意人才激励机制构建》，《探索与争鸣》2020 年第 6 期。

龙耘、袁肖琨：《智媒时代的主流价值引领：内涵、挑战及策略》，《新闻与写作》2020 年第 12 期。

卢毅刚、方贤洁：《"角色重构"与"内容创新"——产业互联网中的数字出版转型研究》，《编辑之友》2020 年第 5 期。

卢永春：《人工智能推动媒体转型》，《中国报业》2015 年第 23 期。

鹿咏：《人工智能与当代艺术生产的"后人类"构想——兼及对

"数字人文"的审美思考》,《内蒙古社会科学》2021 年第 2 期。

吕淑丽、邵君婷:《文化产业投融资文献综述与研究展望》,《当代经济管理》2020 年第 2 期。

栾轶玫:《人工智能时代媒介叙事新特征》,《视听界》2018 年第 4 期。

马保青、计毅波:《习近平新时代文化建设工作的重要论述研究》,《大理大学学报》2019 年第 3 期。

马正红、吴晓亮:《打造未来媒体中心,推动城市党报占据传播制高点——以无锡日报报业集团的实践为例》,《新闻战线》2019 年第 23 期。

孟东方:《现代文化产业体系的政策效应、问题及发展对策》,《中国行政管理》2018 年第 12 期。

潘爱玲、王雪:《现代文化产业体系与市场体系协同发展的机制和路径研究》,《华中师范大学学报》(人文社会科学版)2021 年第 1 期。

潘道远、李凤亮:《区块链与文化产业——数字经济的新实践趋势》,《文化产业研究》2019 年第 1 期。

潘俊:《AI 理性价值智能的隐忧与消解》,《自然辩证法通讯》2018 年第 4 期。

逄淑宁:《移动智能穿戴设备产业发展状况及趋势》,《电信技术》2015 年第 4 期。

彭兰:《智媒趋势下内容生产中的人机关系》,《上海交通大学学报》(哲学社会科学版)2020 年第 1 期。

戚聿东等:《产业组织的数字化重构》,《北京师范大学学报》(社会科学版)2020 年第 2 期。

齐骥、张笑天:《文化自信视角下文化产业的思想理路与创新路径》,《理论月刊》2021 年第 7 期。

钱卫宁等:《区块链与分享型数据库》,《大数据》2018 年第 1 期。

乔瑜:《基于区块链技术文化创意产业知识产权保护研究》,《管理学刊》2020 年第 5 期。

邱然:《出版业大数据应用策略探究》,《科技与出版》2021 年第 10 期。

阙天舒、张纪腾：《美国人工智能战略新动向及其全球影响》，《外交评论（外交学院学报）》2020 年第 3 期。

任翔：《重构内容产业：2020 年欧美科技图书出版发展与创新评述》，《科技与出版》2021 年第 3 期。

任艳：《区域协调发展与现代产业体系构建的政治经济学阐释》，《经济纵横》2020 年第 6 期。

芮明杰：《构建现代产业体系的战略思路、目标与路径》，《中国工业经济》2018 年第 9 期。

邵国松：《媒体智能化发展的伦理与法律问题初窥》，《现代传播（中国传媒大学学报）》2018 年第 11 期。

沈洪波：《全球文化方法与国际关系领域的文化研究》，《同济大学学报》（社会科学版）2008 年第 2 期。

盛朝迅：《构建现代产业体系的瓶颈制约与破除策略》，《改革》2019 年第 3 期。

施剑平等：《区块链技术在媒体文化产业的发展探究》，《电视工程》2018 年第 4 期。

石超、余晓春：《区块链的知识产权保护模式与战略布局研究》，《科技与法律》2019 年第 4 期。

石丹：《论区块链技术对于数字版权治理的价值与风险》，《科技与出版》2019 年第 6 期。

司端锋等：《多媒体数字版权保护系统的研究与实现》，《北京大学学报》（自然科学版）2005 年第 5 期。

宋艳等：《人工智能伦理风险感知、信任与公众参与》，《科学学研究》2022 年第 7 期。

孙丽文、任相伟：《基于生态位理论的我国文化创意产业发展评价研究》，《北京交通大学学报》（社会科学版）2020 年第 1 期。

孙守迁等：《〈数字创意产业发展现状与前景〉序言》，《包装工程》2019 年第 12 期。

邰语桐：《关于人工智能法律政策问题的思考》，《法制博览》2019 年第 23 期。

谭杰、姬广绪：《技术与人文：数字时代的算法困境及其文化阐释》,《青海民族研究》2021年第3期。

谭九生、杨建武:《人工智能技术的伦理风险及其协同治理》,《中国行政管理》2019年第10期。

谭舒:《基于大数据的广播新闻内容生产创新》,《新闻界》2017年第4期。

谭雪芳:《基于区块链的IP产业新议程：版权管理、粉丝价值和生态重构》,《福建论坛》(人文社会科学版) 2018年第12期。

唐毅泓:《我国文化产业融资现状及融资体系构建研究》,《理论与改革》2014年第4期。

陶阳明:《经典人工智能算法综述》,《软件导刊》2020年第3期。

田新玲:《中国文化创意产品"走出去"策略转向——基于当前"中美贸易摩擦"背景的考察》,《新闻知识》2019年第11期。

田珍、葛顺奇:《全球价值链背景下的数字经济与投资政策》,《国际经济合作》2017年第6期。

汪怀君、汝绪华:《人工智能算法歇视及其治理》,《科学技术哲学研究》2020年第2期。

王潺:《"大数据杀熟"该如何规制？——以新制度经济学和博弈论为视角的分析》,《暨南学报》(哲学社会科学版) 2021年第6期。

王刚等:《混合智能系统研究综述》,《系统工程学报》2010年第4期。

王光文:《基于人工智能应用的文化产业发展系统问题及优化》,《深圳大学学报》(人文社会科学版) 2020年第3期。

王慧敏:《现代文化产业体系的构建——基于历史文化资源的创意转化》,《社会科学》2013年第11期。

王磊、陈林林:《人工智能驱动下智能化社会治理：技术逻辑与机制创新》,《大连干部学刊》2019年第2期。

王林生:《"十四五"时期文化新业态发展的战略语境、历史机遇与行动路线》,《行政管理改革》2021年第8期。

王林生:《现代文化市场体系：粤港澳大湾区文化产业高质量发展的路径与方向》,《深圳大学学报》(人文社会科学版) 2019年第4期。

王梦娇:《AI：智媒时代的"把关人"》,《中国记者》2019年第

3 期。

王迁：《论人工智能生成的内容在著作权法中的定性》，《法律科学（西北政法大学学报）》2017 年第 5 期。

王群等：《区块链原理及关键技术》，《计算机科学与探索》2020 年第 10 期。

王涛：《算力设施支撑创新发展》，《张江科技评论》2020 年第 3 期。

王岩、叶明：《人工智能时代个人数据共享与隐私保护之间的冲突与平衡》，《理论导刊》2019 年第 1 期。

魏国富、石英村：《人工智能数据安全治理与技术发展概述》，《信息安全研究》2021 年第 2 期。

魏薇等：《人工智能数据安全风险及治理》，《中国信息安全》2020 年第 3 期。

温凤鸣、解学芳：《短视频推荐算法的运行逻辑与伦理隐忧——基于行动者网络理论视角》，《西南民族大学学报》（人文社会科学版）2022 年第 2 期。

吴承忠：《5G 智能时代的文化产业创新》，《深圳大学学报》（人文社会科学版）2019 年第 4 期。

吴汉东：《人工智能时代的制度安排与法律规制》，《法律科学（西北政法大学学报）》2017 年第 5 期。

吴静寅：《文化消费的影响因素及其促进机制》，《山东社会科学》2019 年第 6 期。

西沐、宗娅琮：《我国文化产业投融资平台建构的理论分析》，《北京联合大学学报》（人文社会科学版）2018 年第 2 期。

向晓梅：《着力构建现代产业体系》，《港口经济》2008 年第 9 期。

谢国明：《价值为魂　创新为用——关于媒体融合的思考》，《中国报业》2018 年第 1 期。

谢洪明等：《如何认识人工智能的伦理冲突？——研究回顾与展望》，《外国经济与管理》2019 年第 10 期。

谢辉、王健：《区块链技术及其应用研究》，《信息网络安全》2016 年第 9 期。

熊澄宇：《共建全球数字创意产业生态圈》，《新闻春秋》2019年第4期。

熊澄宇、张学骞：《集群跃升视域下创意产业要素的构成与整合》，《江淮论坛》2020年第1期。

熊琦：《移动互联网时代的著作权问题》，《法治研究》2020年第1期。

徐立军：《"新四化"：中国传媒发展的未来趋势与关键路径》，《现代传播（中国传媒大学学报）》2020年第1期。

徐曼：《国外机器人新闻写手的发展与思考》，《中国报业》2015年第23期。

徐瑞萍等：《从冲突到和谐：智能新文化环境中人机关系的伦理重构》，《自然辩证法通讯》2021年第4期。

徐小奔：《人工智能"创作"的人格要素》，《求索》2019年第6期。

徐延章：《智媒体时代公共文化服务蓝图设计》，《图书馆》2021年第3期。

许根宏：《人工智能传播规制基础：伦理依据与伦理主体的确立》，《学术界》2018年第12期。

宣晓晏：《人工智能时代文化生产与管理机制革新》，《艺术百家》2019年第1期。

薛晗：《基于区块链技术的数字版权交易机制完善路径》，《出版发行研究》2020年第6期。

晏青、罗小红：《流动的意义：传统文化移动传播的符号学阐释》，《中州学刊》2019年第10期。

阳海洪、康晨慧：《"一带一路"背景下湖南文化产业走出去新型资本驱动战略》，《湖南工业大学学报》（社会科学版）2019年第5期。

阳镇、陈劲：《数智化时代下的算法治理——基于企业社会责任治理的重新审视》，《经济社会体制比较》2021年第2期。

杨白雪等：《区块链加速服务实体经济》，《信息通信技术与政策》2018年第7期。

杨东：《"共票"：区块链治理新维度》，《东方法学》2019年第

3 期。

杨嘎：《加密艺术：数字艺术向元宇宙迁移的"摆渡人"》，《美术观察》2021 年第 11 期。

杨佳续、张海燕：《技术赋能背景下文化双体系融合发展的策略建构》，《文化艺术研究》2019 年第 3 期。

杨磊：《智媒时代算法推荐技术的新闻伦理思考》，《新闻世界》2020 年第 11 期。

杨睿博、刘伟：《粤港澳大湾区文化科技融合发展动因与路径分析》，《科技管理研究》2020 年第 20 期。

杨小满：《浅析人工智能在媒体融合中的运用》，《广播电视信息》2018 年第 8 期。

杨晓晨、张明：《比特币：运行原理、典型特征与前景展望》，《金融评论》2014 年第 1 期。

杨毅等：《人工智能赋能文化产业融合创新：技术实践与优化进路》，《福建论坛》（人文社会科学版）2018 年第 12 期。

杨云霞、张宇龙：《人工智能驱动文化产业高质量发展的理论逻辑与实践机制——以马克思主义政治经济学为视角》，《西北大学学报》（哲学社会科学版）2021 年第 2 期。

姚芝：《"互联网+文化产业"创新发展对策研究》，《中共郑州市委党校学报》2019 年第 3 期。

易华：《我国文化创意企业融资结构演变的制度分析》，《中国文化产业评论》2017 年第 1 期。

意娜：《宜居宜业宜游：粤港澳大湾区文化产业发展的国际视野》，《深圳大学学报》（人文社会科学版）2019 年第 3 期。

殷庆坎：《深化产业体系现代化建设》，《浙江经济》2019 年第 20 期。

于泽：《文化与科技产业融合度测算分析》，《科技管理研究》2020 年第 4 期。

余婷、林娜：《AI+背景下美国媒体的智能化发展》，《青年记者》2018 年第 13 期。

余雪：《失范与重塑：人工智能时代的新闻伦理探究》，《新媒体研究》2021年第1期。

俞彤晖、陈斐：《数字经济时代的流通智慧化转型：特征、动力与实现路径》，《中国流通经济》2020年第11期。

俞晓妮、贾婷君：《关于加快实施文化产业发展规划的对策建议》，《第十六届沈阳科学学术年会论文集》（经管社科），2019年。

喻国明、杨雅：《5G时代：未来传播中"人—机"关系的模式重构》，《新闻与传播评论》2020年第1期。

喻国明等：《智能化：未来传播模式创新的核心逻辑——兼论"人工智能+媒体"的基本运作范式》，《新闻与写作》2017年第3期。

袁帆：《中国网络新闻传播领域算法伦理研究——基于"三视角"理论框架》，博士学位论文，华东师范大学，2020年。

袁啸昆等：《构筑信任，链向未来：区块链技术在著作权领域应用现状研究》，《〈上海法学研究〉集刊（2020年第5卷 总第29卷）——2020世界人工智能大会法治论坛文集》，2020年。

袁勇、王飞跃：《区块链技术发展现状与展望》，《自动化学报》2016年第4期。

臧志彭：《数字创意产业全球价值链重构——战略地位与中国路径》，《科学学研究》2018年第5期。

臧志彭、崔煜：《嵌入社会网络的技术：区块链在著作权交易中的应用再检讨》，《同济大学学报》（社会科学版）2019年第1期。

臧志彭、解学芳：《人工智能时代文化产业主流价值传播：重塑与建构》，《毛泽东邓小平理论研究》2019年第4期。

臧志彭、解学芳：《中国网络文化产业制度创新演化研究——基于1994—2011年的实证分析》，《科学学研究》2013年第4期。

臧志彭、伍情颖：《世界四大湾区文化创意产业结构演化比较——基于2001—2016年全球文创上市公司的实证研究》，《山东大学学报》（哲学社会科学版）2019年第1期。

曾白凌：《目的之"人"：论人工智能创作物的弱保护》，《现代出版》2020年第4期。

曾诗钦等：《区块链技术研究综述：原理、进展与应用》，《通信学报》2020年第1期。

张成岗：《区块链时代：技术发展、社会变革及风险挑战》，《人民论坛·学术前沿》2018年第12期。

张丹：《期待区块链解决艺术拍卖市场痛点》，《艺术品鉴》2018年第19期。

张建中、肖恩·施特罗：《西方媒体人工智能技术应用的创新与实践》，《青年记者》2018年第1期。

张力、王美霞：《新时期我国文化体制改革的特点及趋势分析》，《北京行政学院学报》2012年第2期。

张龙辉、肖克：《人工智能应用下的大都市区治理：技术逻辑与治理路径》，《重庆社会科学》2020年第8期。

张路娜等：《数字经济演进机理及特征研究》，《科学学研究》2021年第3期。

张梦媛：《人工智能创新的伦理问题及规范研究》，硕士学位论文，郑州大学，2020年。

张明哲：《20世纪90年代以来欧洲经济增长研究》，博士学位论文，中国社会科学院大学，2010年。

张书勤：《AI赋能文化产业的管理制度创新研究》，《出版广角》2020年第6期。

张婷：《图书馆数字文创开发：现状、问题与对策》，《图书馆学研究》2020年第7期。

张婉陶：《我国文化体制改革的历史进程及启示》，《河北工程大学学报》（社会科学版）2019年第1期。

张文元、范青：《融媒体时代维护我国文化安全的路径研究》，《理论月刊》2021年第9期。

张晓明：《中国文化产业发展之历程、现状与前瞻》，《山东社会科学》2017年第10期。

张鑫、王明辉：《我国人工智能发展的现状、问题与促进政策》，《发展研究》2019年第8期。

张鑫、王明辉：《中国人工智能发展态势及其促进策略》，《改革》2019年第9期。

张旭、阮重骏：《人工智能非法应用的犯罪风险及其治理》，《中国特色社会主义研究》2019年第4期。

张学霞、拓守君：《大数据时代新旧媒体之碰撞与融合》，《编辑学刊》2015年第3期。

张扬：《区块链在文化产业的应用场景》，《2018世界经济特区发展（深圳）论坛——改革开放再出发论文集》，2018年。

张意轩、雷崔捷：《"人工智能+媒体"落点何处》，《青年记者》2017年第28期。

张玉洁：《论我国人工智能的法治化进程：现状、挑战与革新》，《广州大学学报》（社会科学版）2019年第2期。

张玉玲、包国强：《现代文化市场体系的运行障碍与优化路径》，《中国市场》2016年第52期。

张悦、王俊秋：《人工智能时代下文化产业的发展与展望》，《云南社会科学》2021年第5期。

赵丰、周围：《基于区块链技术保护数字版权问题探析》，《科技与法律》2017年第1期。

赵敏鉴：《文化产业发展战略亟待转型》，《经济纵横》2014年第4期。

赵朴：《人工智能环境下广告创意人才的培养》，《出版广角》2021年第6期。

赵霄伟、杨白冰：《顶级"全球城市"构建现代产业体系的国际经验及启示》，《经济学家》2021年第2期。

赵越、杨玉冰：《运用区块链技术重构艺术品交易制度》，《法制与社会》2021年第15期。

郑观、范克韬：《区块链时代的信任结构——从技术去中心化到信任去中心化》，《社会科学文摘》2019年第11期。

郑磊、郑扬洋：《区块链赋能实体经济的路径——区块链Token经济生态初探》，《东北财经大学学报》2020年第1期。

郑莉：《国家、市场与社会三方互动模式中的文化建设》，《学术交流》2012年第1期。

郑鲁英：《区块链技术冲击下版权集体管理的发展之路》，《集美大学学报》（哲学社会科学版）2020年第1期。

郑琼洁、成一贤：《文化产业的数字生态与高质量发展路径》，《南京社会科学》2022年第1期。

郑越、杨帆：《记者和算法谁更值得信任："机器人新闻"可信度的影响因素探析》，《现代传播（中国传媒大学学报）》2019年第6期。

钟卫：《关于粤港澳大湾区发展区块链产业的浅析》，《广东经济》2019年第11期。

钟新、张超：《新时代中国大国形象的四个维度与两种传播路径——基于习近平相关论述的分析》，《中国人民大学学报》2020年第3期。

周锦、顾江：《城市群文化产业一体化发展的机理、绩效与路径——长三角、京津冀和珠三角的比较分析》，《江海学刊》2021年第3期。

周宇等：《转型与赋能："十四五"时期文化产业高质量发展路径研究——以湖北省为例》，《学习与实践》2021年第8期。

周雨城、姚伟钧：《我国文化创意产业人才培养的问题与优化——基于国外经验的考察》，《理论月刊》2021年第11期。

诸廉、吴羽飞：《基于区块链技术的新闻产业生态重构》，《新闻记者》2021年第10期。

宗明：《创新驱动　融合发展——从上海的实践看现代文化产业体系的构建》，《中共中央党校学报》2013年第2期。

邹丹丹：《人工智能及其现代性困境的哲学思考》，《重庆大学学报》（社会科学版）2020年第4期。

（三）报纸

范周：《文化解读政府工作报告》，《社会科学报》2019年3月14日第6版。

黄隽：《区块链与艺术市场》，《21世纪经济报道》2016年8月1日第16版。

金元浦：《什么是文化创意产业的高质量发展》，《中国文化报》2019年10月26日第3版。

李慧、刘坤：《文化产业如何成支柱——解读"十三五"规划纲要文化产业发展亮点》,《光明日报》2016年3月24日第14版。

刘金祥:《文化市场已进入"第三代竞争"》,《环球时报》2019年7月23日第15版。

赛迪智库:《算法滥用的社会危害及治理建议》,《中国计算机报》2021年9月27日第13版。

沈珺:《人工智能技术打造数字文化产业新形态》,《中国社会科学报》2021年7月20日第A01版。

石建平:《推进文化创新夯实工作举措》,《中国文化报》2018年2月1日第2版。

张小平:《习近平生态文明思想的马克思主义哲学意蕴》,《中国社会科学报》2019年5月14日第8版。

张懿:《"张文宏们"的期待点出AI制度供给新命题》,《文汇报》2020年7月13日第1版。

张元林:《区块链引发文化产业变革》,《中国出版传媒商报》2018年3月1日第5版。

(四)其他

安永咨询:《2020年大中华区人工智能成熟度调研:解码2020,展望数字未来》,https://www.sohu.com/a/502663562_121015326,2020年12月23日。

国际数据公司:《中国AI云服务市场(2020年上半年)跟踪报告》,https://www.idc.com/getdoc.jsp?containerId=prCHC47212020,2020年12月23日。

《国家统计局关于印发〈新产业新业态新商业模式统计分类(2018)〉的通知》,http://www.stats.gov.cn/tjgz/tzgb/201808/t20180821_1618222.html,2018年8月21日。

《国务院办公厅关于文化市场综合行政执法有关事项的通知》,https://www.gov.cn/zhengce/content/2021-06/15/content_5617942.htm,2021年6月3日。

韩联社:《韩科技部新年工作计划:大力发展人工智能》,https://cn.yna.co.kr/view/ACK20200115005000881,2020年1月16日。

韩联社:《韩政府和大企业联手扶植虚拟现实与内容产业》,https：//cn. yna. co. kr/view/ACK20161011003100881？section = search，2016年10月11日。

黄亚楠：《数字技术引领传媒产业智能化升级》，https：//www. cssn. cn/skgz/bwyc/202208/t20220803_5453843. shtml，2019年7月29日。

《文体部将制定新韩流振兴计划　实现韩流新飞跃》，https：//weibo. com/2343287033/Jcc0izm54。

《文化和旅游部关于印发〈"十四五"文化和旅游发展规划〉的通知》，http：//www. gov. cn/zhengce/zhengceku/2021 - 06/03/content_5615106. htm，2021年4月29日。

张晶雪：《十八大以来文化金融发展综述：构建起多层次的投融资体系》，https：//www. sohu. com/a/197495056_119659，2017年10月11日。

## 二　外文文献

Abel, G. , "Bounded Responsibility and Bounded Ethics of Science and Technology", *Axiomathes*, Vol. 30, No. 6, 2020.

Adorno, T. W. , *The Culture Industry*: *Selected Essays on Mass Culture*, London: Routledge, 1991.

Alka, V. and Khadeer, H. F. , "A Blockchain Based Approach for Multimedia Privacy Protection and Provenance", *IEEE*, 2018, pp. 1941 - 1945. DoI: 10. 1109/SSCI. 2018. 8628636, Nov. 2018

Amoore, L. , "Cloud Geographies: Computing, Data, Sovereignty", *Progress in Human Geography*, Vol. 42, No. 1, 2016.

Barford, L. , "Material Value Ethics in a Model Process for Values - Based Design", *IEEE Technology and Society Magazine*, Vol. 40, No. 3, 2021.

Bastian, M. , et al. , "Safeguarding the Journalistic DNA: Attitudes towards the Role of Professional Values in Algorithmic News Recommender Designs", *Digital Journalism*, Vol. 9, No. 6, 2021.

Berti, J. , "Copyright Infringement and Protection in the Internet Age", *IT professional*, Vol. 11, No. 6, 2009.

Bins, R. , "Human Judgment in Algorithmic Loops Individual Justice and Automated Decision – making", *Regulation and Governance*, Vol. 8, No. 1, 2020.

Birtchnell, T., "Elliott A. Automating the Black Art: Creative Places for Artificial Intelligence in Audio Mastering", *Geoforum*, Vol. 96, No. 2018, 2016.

Branzanti, C., "Creative Clusters and District Economies: Towards a Taxonomy to Interpret the Phenomenon", *European Planning Studies*, Vol. 23, No. 7, 2015.

Breuer, J., et al., "The Practical and Ethical Challenges in Acquiring and Sharing Digital Trace Data: Negotiating Public – private Partnerships", *New Media & Society*, Vol. 22, No. 11, 2020.

Brown, S. Visualizing, "Varieties of Association in Orlando", *Journal of the Chicago Colloquium on Digital Humanities and Computer Science*, Vol. 1, No. 1, 2009, pp. 1–5.

Bruneault, F., and Laflamme, A. S., "AI Ethics: How can Information Ethics Provide a Framework to Avoid Usual Conceptual Pitfalls? An Overview", *AI & Society*, Vol. 36, No. 3, 2021.

Bukovina, J., "Social Media Big Data and Capital Markets – An Overview", *Journal of Behavioral and Experimental Finance*, No. 11, 2016.

Buolamwini, J., et al., "Intersectional Accuracy Disparities in Commercial Gender Classification", *Conference on Fairness, Accountability and Transparency*, PMLR, 2018.

Candace, J., et al., *The Oxford Handbook of Creative Industries*, Oxford: Oxford University Press, 2015.

Carlota, P., "Technological Revolutions and Techno – Economic Paradigms", *Cambridge Journal of Economics*, Vol. 34, No. 1, 2010.

Carlton, N. R., "Digital Culture and Art Therapy", *The Arts in Psychotherapy*, Vol. 41, No. 1, 2014.

Cheshire, P., and Malecki, E., "Growth, Development, and Innovation: a Look Backward and Forward", *Papers Regional Sci*, Vol. 83, No. 1, 2004.

# 参考文献

Coe, N. M. , "Missing Links: Logistics, Governance and Upgrading in a Shifting Global Economy", *Review of International Political Economy*, Vol. 21, 2014.

Colapinto, C. , and Porlezza, C. , "Innovation in Creative Industries: From the Quadruple Helix Model to the Systems Theory-Springer", *Journal of the Knowledge Economy*, Vol. 3, No. 4, 2012, pp. 343-353.

Dalenberg, D. J. , "Preventing Discrimination in the Automated Targeting of Job Advertisements", *Computer Law & Security Review*, Vol. 34, No. 3, 2018.

Davidson, S. , et al. , "Blockchains and the Economic Institutions of Capitalism", *Journal of Institutional Economics*, Vol. 14, No. 4, 2018.

Dedge, O. , et al. , "Image Copyright Protection System Using Blockchain", *Mukt Shabd Journal*, Vol. 9, No. 6, 2020.

DeVito, M. A. , "From Editors to Algorithms: A Values-based Approach to Understanding Story Selection in the Facebook News Feed", *Digital Jounalism*, Vol. 5, No. 6, 2017.

Domingo-Ferrer, J. & Blanco-Justicia, A. , "Ethical Value-Centric Cybersecurity: A Methodology Based on a Value Graph", *Science and Engineering Ethics*, Vol. 26, No. 3, 2020.

Duan, Y. , et al. , "Artificial Intelligence for Decision Making in the Era of Big Data - Evolution, Challenges and Research Agenda", *International Journal of Information Management*, Vol. 48, 2019.

Edmans, A. , "Does the Stock Market Fully Value Intangibles? Employee Satisfaction and Equity Prices", *Journal of Financial Economics*, Vol. 101, No. 3, 2011.

Elliott, K. , et al. , "Towards an Equitable Digital Society: Artificial Intelligence (AI) and Corporate Digital Responsibility (CDR)", *Society*, Vol. 58, No. 3, 2021.

Fanning, K. and Centers, D. P. , "Blockchain and its Coming Impact on Financial Services", *Journal of Corporate Accounting & Finance*, Vol. 27, No. 5, 2016.

Florida, R. , "The Creative Class and Economic Development", *Economic Development Quarterly*, Vol. 28, No. 3, 2014.

Floridi, L. , et al. , "AI 4People—An Ethical Framework for a Good AI Society: Opportunities, Risks, Principles, and Recommendations", *Minds and Machines*, Vol. 28, No. 4, 2018.

Freeman, C. , "The National Innovation System in Historical Perspective", *Cambridge Journal of Economics*, Vol. 19, No. 1, 1995.

Gong, H. , and Hassink, R. , "Exploring the Clustering of Creative Industries", *European Planning Studies*, Vol. 25, No. 4, 2017.

Gopal, G. , et al. , "Get Smart with Your Contracts: Blockchain Technology is Enabling Business Value Advancement in Everything from Manufactured Goods to Online Music", *Industrial & Systems Engineering at Work*, Vol. 5, No. 50, 2018.

Gunkel, D. J. , *The Machine Question: Critical Perspectives on AI, Robots, and Ethics*, Massachusetts, Cambridge. MA, The MIT Press, 2012.

Haans, R. , and Witteloostuijn, A. V. , "Expected Job Creation Across the Cultural Industries: a Sectoral Division and Its Implications for Cultural Policy", January 2018 *International Journal of Cultural Policy*, Vol. 24, No. 1, 2018.

Haans, R. and Witteloostuijn, A. V. , "Expected Job Creation Across the Cultural Industries: A Sectoral Division and Its Implications for Cultural Policy", January 2018 *International Journal of Cultural Policy*, Vol. 24, No. 1, 2018.

Higson, C. et al. , "Creative Financing", *Business Strategy Review*, Vol. 18, No. 4, 2007.

Hou, C. -E. , et al. , "Does CSR matter? Influence of Corporate Social Responsibility on Corporate Performance in the Creative Industry", *Annals of Operations Research*, Vol. 278, No. 1-2, 2019.

Huh, D. , Lee, B. M. , "Korea's Cultural Industry Clusters 20 Years On: Evolving Policy and Practice", *Area Development and Policy*, Vol. 5, No. 4, 2020.

Humphrey, J. and Schmitz, H. , "Developing Country Firms in the World Economy: Governance and Upgrading in Global Value Chains", *INEF Report*, *University of Duisburg*, 2002.

Jacobson J. , et al. , "Social Media Marketing: Who is Watching the Watchers?", *Journal of Retailing and Consumer Services*, Vol. 53, No. 3, 2020.

Jacobson, J. , and Gruzd, A. , "Cybervetting Job Applicants on Social Media: the New Normal?", *Ethics and Information Technology*, Vol. 22, No. 2, 2020.

Jones, S. , "When Computers Read: Literary Analysis and Digital Technology", *Bul. Am. Soc. Info. Sci. Tech.*, Vol. 38, No. 4, 2012.

Jung, J. S. , and Lee, M. J. , "Strategy for the Cultural Contents Industry to Secure Competitive Advantage Using Fourth Industrial Revolution Technology", *Kritika Kultura*, Vol. 32, 2019.

Kiselev, D. , "An AI Using Construction Grammar to Understand Text", *International Journal of Cognitive Informatics and Natural Intelligence*, Vol. 15, No. 2, 2021.

Kogut, B. , "Designing Global Strategies: Comparative and Competitive Value–added Chains", *Slogan Management Review*, Vol. 26, No. 4, 1985.

Kooiman, J. , *Modern Governance: New Government – Society Interactions*, London: SAGE Publications, 2002.

Korsmeyer, C. and Rosalind W. Picard, "Affective Computing", *Minds and Machines*, Vol. 9, No. 3, 1999.

Lawrence, T. B. , "Phillips N. Understanding Cultural Industries", *Journal of Management Inquiry*, Vol. 11, No. 4, 2002.

Lee, J. , "Three Worlds of Global Value Chains: Multiple Governance and Upgrading Paths in the Korean Animation Industry", *International Journal of Cultural Policy*, Vol. 25, No. 6, 2019.

Lin, C. -Y. , "Emerging Challenges of an Urban Creative Economy: Reflections on the Governance of Creative Clusters in Taipei City", *European*

*Planning Studies*, Vol. 26, No. 2, 2018.

Mark, R., and Anya, G., "Ethics of Using Smart City AI and Big Data: The Case of Four Large European Cities", *ORBIT Journal*, No. 2, 2020.

Marken, A., "The Long Tail Why the Future of Business is Selling Less of more", *Hyperion*, Vol. 24, No. 3, 2006.

McCarthy, J., "From Here to Human-Like AI", *Artificial Intelligence*, Vol. 171, No. 18, 2007.

Montgomery, L., and Fitzgerald, B., "Copyright and the Creative Industries in China", *International Journal of Cultural Studies*, Vol. 9, No. 3, 2016.

Morley, J., et al., "From What to How: An Initial Review of Publicly Available AI Ethics Tools, Methods and Research to Translate Principles into Practices", *Science and Engineering Ethics*, Vol. 26, No. 4, 2020.

Mukherjee, D., et al., "A Survey of Robot Learning Strategies for Human-Robot Collaboration in Industrial Settings", *Robotics and Computer-Integrated Manufacturing*, Vol. 73, 2022.

Nakamoto, S., "Bitcoin: A Peer-to-Peer Electronic Cash System", *Decentralized Business Review*, 2008.

Nobuoka, J., "User Innovation and Creative Consumption in Japanese Culture Industries: the Case of Akihabara, Tokyo", *Geografiska Annaler Series B Human Geography*, Vol. 92, No. 3, 2010.

Ostrom, E., "Crossing the Great Divide: Coproduction, Synergy and Development", *World Development*, Vol. 24, No. 6, 1996.

Owen, R. and O'Dair, M., "How Blockchain Technology can Monetize New Music Ventures: an Examination of New Business Models", *The Journal of Risk Finance*, Vol. 21, No. 4, 2020.

O'Dair, M., *Distributed Creativity: How Blockchain Technology will Transform the Creative Economy*, Cham: Springer, 2018.

O'Dwyer, R., "Limited Edition: Producing Artificial Scarcity for Digital Art on the Blockchain and its Implications for the Cultural Industries", *The*

*International Journal of Research into New Media Technologies*, Vol. 26, No. 4, 2020.

Patrickson, B. , "What Do Blockchain Technologies Imply for Digital Creative Industries?" *Creativity and Innovation Management*, Vol. 30, No. 3, 2021.

Paul, S. , *Digital Video Distribution in Broadband, Television, Mobile and Converged Networks: Trends, Challenges and Solutions*, New York: John Wiley & Sons, 2011.

Paulson, S. , et al. , "Human Cognition and the AI Revolution", *Ann. N. Y. Acad. Sci.* , Vol. 1458, 2019.

Pecourt Gracia, J. , and Rius-Ulldemolins, J. , "Digitalization of the Cultural Field and Cultural Intermediaries: A Social Critique of Digital Utopianism", *Revista Española De Investigaciones Sociológicas*, Vol. 162, 2018.

Peukert, C. , "The Next Wave of Digital Technological Change and The Cultural Industries", *Journal of Cultural Economics*, Vol. 43, No. 2, 2019.

Power, D. , "The Difference Principle? Shaping Competitive Advantage in the Cultural Product Industries", *Geografiska Annaler Series B Human Geography*, Vol. 92, No. 2, 2010.

Preuss, U. , "Sustainable Digitalization of Cultural Heritage—Report on Initiatives and Projects in Brandenburg", *Sustainability*, Vol. 8, No. 9, 2016.

Radomska. J. , et al. , "The Impact of Trust on the Approach to Management—A Case Study of Creative Industries", *Sustainability*, Vol. 11, No. 3, 2019.

Raeff, C. et al. , "The Concept of Culture: Introduction to Spotlight Series on Conceptualizing Culture", *Applied Developmental Science*, Vol. 24, No. 4, 2020.

Raikwar, M. , et al. , "SoK of Used Cryptography in Blockchain", *IEEE Access*, No. 7, 2019.

Richey, M. and Ravishankar M. N. , "The Role of Frames and Cultural Toolkits in Establishing New Connections for Social Media Innovation", *Tech-*

nological Forecasting & Social Change, Vol. 144, No. 7, 2017.

Richey, M., "The role of Frames and Cultural Toolkits In establishing New Connections for Social Media Innovation", *Technological Forecasting & Social Change*, Vol. 144, No. 7, 2017.

Robles Carrillo, M., "Artificial Intelligence: From Ethics to Law", *Telecommunications Policy*, Vol. 44, No. 6, 2020.

Sakho, S., et al., "Blockchain: Perspectives and Issues", *Journal of Intelligent & Fuzzy Systems*, Vol. 37, No. 6, 2019.

Saragih, R., et al., "External Environment Impact on Business Performance in Digital Creative Industry: Dynamic Capability as Mediating Variable", *International Journal of Advanced and Applied Sciences*, Vol. 4, No. 9, 2017.

Sobocinska, M., "Management of Value for Customers on the Culture Market", *International Journal of Business Performance Management*, Vol. 16, No. 2/3, 2015.

Sobocinska, M., "Management of Value for Customers on the Culture Market", *International Journal of Business Performance Management*, Vol. 16, No. 2, 2015.

Song, S. R., "A Study on the Copyright Protection of Creation Generated by Artificial Intelligence", *The International Commerce & Law Review*, Vol. 83, 2019.

Surden, H., "Artificial Intelligence and the Law: Essay: Machine Learning and Law", *Washington Law Review*, No. 89, 2014.

Sutko, D. M., "Theorizing Femininity in Artificial Intelligence: A Framework for Undoing Technology's Gender Troubles", *Cultural Studies*, Vol. 34, No. 4, 2020.

Suvajdzic, M., et al., "Blockchain Art and Blockchain Facilitated Art Economy: Two Ways in Which Art and Blockchain Collide", *2019 4th Technology Innovation Management and Engineering Science International Conference (TIMES-iCON)*, 2019.

Sweeney, L., "Discrimination in Online Ad Delivery", *Communica-

*tions of the ACM*, Vol. 56, No. 5, 2013.

Szabo, N., "Smart Contracts: Building Blocks for Digital Markets", *Extropy: The Journal of Trahumanist Thought*, Vol. 18, No. 16, 1996.

Sánchez-Moral S., et al., "Interregional Mobility of Talent in Spain: The Role of Job Opportunities and Qualities of Places during the Recent Economic Crisis", *Environment and Planning A: Economy and Space*, Vol. 50, No. 4, 2018.

Thiebes, S., et al., "Trustworthy Artificial Intelligence", *Electron Markets*, Vol. 31, 2021.

Vosoughi, S. et al., "The Spread of True and False News Online", *Science*, Vol. 359, No. 6380, 2018.

Whitaker, A., et al., "Art, Antiquities, and Blockchain: New Approaches to the Restitution of Cultural Heritage", *International Journal of Cultural Policy*, Vol. 27, No. 3, 2021.

Wiencierz, C., and Lünich, M., "Trust in Open Data Applications through Transparency", *New Media & Society*, Vol. 3, 2020.

Yang, J. A. and Grabe, M. E., "At the Intersection of the Digital Divide and the Knowledge Gap: Do Knowledge Domains and Measures Matter?", *The Information Society*, Vol. 30, No. 5, 2014.

Yeung, K., and Lodge M., *Algorithmic Regulation*, Oxford Oxford University Press, 2019.

Zeilinger, M., "Digital Art as 'Monetised Graphics': Enforcing Intellectual Property on the Blockchain", *Philosophy & Technology*, No. 31, 2018.